Introduction générale au droit

Critères et finalités de la norme juridique

Du même auteur :

- **L'homme augmenté face au droit**
  (dir.) 2015
- **Condition juridique du corps humain**
  Avant la naissance et après la mort
  2013
- **Le droit commun du couple**
  2e édition, revue et augmentée
  2012

Xavier Labbée

Introduction générale au droit

Critères et finalités de la norme juridique

6e édition revue et actualisée

Presses Universitaires du Septentrion
www.septentrion.com
2016

Les Presses Universitaires du Septentrion
sont une association de sept universités :
- Université de Lille 1 Sciences et Technologies,
- Université de Lille 2 Droit et Santé,
- Université de Lille 3 Sciences Humaines et Sociales,
- Université du Littoral – Côte d'Opale,
- Université de Valenciennes et du Hainaut-Cambrésis,
- Université Catholique de Lille,
- Université Picardie Jules-Verne.

La politique éditoriale est conçue dans les comités éditoriaux.
Cinq comités et la collection « Les savoirs mieux de Septentrion »
couvrent les grands champs disciplinaires suivants :
- Acquisition et Transmission des Savoirs,
- Arts et Littératures,
- Savoirs et Systèmes de Pensée,
- Temps, Espace et Société,
- Sciences Sociales.

Publié avec le soutien
de la Communauté d'universités et d'établissements Lille Nord de France
et de la Région Nord Pas de Calais – Picardie.

6e édition 2016
5e édition 2011
4e édition 2010
3e édition 2006
2e édition 2003
1re édition 1998
www.septentrion.com
Villeneuve d'Ascq
France

ISBN : 978-2-7574-1483-5
ISSN : 1258-2786
Livre imprimé en Belgique

Introduction

« Que la justice soit forte. Que la force soit juste »

Cette phrase extraite des pensées de Blaise Pascal, est inscrite dans le hall de la faculté de droit de LILLE dont elle constitue la devise[1]. Elle nous met en présence de deux notions qui paraissent intimement liées et dont la réunion formerait la justice et donc le « DROIT ». Le droit serait l'expression de ce qui est FORT, mais également de ce qui est JUSTE. Et la phrase évoque l'idée que les deux notions vont de pair. Ce double caractère que présenterait la règle de droit ne se retrouve-t-il pas dans les symboles qui le représentent et dans le sens commun des mots qui l'évoquent [2]? Le Droit est en effet habituellement représenté par deux instruments bien différents : un glaive et une balance. Pourquoi ? Qu'évoquent ces symboles ? À quoi nous fait penser le vocabulaire qui nous parle de droit ? Avant de rappeler la définition juridique du mot « droit », (chapitre II) il nous paraît indispensable d'étudier ce que nous disent ses symboles et ce que signifient les mots qui le caractérisent (Chapitre I).

---

1. – « *Il est juste que ce qui est juste soit suivi. Il est nécessaire que ce qui est plus fort soit suivi. La justice sans la force est impuissante ; la force sans la justice est tyrannique. La justice sans force est contredite, parce qu'il y a toujours des méchants. La force sans la justice est accusée. Il faut donc mettre ensemble la justice et la force. Et pour cela, on a fait que ce qui est juste soit fort, ou que ce qui est fort soit juste.* » Blaise Pascal Les pensées. Reproduites à la collection littéraire Lagarde et Michard XVIIIe siècle p. 153.
2. – Sur les symboles : A. Garapon Bien juger. Essai sur le rituel judiciaire. Paris Odile Jacob 1997. JACOB Images de la justice. Essai sur l'iconographie judiciaire du Moyen Âge à l'âge classique. Paris Le léopard d'Or 1994. Izard et Smith la fonction symbolique. Essais d'anthropologie. Paris Gallimard 1979. Dictionnaire de Culture juridique Coll. LAMY et PUF au mot « *symbolique de la justice et du droit* ».

Chapitre premier.
Le sens des symboles et des mots évoquant le droit

Section I. Le sens des symboles

Le Droit ou la justice sont habituellement représentés par une femme tenant un glaive et une balance. On pourrait indéfiniment réfléchir sur le choix d'une femme (et pas d'un homme) pour figurer sur les frontons des palais de justice ou sur les sceaux des notaires. On peut en revanche réfléchir utilement sur le choix des instruments que cette femme tient entre ses mains et qui paraissent indissociablement liés : on ne parle pas du glaive sans la balance. Et pourtant, ces deux instruments semblent fondamentalement opposés. Pourquoi les avoir choisis ?

A) Le glaive est le symbole de la force

Un glaive, nous dit le dictionnaire, est une « *épée courte à deux tranchants* ». C'est le « *symbole de la puissance* » et de la force. Le dictionnaire donne comme exemple : « *le glaive de la justice* ». La FORCE, évoquée par l'image du glaive, a tout pour inquiéter. En effet, si le dictionnaire nous dit que le mot peut avoir pour synonyme ceux de COURAGE ou d'ÉNERGIE, il nous dit aussi qu'il peut être synonyme de VIOLENCE (en ce sens on parle d'un « *coup de force* », ou encore de la « *force de frappe* »). Quand on « *emploie la force* », on emploie la CONTRAINTE. Le dictionnaire définit la FORCE comme « *l'emploi de moyens violents pour contraindre* ». Le glaive, symbole de la force, est un instrument de violence. C'est d'ailleurs une arme. Le droit ne serait-il alors que violence ?

B) La balance est le symbole de ce qui est juste

On dit qu'une balance est JUSTE lorsqu'elle fonctionne avec précision. La balance est, à la différence du glaive, un instrument de MESURE. Pour le dictionnaire, c'est un instrument « *servant à peser, à comparer des masses. Elle possède deux plateaux fixés aux extrémités d'un fléau reposant sur un couteau* ». On observe que l'adjectif « *mesuré* » a pour synonyme « *pondéré* ». Ce qualificatif n'évoque-t-il pas les poids que l'on pose sur la balance ? La balance – dans son sens plus moderne – est aussi le « *dispositif de réglage de l'ÉQUILIBRE sonore entre deux voies d'une chaîne stéréophonique* ». Dans son second sens, elle est donc synonyme d'ÉQUILIBRE (c'est ainsi que l'on parle de « *balance des paiements* » ou de « *balance commerciale* »). Enfin, « *mettre en balance* », c'est peser le pour et le contre... en recherchant un équilibre.

Le droit est donc symbolisé par deux instruments très différents : le premier évoque la force et peut être la violence, le second évoque la mesure, la précision et la justesse. Le droit aurait-il deux visages ? C'est en tout cas cette question que l'on peut se poser lorsque l'on considère les mots employés pour le désigner.

SECTION II. LE SENS DES MOTS

On dit habituellement que « *le droit est un ensemble de règles ou de normes permettant d'assurer le bon ordre social* »[1]. Étudions le sens des mots composant cette phrase. La langue française n'est-elle pas, après tout, le meilleur reflet de la pensée ? En fait, nous allons constater que le même vocable peut renvoyer en même temps les images pourtant opposées, suggérées par le glaive et la balance. Il en va ainsi des mots « *règle* » et « *norme* », « *ordre* » et « *droit* ».

A) Les mots « règle » et « norme »

Le dictionnaire nous donne comme première définition du mot règle, celle d'un « *INSTRUMENT long pour tracer des lignes ou pour mesurer des longueurs* ». Ainsi, une règle à calcul est un « *instrument utilisé pour les calculs rapides* ». Une règle est donc d'abord un instrument de mesure... tout comme une balance ! Et l'ensemble de règles formant le droit apparaît dans sa vision instrumentale. Le droit ne serait qu'un instrument. Ce n'est que la seconde définition du mot qui évoque la notion de force obligatoire évoquée par le glaive : une règle est un « *PRINCIPE de CONDUITE, une LOI* ». Être en « *règles* » c'est se conformer aux prescriptions légales. La règle, c'est encore le « *principe qui dirige l'enseignement d'une science, d'une technique : les règles de grammaire, du rugby, du jeu* ».

Le même mot évoque donc à la fois la mesure, la précision et la force. Nous emploierons au cours de notre enseignement le mot « NORME » pour lequel

1. – Ainsi par exemple le professeur François Terre définit le droit en quatrième de couverture de son précis, comme « *un ensemble de règles de conduite qui dans une société donnée, régissent les rapports entre les hommes : c'est le droit objectif* » Précis DALLOZ 5e édition.

on peut dresser le même constat. Étymologiquement, le mot vient du latin « NORMA » qui voulait dire « *équerre, règle* ». Nous ne quittons pas le domaine des instruments de mesure et de précision… Aujourd'hui, le mot est employé dans le langage mathématique (ou l'on parle des normes sur espaces vectoriels) mais surtout dans le langage courant où il apparaît comme synonyme de RÈGLE obligatoire assortie de sanction, comme le rappelle le Professeur CORNU[2].

B) Le mot « ordre »

Le droit est un ensemble de règles assurant l'ordre social… Que signifie donc le mot « *ordre* » ? En fait, ce terme reflète lui aussi les deux concepts contradictoires évoqués par les mots de « *force* » et de « *justesse* ». Quand on dit qu'un texte est d'ORDRE PUBLIC, cela veut dire qu'il s'impose obligatoirement. C'est un texte qui fait état d'un ORDRE donné par l'autorité et auquel on est tenu d'obéir. En revanche, quand on parle du « *bon ordre social* », c'est plutôt l'idée de paix, d'harmonie, d'équilibre qui se dégage, comme dans l'expression « *tout est rentré dans l'ordre* ». On retrouve alors la notion d'équilibre évoquée par la balance.

C) Le mot « droit ».

Ce mot est lui aussi est ambivalent. L'adjectif « *droit* » dans son premier sens signifie « *qui s'étend sans dévier d'une extrémité à une autre* » (une ligne droite). L'adjectif est alors synonyme de « *direct* », et s'oppose à l'adjectif « *courbe* » ou « *tortueux* ». L'adjectif veut encore dire « *debout, stable* » (se tenir droit) et a une signification mathématique : on parle de l'angle droit. Ce n'est que dans son troisième sens que l'adjectif est synonyme de « *juste* » de « *loyal* » et « *d'honnête* ». Le même qualificatif est employé pour désigner ce qui est direct… et ce qui est juste.

Quant au nom commun (indépendamment de son sens juridique, objet de ce cours), il évoque le pouvoir d'accomplir ou d'exiger quelque chose d'autrui

2. – La définition donnée par M. Cornu dans son « Vocabulaire juridique » est la suivante : « *norme, du latin norma équerre, mesure, règle. Terme scientifique employé parfois dans une acception générale, comme équivalent de « règle de droit » (proposition abstraite et générale) qui évoque non pas l'idée de normalité (comme par exemple en biologie) ni celle de rationalité ou de type convenu, mais spécifiquement la valeur obligatoire attachée à une règle de conduite et qui offre de manière générale l'avantage de viser toutes les règles présentant ce caractère, quels qu'en soient la source (loi traité voire règle de droit naturel) ou l'objet (règle de conflit, droit substantiel…)* ».

en vertu de règles, (j'ai le « droit aux allocations ») ou encore le fait de ne pouvoir éviter quelque chose de désagréable (vous aurez droit à une amende). Il évoque enfin la force physique : Battling Joe avait un « *droit* » terrible[3]. Tout nous montre que, dans le langage des symboles ou des mots, le droit est l'alliance de la force et de ce qui est juste. Comment allons-nous définir maintenant la règle de droit ? Que recouvre la notion ?

3. – Yves Montand chantait l'histoire d'un boxeur qui répondait au surnom de Battling Joe *« Battling Joe - C'était un peu démesuré - Pour un gosse aux épaules étroites - Mais qui avait une méchante droite... »*

Chapitre II. Définition de la règle de droit objectif

Ce que l'on appelle communément « *la philosophie des manuels de première année* » définit le droit objectif, à l'instar du dictionnaire, comme étant « *un ensemble de règles destinées à régir les rapports des hommes vivant en société* ». Évidemment, la vie en société suppose l'acceptation de cet ensemble de règles sans lesquelles aucune vie ne serait possible : ce serait l'ANARCHIE, c'est-à-dire l'état dans lequel le plus fort domine le plus faible.

Le droit apparaît donc comme « un ensemble de règles » permettant la vie en société. On dira que c'est un INSTRUMENT (tout comme le glaive ou la balance…) qui permet la vie en société. (Section I) Pourquoi cet instrument va-t-il permettre de régler la vie en société ? La réponse est simple : parce que le droit est un instrument de FORCE et de CONTRAINTE à l'image du glaive, et qui est formé de règles OBLIGATOIRES (section II). Mais c'est aussi un instrument qui est en principe mis au service de ce qui est JUSTE à l'image de la balance (section III).

Section I. Le droit objectif est un instrument composé d'un ensemble de règles

Ces règles sont classées en fonction de grandes divisions. Le mot « droit » recouvre en effet une réalité juridique multiple. Il nous faut ici nécessairement faire de la terminologie. On distingue traditionnellement deux grandes divisions[1] : la première est formée par le droit interne et le droit international (1) la seconde par le droit public et le droit privé (2).

A) Le droit interne et le droit international

Le droit interne, qu'on appelle encore « *droit national* », c'est le droit qui s'applique sur un territoire déterminé, dans un domaine spatial défini. L'ensemble des individus qui vivent à l'intérieur de ce territoire est soumis au droit national.

Le droit international se divise quant à lui en deux branches : on trouve d'abord le droit international public, qui est le droit qui régit les rapports entre

1. – V° F. Grua, Les divisions du droit RTD Civ. 1993 p. 59 et s.

les différents États (et qui suppose donc l'étude des conventions internationales et des traités internationaux). C'est aussi le droit qui définit l'organisation, le fonctionnement et la compétence des organisations internationales (comme l'ONU).

Le droit international privé est le droit des particuliers qui franchissent les frontières. Voici un contrat conclu en France entre un Allemand et un Espagnol. Va-t-on appliquer la loi française ? Et si oui pourquoi ? Voici un Belge qui épouse une Française. Le couple va s'établir en Allemagne. Un enfant naît en Italie au cours de vacances. Le couple souhaite divorcer. Quelle est la loi applicable ?

Ces questions ressortent de l'étude du droit international privé, qui fournit les réponses possibles.

B) Le droit public et le droit privé

La distinction est classique. Mais elle est approximative. On n'en tracera que les grandes lignes, en ayant parfaitement conscience de son caractère artificiel[2]. Il n'est en effet pas nécessaire d'aller très loin dans l'étude, pour se rendre compte qu'à bien des égards, le droit privé se publicise et le droit public se privatise[3]. Sans compter que certaines matières (comme le droit pénal ou le droit processuel) apparaissent en réalité comme des matières mixtes,

---

2. – R. Guillien, Droit public et droit privé, Mélanges Brethe de la Gressaye 1967 p. 311 et suiv.

3. – Henri Mazeaud écrivait en 1946 (Défense du droit privé D 1946 chron. P 17 « *Aimez-vous la chasse à l'autruche ? Alors faites-vous publiciste et partez en campagne contre le droit privé ! Les naturalistes enseignent que l'autruche, quand elle se sent menacée, commence par dissimuler sa tête derrière un caillou. Bientôt elle entrouvre un œil. Elle prend alors le caillou pour une montagne, craint d'être écrasée et s'enfuit vers les filets que les chasseurs ont tendus. Longtemps les privatistes sont demeurés sereins dans leur conception du droit privé et de sa primauté. Ils fermaient les oreilles au murmure timide puis de plus en plus insistant. Et lorsque le bruit est devenu menaçant, ils ont pris la fuite en criant : « le droit public pénètre le droit privé ! »... Aussi est-il grand temps de faire le point :... ce qu'ils veulent dire, mais ils le disent mal, c'est tout simplement que de plus en plus, le législateur édicte dans les rapports de droit privé des règles impératives. Pour eux, là où il y a loi impérative, il y a droit public... Le moyen ne doit pas faire oublier la fin. Le droit public ne peut pas prétendre se substituer au droit privé* ».

V° également Plessix L'utilisation du droit civil dans l'élaboration du droit administratif, thèse ronéo Paris II 2 volumes 2001. Cherot Les rapports du droit civil et du droit constitutionnel. À propos de la civilisation du droit constitutionnel RRJ 1990 511 et s. J. Foyer Le droit civil dominé Mélanges Catala 2001, p. 13 et s.

puisqu'elles font appel à la fois aux techniques du droit public et aux techniques du droit privé[4].

1) Le droit public

C'est une branche du droit objectif qui règle l'organisation des pouvoirs publics, des services publics.

a) On trouve d'abord le droit constitutionnel, qui comprend l'ensemble des règles qui président à l'organisation politique de l'État et à son fonctionnement[5]. La substance du droit constitutionnel se trouve dans la Constitution de 1958, et dans les textes qui s'y rattachent. Le droit constitutionnel définit les organes de l'État (le chef de l'État, le Gouvernement, qui forment l'EXÉCUTIF, l'Assemblée nationale et le Sénat qui forment le pouvoir LÉGISLATIF, les modalités de leur désignation, leur compétence et leur fonction).

b) On trouve ensuite le droit administratif, qui est le prolongement du droit constitutionnel[6], ou encore sa mise en œuvre par le pouvoir exécutif. Chaque ministre d'un Gouvernement est à la tête d'un ministère et donc d'une administration au service des administrés (*Administrare* signifiait en latin : « servir »). Le droit administratif règle les rapports que peut avoir le particulier avec l'administration ou avec les personnes morales de droit public (l'État, les départements, les communes), ou encore les rapports des différentes administrations entre elles. En principe, le contentieux administratif est confié à la juridiction administrative (et non à la juridiction judiciaire).

2) Le droit privé

Le droit privé ne s'occupe quant à lui que des seuls rapports entre particuliers. Le DROIT CIVIL forme la matière la plus importante du droit privé (et même – pourquoi pas ? –, le droit commun privé). Il rassemble les diverses règles qui assurent l'individualisation des personnes dans la société (c'est le

---

4. – Certains pensent aujourd'hui que le droit de la famille – habituellement classé dans le droit privé – devrait dépendre du droit public. Une famille peut-elle vivre sans les aides de l'État et des organismes sociaux ? Et puis ne dit-on pas que la famille est une institution sociale par excellence et que pour cette raison ses règles sont d'ordre public ?

5. – V° P. Ardant, Institutions politiques et droit constitutionnel, LGDJ, 11e édition 1999 ; Drago, contentieux constitutionnel français, PUF 1998 ; Rousseau, droit du contentieux constitutionnel, 5e édition 1999 ; Zoller, droit constitutionnel 1998. V° aussi Pierre, traité de droit politique, électoral et parlementaire.

6. – V° Vedel et Delvolvé, Droit administratif, Thémis 11e édition 2 Vol. 1990 Venezia et Gaudemet, traité de droit administratif, LDGJ 15e éd. 1999 Mestre, introduction historique au droit administratif français, 1985.

droit des personnes) celles qui organisent les principaux rapports dans la vie en société : rapports de l'individu dans sa famille (c'est le droit de la famille) rapports de l'individu dans ses obligations avec les autres (c'est le droit des obligations) ou dans ses rapports avec les choses (c'est le droit des biens).

a) Le droit civil puise sa substance dans le code civil qui a été promulgué en 1804 par Napoléon. Sa genèse a été laborieuse[7] mais son succès a été considérable[8] car ce fut une œuvre de sagesse et de modération, reflétant l'esprit individualiste et libéral, défendu par les philosophes du XVIIIe siècle. Ce code est resté stable pendant tout le XIXe et servira de modèle à de nombreux codes étrangers, européens, américains et même asiatiques[9]. Il sera cependant modifié pendant le XXe siècle[10]. Il est sans doute moins individualiste et moins libéral aujourd'hui qu'il ne l'était au lendemain de la Révolution. Ce code restera pour Napoléon sa plus belle victoire. Il constituait d'ailleurs sa fierté. De fait aujourd'hui, on ne célèbre plus la bataille d'Austerlitz. Mais on utilise encore le code civil dont bon nombre d'articles n'ont pas été modifiés depuis sa création, en dépit des révisions partielles qui ont été opérées.

---

7. – Sur la genèse du code civil : François Terré : « *Dès le 5 octobre 1790, l'assemblée constituante affirma sa volonté de donner au Royaume un code général et la Constitution de 1791 contint même une disposition portant « qu'il serait fait un code des lois civiles à tout le royaume ». La Convention chargea Cambacérès et le comité de législation de préparer un projet : celui-ci fut déposé le 9 août 1793. Il fut rejeté comme étant trop compliqué et conservateur. Un deuxième projet déposé par Cambacérès le 23 fructidor an II, se bornait à poser des principes généraux et de caractère philosophique ; quelques articles seulement en furent votés. Sous le Directoire, Cambacérès devait, sans plus de succès, soumettre au conseil des Cinq Cents un troisième projet de code, ressemblant au précédant (24 prairial an IV). Après qu'un quatrième projet de code civil, élaboré par Jacqueminot au lendemain du 18 brumaire an VIII eut été à son tour abandonné, un arrêté des consuls du 24 thermidor an VIII (13 août 1800) chargea de la rédaction d'un cinquième projet une commission composée de quatre magistrats : Tronchet, président du tribunal de cassation, Bigot de Préameneu, commissaire du gouvernement près le tribunal de cassation, Malleville, juge au même tribunal, Portalis, commissaire du gouvernement près le tribunal des prises* » (*op. cit.* p. 70).

8. – Livre du Centenaire du code civil 2 volumes Paris 1904. Carbonnier, le code Napoléon en tant que phénomène sociologique, RRJ Aix 1981-3 p. 327 et suiv.

9. – Travaux de l'association Henri Capitant t XLIV La circulation du modèle juridique français. Filippo Ranieri l'influence du code civil sur les codifications du 19e siècle : essor et déclin d'un modèle européen, Mélanges Guido Alpa, British Institute of intern. Comparative Law 2007 p. 831 et s. El Hakim, l'impact du code civil français sur le droit des pays du Moyen Orient, Mélanges Malinvaud 2007 p. 179 et suiv.

10. – Cornu, mélanges Savatier Dalloz 1965 p. 157 la lettre du code à l'épreuve du temps. Cabrillac Études P. Catala Litec 2001, p. 73 le code civil à la fin du XXe siècle. Université de Paris II 1804-2004 le code civil Dalloz 2004.

b) Certaines matières dérivent du droit civil : c'est d'abord le DROIT COMMERCIAL[11] qui règle les rapports entre commerçants, et qui, s'il a emprunté au droit civil l'essentiel de ses règles, poursuit dans bien des domaines des principes qui lui sont propres[12]. C'est encore le DROIT RURAL qui règle les conflits entre propriétaires ruraux et fermiers[13].

C) Les « droits mixtes »

Certains systèmes combinent des règles héritées tantôt du droit privé tantôt du droit public. Il en va ainsi du droit pénal (1), du droit processuel (2) et du droit social (3).

1) Le droit pénal

Le droit pénal[14] a pour mission de punir l'individu qui s'est rendu coupable d'une infraction aux règles contenues dans le code pénal. Le code pénal définit en effet les comportements punissables et détermine également les sanctions corporelles ou pécuniaires. C'est la société, par la voix du ministère public, qui réclamera l'application d'une sanction destinée à punir le délinquant lors du procès pénal. On s'aperçoit qu'il existe un aspect de puissance publique dans le procès pénal (ne serait-ce que par la présence du ministère public au procès). Mais il existe aussi un aspect de droit privé dans ce procès ; le droit pénal garantit la sauvegarde des intérêts individuels (on sanctionne les coups et blessures ou le vol pour protéger d'abord l'individu) et permet à la victime d'obtenir au cours du procès pénal, réparation de son préjudice en se portant partie civile.

---

11. – Hamel, droit civil et droit commercial, Mélanges Ripert 1950, t II p. 261 Van Ryn, autonomie nécessaire et permanence en droit commercial, RTD Com 1953, p. 565. Alfandari, droit des affaires 1993.

12. – Le code de commerce de 1807, de moins bonne facture que le code civil, était « *déjà vieux à sa naissance* », selon la formule d'Escarra. Les rédacteurs de 1807 se sont contentés en fait de revoir « L'ordonnance sur le commerce » de Colbert de 1673. Sa révision sera effectuée par des lois importantes de 1867 et 1966 sur les sociétés, le droit de la faillite, le droit bancaire... Un « nouveau code de commerce » produit de la codification à droit constant, paraîtra en 2000.

13. – Le rassemblement des textes relatifs au droit rural, en un « code rural » est postérieur au code civil qui comportait cependant de nombreuses dispositions renvoyant au monde rural. V° Terre, le droit des villes et le droit des champs Mélanges Jean Foyer 2008 p. 971 et s.

14. – V° par exemple P. Conte et P. Maistre du Chambon, droit pénal général, 4e éd. 1999. Soyer, droit pénal général et procédure pénale, 14e éd. 1999 ; Robert, Droit pénal général Thémis, 3e éd. 1998.

2) Le droit processuel

Ce domaine du droit dont les notions ont été dégagées par Henri Motulsky, réunit toutes les branches du droit qui ont pour objet d'organiser le fonctionnement du procès. Procéder en justice, c'est accomplir les formalités nécessaires (action) pour porter à une juridiction la connaissance d'un litige et obtenir d'elle une décision (un jugement). Dans la mesure où le droit processuel propose une réflexion à partir des règles de PROCÉDURE CIVILE (qui régissent le procès civil) de CONTENTIEUX ADMINISTRATIF (qui régissent le procès administratif) ou de PROCÉDURE PÉNALE (qui régissent le droit pénal) on comprend que l'on classe le droit processuel parmi les matières mixtes[15].

3) Le droit social

Le droit social regroupe enfin le DROIT du TRAVAIL et de la SÉCURITÉ SOCIALE[16]. Le droit du travail est formé des règles qui définissent la condition du travailleur salarié, dans les conflits individuels ou collectifs qui peuvent l'opposer à son employeur à propos du contrat de travail. Le droit de la sécurité sociale est formé des règles qui garantissent les travailleurs contre les risques sociaux. Si initialement le droit social était un droit purement privé, régi par les règles du code civil, on comprend facilement aujourd'hui qu'on ne peut plus raisonner ainsi. Certains éléments de droit public interviennent (inspection du travail, organisation administrative de la sécurité sociale) qui nous forcent à classer le droit social parmi les matières mixtes.

SECTION II. UN INSTRUMENT DE FORCE (LE GLAIVE)

Ce caractère obligatoire se traduira par le fait que toute règle de droit, toute norme juridique est assortie d'une sanction émanant de l'autorité étatique[17]. En cela, la règle de droit se distingue de la règle morale ou de la règle religieuse. La règle morale est une règle de conscience individuelle par laquelle une personne définit son comportement. Son caractère obligatoire relève de la psychologie de l'individu. Le manquement à la règle morale n'est en tout cas

15. – Cornu et Foyer, procédure civile, 2e ed. 1996. S. Guinchard, *Les métamorphoses de la procédure à l'aube du troisième millénaire. Clés pour le siècle*, Dalloz 2000 p. 1135.
16. – G. Lyon Caen, J. Pélissier, et Supiot, Droit du travail, 19e édition 1998, et Couturier, droit du travail, T 1 3e édition 1996, T 2 2e édition 1993. B. Teyssié, droit du travail 2 Vol 2e éd. 1992-1993. J.-J Dupeyroux, Droit de la sécurité sociale 13e édition 1998.
17. – V° à ce sujet : Ph. Jestaz, La sanction ou l'inconnue du droit, D 1986 chron. 197 et suiv. Rivero, sur l'effet dissuasif de la sanction juridique, Mélanges Raynaud, 1985 p. 675 et suiv. Comp. Jeammaud, La règle de droit comme modèle, D 1990 chron. 199 et suiv.

pas sanctionné par l'État. La règle religieuse peut paraître de son côté obligatoire car elle paraît assortie de sanction... mais cette sanction – si tant est qu'elle existe – émane de Dieu. Elle n'émane pas de l'autorité étatique.

Nous adopterons cette définition classique de la règle de droit, même si elle est contestée aujourd'hui[18]. Car c'est bien la crainte de la sanction qui anime le justiciable. C'est sa première préoccupation. « *Ai-je enfreint la règle ? Et si oui, qu'est-ce que j'encours ?* » Cette question simple est souvent posée à l'avocat qui devra pour y répondre, se demander d'abord si la règle de droit alléguée existe bien et s'il est exact qu'elle n'a pas été respectée, avant de s'interroger sur la sanction prévisible. Parvenir à distinguer ce qui est obligatoire sous peine de sanction, de ce qui ne l'est pas nous semble dès lors fondamental. Celui qui n'a pas enfreint la règle ou (ce qui revient au même) qui a enfreint une disposition qui n'est pas une règle, ne sera pas sanctionné par le droit et pour lui, c'est ce qui importe. C'est pourquoi il nous semble capital de discerner précisément les dispositions obligatoires assorties de sanctions, de celles qui ne présentent pas ce caractère. Et selon nous, il ne peut pas y avoir de catégories intermédiaires (c'est-à-dire de dispositions à moitié obligatoires, de normes non assorties de sanctions...). Ou une disposition obligatoire est assortie de sanction – et on la qualifie de norme ou de règle – ou elle ne l'est pas et on la qualifie alors autrement. C'est bien la sanction qui est en effet le « garant de l'efficacité de la norme »[19].

Le caractère OBLIGATOIRE de la règle de droit va se traduire de différentes manières. Comme l'observe Kelsen, des « organes d'application du droit » (huissier, force publique...) interviendront pour mettre en œuvre la sanction du manquement à la norme juridique. Ce qui souligne d'ailleurs l'originalité de

18. – Terre *op. cit.* p. 43. Et aussi Philippe Jestaz qui qualifie la sanction « *d'inconnue du droit* » article précité. V° également Catherine Thibierge (sous la direction de) « La force normative » Bruylant 2009. L'auteur se demande avec tous ceux qui ont contribué au travail, si la sanction caractérise bien la norme : « *Est-ce toujours la sanction, la contrainte, leur caractère obligatoire ? Comment expliquer alors l'indéniable force des normes qui en sont pourtant dépourvues, la force des articles premiers de lois, des directives non transposées, des recommandations d'autorités de régulation, des lignes directrices, des directives administratives, d'avant-projets de réforme du droit des obligations, de rapports, comme le rapport Dintilhac, et autres instruments déclaratoires ? Et parmi les normes obligatoires et sanctionnées, est-il possible de discerner divers degrés, voire diverses natures de force, sans plus confondre force obligatoire et force contraignante ? Peut-on concevoir la force des normes en droit en un spectre qui exprime ses multiples couleurs et variations, de l'impératif à l'incitatif, de l'obligatoire à l'inspiratoire ?* »

19. – Kelsen, Théorie générale des normes, p 183 et suiv. (efficacité, validité et positivité)

la règle de droit par rapport à la règle morale qui s'applique directement sur l'individu[20].

La règle peut d'abord s'imposer, à peine de châtiment corporel ou pécuniaire. C'est ce que l'on pourrait appeler la « *sanction punition* » qu'illustre la règle pénale. L'auteur d'une infraction au code pénal sera puni, tantôt d'une amende, tantôt d'un emprisonnement. Le code pénal nous donne la liste des infractions aux règles de la vie en société, ainsi que leurs sanctions... Mais le caractère obligatoire de la règle peut se traduire d'autres manières. Certaines règles civiles s'imposent ainsi à peine de nullité absolue ou relative. Deux personnes passent un contrat en violation de la règle : l'acte sera annulé. Il disparaîtra non seulement pour l'avenir, mais ses effets passés encore seront rétroactivement effacés. On fera comme si l'opération contraire à la règle n'avait jamais existé. C'est ce que l'on pourrait appeler la « *sanction réparation* ». Le caractère obligatoire de la règle de droit pourra enfin se traduire par l'intervention de la force publique. Voici un locataire qui se trouve condamné à déguerpir des lieux loués. Le propriétaire, fort de la décision rendue devenue exécutoire, pourra contraindre le locataire à quitter les lieux, au besoin par le recours à la force publique. C'est la « *sanction exécution* ». Exécution, réparation, punition traduisent le caractère coercitif de la règle de droit.

Une règle de droit est donc une RÈGLE OBLIGATOIRE, CONTRAIGNANTE, ASSORTIE D'UNE SANCTION ÉMANANT DE L'AUTORITÉ ÉTATIQUE.

Le caractère coercitif est-il donc la caractéristique de la règle de droit ? Les doctrines positivistes l'ont affirmé. Deux noms que nous retiendrons illustrent ces doctrines : celui d'Ihéring et celui de Kelsen.

Pour Ihéring (juriste allemand du XIXe siècle : 1812-1892) la règle de droit ne peut être que contraignante : c'est dans sa nature même. Une règle de droit sans contrainte, « *c'est un feu qui ne brûle pas, un flambeau qui n'éclaire pas* ». Le droit n'est d'ailleurs pas « *une idée logique, mais une idée de force* » et cette

20.– Kelsen, Théorie générale des normes, p 67 et suiv. « *Si l'on sait que les normes juridiques ordonnant des actes de contrainte – les normes aussi bien générales qu'individuelles – sont adressées à des organes juridiques et non pas, ou du moins pas immédiatement, à des hommes dont le comportement est la condition de ces actes de contrainte, et si l'on rapporte « l'autonomie » non pas à la création mais à l'application des normes, alors on peut aussi parler d'autonomie du droit dans le sens où l'application des normes juridiques générales à des cas concrets n'est possible que par l'intermédiaire de la reconnaissance de ces normes par les organes d'application du droit...* »

force ne peut venir que de l'État, la contrainte étatique primant, pour Ihéring, toute autre forme de contrainte. C'est l'État qui se trouve à l'origine de la nécessaire force contraignante de la règle de droit.

Pour Kelsen[21] le droit est aussi une science normative[22]. Si la règle de droit doit être obéie, c'est parce qu'elle est imposée par l'État. Il faut donc obéir à la norme juridique si l'on ne veut pas être sanctionné. Ainsi définie, la règle juridique se diversifie dans un ordonnancement hiérarchisé. Les normes juridiques s'établissent en une sorte de pyramide à la base de laquelle se trouvent les arrêtés, puis les décrets, subordonnés eux-mêmes aux lois édictées par le législateur, lesquelles doivent être conformes à la Constitution. C'est l'État qui se trouve ainsi érigé en source première de la règle de droit. La Constitution peut donc être, pour Kelsen, la norme fondamentale[23].

On devrait donc en déduire que toute disposition qui n'est pas assortie de sanction étatique ne saurait être qualifiée de règle de droit. Ainsi les usages de bienséance, d'éducation et de politesse auxquels il est habituel de se conformer, sont des règles de mœurs relevant essentiellement de la sociologie (manière de vivre, de se saluer, de s'habiller...)[24]. Il est possible qu'en ne se conformant pas à

21. – Kelsen « La théorie pure du droit », trad. Eisenmann, 1962.

22. – « *La connaissance juridique a pour objet les normes qui ont le caractère de normes juridiques et confèrent à certains faits le caractère d'actes de droit (ou d'actes contre le droit). En effet, le droit, qui forme l'objet de cette connaissance, est un ordre ou règlement normatif de l'action humaine, c'est-à-dire un système de normes qui règle la conduite d'êtres humains. Le mot norme exprime l'idée que quelque chose doit être ou se produire, en particulier qu'un homme doit se conduire d'une certaine façon* » ibid. p. 6.

23. – Kelsen : « *Pour exprimer la relation en question, on peut utiliser l'image spatiale de la hiérarchie, du rapport supériorité subordination : la norme qui règle la création est la norme supérieure, la norme créée conformément à ses dispositions est la norme inférieure. L'ordre juridique n'est pas un système de normes juridiques placées toutes au même rang mais un édifice à plusieurs étages superposés, une pyramide ou hiérarchie formée, pour ainsi dire d'un certain nombre d'étages ou couches de normes juridiques. Son unité résulte de la connexion entre éléments qui découle du fait que la validité d'une norme qui est créée conformément à une autre norme repose sur celle-ci ; qu'à son tour, la création est aussi réglée par d'autres, qui constituent à leur tour le fondement de sa validité ; et cette démarche régressive débouche finalement sur la norme fondamentale – norme supposée. La norme fondamentale hypothétique est par conséquent le fondement de validité suprême, qui fonde et scelle l'unité du système de création* » ibid. p. 299.

24. – E. H Perreau, « Courtoisie, complaisances et usages non obligatoires devant la jurisprudence », RTD Civ. 1914, p. 481. Viandier, « La complaisance », JCP 1980, 1,2987. Marie Sandrine Giraudet, « Le Service d'amis en droit civil français », Thèse ronéo Paris II 1990. Sandrine Bey, « Le pourboire : étude juridique et sociologique ». RRJ 1999 2 p. 521.

ces règles, l'individu cause un préjudice à autrui, mais c'est d'autres règles que celles assumées par le droit que résulte la contrainte sociale[25].

Le problème posé par les positivismes est que pour eux, le caractère coercitif de la règle de droit se justifie en dehors de tout jugement de valeur. Le droit ne serait donc qu'un instrument qui permet au pouvoir politique d'assurer l'ordre. Et rien de plus. L'État de droit, c'est l'état qui gouverne par le droit[26].

Or peut-on s'en tenir à ce seul constat, cette unique définition instrumentale de la règle ? Le droit n'est-il qu'un instrument de contrainte ? N'y a-t-il de règle juridique qu'autant qu'il y a une sanction ? Nous ne pensons pas que la pensée positiviste « *qui ne fonde le droit que sur la force et sur l'État* » soit fausse. Nous pensons qu'elle est réductrice ou plus exactement incomplète. Elle fait en effet abstraction de la finalité du droit en ne donnant de celui-ci qu'une seule vision instrumentale (à moins évidemment de soutenir que la finalité de la règle de droit serait la contrainte et l'oppression... ce qui pourrait quand même paraître étrange)[27]. Au fond, le positivisme juridique réduit l'image du Droit au seul instrument qu'est le glaive. Selon nous si la sanction est la condition nécessaire pour qu'il y ait règle de droit, cette condition n'est toutefois pas suffisante. Il manque quelque chose.

Cette observation semble être commune à toutes les Sciences Humaines. C'est au fond comme si l'on réduisait la médecine au seul médicament, la chirurgie au seul scalpel, la chimie à la seule manipulation de l'atome... en faisant abstraction de l'objectif poursuivi par celui qui soigne ou découpe le corps humain, ou qui étudie la matière. Or peut-on faire abstraction du but

25. – V° Pour le port du foulard islamique : Minot, Droits de l'homme et neutralité de l'État, À propos de l'affaire du foulard, Rev. Adm. 1990 pages 32 et suiv. On rappelle cependant que la n°2010-1192 du 11 octobre 2010 est applicable depuis le 11 avril 2011. Elle interdit (sauf exceptions) « toute dissimulation du visage sur la voie publique ainsi que dans les lieux ouverts au public ou affectés à un service public ». Elle interdit donc le port de la burqa. La circulaire d'application est du 2 mars 2011.

26. – J.Chevalier « l'État de droit » Montchrestien Clefs 2010. Heuschling, « État de droit, Reichstadt, rule of Law » Paris Dalloz 2002

27. – Bernard Beignier Introduction générale au droit p 47 « pour Kelsen, l'État ne peut être distinct du droit, pour l'excellente raison que ce n'est pas de l'État que procède le droit, mais bien au contraire, c'est le droit qui fait l'état. L'état, c'est la puissance du droit et non la puissance engendrant le droit. L'on en revient à la hiérarchie des normes : le contenant (la norme) répond nécessairement du contenu (par la hiérarchie de compétences). Le droit résulte du respect d'une procédure. Kelsen ne se préoccupe pas de juger le contenu de la règle, mais uniquement de la validité du processus de son élaboration. C'est en cela qu'il a pu baptiser sa théorie : « théorie pure du droit ». La forme est ici garante de la légitimité du fond sur lequel Kelsen récuse toute interrogation. C'est ce que l'on dénomme la théorie formelle de l'État de droit ».

poursuivi par celui qui manie l'outil qui lui est confié ? Le médecin peut facilement empoisonner son client, le chirurgien peut aisément le tuer… et le chimiste peut détruire le monde. Les sciences ne sont pas faites pour cela… Tout instrument mis entre des mains inexpertes ou malveillantes peut s'avérer être la pire des armes.

Toute activité scientifique – quelle qu'elle soit – ne peut être menée que si la motivation qui anime le scientifique et la finalité qu'il poursuit est juste… *« Science sans conscience n'est que ruine de l'âme »*. Mais si c'est la conscience qui guide l'individu et le différencie de l'animal qui n'obéit qu'à l'instinct, comment va-t-on la former ? Et qui doit la former ?

Nous pensons qu'on ne peut réduire le droit à un seul instrument de contrainte. Une telle démarche peut finir par inspirer l'inquiétude, comme l'a souligné Michel Villey : *« pour Kelsen, le juriste s'occupe des normes positives, existant en fait, effectives. N'importe lesquelles ; ce peut être indifféremment les principes de droit hitlérien ou du régime staliniste ou de la République de Weimar… »*.

En réduisant le droit à une seule fonction d'instrument de contrainte dénué de toute finalité, on permet la fabrication des dictateurs, car la contrainte devient synonyme d'oppression ou de terreur lorsque la règle n'est plus librement acceptée. Elle transforme surtout tous ceux qui servent l'État en des serviteurs en tutelle, dénués d'intelligence et de volonté. On peut prendre comme exemple la période hitlérienne. Hitler mit le droit au service d'une politique antisémite, et donc avec lui toute une administration et tout un système intellectuel et politique. Il ne faut en effet pas imaginer que les Juifs pendant la dernière guerre aient pu être déportés par des textes ou des décisions secrètes, prises à l'insu de tous et ignorées du public et de la communauté scientifique et juridique… Au contraire, ce sont bien des lois, des ordonnances et des règlements valablement publiés au journal officiel, qui répondent très exactement aux critères normatifs que nous serons amenés à décrire… que l'on mit au service d'une telle entreprise[28]. Quant aux

---

28. – Pour quelques textes antisémites concernant les universitaires et les étudiants en droit : Loi du 23 Juin 1941 : Le nombre des étudiants juifs admis à s'inscrire dans les établissements d'enseignement supérieur ne peut excéder 3 pour cent des étudiants non juifs. Sont inscrits en priorité : les orphelins des militaires morts pour la France, les décorés, les titulaires de la carte de combattant, les fils ou filles de décorés, les postulants issus de familles nombreuses et particulièrement méritants.
Décret du 16 juillet 1941 : *Réglementation en ce qui concerne les juifs de la profession d'avocat*. Les avocats ne peuvent dépasser deux pour cent de l'effectif total des avocats non juifs inscrits.

« serviteurs en tutelle » qui se sont contentés d'obéir aux ordres, ils ont pu pendant des années disposer de la vie et de la mort d'êtres sans défense, sans connaître la pitié ou la grâce, sans avoir l'impression de commettre le crime[29].

On peut d'ailleurs se poser la question suivante : ne faut-il avoir pour seul idéal de vie que la stricte obéissance à la loi ? Cet idéal semble assez limité et finalement assez médiocre. Ce peut être même quelquefois blâmable lorsque l'obéissance est aveugle ou calculée : peut-on avoir en même temps un casier judiciaire vierge et une conscience lourdement chargée ? Il est facile de confronter la loi à la Morale et de l'utiliser à des fins amorales. Une même situation peut être moralement critiquable et ne pas l'être sur le plan du droit. La vraie question nous paraît tenir au rôle du juriste confronté à de telles situations.

Loi du 19 décembre 1941. *Conditions d'admission des étudiants juifs dans les établissements d'enseignement supérieur.* Par dérogation, le postulant est admis à s'inscrire ou à suivre les cours si sa famille est établie en France depuis au moins cinq générations, et a rendu à l'État Français des services exceptionnels.

Huitième ordonnance du 29 Mai 1942 : *Signe distinctif pour les juifs* Les juifs doivent se présenter au commissariat de police pour y recevoir les insignes en forme d'étoile. Chaque juif recevra trois insignes et devra donner en échange un point de sa carte textile. Il est interdit aux juifs dès l'âge de six ans révolus de paraître en public sans porter l'étoile juive. L'étoile juive est une étoile à six pointes ayant les dimensions de la paume d'une main et les contours noirs. Elle est en tissu jaune et porte en caractères noirs l'inscription JUIF. Elle devra être portée bien visiblement sur le côté gauche de la poitrine solidement cousue sur le vêtement.

On peut lire de manière générale sur la question : « Les facs sous Vichy, étudiants universitaires et universités de France pendant la seconde guerre mondiale » Publications de l'Institut d'études du Massif Central Université Blaise Pascal Clermont II 1994, 370 pages. « Les lois de Vichy » Dominique Rémy, Éditions Romillat 1992, 255 pages.

29. – Kant disait : « *L'état de tutelle est l'incapacité de se servir de son propre esprit sans être guidé par autrui. On s'inflige à soi-même une telle tutelle lorsque cet état ne tient pas tant à un manque d'intelligence qu'à l'absence de volonté et de courage de se servir de son intelligence sans la soumettre à autrui* ». Emmanuel Kant écrivait ces mots 150 ans avant la victoire d'Hitler sur l'Allemagne et celle de Staline sur le communisme. Dans un état de tutelle, toute fonction devient un service hautement apprécié. Mais les serviteurs ont une tâche aisée : ils n'ont pas de doute à surmonter et ce n'est pas à eux de choisir un objectif. Ils n'ont pas besoin d'interroger leur conscience et ne sont pas forcés de lui répondre. Les hommes obséquieux, les serviles, n'ont qu'une chose à faire : obéir. Ils commettent l'acte le plus infâme quand on le leur ordonne. Et quand on leur demande raison par la suite, ils ont tous la même et unique réponse, la même irresponsabilité : « on nous a donné l'ordre et nous avons obéi ».

Section III. Un instrument juste (la balance)

Nous avons dit que la règle de droit n'est qu'un instrument. Mais un instrument ne peut être utilisé dans n'importe quel sens sinon il s'avère inutile ou dangereux. Choisissons l'exemple d'un couvercle de bocal. C'est un instrument. Celui qui le tourne dans le mauvais sens ne parviendra jamais à ouvrir le bocal qu'il finira au pire par briser. De même, le droit est un instrument qui doit être manipulé « dans le bon sens » sinon « avec bon sens ». À défaut, il est détourné de sa finalité (A). Mais quelle est sa finalité, sinon la justice (B) ?

A) Le détournement du droit de sa finalité : le mauvais sens.

Il est certain qu'en faisant abstraction de toute finalité, le même texte peut donner lieu à des lectures fort différentes : un panneau planté au bord de la route indiquant le chiffre « 80 » constitue en principe une incitation à ralentir... Peut-il être compris par le conducteur inexpérimenté comme un ordre donné d'accélérer jusqu'à la vitesse indiquée ? La manipulation dévoyée d'un texte ou d'un principe peut aboutir au résultat inverse de celui qui est recherché. (1) Tout comme le fait d'imaginer pouvoir ériger une tolérance en « droit à... ». Si tout ce qui n'est pas interdit est toléré, tout ce qui n'est pas interdit peut-il être pour autant encouragé et élevé au rang de droit subjectif ? (2)

1) La manipulation dévoyée du droit

Prenons quelques exemples :

- Toute la procédure pénale est fondée sur la présomption d'innocence. Ce qui veut dire qu'on est innocent aussi longtemps qu'on n'a pas été déclaré coupable. En droit pénal, c'est moins la commission de l'infraction que sa découverte qui importe. De telle sorte que celui qui a commis une infraction non découverte est innocent. Quel est cependant le fondement de la présomption d'innocence ? Est-il d'abord de protéger celui qui n'a rien fait contre toute accusation hâtive du pouvoir répressif ? Est-il au contraire de protéger le délinquant qui se cache et qui veut à tout prix échapper au juge ? Ces deux catégories de personnes se trouvent – de fait – protégées par la présomption d'innocence. Mais peut-on véritablement ériger en principe que toutes les dispositions assurant le respect de la présomption d'innocence sont mises au service des auteurs de faits répréhensibles non découverts ? Peuvent-elles être utilisées comme des instruments permettant d'empêcher ou de retarder la manifestation de la vérité ? Est-ce bien là leur finalité ? Évidemment non : le fondement de la présomption d'innocence est bien de protéger celui qui n'a rien fait contre l'accusation hâtive. Toute l'histoire de la présomption d'innocence témoigne qu'il n'y a rien de pire qu'accuser à tort une personne[30]. On ne retient d'ailleurs que les erreurs judiciaires...[31] Et c'est pourquoi la procédure pénale est là pour éviter que l'instrument de répression qu'est le droit pénal ne serve d'instrument d'oppression sur les faibles. Elle est là pour garantir que le système de répression ne frappera que l'auteur d'infraction avérée, établie. Aussi, l'accusé doit disposer de toute une série de garanties protégeant la présomption d'innocence (respect des droits de la défense, délais raisonnables d'instruction, procès équitable etc.) pour en fin de compte bénéficier du doute si le doute persiste... Mais toutes ces garanties ne sont données à la personne que pour éviter à celui qui n'a rien fait d'être injustement condamné[32]. Elles n'ont pas été instituées pour empêcher ou retarder la manifestation de la vérité, en permettant aux auteurs d'infractions non découvertes d'échapper à la justice... Il vaut mieux dans le doute ne condamner personne plutôt que de condamner injustement un innocent... et tant pis si le doute peut laisser en ce cas nécessairement impuni l'auteur d'un fait.

- Le droit économique rassemble toute une série de matières diverses et complexes, comme le droit fiscal, le droit douanier, le droit pénal des affaires, le droit bancaire, le droit comptable... Toutes ces techniques sont en principe mises au service de la liberté des échanges et du commerce. Peut-on vraiment les analyser comme autant d'instruments mis au service de la fraude ? C'est pourtant ce que font les « délinquants en col blanc »... Le droit pénal des affaires nous montre que certains ont acquis une telle connaissance de la règle de droit (et de la manière particulière de s'en servir) qu'il faut former tout spécialement des juges d'instruction pour pouvoir les démasquer. Les plus grands fraudeurs peuvent être aussi de grands spécialistes du droit : les techniques du droit des sociétés permettent la constitution de « sociétés écran », le droit comptable est utilisé pour blanchir l'argent sale, le contrat de travail apparent peut devenir un procédé permettant de détourner l'argent de

30. – Robert Badinter « La présomption d'innocence. Histoire et modernité ». Mélanges Catala pages 134 et suiv. Litec 2001.

31. – Voltaire publie en 1763 son traité sur la tolérance à l'occasion de la mort de Jean Calas «... *En France, l'innocent qui a été plongé dans les cachots, qui a été appliqué à la torture, n'a nulle consolation à espérer...* ».

32. – La « protection de la présomption d'innocence » a fait l'objet d'une loi du 15 Juillet 2000.

l'assurance chômage... Il n'est pas rare de voir des délinquants avoir une connaissance du droit supérieure à celle de leurs conseils. Alors ?

- La combinaison de deux règles de droit, enfin, peut amener quelquefois la consécration d'une situation totalement immorale. On peut imaginer différents exemples : la présomption d'innocence combinée aux règles de la prescription, fera qu'un individu qui a commis un crime ou un délit qui n'a pas été découvert par le juge ne pourra plus être inquiété passés les délais de prescription. Comment pourrait-il en être autrement ?

Que doit faire alors le juriste ? Doit-il conseiller au criminel de se dénoncer pour être en paix avec sa conscience ? Doit-il au contraire lui conseiller de se cacher en attendant que la prescription n'accomplisse son œuvre pour être en paix avec la loi ? Le juriste ne doit-il pas plus simplement (et plus lâchement ?) mettre l'individu face à ses responsabilités et à sa conscience en lui laissant le soin de décider seul de ce qui est bon et juste ? Que signifie l'expression : « *donner un conseil* » ?

2) Le droit imaginaire et le « droit à... »

Il arrive aujourd'hui fréquemment que le législateur se désengage : le phénomène est patent en droit de la famille, domaine dans lequel le législateur ne dit plus ce qui est bien ou mal et laisse à chacun le soin de se déterminer selon sa conscience. La tolérance législative a-t-elle pour effet de créer des droits subjectifs ? A-t-on systématiquement le droit de faire ce qui n'est pas interdit ? Tolérer, c'est être capable d'accepter ce que l'on désapprouve, c'est-à-dire ce que l'on devrait normalement refuser. On peut être tolérant face à ce qui nous dérange, par respect pour l'autre ou plus simplement pour la défense d'un idéal de liberté. Toute tolérance engendre-t-elle pour autant apparition d'un droit acquis ? La réponse n'est guère simple et est loin d'être certaine. Prenons quelques exemples tirés de la vie quotidienne :

- L'adultère reste un péché sur le plan moral ou religieux mais n'est plus une infraction pénale, ni une cause péremptoire de divorce. C'est toujours, en principe, une faute justifiant un divorce... Mais la procédure de divorce pour faute semble aujourd'hui marginalisée, et le « prix » de l'adultère paraît si bas... qu'on en arrive presque à douter de la volonté de vouloir le sanctionner comme si un devoir pouvait exister sans sanction. Peut-on pour autant parler de « droit à » l'adultère sans risquer de plonger dans la stupeur la victime qui a pu croire au caractère sacré du devoir de fidélité ? Une sanction civile aussi minime fut-elle est toujours une sanction et le dommage causé – à condition qu'il soit prouvé – doit toujours en principe être intégralement réparé.

- Par ailleurs, l'avortement est un crime pour la religion dominante mais il est présenté comme une liberté par la loi dès lorsqu'il intervient dans les douze premières semaines de grossesse. Et on parle volontiers de « droit à » l'avortement… Faut-il dès lors encourager les femmes enceintes à interrompre leur grossesse puisque « c'est leur droit » ? La loi sur l'IVG n'édicte pas un commandement. Et la provocation à l'avortement, comme la propagande antinataliste, sont toujours pénalement réprimées. Alors ?

- On ne peut légalement faire aucun reproche au concubin qui refuse assistance matérielle à sa concubine puisque – par définition – il n'y a pas de lien de droit entre concubins. De même, on ne peut juridiquement blâmer l'homme qui refuse de donner des aliments à un enfant dont il est pourtant l'auteur aux motifs qu'il n'a pas reconnu cet enfant. Il n'est pas obligatoire de reconnaître un enfant… Sachant que les mères célibataires perçoivent des avantages sociaux, faut-il dès lors conseiller aux pères naturels de ne pas reconnaître leurs enfants pour permettre à la mère de percevoir les allocations versées par la collectivité ? Ai-je le « droit » de ne pas reconnaître mon enfant aux seules fins que la mère « ait le droit » aux allocations de parent isolé ? Combien de couples en état de précarité ont tout naturellement recours à de tels stratagèmes ? Pourtant la fraude aux allocations est réprimée : celle qui prétend être isolée et qui en fait ne l'est pas doit en principe restituer ce qu'elle a perçu.

- Dans un domaine voisin, combien d'étrangers en situation irrégulière ont-ils recours à la technique du « mariage blanc » naturalisant ? Sachant qu'il existe un « droit » au mariage (érigé même au rang de liberté) que le mariage confère le « droit » au titre de séjour mais qu'une fois mariés les époux ont le « droit de vivre séparément sans qu'il soit porté atteinte à la communauté de vie » (art 212 C. civ.) peut-on déduire en combinant tout ceci qu'il existerait un « droit à » la conclusion d'un mariage sans communauté de vie… et donc un « droit » au mariage blanc ? Peut-on réduire le droit du mariage à une simple technique permettant à une personne qui ne veut pas vivre avec une autre, d'acquérir néanmoins un titre de séjour ? Le droit ne le dit pas. Au contraire, quand un mariage blanc est détecté, sa nullité est prononcée. Et celui qui l'organise est punissable pénalement[33] ?

33. – Lire Dominique Fenouillet « Le détournement d'institution familiale » Mélanges Philippe Malaurie éd. Defrénois 2005 pages 237 et suivantes. Rapp par exemple : Grillait Ponton : « Le détournement fiscal de l'adoption : entre le cœur et la raison » Dr. Famille 1999 chron. N°2. CA Bordeaux 10 Janvier 2001 RTD. Civ. 2002, p. 84 Obs. Hauser.

- Un dernier exemple achèvera de nous convaincre quant au caractère éminemment artificiel de la notion de « droit à » qui peut être abusivement utilisée : les relations incestueuses entre majeurs consentants ne sont pas pénalement interdites. La liberté sexuelle doit-elle, dès lors, conduire à l'établissement du « droit » pour tout majeur d'entretenir des rapports sexuels avec un ascendant consentant ? Peut-on déduire de l'inexistence de répression, l'existence d'un « droit à » l'inceste ? Bien plus, il est facile d'imaginer qu'un homme puisse épouser sa propre fille et qu'il ait d'elle des enfants légitimes... dès lors que le lien de filiation n'est pas établi entre elle et lui. Un enfant sans filiation ou plus simplement reconnu par un tiers peut juridiquement épouser son auteur. En droit, la parenté se résume bien souvent à une question d'état civil. Ai-je le droit d'épouser ma fille, au nom de la liberté du mariage, et aux seuls motifs que le lien de filiation qui me relie à elle n'est pas établi ? Ai-je le droit de lui faire un enfant, en invoquant mon « droit à » l'enfant ? Existe-t-il un « droit à l'enfant incestueux » ? Sur le plan moral la situation décrite est la plus horrible qui soit. Sur le terrain du droit, la situation ne paraît pas interdite aussi longtemps que la vérité demeure dissimulée... et l'on ne peut pas l'empêcher. Faut-il pour autant la défendre en l'élevant au rang de « droit à » ?

Tout ce qui n'est pas interdit par la loi n'est donc pas nécessairement louable ou convenable. Ce n'est pas parce qu'un comportement est toléré par le législateur qu'on doit en déduire qu'il serait générateur de droit subjectif. Il nous semble que l'on n'a pas le droit de faire n'importe quoi. Il nous semble que lorsque le droit objectif permet la lâcheté, l'immoralité ou la dissimulation de la vérité, il ne saurait être générateur de droit subjectif.

Comment gérer les difficultés présentées par un système totalement dérégulé qui laisse l'individu face à lui-même ? Il nous semble que la dérégulation est idéale lorsque la civilisation a fait son œuvre. Dans une société idéale, on doit pouvoir se passer de juges et de lois. Un pays civilisé n'a plus besoin de règles de droit puisque chaque individu sait ce qu'il doit faire. Mais avons-nous atteint le degré de civilisation qui nous permettrait de nous passer de lois et de tribunaux ? Les Français sont-ils civilisés ? On ne peut évidemment pas le dire, à l'heure où tout le monde s'accorde pour dénoncer « les incivilités » de toutes sortes[34] et la barbarie. Une première solution

34. – Fappani Fréderic, Les dossiers de l'éducation, Ces objets socio médiatiques qui nous gouvernent : les incivilités, éd. Cursus (2002) Jacques Trémintin, Qu'est donc devenue la délinquance juvénile ?, éd. Lien social. Publication n° 730 du 18 novembre 2004

consisterait à restaurer une politique d'ordre, en rétablissant des règles impératives. Une seconde réponse passe par l'éducation : si l'étude du droit ne permet plus de dégager le sens dans lequel la règle de droit doit être manipulée, peut-être alors faut-il redécouvrir les vertus de l'enseignement de la morale (ou de l'éthique... pour prendre un mot à la mode) aux fins de permettre aux personnes les moins bien éduquées (celles qui n'ont d'autres références morales que la loi...) de trouver des repères.

Peut-on objecter que l'éducation de la conscience relève de la morale et non du droit ? Peut-on étudier le droit sans étudier la morale ? Les deux notions paraissent liées : la conscience individuelle prédomine la manipulation de la règle et le droit le reconnaît volontiers. Nous trouvons une illustration de ce constat dans la reconnaissance par le droit de l'obligation naturelle[35]. Ce principe est ancien[36]. Il revient à dire que lorsqu'une personne s'est volontairement acquittée d'une obligation à laquelle elle n'était pas tenue juridiquement, mais que l'on peut qualifier de « *naturelle*[37] » le juge devra reconnaître que l'engagement souscrit est valable quoiqu'il n'ait pas de support juridique[38]. Celui qui a volontairement payé une dette prescrite ne pourra pas exiger restitution du paiement aux motifs qu'il aurait pu évoquer la prescription[39]. Celui qui a volontairement payé une dette de jeu (immorale) ne peut en obtenir restitution. Le principe est généralement rappelé dans le code

---

Jacqueline Finkelstein-Rossi, *Violences dans la cité: Mineurs, délits et incivilités*, PUF, 1999. Julien Damon, Les incivilités, Problèmes politiques et sociaux, N°836, 24 mars 2000, La documentation Française.

35. – Thomas, « Essai sur les obligations naturelles en droit français », Thèse Montpellier 1932. Flour, « La notion d'obligation naturelle et son rôle en droit civil », Travaux de l'association Capitant, T VII 1952, p. 813. Dupeyroux, « Les obligations naturelles, la jurisprudence et le droit », Mélanges Maury, 1960 T. II p. 321 et suiv. Michèle Gobert, « Essai sur le rôle de l'obligation naturelle », Thèse Paris éd.1957.

36. – J.J Dupeyroux, Mélanges Maury, Dalloz 1960 T 2 p. 321. Molfessis D.1997. Chron. 85. Rotondi, RTD Civ 1979, 1. « Sur l'engagement d'honneur » : Oppetit D.1979 Chron. 107.

37. – L'expression évoque le « droit naturel ». Nous y reviendrons. On observe que l'article 1100 du code civil (ord. 10 février 2016) dispose désormais que « les obligations... peuvent naître de l'exécution volontaire d'un devoir de conscience envers autrui ».

38. – Il y a ainsi obligation naturelle de l'auteur d'un enfant naturel à l'égard duquel le lien de filiation n'est pas établi d'entretenir cet enfant. Civ. 1re 30 juin 1976 D.1978 D 489 note Guiho ou encore d'un amant d'assurer l'avenir d'une concubine qu'il s'apprête à délaisser. Civ. 1re 6 Octobre 1959. D 1960 515 note Malaurie.

39. – Sur l'exclusion de la répétition du paiement d'une dette prescrite : Req.17 Janvier 1938 D. P 1940 1 57 Note Chevallier. Soc 11 Avril 1991. Bul Civ. V N° 192 RTD Civ. 1992 97 Obs. Mestre (paiement volontaire d'une dette de cotisations sociales qui, même prescrite, conservait sa cause dans l'obligation de cotiser).

civil dans le chapitre consacré au paiement : « *toute obligation suppose une dette. Ce qui a été payé sans être dû est sujet à répétition. La répétition n'est pas admise à l'égard des obligations naturelles qui ont été volontairement acquittées* »[40]. Celui qui a donc exécuté spontanément une obligation naturelle à laquelle il n'était pas juridiquement tenu ne peut s'en plaindre. Ceci nous montre que la conscience individuelle sert de fondement à l'engagement individuel. Et la conscience, c'est la faculté de discerner le bien du mal. C'est la conscience qui commande à l'avocat la manière de défendre son client. Le serment qu'il prête ne dit rien d'autre. Et à la Cour d'assises, les jurés statuent « en leur âme et conscience » et ne sont pas là pour faire une application mécanique de la règle de droit. Mais les robots dont on nous annonce l'arrivée et qui sont dotés d'une intelligence artificielle ont-ils une conscience ?

La règle de droit incite celui qui s'en sert à l'utiliser dans le bon sens. Il existe en quelque sorte un mode d'emploi de la règle, un sens dans lequel le droit doit être utilisé. Pour que le juriste ne devienne pas l'homme de la ruse et le droit la science du mal, il reste à définir la finalité du droit. Pour nous, elle est stigmatisée par la Balance, symbole de ce qui est juste.

B) La recherche de ce qui est juste : le bon sens

Celui qui a le pouvoir de créer ou de manier l'instrument qu'est la règle de droit poursuit en principe, un but. L'école des idéalistes estime qu'au- dessus de l'ensemble des règles qui constituent le « *droit positif* » existe un idéal. Mais lequel[41] ? La recherche du bien (par rapport au mal) peut constituer la finalité du moraliste. La recherche du bonheur peut constituer l'idéal de l'économiste[42]. La recherche du beau peut former la quête de l'artiste... L'idéal du juriste nous paraît différent : il s'agirait pour lui d'atteindre la justice, évoquée par la balance qui symbolise ce qui est JUSTE. Cette définition rappelle celle que donnait PLATON pour qui le droit est destiné à découvrir ce qui est

---

40. – Art. 1302 (ord. 10 février 2016).

41. – Celui qui a un marteau entre les mains peut avoir l'idée de détruire le bien d'autrui, ou peut au contraire poursuivre comme but de construire quelque chose, et d'être ainsi utile aux autres. Une chanson de Claude François disait, il y a une trentaine d'années : « *si j'avais un marteau, je cognerai le jour, je cognerai la nuit, j'y mettrai tout mon cœur* »... Il faut attendre le troisième vers pour comprendre que le chanteur utilise son marteau, non pas à des fins de violence (comme il pourrait le faire) mais à des fins utiles : il veut bâtir une ferme, une grange et une barrière, pour y mettre sa mère, ses frères et ses sœurs. Cet exemple nous permet de comprendre ce que l'on entend par FINALITÉ.

42. – C'est ce que l'on appelle l'utilitarisme : V° Michel Villey « L'utile et le juste » Archives de la philosophie du droit T XXVI 1981.

juste entre les hommes, mais aussi à l'intérieur de la conscience individuelle. (Platon souhaitait légiférer, et il a décrit dans *La République* une cité idéale, dotée d'une Constitution complexe, mais gouvernée par des sages agissant de telle sorte qu'il y ait une harmonie entre la justice et le droit). Le droit ne serait pas qu'un simple instrument de pouvoir, il n'aurait d'intérêt que par son contenu. Et celui-ci ne serait légitime qu'à la condition d'être juste. Que signifie l'idéal de Justice ? Comment définir ce qui est juste ?

1) La définition de ce qui est juste

Les différents sens de l'adjectif qualificatif « *juste* » donnés par le dictionnaire peuvent permettre de comprendre simplement ce que pourrait recouvrir l'idéal de justice.

Dans un premier sens, ce qui est juste est ce qui est « *conforme à l'équité, à la justice* ». En ce sens on dira « *une juste récompense, une sentence juste* ». Être équitable, c'est en effet respecter les droits de chacun[43]. Le mot ÉQUITÉ vient du latin *aequitas* qui veut dire « *égalité* » en évoquant aussi l'IMPARTIALITÉ. L'idéal du juriste pourrait-il donc être résumé par les mots « *liberté égalité fraternité* » stigmatisant la justice[44] ?

Dans un second sens, le mot juste évoque l'exactitude, la mesure et la précision. Est juste « *ce qui convient bien, qui s'ajuste bien, qui est tel qu'il doit être. De justes mesures, une juste proportion, des vêtements justes* ». L'exactitude évoque aussi la précision : une montre est juste. La décision juste n'est-elle pas aussi celle « qui s'ajuste bien » et de façon précise à la personne poursuivie ?

Dans un troisième sens « *est juste, ce qui est conforme à la raison et à la vérité* ». La VÉRITÉ, c'est ce qui est vrai, c'est ce qui s'accorde avec le sentiment que quelqu'un a de la réalité. En ce sens on dira : « *c'est juste* ! » C'est aussi en

---

43. – Bergel, Théorie du droit *Op. cit.* p. 33 « *Il faut admettre qu'il existe plusieurs acceptions de la justice et que, selon le cas, le droit s'attache à l'une ou à l'autre. L'analyse faite jadis par Aristote puis par Saint Thomas d'Aquin paraît encore la meilleure. Il y aurait alors trois espèces de justice « selon le genre d'altérité des sujets en présence ». Lorsque ceux-ci sont des personnes indépendantes l'une de l'autre, la justice qui les relie est dite alors commutative. Lorsque les sujets en présence sont une collectivité et ses membres, spécialement l'état et les citoyens, la justice est dite alors distributive pour ce qui est du par la collectivité à ses membres, légale pour ce qui est dû par les membres à la collectivité* ».

44. – V° G. Antoine, « *Liberté, égalité, fraternité ou les fluctuations d'une devise* », éd Unesco 1989. Borgetto, la devise « Liberté, égalité, fraternité » Que sais-je ? 1997 Sur la critique de la devise ; Alexandre Soljenitsyne Rep. Premier ministre, JO Sénat 23 décembre 1993 o 2453.

ce sens que le mot opposé au terme « *juste* » est celui de « *faux* ». Une opération fausse n'est pas juste. Un faux bilan ne fait pas état de la vérité. Un document faux n'est pas conforme à la vérité. Le rôle du juge n'est-il pas de faire apparaître la vérité ?

Un quatrième sens du mot évoque l'harmonie : « *se dit d'un son, même isolé, qui fait entendre des vibrations homogènes et harmoniques ou qui est exactement dans le ton. Se dit d'une voix, d'un instrument, qui donnent exactement les sons voulus* » Un chanteur a la voix juste. Un piano qui n'est pas juste est désaccordé. Le « *sommeil du juste* » évoque de son côté un sommeil paisible et profond.

L'idéal du juriste pourrait donc être d'assurer le bon ordre social[45], d'établir l'harmonie et l'équilibre entre les hommes par la recherche de la vérité.

Cet idéal peut paraître moins élevé que celui poursuivi par la règle morale ou religieuse dont le but est d'améliorer les consciences. Nous constatons d'ailleurs que le mot « *juste* » n'est pas synonyme de « *moral* » et encore moins de « *religieux* ».

Ce qui veut dire que l'on peut imaginer qu'un individu puisse avoir un casier judiciaire vierge et en même temps une conscience lourdement chargée.

Ce qui veut dire encore qu'il est possible d'imaginer qu'une loi soit votée pour assurer ou ramener la paix, l'égalité, l'harmonie sociale... tout en étant contraire aux principes posés par la confession dominante des hommes d'un pays, ou par le sentiment formant la morale commune. Nous pouvons tirer des exemples du droit de la famille et des personnes. Commençons par la législation sur l'avortement.

La législation sur l'IVG a été votée dans un contexte de relative violence : des mouvements revendiquaient le « *droit* » pour toute femme d'avoir recours à l'IVG, et l'abrogation d'une loi répressive qui paraissait désuète. La loi a été votée et le calme est revenu. Cette loi renvoie à la conscience individuelle de chacun (tant de la femme, qui choisit d'avoir recours à l'IVG, que du médecin qui peut refuser l'intervention en invoquant la clause de conscience). Chacun est donc libre d'agir comme il l'entend. La loi VEIL ne dicte pas un comportement... Elle n'ordonne pas aux femmes enceintes d'aller se faire avorter ! La loi VEIL ne dit pas non plus que l'interruption volontaire de grossesse est un acte conforme au bien ou au mal. Elle ne juge pas le comportement. Le législateur s'est donc désengagé, laissant la femme face à ses responsabilités. D'une certaine façon, la loi VEIL est juste parce qu'elle a rétabli

45. – Marie Laure Izorche « L'ordre et le droit » Mélanges Cabrillac 1999 pages 731 et s

la paix sociale et qu'elle assure l'égalité de toutes les femmes face à leurs responsabilités (antérieurement, certaines femmes se sentaient pénalisées par le fait de devoir garder un enfant qu'elles n'avaient pas toujours voulu et qu'elles ne pouvaient élever... tandis que d'autres pratiquaient le « *tourisme de l'avortement* » vers les pays tolérants, réservé aux plus favorisées). Mais cette loi est contraire aux principes posés par la religion catholique qui demeure la religion dominante en France. Pour la religion, la vie commence aux premiers instants de la conception et c'est pourquoi à ses yeux l'avortement demeure un acte criminel. Il est donc compréhensible que la loi VEIL puisse heurter la morale individuelle des uns. Cette loi est sans doute juste dans la mesure où elle place toutes les femmes sur un terrain d'égalité. Mais il n'est pas certain que la permissivité qu'elle instaure aboutisse au Bien. Mais qui peut dire ce qui est « bien » ?

2) L'appréhension de ce qui est juste

Comment savoir si celui qui a le pouvoir de faire ou de manier l'instrument de droit, l'utilise pour atteindre l'idéal de justice ? Rien n'est plus difficile : il a fallu attendre que la guerre soit sur le point de s'achever pour comprendre la folie hitlérienne. La vérité sur la politique allemande de l'époque n'est apparue pour la majorité des Français dans son horreur qu'après la guerre. Et ce n'est qu'aujourd'hui que l'on juge sévèrement les Français qui ont obéi ou collaboré au régime de VICHY... lorsqu'on les juge. Ce n'est qu'en 1993 que fut publiée par le Ministère de l'enseignement supérieur une étude précisant exactement le rôle des intellectuels et des universitaires pendant cette période troublée.[46] Seules de belles âmes sont capables de dire immédiatement si un acte est bel et bon. Le plus souvent pour la majorité des hommes, il faut le recul du temps pour apprécier ce qui est juste. La difficulté est qu'il est bien difficile de dire immédiatement si une politique ou une conduite sont justes ou ne le sont pas. L'historien peut avec le temps, apprécier ce qui a été bon et ce qui a été

46. – La revue de l'Université 1997/1998 N°13 pages 90 et suivantes : on y lit comme titres : « *Les éditions de France publient de nombreux ouvrages antisémites... La liste des universitaires collaborateurs reste à faire... La responsabilité des intellectuels est plus grande que celle des fonctionnaires... l'Université française a navigué entre complicité et collaboration... Les juristes apportent leur contribution au statut des juifs... les universitaires ont rejeté le principe d'humanité* ». L'étude (dont le caractère scientifique ne peut être contesté puisqu'elle est publiée dans la revue de l'Université, est édifiante et fort inquiétante. Elle est éclairante sur les dangers que représente le « pouvoir » scientifique... et pourrait enlever toute crédibilité à la doctrine. (V° nos développements pages 163 et suiv.).

mauvais. Le sociologue, le philosophe, le moraliste pourront sans aucun doute aider celui qui a le pouvoir d'obliger les autres, en lui suggérant des notions de justice. C'est aussi pour cela qu'il ne faut pas isoler le droit des autres sciences sociales[47], de la philosophie ou de l'histoire.

Le droit serait donc un instrument au service d'un pouvoir : on comprend dès lors que toute personne qui dispose du pouvoir d'obliger les autres doit être dotée de grandes qualités humaines... ou doit se faire entourer de personnes dotées de telles qualités, tant la notion de justice est impalpable. En d'autres termes elle doit être vertueuse. Comment acquiert-on la vertu ? Par l'élection ? Par la nomination ? Il nous semble que cette qualité s'acquiert avec le temps. Elle est le fruit de l'éducation, de l'expérience. Ce n'est pas parce qu'une personne est élue, nommée, décorée ou diplômée qu'elle est vertueuse. Il ne faudrait pas non plus, dans une vision critique, penser qu'aucun élu n'est vertueux... En fait, l'élection n'est pas un gage de vertu. Et cependant. Il faudrait réserver l'accès au pouvoir de faire le droit aux gens vertueux qui n'ont d'autre idéal que celui de justice. Le droit naît en effet d'une profonde exigence humaine, qui est présente en tous les hommes et qui ne peut se révéler étrangère ou marginale à aucun d'entre eux : il s'agit de l'exigence de justice qui est la réalisation d'un ordre équilibré des relations interpersonnelles et sociales, aptes à garantir qu'à chacun soit donné ce qui lui revient, et qu'à personne ne soit ôté ce qui lui appartient... La possibilité de donner son dû non seulement au parent, à l'ami, au concitoyen, au coreligionnaire, mais aussi à tout être humain simplement parce qu'il est une personne, simplement parce que la justice l'exige, cela est l'honneur du droit et des juristes... Mais comment faire et comment effectuer le bon choix ? Qui peut dire que telle personne est plus vertueuse que telle autre ? Il n'y a pas de diplômes de Vertu. Et même s'il y en avait, ils ne seraient pas significatifs. On méditera en tout cas la prière du Roi Salomon au début de son règne : « *donnez à votre serviteur un cœur plein de jugement pour gouverner, pour discerner entre le bien et le mal* ». Cette supplique résume tout : le droit n'est pas un seul instrument de pouvoir. Il a une finalité. Positivisme et idéalisme ne représentent pas deux écoles opposées mais au contraire complémentaires, comme le glaive ne peut être envisagé sans la balance.

Le rôle du juriste en tout cas est de veiller à ce que l'instrument qu'est le droit ne soit pas détourné de sa finalité par celui qui l'utilise. À cet égard, le

47. – Carbonnier, Sociologie juridique, Puf Quadrige 1994 et du même auteur, « Flexible droit », pour une sociologie du droit sans rigueur 10e éd. 2001.

juriste – comme tous les intellectuels – a dans la Société une place importante. L'individu aura en effet tendance à l'écouter et à suivre ses analyses, parce que l'on pense qu'il est un homme juste et sage en raison des études qu'il a suivies et de la profession qu'il a embrassée. De ce point de vue, le juriste est une véritable autorité. Mais c'est une autorité qui peut aussi s'avérer particulièrement dangereuse. Il a été démontré qu'au cours de la dernière guerre, la responsabilité des intellectuels était sûrement plus grande que celle des fonctionnaires. La politique antijuive de Vichy n'était évidemment pas le fruit d'une quelconque improvisation. Le régime n'est pas issu d'un vide qui se serait créé le lendemain de la défaite : au contraire, c'est parce que tous les esprits se sont mobilisés (écrivains, éditeurs, directeurs de journaux, universitaires) que le régime a pu s'imposer... N'est-ce pas l'un des plus grands juristes de l'époque qui, alors qu'il était secrétaire d'État à l'instruction, adressa une circulaire aux recteurs d'académie annonçant que l'ensemble des postes de la fonction publique était interdit aux juifs ? Et ceci annonce la dernière question :

C) Doit-on désobéir à la loi injuste ?

Le droit est donc l'alliance de ce qui est obligatoire et de ce qui est juste. Que se passe-t-il si une règle de droit – obligatoire – est prise... qui poursuit une finalité injuste ? Doit-on ou peut-on, désobéir ? Il est très difficile de dicter une réponse.

Ceux qui prônent la désobéissance ont-ils déjà été confrontés au problème ? La désobéissance à la loi injuste se paye souvent très cher... même si c'est elle qui fabrique pour l'histoire les martyrs et les héros. On songe à Antigone, condamnée pour avoir accompli son devoir au mépris des lois de la cité[48]. L'obéissance active aboutit à la fabrication de traîtres. Reste la passivité... qui conduit vite à la collaboration tacite[49].

Appartient-il à quelqu'un de dicter à l'autre une conduite individuelle[50] ? Il nous semble que lorsque l'homme est confronté à une situation qu'il juge

---

48. – Sophocle a mis dans la bouche d'Antigone cette admirable protestation contre la loi injuste : « *Non, je n'ai pas pu croire que ton édit eut assez de force contre les lois non écrites des dieux, lois inébranlables, pour te mettre toi mortel, au-dessus d'eux. Ah ! Elles ne sont pas d'aujourd'hui ni d'hier ces lois-là ! Elles ont été et elles seront toujours...* » (Antigone v.456 et s.).

49. – Saint Thomas d'Aquin fait une distinction : seule la loi positive contraire à la loi divine (loi éternelle) légitime la rébellion. Si elle n'est que contraire à la loi naturelle, mieux vaut la soumission que le désordre.

50. – Kelsen, Théorie générale des normes, chapitre 47 p 246 « La question : que dois-je faire ? »

injuste, il doit décider lui-même en son âme et conscience de la conduite à tenir. Il doit agir selon ce qui lui semble bon et bien, ce que lui dicte sa raison[51].

Et comment juger l'attitude de l'individu confronté à l'ordre injuste ? Faut-il punir celui qui a désobéi parce qu'il aurait dû appliquer la règle, sans en juger la valeur morale ? Faut-il au contraire punir celui qui a obéi à l'ordre injuste ? Et si oui, existe-t-il un avenir pour un système normatif qui accepterait une telle solution ? Cette problématique fut, en partie, celle du procès de Maurice Papon... En tout cas cette réflexion nous montre le danger présenté par un système où le droit est détourné de sa finalité. La règle de droit n'est pas faite pour être injuste[52]. Dès lorsqu'elle l'est, elle plonge celui qui y est soumis dans le plus profond embarras : il ne sait plus quoi faire. Il doit alors agir selon sa conscience et n'obéir qu'à elle seule. Mais il n'appartient à personne de dicter à autrui un ordre d'obéissance ou de désobéissance à la loi injuste. C'est en conscience que l'on doit accepter ou résister à la loi injuste.

Nous retenons donc que le droit est un INSTRUMENT DE CONTRAINTE mis au service de ce qui est JUSTE. Atteindre ce qui est JUSTE constitue donc la FINALITÉ poursuivie par celui qui manie l'instrument qu'est la règle de droit. On comprend pourquoi les deux notions doivent aller de pair : sans la contrainte, le droit ne peut atteindre son idéal. Mais sans idéal, la règle de droit n'est que répression.

On peut maintenant replacer la devise de la faculté de droit de Lille dans son contexte : Blaise Pascal lui-même nous dit que les deux notions sont indissociables : « *Il est juste que ce qui soit juste soit suivi, il est inévitable que ce qui est le plus fort soit suivi. La justice sans la force est impuissante. La force sans*

51.– Le pape Pie XI dans l'encyclique Firmissimam constantiam adressée aux évêques du Mexique, victimes de la persécution, réaffirmait le 28 Mars 1957 la légitimité de la résistance à la loi injuste : « *Si les pouvoirs constitués attaquent ouvertement la justice et la vérité, de telle sorte qu'ils ébranlent le fondement même de l'autorité, on ne voit pas de motif à blâmer les citoyens qui se groupent pour leur défense et la sauvegarde de la nation, n'employant que les moyens licites et adaptés contre ceux qui abusent de l'autorité pour faire tort à la chose publique... Les moyens doivent être proportionnés à la fin...* ».

52. – Kelsen, Théorie générale des normes, p 157 « ... *Les normes morales et les postulats socio politiques sont dirigés vers l'édiction de normes juridiques en tant qu'elles prescrivent aux individus qui posent les normes juridiques de donner un certain contenu aux normes qu'ils créent. Que l'acte (par lequel une norme juridique est créée) soit conforme à une norme morale ou à un postulat socio politique par le fait que la norme juridique reçoit ce contenu, ne constitue pas une « transformation » de la norme morale ou du postulat socio politique.... Le fait de poser une norme juridique dont le contenu est conforme à une norme morale ou une norme sociopolitique, est moralement ou socio politiquement bon. La norme morale ne change pas de caractère parce qu'un acte posant une norme juridique lui est conforme...* »

la justice est tyrannique. La justice sans force est contredite parce qu'il y a toujours des méchants. La force sans la justice est accusée. Il faut donc mettre ensemble la justice et la force et pour cela faire que ce qui est juste soit fort et que ce qui soit fort soit juste ».

Nous allons dans une première partie intitulée « le GLAIVE » nous demander comment l'on peut repérer ce qui est obligatoire de ce qui ne l'est pas. Quels sont les critères qui nous permettent de distinguer les dispositions auxquelles il faut impérativement obéir, de celles qui n'ont pas de valeur normative ? Cette question suppose une réponse précise. De même que l'on s'arrête au feu parce qu'il est rouge et que l'on passe lorsque le signal se met au vert, de même il nous paraît indispensable de savoir en vertu de quels critères une disposition juridique devient obligatoire. Pourquoi dois-je obéir à telle disposition et pas à telle autre ? Et qui sont les personnes investies du pouvoir normatif ? Sont-elles juristes ?

Puis, dans une seconde partie intitulée « la Balance » nous chercherons quelles sont les sources d'inspiration de la règle de droit, qui lui permettront d'atteindre la finalité qu'elle s'est assignée (c'est-à-dire ce qui est juste). Ces sources d'inspiration ne répondent pas aux critères normatifs que nous avons posés... car elles ne sont nullement obligatoires. Il est vrai que, s'il est facile de poser des paramètres permettant de distinguer ce qui est obligatoire de ce qui ne l'est pas, il est en revanche très difficile de dire ce qui est juste et ce qui ne l'est pas. La notion de JUSTICE ne ressort-elle pas du cœur, du sentiment, de l'intuition ou de la conscience ? Celui qui fait, ou qui applique la norme, doit être inspiré de ce qui est juste. La seconde partie sera donc pour nous l'occasion d'étudier les sources d'inspiration de la règle de droit. Ces sources nous paraissent échapper à tout paramètre. Il existe toute une série de dispositions n'ayant pas de valeur normative... qui pourtant servira de guide pour celui qui détient le pouvoir normatif. Une disposition qui s'inspirera de l'habitude, de la raison, de la conscience individuelle ne permettra-t-elle pas à celui qui a pour mission de faire ou de dire le droit, d'atteindre l'idéal de justice ? En tout cas, cette seconde partie sera aussi pour nous l'occasion de réfléchir sur le rôle du juriste : s'il ne dispose sûrement pas du pouvoir normatif, n'est-il pas en revanche celui qui peut guider le pouvoir normatif ? Le chien du berger peut contraindre les moutons à rester en ordre et pour ce faire il peut aboyer et mordre. Le berger en revanche est celui qui guide le troupeau vers ce qu'il croit être la bonne direction. On comprend que le berger a besoin du chien pour atteindre son but. Cette image ne nous permet-elle pas de discerner le pouvoir normatif, de la source d'inspiration de justice ?

Première partie
Le glaive

« Que la justice soit forte »

Préambule. – Énoncé des critères normatifs

Une règle ayant valeur de norme juridique est une règle obligatoire qui s'impose – nous l'avons dit – par la sanction étatique. Plutôt que de décrire les normes juridiques, souvent présentées par les positivistes dans une construction hiérarchique et pyramidale, nous allons nous demander comment reconnaître la disposition juridiquement obligatoire de celle qui ne l'est pas ? Il ne suffit pas d'affirmer qu'une règle est assortie de sanction. Il faut, selon nous, savoir pourquoi, à partir de quand et à quelles conditions une disposition peut être considérée comme une règle efficace assortie de sanction. Existe-t-il des paramètres permettant de repérer à coup sûr ce qui est obligatoire de ce qui ne l'est pas ? Comment distinguer la disposition normative parfaite et qui est efficace, de celle qui ne l'est pas ?

Prenons quelques exemples : tout le monde dit que la loi est obligatoire. Mais cela suffit-il ? À partir de quand et à quelles conditions une loi est-elle obligatoire ? Faut-il obéir à un projet de loi ? Faut-il obéir à une loi non encore promulguée et dont la constitutionnalité est discutée ? Faut-il obéir à une loi non publiée ? Doit-on encore obéir à la loi lorsqu'elle est abrogée ou lorsque l'on est en dehors du territoire français ? Un étranger doit-il obéir à la loi française ?

Ces questions que l'on pose à propos de la loi peuvent être transposées dans d'autres secteurs. On dit par exemple qu'il faut obéir à la décision de justice : ceci paraît évident. Comment pourrait-il en être autrement ? Pourtant ne faut-il pas aller plus avant dans l'affirmation ? Doit-on obéir à une décision non signifiée ? À celle qui résulte d'une copie officieuse ? À celle qui est périmée ? À celle qui contient une erreur de plume et qui rend la décision incompréhensible ? À celle qui ne nous concerne pas directement ? À l'avis d'un expert judiciaire ? À celle qui émane d'un juge étranger ?

Tout ceci nous montre qu'il y a des conditions à remplir, des degrés à franchir, pour qu'une disposition soit considérée comme obligatoire et qu'on ne puisse y échapper. Il convient de dégager des critères permettant de décrire la norme juridique parfaite, complète, finie. Ces critères ne peuvent être imprécis. La question « *cette disposition d'apparence juridique est-elle une règle assortie de sanction ? Dois-je lui obéir ?* » ne mérite pas de demi-réponse : c'est oui ou non. La réponse que l'on fera suppose une motivation, une explication. Il faut savoir pourquoi l'on doit obéir à tel texte et pourquoi à l'inverse il n'est pas nécessaire de se sentir obligé par tel autre. S'il est constant que ce qui forme le droit positif est obligatoire, encore faut-il savoir ce qui forme le droit positif. La démarche positiviste nous apparaît nécessairement précise.

Comment distinguer ce qui est juridiquement obligatoire de ce qui ne l'est pas ? Pour répondre à cette question (qui ne nous paraît pas avoir été traitée par la doctrine mais qui paraît pourtant indispensable), nous proposons un système composé de six critères cumulatifs qui forment, selon nous, les « critères de la norme juridique ». Une disposition qui ne répondrait pas à ces critères ne serait donc pas au moment où on l'envisage, obligatoire[1]. Quels sont-ils ?

1) Le premier est celui de L'AUTORITÉ dont émane la règle. Pour qu'un principe ait une valeur normative, il faut qu'il émane d'une autorité constituée, investie du pouvoir de créer la norme. En France, c'est la Constitution de la République qui détermine, ou qui donne les moyens de déterminer à l'intérieur du Pays, les autorités titulaires du pouvoir. Ceci signifie que nous considérons, à l'échelle interne, la Constitution comme la NORME FONDAMENTALE, car c'est elle qui détermine ou qui donne les moyens de déterminer les autorités qui seront, à l'intérieur du territoire français, investies du pouvoir de créer la norme[2]. Ce qui signifie aussi que l'on peut imaginer que la France s'accorde avec d'autres pays, dans le cadre de TRAITES, et qu'elle accepte de se soumettre à des normes supranationales, émanant d'AUTORITÉS instituées par les TRAITES. Nous plaçons donc les TRAITÉS INTERNATIONAUX parmi les normes fondamentales, aux côtés de la Constitution. Mais la règle

---

1. – Le système que nous proposons développe celui que nous avons précédemment proposé dans « Introduction générale au droit, pour une approche éthique » Préface du professeur Jean Bernard. (Presses universitaires du Septentrion 1998 épuisé) et pressenti dans « Les critères de la norme juridique » (Presses Universitaires de Lille 1993) épuisé.

2. – V° dans ce sens Kelsen Théorie générale des normes p 343 « *la constitution est... la norme fondamentale...* »

ainsi créée par l'autorité doit pouvoir s'appliquer : pour ce faire, d'autres critères doivent être réunis.

2) Le second critère est que la règle doit être OFFICIELLEMENT portée à la CONNAISSANCE des personnes intéressées. Une règle de droit ne peut en aucun cas être une règle secrète. Toute disposition qui n'aurait pas été portée officiellement à la connaissance des personnes visées, ne saurait être qualifiée de règle de droit. Un système permettant officiellement de porter la norme à la connaissance des personnes, ou permettant de présumer officiellement la prise de connaissance de la règle devra donc nécessairement être mis en place. Pour le comprendre, on aura le plus souvent recours à des FICTIONS ou des présomptions. Une fiction est « *un artifice de technique juridique... consistant à supposer un fait ou une situation différente de la réalité en vue de produire un effet de droit* »[3]. On imaginera donc un procédé, une technique qui permettra de présumer que l'individu a bien pris connaissance de la règle.

3) Le troisième critère, tiré du caractère obligatoire de la norme, est que celle-ci doit pouvoir s'imposer. Une disposition normative est une disposition qui est rendue EXÉCUTOIRE par une autorité distincte de celle qui l'a prise.

4) Pour avoir vocation au caractère normatif, une règle doit pouvoir être CONTRÔLÉE. C'est dire qu'une règle ne peut avoir vocation à s'appliquer que dans la mesure où elle est acceptée librement : permettre de contrôler la norme, c'est pouvoir envisager sa réformation ou son annulation. Mais c'est aussi présumer son acceptation une fois le contrôle effectué, ou une fois le délai pour exercer le contrôle dépassé.

5) Une règle ayant valeur normative ne peut être une règle inexacte. La norme a pour vocation d'être parfaite. Ce qui signifie qu'une erreur éventuelle contenue dans la règle doit être susceptible de faire l'objet d'une réparation, selon des modalités précises et officiellement décrites. De même, une norme floue a vocation à être officiellement interprétée. L'EXACTITUDE de la norme constitue le cinquième critère.

6) Enfin, une disposition normative est PRÉCISE, ce qui veut dire que son champ d'application est strictement limité. La première limite concerne l'espace. Une règle ayant valeur normative n'obligera les personnes qu'à

---

3. – Vocabulaire juridique de l'association Henri Capitant par Cornu 8e édition 2000 V° fiction. V° également Lecocq, *De la fiction comme procédé juridique*, thèse Paris 1914 ; R. Dekkers, la fiction juridique (étude de droit romain et de droit comparé) Bruxelles et Paris 1935. Perelman et Forrier, Les présomptions et les fictions en droit Travaux du centre national de recherches de logique Bruxelles 1974. Anne Marie Leroyer, Les fictions juridiques, thèse ronéo Paris II 1995.

l'intérieur d'un espace donné, précisément défini. La seconde limite concerne le temps : une règle ayant valeur normative s'appliquera à partir d'une certaine date jusqu'à une certaine date, comme le rappelle Kelsen[4]. La troisième limite concerne la ou les personnes visées par la règle. Une règle obligatoire aura tantôt une portée absolue, tantôt une portée relative. La règle qui a une portée absolue a vocation à s'appliquer pour tout le monde. La règle qui a une portée relative ne sera obligatoire que pour un (ou plusieurs) individus déterminés[5]. On peut aussi parler de norme individuelle ou générale.

Nous retiendrons donc ces six critères tout au long de notre étude, parce qu'ils nous permettent de distinguer ce qui est obligatoire de ce qui ne l'est pas. Mais le terme « OBLIGER » est lui-même susceptible d'avoir deux sens, selon la façon dont on le conjugue. L'individu peut ÊTRE OBLIGE, en raison d'une norme extérieure à sa volonté (TITRE 1). L'individu n'a, dans ce cas, d'autre possibilité que d'obéir à la norme, dès lors que celle-ci répond aux critères que nous avons posés. Mais l'individu peut également S'OBLIGER, c'est-à-dire qu'il sera tenu de respecter la règle qu'il s'est lui-même volontairement imposée TITRE II).

4. – Kelsen « Théorie générale des normes ». Page 191 « *Étant donné que le comportement humain, ainsi que ses conditions et effets, se déroule dans l'espace et dans le temps, il faut que la norme détermine dans son contenu et l'espace et le temps où se produisent les faits générateurs déterminés par la norme. On peut dire que tant que les normes réglant le comportement humain en général et par conséquent les normes juridiques en particulier, portent sur des processus spatio-temporels, la validité de ces normes a un caractère spatio-temporel. Affirmer qu'une norme est valide, c'est toujours affirmer qu'elle est valide pour un certain espace et un certain temps* ». V° également Kelsen, ibid. page 143 « l'abrogation, suppression de la validité d'une norme par une autre norme ». Sur le contrôle de la norme : rapp. Daniel Mainguy « de la légitimité des normes et de son contrôle » S. J 28 février 2011 p 250 et suiv.

5. – On dit quelquefois que la règle de droit est « abstraite et générale » ce qui reviendrait à dire qu'une disposition qui n'aurait pas de portée générale ne serait pas une règle de droit. Nous ne partageons pas du tout ce point de vue. Que veut dire d'abord le qualificatif « général » ? Un texte est-il de portée générale lorsqu'il s'applique dans tout le territoire ? Ou dans une fraction de celui-ci ? Et dans quelle fraction ? Nous pensons qu'il existe toute une série de dispositions qui méritent le qualificatif de « règle de droit » et qui pourtant ne s'appliquent que dans un secteur précis, pour une catégorie précise de personnes. Nous pensons encore qu'un contrat est une règle de droit à portée relative : c'est « la loi des parties ». V° Kelsen, Théorie générale des normes, page 9 : « *La norme peut avoir un caractère individuel ou général. Une norme a un caractère individuel si elle pose comme obligatoire un comportement déterminé pour un individu dans une circonstance particulière et unique. Par exemple : la sentence judiciaire selon laquelle Dupond le voleur doit être mis en prison pendant un an. Une norme a un caractère général si elle pose comme obligatoire un comportement déterminé en général : par exemple la norme selon laquelle tous les voleurs doivent être mis en prison* ».

Titre I – La norme subie

Nous allons étudier les dispositions obligatoires, extérieures à la volonté individuelle, et qui émanent des autorités investies du pouvoir normatif à l'échelle interne. Nous devons en quelques mots, évoquer les normes fondamentales qui déterminent les autorités investies du pouvoir de créer la norme. Nous avons cité à l'échelle interne la Constitution et sur le plan international le traité.

Préliminaire : Les normes fondamentales

A) La Constitution

La Constitution est au sommet de la hiérarchie des normes. Son étude ressort du cours de droit constitutionnel et c'est la raison pour laquelle nous ne nous y attarderons guère. Nous dirons simplement qu'une Constitution forme pour un État la norme fondamentale du pays. Tout État a en principe une Constitution. Celle-ci tend à régir complètement l'organisation et le fonctionnement des institutions. En France, c'est un texte du 4 octobre 1958 qui forme la Constitution de la 5eme République.

Notre Constitution contient d'abord les règles relatives à la Souveraineté, au Président de la République, au Gouvernement, au Parlement, aux traités internationaux, au Conseil constitutionnel. C'est donc bien la Constitution qui détermine les autorités investies du pouvoir normatif. Mais elle contient aussi d'autres dispositions fondamentales qui ont intégré « le bloc de constitutionnalité » depuis une décision du conseil constitutionnel en date du 16 juillet 1971[1]. Il en va ainsi de la Déclaration des droits de l'Homme et du Citoyen du 26 août 1789 placée en tête de la Constitution de 1791, qui figure

1. – GDCC n°18, D 1972 685 AJDA 1971 533 Note Rivero.

désormais dans le Préambule de la Constitution de 1958[2]. Il en va également ainsi du préambule de la Constitution de 1946 et des « principes fondamentaux reconnus par les lois de la République » aux contours assez flous[3]. On peut y ajouter les « droits et devoirs définis dans la charte de l'environnement de 2004 » qu'une loi constitutionnelle a rattachés à la Constitution[4].

B) Le traité

Si la Constitution forme à l'échelle interne, la norme fondamentale et définit les différentes autorités investies du pouvoir normatif en France, il reste que la France n'est pas seule au monde. Elle peut s'accorder, avec d'autres pays, sur certains points. Elle passe alors avec ce ou ces pays, un TRAITÉ. L'article 53-1 de la Constitution déclare que « *les traités de paix, les traités de commerce, les traités ou accords relatifs à l'organisation internationale, ceux qui engagent les finances de l'état, ceux qui modifient les dispositions de nature législative, ceux qui sont relatifs à l'état des personnes, ceux qui comportent cession, échange ou adjonction de territoire, ne peuvent être ratifiés ou approuvés qu'en vertu d'une loi* ».

La France peut-elle souscrire à un traité qui serait contraire à sa Constitution ? En principe non, car il est prévu que s'il apparaissait au Conseil constitutionnel qu'un engagement international comporte une clause contraire à la Constitution, l'autorisation de le ratifier ne pourrait intervenir qu'après la révision de la Constitution. C'est pourquoi nous plaçons les traités, comme la Constitution, à la place des normes fondamentales. Et les lois internes doivent donc être conformes – comme nous le verrons – aux traités internationaux.

Mais on peut imaginer que la France s'accorde avec d'autres pays, dans le cadre d'un traité, aux fins de créer une ou des institutions supranationales qui seront habilitées à prendre des dispositions qui s'imposeront aux pays

2. – « *Le peuple français proclame solennellement son attachement aux droits de l'Homme et aux principes de la souveraineté nationale tels qu'ils ont été définis dans la Déclaration de 1789 confirmée et complétée par le Préambule de la Constitution de 1946* »

3. – Rivero « les principes fondamentaux reconnus par les lois de la République » une nouvelle catégorie constitutionnelle. D 1972 Chron. 265 Matthieu et Verpeaux « La reconnaissance et l'utilisation des principes fondamentaux reconnus par les lois de la république et par le juge ». D 1997 chron. 219

4. – Charte de l'environnement Art 1 Du droit de l'Homme à un environnement sain, Environnement, avril 2005 comm. N°29 par Trebulle, RTD Civ. 2005 p. 470 obs. Judith Rochfeld.

signataires du traité et qui seront supérieures aux normes internes des pays signataires. C'est ce qui s'est passé en Europe. Les pays européens se sont progressivement accordés[5] aux fins de créer une institution supérieure capable de prendre des dispositions supranationales qui s'imposeront dans chaque État, quitte à aliéner en tout ou partie leur souveraineté nationale. Il a même été question en 2004 de donner une Constitution à l'Europe mais certains États, dont la France, ont refusé de ratifier le projet. La norme émanant de l'autorité européenne s'impose donc en France et c'est finalement le traité de Lisbonne, signé le 13 décembre 2007 entre les États membres de l'Union européenne[6] qui redessine les institutions de l'Union européenne et détermine leurs pouvoirs. Le traité de Lisbonne est entré en vigueur le 1er décembre 2009[7]. Nous ne pouvons dans le cadre d'un cours d'introduction au droit, étudier en détail le droit communautaire dont l'enseignement dépend d'un cours spécifique. Nous observons simplement que les six critères normatifs que nous avons dégagés s'appliquent.

5.– À la base du droit communautaire, se trouvent le traité de Paris du 18 Avril 1951 créant la CECA (communauté européenne du charbon et de l'acier) et les traités de Rome des 27 Mars 1957 instituant l'Euratom, et surtout la CEE visant à la Constitution d'un marché unique entre les six états signataires (15 au premier janvier 1995) impliquant une union douanière, une libre circulation des produits et des services, une protection de la libre concurrence, et l'instauration de politiques communes dans différents secteurs. Le traité de Bruxelles du 8 Avril 1965 a unifié les institutions communautaires, qui comportent le conseil des Ministres, la Commission, le Parlement européen et la Cour de Justice des communautés européennes, auxquels s'ajoute le Conseil européen. Citons encore les accords de Schengen signés le 14 Juin 1985 qui constituent une convention européenne destinée à faciliter par l'harmonisation les procédures de police et les systèmes informatiques, ainsi que la libre circulation des personnes à l'intérieur de l'espace Schengen. Depuis les accords de Maastricht des 9 et 10 décembre 1991, il n'est plus question de CEE, mais d'Union Européenne. Le traité d'Amsterdam du 2 Octobre 1997 a quatre objectifs principaux : donner la priorité à l'emploi et aux droits des citoyens, éliminer les derniers obstacles à la libre circulation, renforcer la sécurité, donner à l'Europe une voix plus forte dans les affaires mondiales. Le traité de Nice, enfin, signé le 26 Février 2001 et entré en vigueur le 1er février 2003 prévoit entre autres l'élargissement de l'union européenne, qui devrait passer de 15 à 25 membres, puis à 28 membres en 2005. Rappelons cependant que le projet de traité « établissant une constitution pour l'Europe », signé par les chefs d'états le 29 Octobre 2004 à Rome, n'a pas été ratifié par la France, puis qu'un refus a été exprimé lors du référendum organisé le 29 Mai 2005.

6. – 28 États sont membres de l'Union. Mais la Grande Bretagne a décidé de sortir de l'Union en juin 2016.

7. – À la différence du traité constitutionnel de 2004, qui remplaçait les deux grands traités par un texte nouveau, le traité de Lisbonne conserve les traités existants tout en les modifiant en profondeur : le traité de Rome (1957) instituant la communauté européenne est rebaptisé : « traité sur le fonctionnement de l'Union européenne ». Le traité de Maastricht (1992) sur l'union européenne.

1) Le premier critère que nous avons posé est celui de l'autorité investie du pouvoir de créer la norme. C'est le traité de Lisbonne qui définit ces autorités qui se trouvent investies du pouvoir normatif : il s'agit du PARLEMENT EUROPÉEN, du CONSEIL EUROPÉEN et de la COMMISSION.

- Le parlement européen est la seule institution de l'union européenne élue directement par les citoyens[8]. Il est composé de 751 députés. Il n'avait autrefois qu'un rôle purement consultatif, mais avec le traité de Lisbonne, il a acquis – entres autres choses – un pouvoir de codécision dans un grand nombre de domaines[9], qui le place sur un pied d'égalité avec le conseil européen dans le cadre de la « procédure législative ordinaire ». Dans le cadre de cette procédure de codécision, le parlement se prononce en première lecture sur une proposition de la commission. Il donne son avis sur la proposition à la majorité simple. Si le conseil approuve, l'acte peut être adopté[10].

- Le Conseil européen[11] réunit les chefs d'État ou de gouvernements des États membres, son Président, le Président de la Commission[12] et le haut représentant de l'Union pour les affaires étrangères et la politique de sécurité. Le président du Conseil Européen est élu par le Conseil à la majorité, pour deux ans et demi[13]. Il représente l'Union européenne. Le Conseil européen est investi du véritable pouvoir normatif.

---

8. – Le parlement européen représente les 500 millions d'habitants des 28 états membres de l'Union européenne (UE). En tant qu'institution représentative des citoyens européens, le Parlement constitue l'un des principaux fondements démocratiques de l'Union européenne.

9. – Avec le traité de Lisbonne, la « procédure législative ordinaire » concerne 85 domaines (soit 41 de plus que le traité de Nice). L'agriculture et la pèche, la liberté, la sécurité et la justice, ainsi que la politique commerciale commune, entre autres, sont désormais régies par le processus de codécision.

10.– À côté de la procédure ordinaire, le Parlement intervient à travers deux procédures spéciales : la procédure d'approbation, qui ne permet pas au parlement d'amender un texte mais lui donne de fait un droit de veto dans certains domaines, tels que l'investiture de la Commission, l'adhésion à l'Union, la signature d'accords internationaux ou la coopération judiciaire en matière pénale ; et la procédure de consultation, obligatoire dans une cinquantaine de domaines, qui permet au parlement de donner son avis qui toutefois n'est juridiquement pas contraignant.

11. – À ne pas confondre avec le Conseil de l'Union européenne qui réunit les ministres de l'Union.

12. – Le président de la Commission européenne est actuellement Jean Claude Juncker.

13. – Le principe de la présidence tournante tous les six mois devenait avec les différents élargissements difficilement gérable dans une Union européenne à vingt-huit pays : chaque pays ne l'exercera que tous les treize ans et demi. C'est entre autres pour cette raison que le Traité modificatif entré en vigueur le 1er décembre 2009, prévoit l'élection d'un président du Conseil européen disposant d'un mandat de deux ans et demi, renouvelable une fois. Il s'agit d'assurer une visibilité et une permanence du Conseil

- La Commission européenne de son côté soumet ses propositions au Parlement européen et au Conseil de l'Union. Un acte « législatif » de l'union ne peut, sauf exception, être adopté que sur proposition de la Commission. Mais la Commission européenne est aussi l'organe exécutif de l'Union européenne. C'est elle qui met en œuvre les actes « législatifs » adoptés par le Parlement et le Conseil[14].

Le pouvoir normatif des institutions européennes se traduit par des RÈGLEMENTS, des DIRECTIVES, des DÉCISIONS. Comprenons bien la différence existant entre chacun des actes :

Le règlement « *a une portée générale, et il est directement applicable en tous ses éléments dans tous les États membres* ». C'est sans doute l'acte le plus important de bloc de la légalité de la Communauté. Il est à l'échelle communautaire, ce qu'est la loi à l'échelle interne. Le règlement est obligatoire dans tous ses éléments, c'est-à-dire non seulement quant aux objectifs visés, mais aussi quant aux moyens utilisés pour les atteindre. Il est donc d'application immédiate dans tous les pays de la communauté et confère aux particuliers des droits que les juridictions nationales ont l'obligation de protéger[15].

La directive, en revanche, lie tout État membre destinataire quant au résultat, mais laisse aux instances nationales le choix de la forme et des moyens pour l'atteindre. Au fond, la directive ressemble à une loi qui attendrait un décret d'application[16]. La directive peut être un acte général ou individuel, mais elle s'adresse aux États membres et est appliquée par l'intermédiaire des États membres. La directive laisse donc aux États membres le choix des moyens à utiliser pour atteindre l'objectif visé. La loi interne doit donc servir de relais à la directive ; on se demande alors quelle peut être la portée de cet acte

---

européen, c'est-à-dire des chefs d'État ou de gouvernement. Le belge Herman Van Rompuy fut le premier à accéder au poste selon cette méthode. Il est entré en fonction le 1er janvier 2010. Donald Tusk est l'actuel président, arrivé en poste en décembre 2014.

14. – La commission est également la « gardienne des traités ». Elle veille, sous le contrôle de la CJUE, à l'application correcte des traités et des décisions prises pour la mettre en œuvre. En cas d'inapplication ou de mauvaise application du droit communautaire par un État membre, la commission peut saisir la CJUE afin que celle-ci prononce des sanctions à son encontre.

15. – C.J.C.E 7 février 1973 Com. c. Halle aff.39/72 Rec.101.

16. – J. Boulouis, sur une catégorie nouvelle d'actes juridiques : les directives. Mélanges Eisenmann 1975 p. 191 et s. Galmot et Bonichot, la C.J.C.E et la transposition des directives en droit national, Rev fr. dr. adm. 1988 p. 1. Leitao, l'effet direct des directives : une mythification ? RTD Eur, 1981, p. 425. Rodios, considérations sur la fonction et l'application des directives communautaires. Bruxelles 1993.

intermédiaire. L'État membre est-il tenu, oui ou non, d'exécuter la directive ? En l'absence de mesures complémentaires d'exécution, la directive peut-elle quand même produire un effet dans l'État réticent ? C'est en ce sens qu'est allée la Cour de Justice de l'Union européenne[17].

La décision communautaire est obligatoire en tous ses éléments pour le destinataire qu'elle désigne et qui n'est pas nécessairement un État, mais qui peut être un individu, ou une entreprise. La décision est donc un acte individuel obligatoire. Lorsqu'elle s'adresse à un individu, elle ressemble à l'acte administratif de droit interne que nous étudierons plus tard. Lorsqu'elle s'adresse à un État, elle ressemble alors à une directive.

2) Le second critère est celui de la CONNAISSANCE. Nous avons dit que l'une des particularités de la norme est qu'elle ne peut être secrète, et qu'elle n'est obligatoire que dans la mesure où on la connaît officiellement ou que l'on peut officiellement présumer qu'on la connaît. La norme européenne n'échappe pas au principe : les règlements de portée générale sont publiés au Journal officiel de l'Union Européenne[18]. Les directives et décisions individuelles, sont portées officiellement à la connaissance de leur destinataire par la NOTIFICATION. La Cour de Justice de l'Union européenne juge qu'un « *principe fondamental dans l'ordre juridique communautaire exige qu'un acte émanant des pouvoirs publics ne soit pas opposable aux justiciables avant que n'existe pour ceux-ci la possibilité d'en prendre connaissance* » (CJCE 25 Janvier 1979 Recueil de la CJCE p 69). Et la Cour ajoute que ceci ne concerne que les dispositions normatives, soulignant l'importance du critère. Ces procédés ne sont que la transposition de ce que l'on connaît en droit interne, et que l'on développera plus tard.

3) Le troisième critère que nous avons posé est celui du CONTRÔLE. Pour avoir valeur normative, une disposition doit pouvoir être contrôlée dans sa légalité, ce qui permet de présumer son acceptation une fois le contrôle effectué, ou le délai pour effectuer ce contrôle écoulé. Le contrôle des normes européennes peut être effectué devant la COUR de JUSTICE de l'UNION

17. – V° Manin, l'invocabilité des directives : quelques interrogations. RTD Eur. 1990 p. 669 et suiv.

18. – Le *Journal officiel de l'Union européenne* ou *JOUE* est une publication périodique publiée par l'Office des publications de l'Union européenne. Il a succédé au *Journal officiel des Communautés européennes* après l'entrée en vigueur du traité de Nice. Il est publié chaque jour ouvrable dans toutes les 23 langues officielles de l'Union européenne. Il comporte trois séries : la série L, reprenant la législation européenne ; la série C, reprenant les décisions judiciaires des instances communautaires ; la série S, reprenant les avis de marchés publics.

EUROPÉENNE. (Ex : C.J.C.E) Celle-ci siège à Luxembourg ; elle est composée de 15 juges assistés de neuf avocats généraux. Elle peut siéger dans ses formations en chambre, ou en assemblée plénière. On peut ainsi imaginer que la Cour de Justice soit saisie d'une ACTION tendant à obtenir l'ANNULATION d'un acte émanant de l'autorité communautaire. Mais la nullité du règlement peut aussi être obtenue par voie d'EXCEPTION.

4) L'EXACTITUDE de la norme supranationale, au sens où nous l'avons entendue, ressort du procédé de l'ERRATUM publié au journal officiel des communautés européennes, selon une technique qui ne paraît pas fondamentalement différente de ce que l'on connaît en droit interne.

5) Les dispositions normatives supranationales sont EXÉCUTOIRES. Ainsi les décisions de justice émanant des institutions des communautés européennes sont rendues exécutoires en France par l'apposition de la formule exécutoire du Garde des Sceaux (comme nous venons de le voir : art. 1 du décret n°77533 du 18 mai 1977) ou par le magistrat ou fonctionnaire ayant reçu délégation de signature. Quant aux directives, elles sont rendues exécutoires par chaque État membre.

6) La PRÉCISION enfin de la norme supranationale résulte de sa portée, tantôt absolue, tantôt relative. Le règlement a ainsi une portée absolue et s'adresse à des catégories de personnes envisagées de façon abstraite et générale. Il entre en vigueur à la date qu'il indique ou à défaut, vingt jours après sa publication au journal officiel. La directive vise expressément son destinataire, et entre en vigueur à compter de sa notification.

Les dispositions normatives à l'échelle supranationale paraissent bien répondre aux critères que nous avons posés. Il est en tout cas acquis que les dispositions supranationales, qui ne répondent pas aux critères que nous avons posés, n'auront pas de valeur normative. Il en va ainsi des avis ou des recommandations, non publiés au journal officiel.

Le droit communautaire prime-t-il le droit national ? Il semble qu'il faille l'admettre : le traité de Maastricht du 7 février 1992, puis le traité d'Amsterdam du 2 Octobre 1997 ont entraîné d'importants transferts de souveraineté et ont d'ailleurs nécessité pour cela deux modifications de la Constitution. Le Conseil d'État a affirmé la primauté sur les lois nationales non seulement des règlements[19] mais encore des directives communautaires[20],

19. – C. E 24 Septembre 1990, Boisdet, recueil Lebon, Rev. Fr. dr. adm. 1991, 172 note Dubouis.

20. – C. E 28 février 1992, Rothman, J.C.P 1992 II 21859, note Teboul, Gaz pal 1992, 2, 741 conclusions Laroque.

dans la suite de l'arrêt Nicolo. Enfin, il a estimé qu'un arrêt de la Cour de Justice des Communautés européennes condamnant la France pour manquement à ses obligations communautaires, du fait de la contrariété d'un règlement national avec une directive, avait pour conséquence de rendre ce règlement *de plano* inapplicable[21].

Il ressort de tout ceci que la France – comme les autres États membres de l'Union – perd sa souveraineté nationale. Le nouvel article 88-4 de la Constitution dispose désormais que « *le Gouvernement soumet à l'Assemblée nationale et au Sénat, dès leur transmission au Conseil de l'Union européenne, les projets ou propositions d'actes des communautés européennes et de l'union européenne comportant des dispositions de nature législative. Il peut également leur soumettre les autres projets ou propositions d'actes, ainsi que tout document émanant d'une institution européenne* ».

La véritable question que pose aujourd'hui l'Europe est-celle de son avenir : nation européenne ou Europe des Nations ? L'Europe tiendra-t-elle ses promesses ? Les peuples qui la composent ne sont-ils pas de plus en plus sceptiques, à la grande surprise des élites[22] qui se trouvent à sa tête ? N'a-t-on pas évoqué le Grexit avant de parler de Brexit ? Le monument européen ne présente-t-il pas des fissures ? Que réserve l'avenir ?Il ne nous appartient pas de répondre.

Il nous faut maintenant – car c'est l'objet de notre étude – décrire les normes internes que l'on peut classer dans la catégorie objet du présent titre. Nous pouvons discerner un premier ensemble de règles ayant valeur normative, et dotées d'une autorité ABSOLUE. Nous étudierons principalement les normes émanant des autorités nationales. Cet ensemble est formé par la LOI et le RÈGLEMENT, que nous étudierons dans un premier sous-titre. La DÉCISION DE JUSTICE est aussi une règle ayant valeur normative ; mais son autorité est relative. Nous l'étudierons dans un sous-titre deuxième.

---

21. – CE 23 Mars 1992, Société Klochner France, recueil Lebon, 113. Kovar, le Conseil d'État et le droit communautaire : des progrès mais peut mieux faire. D 1992 chron. 207 Sabourin, le conseil d'état face au droit communautaire, Rev. droit Public 1993 p. 397. Costa, la prise en compte du droit international et communautaire dans la jurisprudence du Conseil d'État, mélanges Plantey, 1995 pages 45 et suiv.

22. – Crapez Les élites et le droit européen Commentaire n°112 2005 2006

Sous-titre premier.
La loi et le règlement

Chapitre premier.
La loi

La loi répond, comme nous allons le constater, aux six critères qui nous permettent de caractériser la norme. La loi émane en effet d'une AUTORITÉ INVESTIE D'UN POUVOIR (1) Elle est susceptible d'être CONTRÔLÉE (2) Elle est rendue EXÉCUTOIRE par une autorité (3) Elle est officiellement portée à la connaissance des personnes concernées par elle par la PUBLICITÉ (4). Elle est EXACTE (5) et son application PRÉCISE dans l'espace, dans le temps et sur les personnes (6).

SECTION I. L'AUTORITÉ INVESTIE DU POUVOIR LÉGISLATIF

La loi émane d'une AUTORITÉ investie, par la Constitution de la République, du pouvoir de légiférer. Cette autorité, qu'on nomme le PARLEMENT, comporte deux assemblées d'élus. Ces assemblées sont le SÉNAT et L'ASSEMBLÉE NATIONALE. Avant d'étudier l'étendue des pouvoirs de chacune d'elles, nous allons nous efforcer de décrire les hommes qui les composent. Qui sont-ils ?

A) Les élus

La loi émane du parlement, qui est composé de deux assemblées d'élus, les députés et les sénateurs[1]. Ces élus sont les représentants du Peuple. Ils exercent la souveraineté nationale dont le peuple est titulaire. On pourrait imaginer que les élus – qui après tout ont pour mission de voter les lois qui seront

1. – V° cependant Antoine FAYE « Qui fait la loi ? » Le petit juriste Mai 2010 Ed. Lexis Nexis. « ... au terme de cette étude, le parlement apparaît comme dépossédé de la fonction législative. Il est vrai que les propositions de lois sont réduites par rapport aux projets. Il est vrai également que le pouvoir exécutif a l'ascendant sur le débat législatif. Il est vrai que le juge lors de l'application des lois, peut remodeler la loi selon ses vues... »

applicables dans le pays – soient choisis parmi des juristes de formation ou aient, à tout le moins, une formation juridique. On pourrait aussi imaginer que la fonction soit désintéressée. Qu'en est-il ?

1) Les conditions pour être élu

Il n'existe pas de condition particulière pour être élu député ou sénateur. Pour être élu député, il suffit d'avoir la qualité d'électeur et d'avoir 18 ans accomplis[2]. Les personnes qui, en raison d'une condamnation, ne sont plus inscrites sur les listes électorales, ne peuvent évidemment être élues. D'autres personnes, en raison des fonctions qu'elles occupent dans la société, sont inéligibles (art. L 131 à L 133 du code électoral). Les sénateurs quant à eux, sont élus au suffrage indirect. Les électeurs sont les députés, les conseillers généraux, les conseillers municipaux. Pour être élu sénateur, il faut avoir 24 ans révolus et ne pas être frappé d'une inéligibilité[3].

Le parlement n'est donc pas composé de spécialistes du droit. La souveraineté nationale appartient au peuple, non aux juristes.

2) Le statut de l'élu

La fonction est-elle désintéressée ? Il apparaît que les parlementaires perçoivent une indemnité, définie à l'article 25 de la Constitution. Elle est complétée par une indemnité de fonction tenant compte de la participation des parlementaires aux travaux du parlement, ainsi que par d'autres avantages en nature[4]. Cette indemnité est critiquée par les antiparlementaristes et par

---

2. – C'est une loi du 14 Avril 2011 qui a supprimé la condition d'âge minimal pour être député, et qui était fixée auparavant à 23 ans.

3. – Une proposition de loi a été déposée le 8 Novembre 2000 au Sénat (N°71) tendant à l'instauration d'un âge maximal d'éligibilité aux élections de députés et sénateurs. L'âge proposé était de 75 ans. La proposition n'a pas été suivie d'effet. Arnaud Montebourg proposera sans succès en novembre 2011 d'interdire aux candidats âgés de plus de 67 ans de se présenter aux élections législatives. « L'idée ne fait pas recette » (Libération 9 Novembre 2011).

4. – En mars 2015 un député perçoit une indemnité mensuelle de 7100,15 bruts par mois qui comprend une indemnité de base (5514,68 euros) une indemnité de résidence (165 euros 44) et une indemnité de fonction non imposable (1420,03 euros). Cela représente 5148,77 euros nets par mois. À cela peut s'ajouter une indemnité représentative de frais de mandat : 5 770 euros bruts par mois, pour faire face aux différentes dépenses liées à la permanence parlementaire (frais de transport, de réception...). Une réforme de février 2015 interdit toute « nouvelle acquisition de biens immobiliers » avec cette enveloppe. Les députés disposent aussi de 9 504 euros bruts par mois sous forme de crédit, destinés à rémunérer leurs collaborateurs, d'un accès gratuit sur l'ensemble du réseau SNCF en 1ere classe, du remboursement de forfaits de cinq lignes mobiles et d'un an d'abonnement Internet. Enfin, un député ne peut cumuler son indemnité parlementaire et les indemnités

ceux qui refusent de voir dans la fonction de représentant du peuple un métier, le plus souvent réservé aux professionnels de la politique. Ceux qui soutiennent l'institution pensent au contraire que le versement de l'indemnité est le garant du libre accès de tous les citoyens à la représentation nationale et de l'indépendance dans l'exercice. D'autres (mais il s'agirait d'élus...) affirmeraient, à l'image de ce député de la 3e République : « *Mon indignation n'a d'égale que ma satisfaction !*[5] »

Quant à son statut, le parlementaire se voit investi d'un mandat qui lui confère la qualité de représentant et qui est acquis dès la proclamation du résultat. En tant qu'il correspond à une fonction, le mandat laisse au parlementaire la plus complète liberté dans l'expression de la volonté nationale. Députés et sénateurs ne sont liés par aucune obligation juridique à l'égard de quiconque. En droit, le titulaire d'un mandat parlementaire n'a pas à tenir compte des engagements antérieurs à son élection, ni des injonctions, défenses ou directives qui lui seraient données par la suite. Il est même libre d'exercer ou de ne pas exercer son mandat encore qu'un absentéisme trop prononcé l'expose à des sanctions. La technique du vote par procuration a souvent été dénoncée (C'était le vote « par boîtier » qui était, dit-on, systématique sous la IIIe République). Tout ceci est-il bien normal ?

Par son statut enfin, le parlementaire est protégé. La Constitution rappelle qu'il est irresponsable et ne peut être poursuivi pénalement ou civilement pour « *les opinions ou votes émis par lui dans l'exercice de ses fonctions* ». L'article 26 de la Constitution définit également l'inviolabilité du parlementaire : aucun membre du parlement ne peut être arrêté ou poursuivi en matière criminelle ou correctionnelle qu'avec l'autorisation de l'assemblée dont il fait partie. Celui qui souhaite poursuivre un parlementaire doit obtenir l'autorisation de l'assemblée, la « *levée de l'immunité parlementaire* ». »

3) L'image de l'élu

L'élu, qui va donc avoir pour mission de « faire » la loi, n'est pas un juriste de formation. Mais parce qu'il est élu et qu'il est le représentant du peuple, on va lui donner un statut très spécial et finalement avantageux. Ce statut part de l'idée que l'on présume que l'élu est vertueux et qu'il va utiliser son mandat pour le bien de tous.

---

d'autres mandats électifs que dans la limite d'une fois et demie le montant brut de l'indemnité parlementaire de base, soit 8 272 euros 02. Un parlementaire ne peut donc percevoir plus de 2757, 34 euros au titre de ses mandats locaux;

5. – V° Ameller, « L'assemblée nationale », 1994 p. 26.

L'image de l'élu s'est considérablement dégradée ces dernières années. La cause tient peut-être moins à l'activité elle-même qu'aux mœurs politiques et au régime des partis. Peut-on être élu sans avoir le soutien ou l'appui d'un parti ? En principe, rien ne devrait s'y opposer. En pratique, c'est très difficile. Et pour fonctionner, un parti doit être alimenté... Les dernières années du vingtième siècle ont été marquées par des scandales ; des affaires de corruption, des affaires de trafic d'influences... qui se sont terminées parfois gravement, n'ont épargné aucun parti[6]. Des lois ont été votées pour fixer enfin des principes relatifs au financement des partis politiques ainsi que pour interdire le cumul des mandats[7]. Une réforme des « fonds spéciaux » a été également votée[8]. D'autres propositions plus radicales ont été émises : faut-il supprimer le Sénat ?[9] Mais tout ceci est-il suffisant ? Pourquoi un élu ne pourrait-il être tenu de respecter les promesses faites en campagne ? Est-il bien honnête de ne

---

6.– Par exemple, Madame Yann Piat député, fut assassinée le 25 février 1994 par deux hommes à moto alors qu'elle rejoignait son domicile en voiture, au débouché d'un lacet sur la route d'Hyères qu'on surnommait, dit-on, à l'époque « Hyères-les-Bombes » en raison des nombreux attentats, incendies et règlements de compte qui s'y sont déroulés dans un contexte de spéculations affairistes pour le contrôle de l'économie locale. On disait qu'une partie de la classe politique locale entretenait des rapports ambivalents avec le milieu. L'instruction de l'affaire s'est déroulée dans un contexte étrange, politico crapuleux. V° par exemple le livre d'André Rougeot et Jean-Michel Verne, *L'Affaire Yann Piat : Des assassins au cœur du pouvoir*, Flammarion 1997 296 p.

7.– Les principales règles sur la limitation du cumul des mandats électoraux et des fonctions électives ont été posées par la loi organique n° 2000-294 du 5 avril 2000 relative aux incompatibilités entre mandats électoraux (qui traite de la situation des parlementaires nationaux) et par la loi n° 2000-295 du 5 avril 2000 relative à la limitation du cumul des mandats électoraux et des fonctions électives et à leurs conditions d'exercice (qui a trait aux incompatibilités applicables aux élus locaux, aux représentants au Parlement européen et aux incompatibilités entre fonctions exécutives locales). Ce régime applicable aux parlementaires nationaux doit être distingué du régime applicable aux élus locaux tant dans la nature des incompatibilités que dans les mécanismes destinés à mettre fin aux situations d'incompatibilité. Depuis la loi n° 2003 - 327 du 11 avril 2003 relative à l'élection des conseillers régionaux et des représentants au Parlement européen ainsi qu'à l'aide publique aux partis politiques, le régime des incompatibilités applicables aux parlementaires européens a été aligné sur celui des parlementaires nationaux, sauf en ce qui concerne les modalités de cessation des incompatibilité. Une loi organique du 14 Février 2014 interdit le cumul des fonctions exécutives locales avec le mandat de député ou de sénateur, ainsi qu'avec le mandat de représentant au Parlement européen. Elle devrait entrer en vigueur le 31 Mars 2017.

8. – Xavier Cabannes, « La réforme des fonds spéciaux », *Droit et Défense*, 2002, n° 1, pp. 34-39.

9. – V° par exemple : Le Point 27.09.2014 « Faut-il supprimer le Sénat ? » L'idée n'est pas neuve : en 1998, Lionel Jospin alors premier ministre de cohabitation, confronté à un Sénat de droite, avait déjà jugé que l'institution était une « anomalie parmi les démocraties » précisant ensuite qu'il était « absolument nécessaire de réformer le Sénat ».

pas tenir ses promesses ? (la question est évidemment générale et dépasse le cercle parlementaire[10]) L'immunité parlementaire n'est-elle qu'un « truc » pour échapper à des poursuites ? Le montant de l'indemnité ne révèle-t-elle pas une fonction fort rentable ? Et que dire de la qualité de nos lois actuelles ? La République en a-t-elle pour son argent ? C'est quelquefois l'image décevante d'un pouvoir que l'on brigue pour mieux le détourner de ses finalités qui apparaît aujourd'hui (souvent déformée et amplifiée par une médiatisation excessive) et qui met ainsi en péril la démocratie et l'image de ceux qui voudraient la défendre. Et c'est aussi le soupçon qui paraît devenir la règle : si le candidat est élu, c'est qu'il a triché ! Vérifions ses comptes de campagne ![11] L'avenir de la politique est-il encore dans les partis[12] ?

Nous venons donc de voir qui sont les hommes formant les assemblées qui composent le parlement : ces hommes sont des élus représentant le Peuple. Ils ne sont pas, en principe, des juristes. Cette considération explique-t-elle l'inflation législative si souvent dénoncée, le caractère changeant et souvent partisan des lois... préfigurant peut-être un déclin du droit sur lequel nous reviendrons ? Nos lois deviendraient-elles l'instrument d'une basse politique, plutôt que l'instrument d'un réel idéal ?

Quels sont les pouvoirs des deux assemblées ?

B) Les pouvoirs du Parlement

La loi émane du POUVOIR LÉGISLATIF, c'est-à-dire du PARLEMENT qui comporte deux assemblées (l'Assemblée Nationale et le Sénat).

Initialement, le parlement peut être saisi d'un PROJET DE LOI qui émane du GOUVERNEMENT. Il peut être aussi saisi d'une PROPOSITION DE LOI qui émane des parlementaires. Le projet, ou la proposition, sont étudiés successivement par les deux chambres : on parlera alors de navettes parlementaires entre l'Assemblée nationale et le Sénat. Lorsque l'accord est fait entre les deux assemblées sur une rédaction définitive, la loi est votée.

L'Assemblée nationale doit voter en termes identiques au dernier vote du Sénat. Sinon, le Gouvernement, d'accord avec l'assemblée, a la possibilité de

10. – Beaucoup ont disserté sur le « moi président » avancé par François Hollande et sur les promesses de campagne.

11. – C'est l'affaire Bygmalion, révélée en février 2014 par le journal Le Point qui accuse une société d'avoir surfacturé des prestations lors de la dernière campagne des élections présidentielles.

12. – Le Monde 18 février 2016 : « quel avenir pour les partis politiques traditionnels ? » Juan Linz : quel avenir pour les partis politiques dans les démocraties contemporaines ? Yale University Pole Sud Année 2004 Volume 21 Persée.

faire adopter le texte malgré le désaccord du Sénat après la réunion d'une commission mixte paritaire formée de 7 députés et 7 sénateurs (article 45 de la Constitution). Mais le domaine du POUVOIR LÉGISLATIF est très étroitement délimité par la Constitution. Le pouvoir législatif ne peut pas empiéter sur le domaine du pouvoir réglementaire (comme le pouvoir réglementaire ne peut pas empiéter sur le domaine du pouvoir législatif). Il faut savoir que la Constitution de 1958 développe l'idée que le Parlement n'est pas à lui seul l'incarnation de la Nation. La Constitution reconnaît virtuellement au chef de l'État et au Gouvernement le pouvoir d'incarner la volonté générale.

Aujourd'hui, le parlement se voit confier le pouvoir de légiférer dans un certain domaine : celui-ci est défini par l'article 34 de la Constitution. Mais l'article 37 nous apprend que toutes les autres questions sont du domaine du pouvoir réglementaire. On peut donc dire qu'en principe, le pouvoir exécutif peut tout faire SAUF CE QUI A ÉTÉ CONFIÉ EXPRESSÉMENT AU PARLEMENT par la Constitution dans le cadre de l'article 34.

Quel est le contenu de l'article 34 ?

Certaines matières sont entièrement réservées au pouvoir législatif : pour ce qui concerne le droit civil, nous apprenons que tout ce qui concerne L'ÉTAT ET LA CAPACITÉ DES PERSONNES, c'est-à-dire tout ce qui concerne la famille, les régimes matrimoniaux, les libéralités, les successions, les testaments et les donations, relève du domaine du parlement. Il en va de même pour d'autres questions qui ne concernent plus le droit civil : tout ce qui touche aux LIBERTÉS PUBLIQUES, à la PROCÉDURE PÉNALE, à la détermination des CRIMES et des DÉLITS et à leurs SANCTIONS, aux IMPÔTS, aux NATIONALISATIONS, aux RÉGÎMES ÉLECTORAUX et aux GARANTIES FONDAMENTALES accordées aux fonctionnaires ressort de la compétence exclusive du PARLEMENT.

D'autres matières sont partiellement réservées à la LOI (le Parlement n'ayant alors qualité que pour poser les « *principes fondamentaux* »... la mise en œuvre de ces principes ressortant de la compétence du Gouvernement). Il en va ainsi, en droit civil, de tout ce qui concerne le régime de la propriété, des droits réels, ainsi que des obligations civiles ou commerciales. Il en va de même des questions posées en dehors du droit civil, dans les domaines de la DÉFENSE NATIONALE, de L'ENSEIGNEMENT, du DROIT DU TRAVAIL et de la SÉCURITÉ SOCIALE, ainsi que du DROIT SYNDICAL. Il va de soi qu'en pratique, il n'est pas toujours facile de distinguer les principes fondamentaux de leur mise en œuvre.

Mais aujourd'hui on observe que fréquemment, le parlement dépasse les limites fixées par la Constitution au risque de s'égarer dans le bavardage, le pointillisme ou le « hors sujet ». On parle de crise de la loi[13] et l'on dénonce son caractère non normatif. On parle aussi de « droit mou ». Quelle est la valeur d'un texte qui énonce, par exemple, que « l'objectif de l'école est la réussite de tous les élèves » ? Ceci n'est pas une loi mais une lapalissade qui n'est pas sans évoquer « *les bonnes oranges pas chères* » de Fernand Raynaud. La qualité des textes est aujourd'hui souvent critiquée[14]. Les règles portées par la loi ne doivent pas être évasives au risque de perdre toute coloration normative. À l'inverse, elles ne doivent pas trop descendre dans le détail sous peine d'empiéter dans le domaine réservé du règlement. Le législateur enfin ne doit pas outrepasser son domaine de compétence : à titre d'exemple, il ne lui appartient pas de « réécrire l'histoire » et de se substituer à l'historien[15]. C'est plus généralement de la qualité du travail des parlementaires et de leur compétence qu'il s'agit. Quand le droit bavarde, le citoyen ne lui prête plus qu'une oreille distraite.

Indiquons encore que la Constitution de 1958 a prévu qu'exceptionnellement le Gouvernement peut, pour l'exécution de son programme, demander au parlement l'autorisation de prendre, pendant un délai limité, et par ORDONNANCE, des mesures qui relèvent normalement du domaine de la loi. C'est le « *recours aux ordonnances* » défini par l'article 38 de la Constitution. On verra plus tard que ces ordonnances, qui interviennent dans le domaine de la loi, n'ont cependant pas valeur de lois tant qu'elles ne sont pas

---

13. – V° Par exemple Thierry Le Bars « La méthode législative et l'histoire de la colonisation. » D 2005 Ch. 788. Mbongo « De l'inflation législative comme discours doctrinal » D 2005 n°20 p. 1300.

14. – Une proposition de loi constitutionnelle tendant « à renforcer l'autorité de la loi » a été présentée par M. Jean Louis Debré le 5 Octobre 2004. L'idée est de rénover le système des irrecevabilités législatives. Un article 41 contient la disposition suivante : « les propositions et amendements formulés par les membres du parlement ne peuvent être mis en discussion lorsqu'ils ne relèvent pas du domaine de la loi, lorsqu'ils sont contraires à une délégation accordée en vertu de l'article 38, ou lorsqu'ils sont dépourvus de portée normative ». Pour le commentaire de cette proposition : J. Ph Feldman D. 2005 n° 6 p. 399. V° également Christian Atias « Une autre culture constitutionnelle : le respect de la loi ». D 2006 1321.

15.– Comme l'observent Jean Pierre Marguenaud et Daniel Kuri, « *Ce sont les historiens qui ont été les premiers à s'insurger contre la première et la plus célèbre de ces lois : la loi dite Gayssot du 13 Juillet 1990 visant à interdire le négationnisme en érigeant en délit la contestation de l'existence d'un ou plusieurs crimes contre l'humanité, tels que définis par le statut du tribunal de Nuremberg... la prolifération de lois de ce type... a provoqué un tel émoi qu'après la mobilisation des historiens, des juristes de toutes opinions en sont venus à demander, par pétition nationale en 2006 « l'abrogation des lois mémorielles* » (Jean Pierre Marguenaud et Daniel Kuri, Le droit à la liberté d'expression des universitaires, Dalloz 23 décembre 2010).

ratifiées par le parlement, même si elles sont obligatoires. Leur contrôle pourra notamment être effectué devant le tribunal administratif par la voie du recours pour excès de pouvoir[16].

Indiquons enfin que la Constitution de 1958 permet au Président de la République, lorsque « *les institutions de la République, l'indépendance de la Nation, l'intégrité de son territoire ou l'exécution de ses engagements internationaux sont menacés* » de prendre par ordonnances « *toutes mesures exigées par les circonstances* »[17]. Nous verrons plus tard comment ces ordonnances sont contrôlées.

Que retenir à ce stade de l'étude ?

Pour avoir valeur normative, la loi doit émaner du Parlement et avoir été régulièrement votée par les deux assemblées. Ce qui signifie que les propositions ou les projets de loi non-suivis d'effet, les discussions parlementaires publiées au journal officiel, les avis des parlementaires, n'ont pas plus de valeur normative que les textes non adoptés. Ceci ne signifie pas, bien sûr, que toutes ces dispositions ne présentent aucun intérêt. On verra notamment le rôle que pourront jouer les reproductions des débats parlementaires et des travaux préparatoires dans l'interprétation de la règle de droit par le juge[18]. Simplement, ces dispositions ne sont pas obligatoires. Elles n'ont pas de valeur normative.

Mais parce qu'elle a valeur normative, la loi présente d'autres caractères. Elle peut être contrôlée.

Section II. Le contrôle de la loi

Nous avons posé comme principe qu'une règle ayant valeur normative est susceptible d'être contrôlée. La loi n'échappe pas à ce principe. La loi est subordonnée à la Constitution, ce qui signifie qu'elle ne peut aller à l'encontre des principes posés par la Constitution. Mais comme nous avons placé

16. – CE 30 juin 2003 Fédé. reg. ovine du sud est AJDA 2003 1950.

17. – La loi constitutionnelle du 23 juillet 2008 a institué un contrôle du conseil constitutionnel sur la durée d'application de l'article 16, dont un alinéa 5 est ainsi rédigé : « Après trente jours d'exercice de pouvoirs exceptionnels, le conseil constitutionnel peut être saisi par le président de l'assemblée nationale, le président du Sénat, soixante députés ou soixante sénateurs, aux fins d'examiner si les conditions énoncées au premier alinéa demeurent réunies. Il se prononce dans les délais les plus brefs par un avis public. Il procède de plein droit à cet examen et se prononce dans les mêmes conditions au terme de soixante jours d'exercice des pouvoirs exceptionnels et à tout moment au-delà de cette durée ».

18. – Couderc D.1975 Chron. 249 1977 Chron. 183 (travaux préparatoires, méthode législative)

également les traités internationaux parmi les normes fondamentales, nous dirons que la loi interne doit être conforme aux traités.

Il faut donc instaurer non seulement un contrôle de la constitutionnalité des lois mais encore un contrôle de la conformité de la loi interne aux traités. Ce double contrôle existe bien mais n'est pas effectué de la même façon. Nous allons voir qu'alors que le Conseil constitutionnel peut effectuer le contrôle de la constitutionnalité des lois non encore promulguées (A) les juridictions se reconnaissent le pouvoir de vérifier la conformité des lois (promulguées et publiées) aux traités et conventions internationales (B).

A) Le contrôle de la constitutionnalité de la loi

Ce contrôle n'est pas effectué par une juridiction administrative ou judiciaire mais par le Conseil constitutionnel (1) qui est une création originale de la Constitution de 1958. Les modalités de contrôle obéissent à des règles spécifiques (2).

1) Le conseil constitutionnel

Ce conseil est composé de neuf membres, choisis à raison de trois par le Président de la République, trois par le Président de l'Assemblée nationale et trois par le Président du Sénat[19]. Ces nominations ne sont subordonnées à aucune condition, ni de procédure, ni de qualité des intéressés. Le Conseil comprend en outre les anciens Présidents de la République, qui en sont membres de droit à vie. Le mandat des membres du Conseil constitutionnel est de neuf ans. Il existe cependant des incompatibilités avec l'exercice de certaines professions qui ont été fixées par une loi du 11 Octobre 2013[20].

2) Les modalités de contrôle

La Constitution prévoit deux formes de contrôle de la constitutionnalité des lois : un contrôle *a priori*, c'est-à-dire avant promulgation (a) mais également une possibilité de contrôle *a posteriori* une fois la loi publiée, à l'occasion d'une procédure (b).

---

19. – Delvolve « Le conseil constitutionnel, juge administratif » Mélanges Jeanneau 2002 p. 55.

20. – La loi 2013-906 relative à la transparence dit que l'exercice des fonctions de membre du conseil constitutionnel est incompatible avec l'exercice de toute fonction publique et de toute autre activité professionnelle ou salariée, en particulier avec l'exercice de la profession d'avocat. Les membres du conseil constitutionnel peuvent se livrer à des travaux scientifiques, littéraires ou artistiques. Pendant la durée de leurs fonctions, les membres du conseil constitutionnel ne peuvent être nommés à aucun emploi public

a) Le contrôle *a priori*

L'article 61 alinéa 2 de la Constitution dispose que toutes les lois[21] peuvent être déférées au conseil constitutionnel avant leur promulgation, pour vérification de leur conformité à la Constitution ou à son Préambule[22]. Le conseil constitutionnel n'intervient donc pas quand la loi est faite (comme le ferait une juridiction) mais avant que la loi ne soit faite. Il n'annule donc pas la loi, mais déclare non conforme à la Constitution une loi non encore promulguée. Véritable juridiction ou organe politique[23] (sa nature juridique est débattue) le Conseil constitutionnel « *permet à la loi votée, qui n'exprime la volonté générale que dans le respect de la Constitution, d'être sans retard amendée à cette fin* »[24].

Il faut savoir cependant que dans ce cadre de ce contrôle *a priori*, le Conseil constitutionnel ne peut être saisi que par le Président de la République, le Premier ministre, le Président de l'Assemblée nationale, le Président du Sénat ou encore par un groupe de 60 députés ou sénateurs. Le particulier ne peut donc pas saisir le Conseil constitutionnel avant promulgation de la loi.

L'article 62 de la Constitution rappelle « *qu'une disposition déclarée inconstitutionnelle ne peut être promulguée, ni mise en application* ». Mais lorsque la loi est promulguée, elle ne peut plus être déférée au Conseil constitutionnel quand bien même elle serait contraire à la Constitution. Il semblerait toutefois que le Conseil constitutionnel accepte d'examiner par voie d'exception la constitutionnalité d'une loi promulguée, à l'occasion de l'examen d'une disposition législative qui modifie ou complète la loi dont il est question[25].

21. – À l'exception des lois adoptées par la voie du referendum. Le peuple s'est prononcé par l'expression directe de la souveraineté nationale, le contrôle du conseil constitutionnel n'a plus lieu d'être (Cons. const 23 septembre 1992, déc. 1992 GDCC n°13.
22. – C. Const. 16 juillet 1971GDCC n°18 D 1972 685 AJDA 1971 533 note Rivero. Terre, introduction générale au droit 2009, p. 204 « *par sa célèbre décision du 16 juillet 1971, le conseil constitutionnel étendant sa compétence bien au-delà de ce qu'avaient voulu les auteurs de la constitution, a intégré au bloc de constitutionnalité par rapport auquel il apprécie la conformité des lois, le préambule de la Constitution de 1958 et, par une cascade de renvois, la déclaration des droits de l'Homme et du Citoyen de 1789, le préambule de la Constitution de 1946 et les principes fondamentaux reconnus par les lois de la République* ».
23. – Ardant, le Conseil constitutionnel d'hier à demain, mélanges François Terré, p. 731 et suiv. Colloque Rennes 1998 « La légitimité du Conseil constitutionnel ».
24. – Favoreu et Philip, Les grandes décisions du Conseil constitutionnel, 10e édition, 1999, n°38.
25. – C. Const. 25 janvier 1985, Rec. p. 13 ; 25 Juillet 1989, Rec. *p.* 53 ; 15 mars 1999, JO 21 mars 1999, 1,151, obs. Maron. V° aussi Fernstenberg, « Le contrôle par le Conseil

b) le contrôle *a posteriori*

Depuis longtemps une réforme était attendue, qui devait permettre d'élargir les modalités de contrôle de la constitutionnalité de la loi. La possibilité de permettre au justiciable de soulever au cours d'un procès, l'exception d'inconstitutionnalité d'une loi[26] avait déjà été avancée. C'est dans ce contexte que loi du 23 Juillet 2008 est intervenue : si les juridictions judiciaires n'ont pas le pouvoir d'écarter l'application d'un texte législatif pour non-conformité à la Constitution[27], elles peuvent désormais à la demande des plaideurs, poser la « question prioritaire de constitutionnalité »[28].

L'article 61-1 de la Constitution dispose désormais que « *lorsqu'à l'occasion d'une instance en cours devant une juridiction, il est soutenu qu'une disposition législative porte atteinte aux droits et libertés que la Constitution garantit, le conseil constitutionnel peut être saisi de cette question, sur renvoi du Conseil d'État ou de la Cour de cassation, qui se prononce dans un délai déterminé* ». C'est la loi organique n°2009-1523 du 10 décembre 2009 entrée en vigueur le 1er mars 2010 qui est venue préciser les conditions de mise en œuvre de la

constitutionnel, de la régularité constitutionnelle des lois promulguées », Rev. de droit public 1991, p. 339.

26. – Favoreu « L'élargissement de la saisine du conseil constitutionnel aux juridictions administratives et judiciaires », RFD const 1990 581 et s.

27. – Civ. 1re 12 Mai 2004 Bul. Civ. 1 n°136 JCP 2005 II 10030 Note Legier.

28. – Bertrand Mathieu, question préjudicielle de constitutionnalité, colloque Paris 2009 LPA 25 juin 2009, Question prioritaire de constitutionnalité – jurisprudence du 1er Mars au 2 Juillet 2010. JCP G 2010 Doctr. 801. Question prioritaire de constitutionnalité Jurisprudence du 3 Juillet au 6 septembre JCP G 2010 doct. 933. Fr. Un état des lieux sans concession : à propos du rapport du rapport d'évaluation de la QPC du 5 Octobre 2010. Sem. Juridique Ed. G n°47. Boucard La question prioritaire de constitutionnalité et les cours suprêmes. Une partie de billard à trois bandes ? JCP G 2010 Oct. 804. G. Drago Vers la question prioritaire de constitutionnalité. Une constitution proche du citoyen ? JCP G 2010 oct. 2 D de Bechillon La question de constitutionnalité peut-elle être prioritaire ? Un arrière-plan à ne pas perdre de vue : JCP G 2010 doct. 550 H Croze La question prioritaire de constitutionnalité. Aspects procéduraux : JCP G 2010 doct. 269. Creux une révolution juridique confirmée Sem Jur. G n°40 p 1921 PICOD Question prioritaire de constitutionnalité et droit de l'union européenne. JCP G 2010 act 509. Pretot Xavier, La constitution, la loi et le droit de l'union européenne. Réflexions sur le caractère prioritaire de la QPC, RJ Soc. N°11 page 73. Lavric La question prioritaire de constitutionnalité et la cour de cassation. Trois questions à Didier Guérin, conseiller à la chambre criminelle AJ pénal Nov. 2010 n°11 p 466. Le Bot Olivier, la juridiction administrative à l'heure de la QPC Constitutions 2010 n°2. Levade A. Priorité n'est pas primauté ; Comment articuler contrôle de constitutionnalité et contrôle de conventionalité ? Constitutions 2010 n°2 page 129.

question prioritaire de constitutionnalité.[29] Celle-ci rencontre en pratique un réel succès[30] qui a provoqué en doctrine un torrent d'interrogations et de commentaires. À titre d'exemple, c'est à la suite d'une question prioritaire que le Conseil a considéré comme inconstitutionnelles les dispositions du code de procédure pénale définissant les conditions de garde à vue[31], repoussant au 1er juillet 2011 les effets de sa décision pour donner aux autorités le temps de voter des règles conformes à sa décision.

On retient qu'il revient à la Cour de cassation et au Conseil d'État le soin de filtrer les « recours en inconstitutionnalité » formés par les particuliers au cours d'une procédure... ce qui ne manque pas de poser des problèmes de hiérarchie entre les plus hautes autorités du pays[32]. N'assiste-t-on pas à une « constitutionnalisation » de tout notre droit ?

---

29. – Elle prévoit un double filtre, c'est-à-dire d'une part, que la juridiction saisie devra vérifier si la disposition contestée est applicable au litige ou à la procédure ou constitue le fondement des poursuites, si elle n'a pas déjà été déclarée conforme à la Constitution (sauf en cas de changement de circonstances) et si la question n'est pas dépourvue de caractère sérieux. D'autre part, si la transmission est effectuée à la juridiction suprême compétente, celle-ci a trois mois pour statuer. Il est procédé au renvoi si les deux premières conditions sont remplies, et si la question est nouvelle ou présente un caractère sérieux. À l'expiration du délai de trois mois, si la juridiction ne s'est pas prononcée, la transmission au conseil constitutionnel est automatique. Si ce dernier estime la disposition inconstitutionnelle, celle-ci est écartée pour le litige en cours, et abrogée (contrairement à l'annulation qui est rétroactive, l'abrogation vaut uniquement pour l'avenir) dès la publication de la décision du conseil constitutionnel sauf si celui-ci en décide autrement en fixant un délai ou une date d'abrogation. V° sur le filtrage (C. Cass. QPC 7 Mai 2010, n° 09.80.774 CE 16 Avril 2010 Association Alcaly n°32 0667. V° de façon générale « QPC : la question du pouvoir d'interprétation » Pascale Deumier Pascal Puig RTD Civ 2010 p 499 ; que veut dire « filtrer » ? «... *les premières applications ont conduit à des suspicions, particulièrement à l'égard de la cour de cassation, de vouloir bloquer le système et d'être indifférente à la protection des droits fondamentaux... Quant au conseil d'état... il a quand même été suspecté de pousser l'examen au-delà d'un filtrage en se prononçant lui-même sur la constitutionnalité...* » d'où la question posée : comment apprécier le dépassement du pouvoir de filtrer ?
30. – Antoine Faye « La constitution aux mains de tous : retour sur six mois de QPC » le petit juriste n°10 Octobre 2010 page 16 « ... *De l'aveu de tous, la QPC a été un franc succès et nombreux sont les citoyens ou leurs conseils qui ont utilisé cette nouvelle voie de droit. Le conseil constitutionnel a rendu 22 décisions en six mois dont quelques- unes ont été majeures* ».
31. – Hélène Thieulart La garde à vue, victime de la question prioritaire de constitutionnalité. Le petit juriste Mai 2010 page 10. Marion Favoni La décision du conseil constitutionnel sur la garde à vue : une véritable révolution ? Le petit juriste Oct. 2010 Chron. Cit. Page 11 V° décision n°2010-14/22 du 30 juillet 2010.
32. – Terre, « L'hétérarchie juridique » Mélanges Jacques Boré 2007 p. 447. Laurence Burgorgue-Larsen, « Question préjudicielle de constitutionnalité et contrôle de conventionalité. État des lieux de leurs liaisons (éventuellement dangereuses) sur la base

3) Autorité des décisions du conseil constitutionnel

Lorsque le Conseil constitutionnel s'est prononcé, ses décisions « *ne sont susceptibles d'aucun recours. Elles s'imposent aux pouvoirs publics et à toutes les autorités administratives et juridictionnelles* » (art 62 de la Constitution)[33] ce qui amène parfois la Cour de cassation ou le Conseil d'État à effectuer des revirements de jurisprudence pour se conformer à la position du Conseil constitutionnel. L'autorité des décisions du Conseil constitutionnel est donc très forte... Le rôle grandissant de cette autorité est tel qu'il arrive que le conseil constitutionnel fasse un usage audacieux de ses pouvoirs. On l'a vu ainsi « réécrire » la loi sur le Pacte civil de solidarité (au demeurant particulièrement mal écrite) comme un instituteur qui corrige le travail d'un élève laborieux et maladroit. Or le conseil constitutionnel n'a pas en principe cette mission. Quelle est l'autorité de cette « réécriture »[34] ? Mais il est vrai aussi que le conseil constitutionnel s'est donné pour objectif de veiller à l'accessibilité et à l'intelligibilité de la loi. Il a été ainsi amené à déclarer inconstitutionnelle une loi de finances relative au plafonnement de certains avantages fiscaux pour « *complexité excessive* »[35]. De là à dire qu'une loi qui n'est pas claire ou qui est inintelligible n'est pas constitutionnelle... il n'y a qu'un pas[36]. Et c'est l'image affligeante d'un législateur brouillon qui ne sait pas

du projet de loi organique appliquant l'article 61 § 1 de la Constitution », RFDA, n°4, 2009, *pp.* 787-799. Ioana Petculescu, « L'exception d'inconstitutionnalité devant les juridictions civiles, pénales et administratives », compte rendu du débat sur « l'exception d'inconstitutionnalité devant les juridictions civiles, pénales et administratives » organisé le 11 juin 2009 par l'école de formation professionnelle des barreaux de la cour d'appel de Paris, blogdroitadministratif.net, 17 juin 2009 Jean-David Dreyfus, *De la « question de constitutionnalité »*, 16 juillet 2009, blog. Dalloz, lire en ligne.

33. – Art. 62. - Une disposition déclarée inconstitutionnelle sur le fondement de l'article 61 ne peut être promulguée ni mise en application. Une disposition déclarée inconstitutionnelle sur le fondement de l'article 61-1 est abrogée à compter de la publication de la décision du Conseil constitutionnel ou d'une date ultérieure fixée par cette décision. Le Conseil constitutionnel détermine les conditions et limites dans lesquelles les effets que la disposition a produits sont susceptibles d'être remis en cause.

34. – Nicolas Molfessis « La réécriture de la loi relative au Pacs par le conseil constitutionnel » JCP 2000 1 210. V° également sur cette question Frédérique Granet « perturbations dans la hiérarchie des normes juridiques » Mélanges Catala p 40 et suiv. « en refaisant la loi, le conseil constitutionnel n'a-t-il pas outrepassé l'article 34... ? »

35. – DC n°2005-530 du 29 décembre 2005 JO 31 décembre 2005 LPA 13 janvier 2006 n°10 p. 6.

36. – Sur la clarté, l'accessibilité et l'intelligibilité de la loi V° Terre Introduction générale au droit p. 391.

écrire qui apparaît... conjuguée du même coup au constat de la « constitutionnalisation de notre droit ».[37]

Rappelons enfin qu'en cas de crise ayant justifié le recours à l'article 16 de la Constitution, c'est le Conseil constitutionnel qui, « *après trente jours d'exercice de pouvoirs exceptionnels* » du Président de la République, « *examine si les conditions (formant les circonstances exceptionnelles) demeurent réunies* » (art 16 al 5 lois constitutionnelles 23 juillet 2008).

Le contrôle de la constitutionnalité de la loi peut donc être effectué, que ce soit *a priori*, c'est-à-dire avant la promulgation (qui est l'événement qui rend la loi EXÉCUTOIRE et qui constitue le troisième critère de la norme) ou *a posteriori* à l'occasion d'une instance judiciaire.

Mais la conformité de la loi aux traités internationaux peut également faire l'objet d'un contrôle.

B) Le contrôle de la conformité de la loi interne aux traités internationaux

La supériorité du traité ou de la convention internationale sur la loi interne est affirmée à l'article 55 de la Constitution : « *les traités ou accords régulièrement ratifiés ont, dès leur publication, une autorité supérieure à celle des lois, sous réserve pour chaque accord ou traité, de son application par l'autre partie* ». Mais qui peut apprécier si la loi interne est conforme au traité ou à l'accord ?

1) L'absence de contrôle du Conseil constitutionnel

C'est à l'occasion de la réforme opérée par la loi VEIL du 17 Janvier 1975 sur l'I.V.G, qu'avait été soutenu, devant le Conseil constitutionnel, que le texte présenté était contraire à l'article 2 de la convention européenne des droits de l'homme. Le Conseil constitutionnel ne s'est pas reconnu le pouvoir de contrôler la conformité de la loi au traité : « *les dispositions de l'article 55 de la Constitution... ne prescrivent ni n'impliquent que le respect du principe* (de supériorité de la loi sur le traité) *doive être assuré dans le cadre du contrôle de la conformité des lois à la Constitution, prévu à l'article*[61] »[38].

37. – V° par exemple Bernard Beignier « hiérarchie de normes et hiérarchie de valeurs » Mélanges Catala Litec p 159

38. – Cons. Const. 15 janvier 1975 D.1975, 529 note Hamon, AJDA 1975,134 note Rivero.

2) Le contrôle par le juge

Il faut supposer qu'une loi soit votée postérieurement à un traité, et qu'elle soit contraire à celui-ci[39]. Le juge peut-il, à l'occasion d'un litige, juger de la validité de la loi ? Le pouvoir législatif peut-il être jugé par le pouvoir judiciaire ? L'affirmer n'est-il pas contraire au principe de séparation des pouvoirs ? En dépit de cette objection qui pouvait apparaître sérieuse, la jurisprudence a reconnu aux juridictions le pouvoir d'écarter l'application des lois contraires à des traités ou à des accords antérieurement conclus. Cette position a d'abord été adoptée par la Cour de cassation, dans le célèbre arrêt de la chambre mixte du 24 Mai 1975[40] (dit « *arrêt des cafés Jacques Vabre* ») où il a été décidé de faire prévaloir le traité de Rome sur une loi postérieure contraire. Elle fut suivie ensuite par le Conseil d'État dans son célèbre arrêt *Nicolo* du 20 Octobre 1989[41]. Nous nous rendons compte en conséquence que la loi ne définit plus seule le régime juridique applicable au litige : les exigences de la convention EDH peuvent conduire le juge à écarter la loi interne au profit des dispositions conventionnelles[42].

Le contrôle de la conformité de la loi à la Constitution ou aux traités existe donc. Une loi déclarée inconstitutionnelle sur le fondement de l'article 61 (c'est-à-dire sur un contrôle *a priori*) « *ne peut être promulguée ni mise en application* » (Article 62 al 1 de la Constitution). Une disposition déclarée inconstitutionnelle sur le fondement de l'article 61-1 (c'est-à-dire sur

---

39. – En effet, si la loi non conforme est antérieure au traité, c'est le traité qui l'emporte car on considère qu'il l'abroge ou la rend inapplicable.

40. – Cass. Ch. mixte 24 mai 1975, D 1975, 497 conclusions Touffait, J.C.P 1975 II 18180 bis conclusions Touffait, Grands arrêts n°2, Rev. crit. DIP 1975, 347 Note J. Foyer et Holleaux ; F. J Jeantet, « La Cour de cassation et l'ordre juridique communautaire », J.C.P 1975, 1, 2743 ; Renard, « L'interprétation de l'article 55 de la Constitution par les tribunaux judiciaires dans l'application des traités internationaux », Trav. du comité franç. de droit intern. privé 1975-1977 p. 145.

41. – J.C.P 1989, II, 21371, conclusions Frydman, D 1990,135 note Sabourin ; H. Calvet, « Le Conseil d'État et l'article 55 de la Constitution : une solitude révolue » J.C.P 1990, 1, 3429 ; Kovar, « Le Conseil d'État et le droit communautaire : de l'état de guerre à la paix armée (à propos de l'arrêt Nicolo) » D 1990, chron. 57 ; Dehaussy, « La supériorité des normes internationales sur les normes internes : à propos de l'arrêt du Conseil d'État du 20 Octobre 1989 », Nicolo, JDI 1990 p. 5.
Le principe est acquis : il est de l'office du juge du fond de statuer sur la compatibilité d'une disposition de droit interne avec les dispositions de la convention EDH (C. Cass. Avis du 16.12 2002 Bul. Civ. n°6). Il appartient également au juge de vérifier la régularité de la ratification des traités internationaux. Civ. 1re 29 Mai 2001, Bul. Civ. 1 n°149 Gaz Pal 2001, Somm. 2023 Obs. Niboyet.

42. – Xavier Dupré de Boulois « Regard extérieur sur une jurisprudence en procès » JCP 2 Mai 2016

exception d'inconstitutionnalité) « *est abrogée à compter de la publication de la décision du conseil constitutionnel ou d'une date ultérieure fixée par cette décision. Le conseil constitutionnel détermine les conditions et limites dans lesquelles les effets que la disposition a produits sont susceptibles d'être remis en cause* » (Const. art 62 al 2 L 23 juillet 2008). Nous comprenons toute l'importance que représente le contrôle parmi les paramètres composant la normativité : une loi inconstitutionnelle (bien qu'ayant été votée) n'est pas obligatoire.

Mais pour être obligatoire, la loi (une fois sa constitutionnalité appréciée) devra encore être rendue exécutoire : c'est ici le troisième critère de la norme qu'il nous faut étudier.

Section III. Le caractère exécutoire de la loi

Pour avoir valeur normative, la loi doit être promulguée. C'est la promulgation qui rend la loi exécutoire[43]. La promulgation répond à une définition précise (A) et doit intervenir dans un délai déterminé (B). Elle produit comme effet de rendre la loi exécutoire (C).

A) Définition de la promulgation

Qu'est-ce que la promulgation ? On peut retenir la définition qu'en donne le Conseil d'État : « *C'est l'acte par lequel le chef de l'état atteste de l'existence de la loi et donne l'ordre aux autorités publiques d'observer et de faire observer cette loi*[44]. En promulguant, le chef de l'État CONSTATE le vote de la loi et ORDONNE son exécution. C'est le code civil qui rappelle, dans son article premier, que « *les lois sont exécutoires dans tout le territoire français en « vertu de la promulgation qui en est faite par le Roi (le Président de la République)* » ».

C'est donc bien une autorité distincte de celle qui a voté la loi, qui la rend exécutoire en la promulguant. La promulgation doit sans doute respecter un certain formalisme[45]. Mais nous constatons que le chef de l'État est à la loi ce que le greffier du tribunal est à la décision de justice : de même que le greffier du tribunal rend exécutoire une décision de justice en apposant le sceau et en la

43. – V° De façon générale sur la promulgation : Jeze, la promulgation des lois, Rev. dr. pub. 1918 p. 378. Puget et Seche, « La promulgation et la publication des actes législatifs en droit français », Rev. adm. 1959, *p.* 239 et s. Becane et Couderc, la loi. 1994 p. 171 et suiv.

44. – CE 8 Février 1974 Commune de Montory : J.C.P 1974 II 17703 Note Liet-Veaux.

45. – Sur les formes de la promulgation : voir décret n°59-635 du 19 Mai 1959, modifié par décret n°90-218 du 8 Mars 1990 ; Sur la promulgation locale dans les territoires d'outre-mer : v° loi organique n°99-209 du 19 Mars 1999 art 6-1 (Nouvelle Calédonie) loi organique n°2004-192 du 27 février 2004 art 8 (Polynésie Française)

signant, de même le chef de l'État rend la loi exécutoire en la promulguant[46]. Latournerie n'affirmait-il pas que la promulgation est « *l'acte du plus éminent officier public de la République ?* » Le Président n'est-il pas, au fond, le greffier de la République ?

B) Le délai de promulgation

Selon l'article 10 de la Constitution, la promulgation doit intervenir dans les quinze jours de la réception du texte de la Loi (le vélin) par le secrétariat général du Gouvernement. C'est un délai franc, signifiant que l'on ne prend en compte ni le jour d'arrivée du vélin, ni le jour d'échéance. Il s'agit donc d'un délai de 15 jours entiers commençant à courir le lendemain du jour de la réception dès 0 heure et qui s'achève le quinzième jour à minuit. Ce délai peut être interrompu dans deux hypothèses :

- Un recours a été engagé devant le Conseil constitutionnel. Il faudra alors attendre la décision du Conseil. La loi ne pourra être promulguée qu'en ses dispositions qui n'auront pas été déclarées contraires à la Constitution[47].
- Le Président de la République a demandé, comme la Constitution l'y autorise, une nouvelle délibération au Parlement. La promulgation se fera alors dans les quinze jours du retour du texte[48].

C) Effets de la promulgation

Une fois promulguée, la loi est juridiquement parfaite et le Gouvernement doit normalement veiller à sa publication. Le décret de promulgation fixe la date de la loi, qui n'est pas celle de son entrée en vigueur. Et un décret de promulgation de loi ne peut faire l'objet d'un recours contentieux devant le Conseil d'État[49].

---

46. – La formule de la promulgation est la suivante : « L'Assemblée nationale et le Sénat ont adopté ; le Président de la République promulgue la loi dont la teneur suit : (texte de loi)... la présente loi sera exécutée comme loi de l'État. Fait à... le... ». La signature du Président de la République est accompagnée du contreseing du premier ministre et le cas échéant des ministres responsables (décret n°59-635 du 19 mai 1959 art 1). La formule est modifiée si le Conseil constitutionnel est intervenu, si l'Assemblée nationale et le Sénat sont en désaccord, si la loi adoptée a été soumise au référendum.

47. – Une fois la décision du conseil constitutionnel rendue, le Président procède à la promulgation. Il n'est pas possible de saisir le conseil à nouveau pour encore retarder celle-ci. Cons. const. 4 Juillet 2001, n°2001 449 DC § 3.

48. – Art 10 al 2 de la Constitution (le Président) « peut avant l'expiration de ce délai, demander au Parlement une nouvelle délibération de la loi ou de certains de ses articles. Cette nouvelle délibération ne peut être refusée ».

49. – C. E 3 Novembre 1933 Desreumaux : S.1934, 3,9 Note critique Alibert.

D) Quelle est la sanction du défaut de promulgation ?

Sans doute s'agit-il d'une hypothèse d'école. Nous pensons qu'une loi non promulguée n'aura pas de valeur normative. La sanction paraît se trouver dans la responsabilité politique du Gouvernement, ou du Président de la République qui pourrait être poursuivi pour haute trahison.

Mais il reste que pour qu'une loi puisse entrer en vigueur, elle doit être connue du public (c'est le quatrième critère de la norme que nous avons posé : pour être obligatoire, une disposition normative doit être portée à la connaissance de ceux qu'elle oblige). C'est la PUBLICATION qui fera que le PUBLIC est présumé connaître la loi.

SECTION IV. LA LOI EST OFFICIELLEMENT PORTÉE À LA CONNAISSANCE DE TOUS

C'est ici l'effet de la publication[50]. La publication fait encore partie des critères qui font qu'une règle a valeur normative. La publication est l'événement qui fait que le PUBLIC a officiellement connaissance de la règle. La loi n'est obligatoire que dans la mesure où elle est présumée, de façon irréfragable, connue de ceux qui y sont soumis. C'est pourquoi cette publication est OFFICIELLE et que le texte de loi est inséré au journal officiel (qu'on appelait autrefois le Bulletin des Lois).

A) L'entrée en vigueur proprement dite

L'article 1 du code civil, dans sa rédaction de 1804, était d'une lecture compliquée et pouvait dissuader l'étudiant en droit d'aller au-delà dans ses études. Certains mots étaient inappropriés. D'autres avaient vieilli et étaient devenus totalement obsolètes. L'article disposait en effet que :

> « *La promulgation faite par le Roi (*le Président de la République*) sera réputée connue dans le département de la résidence royale (*du siège du gouvernement*) un jour après celui de la promulgation (*publication*) et dans chacun des autres départements, après l'expiration du même délai, augmenté d'autant de jours qu'il y aura de fois dix myriamètres (*environ vingt lieues*) entre la ville où la promulgation en aura été faite, et le chef-lieu de chaque département* ».

50. – Deumier LPA 6 Mars 2000 (publication et connaissance de la loi). Guillien Mélanges Roubier D Sirey 1961 t 1 page 39 (nul n'est censé ignorer la loi).

Le texte de l'article est pourtant resté en vigueur pendant deux siècles. C'est à l'occasion du bicentenaire du code civil que l'on a songé à le réécrire. Et c'est par une ordonnance du 20 février 2004 que le toilettage du texte a été effectué[51]. On a chassé les myriamètres pour penser à Internet... L'article 1 dispose désormais que : « *les lois et lorsqu'ils sont publiés au JO les actes administratifs, entrent en vigueur à la date qu'ils fixent ou à défaut au lendemain de leur publication* »[52].

Quels sont les procédés officiels de publication ? Avant le 20 février 2004, il n'y en avait qu'un : le journal officiel version papier. L'ordonnance de 2004 a voulu tenir compte des nouveaux moyens de communication. Elle nous dit que « *la publication... est assurée, le même jour, dans les conditions de nature à garantir son authenticité, sur papier et sous forme électronique. Le journal officiel de la république est mis à la disposition du public sous forme électronique de manière permanente et gratuite... La publication sous forme électronique produit les mêmes effets de droit que la publication sous forme imprimée* ».

Les dispositions relatives à l'entrée en vigueur de la loi sont simplifiées : le citoyen connecté n'est pas présumé avoir besoin d'un certain délai pour prendre connaissance des nouvelles règles de droit, et le journal officiel n'est plus censé arriver à dos de cheval dans les terres lointaines de la province. Le respect de la règle du « jour franc » n'a plus lieu d'être[53] et les lois nouvelles entrent en vigueur partout en France « au lendemain » de leur publication[54].

---

51. – Lire sur la question : Bléry RLDC 2004/5 n°204. Deumier Obs. RTD Civ. 2004 585 De MATOS RLDC 2004/7 n°296 (ancien et nouvel article 1) et plus généralement Université de Paris II 1804-2004 le code civil D.2004.
52. – H.Moysan Entrée en vigueur de la loi. Le jour même ou le lendemain de la publication ? Dr. Fiscal 2012 étude 542 ; JCP G 2013 suppl. au n°4 21 janvier 2013, 108.
53. – Avant 2004, les lois et décrets étaient obligatoires à Paris un jour franc après la publication au journal officiel et partout ailleurs un jour franc après que le journal officiel qui les contient sera parvenu au chef-lieu de l'arrondissement. Un jour franc est un jour complet de 24 heures, qui part de 0 heure et se termine à minuit. Si donc un texte paraissait au J. O. du 3 Octobre à 6 heures du matin, il était obligatoire à Paris le 5 Octobre à 0 heure. Existait également un contentieux lié à l'arrivée du journal officiel au chef-lieu du département. La jurisprudence était nette : la loi ne s'applique pas si la preuve est apportée que le journal officiel n'est pas arrivé à la préfecture. V° par exemple Crim. 14 Décembre 1932 DH 1933, 38 Note Voirin. En subordonnant l'application d'une loi nouvelle à la condition que l'arrivée du journal officiel qui la contient au chef-lieu du département soit constatée sur un registre ouvert à cet effet à la préfecture, une cour d'appel viole l'article 2 du décret du 5 Novembre 1870 relatif à la promulgation des lois. CIV 6 Janvier 1994 JCP 1994 II 22216 Note Gaudemet.
54. – H MOYSAN entrée en vigueur de la loi. Le jour même ou le lendemain de la publication ? dr. Fiscal 2012 Etude 542 JCP G 2013 suppl. au n°4 21 Janvier 2013 108.

Mais il demeure que cette disposition présente aujourd'hui un caractère subsidiaire et constitue désormais une exception au principe selon lequel le texte « entre en vigueur à la date qu'il fixe » ou à la date du décret d'application de la loi lorsque celui-ci est annoncé[55]. Le nouveau texte a tenu compte du fait que depuis longtemps, le législateur estime qu'étant maître de la loi, il est maître de la date de son entrée en vigueur[56].

B) Les exceptions

Le code a toujours prévu l'éventualité d'une entrée en vigueur accélérée de la loi en cas d'urgence. C'était autrefois une ordonnance royale du 18 Janvier 1817 qui en fixait les modalités. La procédure d'urgence, qui permettait d'ordonner l'entrée en vigueur de la loi le jour de sa publication, avait lieu par voie d'affichage[57]. L'ordonnance du 20 février 2004 dispose désormais qu'en « *cas d'urgence, entrent en vigueur dès leur publication les lois dont le décret de promulgation le prescrit et les actes administratifs pour lesquels le*

55. – Une disposition légale se suffisant à elle-même est applicable sans attendre la publication d'un décret, à la date d'entrée en vigueur de la loi. Civ. 3eme 2 décembre 1981 Bul. Civ. III n°199. Mais il en va autrement si en l'absence de décret les dispositions de la loi ne peuvent recevoir application. Soc. 22 Mars 1989 Bul. Civ. V n°242 Civ. 2eme 7 Octobre 2004 Bul. Civ. II n°442. Mais si une loi est immédiatement applicable, il n'en est pas ainsi lorsque sa mise en application est subordonnée à la publication d'un acte réglementaire ultérieur. Bul. Civ. V 864.

56. – Soc. 5 Novembre 1981 Bul. Civ. 5 n°864. Sur les dispositions d'un texte prévoyant une date d'entrée en vigueur différée V° C. E 9 juillet 1993, Association « collectif pour la défense du droit et des libertés » : Rec. CE 590 (absence d'erreur manifeste d'appréciation dans un cas où la date d'entrée en vigueur d'un décret – portant interdiction de fumer dans certains lieux – a été fixée au premier jour du sixième mois suivant sa publication au journal officiel). Sur l'obligation, pour le premier ministre chargé d'assurer l'exécution des lois (article 21 Constitution de 1958) de prendre dans un délai raisonnable les mesures qu'implique nécessairement l'application de la loi : CE 28 juillet 2000 AJDA 2000 959. LPA 17 novembre 2000 note Laquièze. V° aussi 27 Juillet 2005 note Lebon 350.

57. – Le texte disait : « *Dans les cas où nous le jugerons convenable de hâter l'exécution des lois et de nos ordonnances en les faisant parvenir extraordinairement sur les lieux, les préfets prendront incontinent un arrêté par lequel ils ordonneront que les dites lois et ordonnances seront imprimées et affichées partout* ». Un acte qui détermine lui-même la date de son entrée en vigueur n'est applicable à cette date que si les conditions de sa publication le permettent effectivement. Les mesures prévues par ce texte (Arr. 29 Novembre 1996 relatif à l'interdiction de circulation des véhicules de transport de marchandises et de transport de matières dangereuses) ayant été rendues publiques par voie de presse, sont néanmoins opposables eu égard à l'urgence et à l'objet de son contenu. Ce 24 février 1999 d 1999 IR 97.

gouvernement l'ordonne par une disposition spéciale » La loi devient alors obligatoire aussitôt par le biais de l'acte de promulgation[58].

C) L'effet de la publication

À partir du moment où la loi est publiée au journal officiel, elle est présumée connue du public de façon irréfragable. C'est la règle « *nul n'est censé ignorer la loi* »[59]. Cette règle ne signifie pas que toute personne est présumée avoir lu ni *a fortiori* compris la loi. Elle ne signifie pas non plus que chacun est averti et informé. Même le professionnel le plus réputé ne pourrait aujourd'hui se vanter de tout savoir, tant l'inflation législative est grande et les textes nombreux... D'ailleurs le droit semble aujourd'hui à ce point inaccessible[60] que le législateur s'est senti obligé d'intervenir : un « *conseil départemental d'accès au droit chargé de définir une politique locale* » a été ainsi institué...[61].

La règle « *nul n'est censé ignorer la loi...* » signifie qu'on ne peut échapper à la loi, même sous des prétextes d'ignorance. C'est une FICTION. On présume, de façon irréfragable, que tout le monde connaît la loi qui est publiée. Cette fiction est dictée dans un souci de bon ordre social et de sécurité juridique[62]. C'est en ce sens qu'il faut comprendre la règle.

---

58. – Sur la publication d'urgence, Civ. 4 Mars 1931 : DH 1931 201. CE 19 juin 1959 Cazes D.1959, 370 conclusions Braibant.

59.– Dereux, Étude critique de l'adage « Nul n'est censé ignorer la loi » R.T.D.Civ 1907, p. 513 et s. Guillien, « *nul n'est censé ignorer la loi* » Mélanges Roubier 1961, t 1 p. 253 et s. Terré, « Le rôle actuel de la maxime « Nul n'est censé ignorer la loi », Trav. et recherches de l'institut de droit comparé, t XXX, 1966 p. 91 et s. Carbonnier, la maxime « Nul n'est censé ignorer la loi » en droit français, journ. soc. legisl. com*p.* 1984 p. 321 s. Gilda Nicolau « inaccessible droit » RRJ 1998, p. 15 s.

60. – V° Guinchard D.1999 chron. 1965. Thierry Revet R.T.D. Civ. 1999, 220. Ribs « L'accès au droit », Mélanges J. Robert 1998. p. 428.

61. – Loi du 10 juillet 1998 relative à « L'accès au droit et à la résolution amiable des conflits ». Et sur les « maisons du droit » V° les articles L 7-12-1-1 à L-7-12-1-3, code de l'organisation judiciaire. V° Frison Roche et Baranès D 2000 Chron.361 principe constitutionnel de l'intelligibilité de la loi et de l'accessibilité). Larralde LPA 19 Novembre 2002. Intelligibilité de la loi et accès au droit.

62. – Sur la sécurité juridique : Pacteau, « La sécurité juridique, un principe qui nous manque », AJDA 1995 p. 151 et suiv. Matthieu, « La sécurité juridique : un principe constitutionnel clandestin mais efficient, Mélanges Gélard, 2000 p. 301 et « la sécurité juridique : un produit d'importation dorénavant « made in France » » D 2000 n°4 point de vue p. 7.

A contrario, tant que la loi n'est pas publiée on ne peut évidemment la connaître[63]... Une loi non publiée ne saurait obliger[64]. Nous comprenons l'importance que représente le critère de la portée officielle de la loi à la connaissance du public, parmi les paramètres formant la normativité.

Mais une règle, pour avoir valeur normative, doit poursuivre le souci de l'exactitude. C'est le cinquième critère que nous avons dégagé.

SECTION V. LA LOI ET L'EXACTITUDE

Une norme doit être exacte : la loi n'échappe pas au principe. Ceci ne signifie pas que le législateur puisse être à l'abri d'une erreur ou d'une expression maladroite. Ceci signifie que si une erreur se glisse dans un texte, celle-ci doit pouvoir être réparée selon une procédure officielle et précise (A). De même, des règles doivent être posées lorsque l'interprétation d'un texte de loi apparaît nécessaire (B).

A) La technique des ERRATA

Que se passe-t-il lorsqu'un texte, publié au journal officiel, contient une coquille ou une erreur ? Comment réparer l'erreur ? Est-il possible de se contenter de publier au journal officiel un simple rectificatif sans avoir à repasser devant le Parlement ou devant l'autorité qui a promulgué ?

La Cour de cassation, dans un arrêt de 1933, dispose qu'il est possible de rectifier un texte par l'insertion d'un simple *erratum*. Mais cette rectification n'est possible « *qu'autant qu'il s'agit de réparer une erreur matérielle* ». Il appartient aux juges d'apprécier, eu égard aux circonstances, si l'existence d'une telle erreur est assez apparente pour qu'il convienne de faire prévaloir sur le texte primitif inséré au journal officiel, le texte ainsi modifié[65]. Lorsque la rectification est admise, le texte rectifié reçoit application comme s'il s'agissait du texte primitivement publié. C'est ce que rappelle encore la Cour de cassation dans un arrêt de 1989[66] : « *La rectification d'une erreur purement*

---

63. – La publication de certains textes au seul JO électronique est légale (CE section cont. 9 Novembre 2005 D 2006 IR 179)

64. – Une loi non publiée est inapplicable et ne peut donc conférer de base légale aux décisions individuelles prises en application de ses dispositions. CE Ass. 13 décembre 1957 Barrot Rec. CE 675. Et si des circonstances exceptionnelles peuvent justifier l'absence de publication de la loi, elle doit l'être dès que ces circonstances ont disparu. Même décision.

65. – Civ. 3e 12 juillet 1976 : Bul. Civ. III n°314.

66. – Soc. 8 mars 1989 Bul. Civ. V n°187 (taux de cotisation d'accident de travail erroné et rectifié par la publication d'un erratum) V° déjà en ce sens : com. 5 avril 1960 Bul. Civ. III n°141.

matérielle dans la publication d'un texte s'incorpore à la rédaction de ce texte et aura force obligatoire dès la date de mise en vigueur du texte primitif ».

Le tout est de s'accorder sur la notion « *d'erreur matérielle* ». Il est des erreurs qui ne changent pas le sens d'un texte. Mais il est des erreurs qui, lorsqu'on les répare, ont pour effet de modifier le sens du texte initial. Que faire ? La Cour de cassation est nette : « *est sans valeur légale un rectificatif qui apparaît, non pas comme destiné à réparer une simple erreur matérielle, mais comme une disposition nouvelle ayant pour but de restreindre considérablement la portée du texte primitif publié au journal officiel* »[67].

Il reste qu'en cas de difficulté créée par l'apparition d'une erreur matérielle et de son rectificatif, c'est le juge qui sera chargé d'apprécier la valeur et la portée de l'*erratum*. Le juge n'a pas la possibilité d'interroger le législateur pour lui demander ce qu'il a voulu dire. Tout au plus, avant de statuer, pourrait-il consulter les débats parlementaires et les comparer au texte publié... Mais la décision lui appartient. D'une certaine manière, on peut dire que par la technique de l'appréciation de la valeur des *errata,* le juge devient législateur, puisqu'en fin de compte, c'est lui qui dira ce qu'a voulu dire la loi. N'est-ce pas dangereux ? Il reste toutefois que le contentieux demeure assez rare, en ce domaine.

B) L'interprétation de la loi

Que se passe-t-il lorsqu'un texte de loi est flou et que les intentions du législateur n'apparaissent pas clairement ? On pourrait imaginer un système dans lequel il serait possible, à chaque fois qu'une difficulté d'interprétation d'une loi se présente, d'avoir recours au législateur. Il suffirait de l'interroger, pour lui demander ce qu'il a voulu dire. Un tel système a existé en France sous la Révolution. C'était le référé législatif qui était obligatoire quand un conflit d'interprétation apparaissait entre la Cour de cassation et les Cours d'appel. Mais ce système a échoué car il était trop lourd. Une loi du premier avril 1837 a supprimé le référé législatif[68].

Deux systèmes d'interprétation sont aujourd'hui possibles.

On peut tout d'abord imaginer que le législateur prenne une loi, pour interpréter une autre loi : c'est le système de la loi interprétative, qui présente la particularité de faire corps avec la loi qu'elle interprète. Ses effets

---

67. – Chambres réunies 5 février 1947 : D 1947.177.

68. – Hutteau, le référé législatif et les pouvoirs du juge dans le silence de la loi, Trav. fac. droit de Paris, 1965.

rétroagissent à la date d'entrée en vigueur de la loi interprétée. La loi interprétative et la loi interprétée ne forment qu'un seul bloc. Le plus souvent, le législateur prend la peine de préciser qu'une loi est interprétative. Mais lorsque le législateur ne dit rien, on peut quelquefois hésiter. Le juge ne peut reconnaître un caractère interprétatif à une loi que si elle est intervenue à propos d'une question controversée et si la solution qu'elle édicte s'adapte à la loi interprétée d'une manière telle que les tribunaux eux-mêmes auraient pu consacrer la solution[69].

Mais on peut aussi imaginer une interprétation judiciaire dans le cadre d'un procès. Nous verrons plus tard que le tribunal saisi d'un litige a le devoir de juger, même si la loi qu'on lui demande d'appliquer est obscure (article 4 du code civil). L'interprétation faite par le juge n'aura d'effet que dans le cadre du procès qu'on lui demande de trancher. Nous verrons en effet plus tard, que si le jugement a effectivement une valeur normative, sa force obligatoire est purement relative.

Ceci étant, seul le législateur et le juge ont le pouvoir d'interpréter utilement un texte de loi[70]. Les interprétations d'un texte, effectuées par la doctrine, n'ont pas de valeur normative. Elles ne peuvent que venir en aide au juge dans sa mission d'interprétation. Mais le juge n'est pas lié par les analyses doctrinales.

Quant aux circulaires administratives (qui sont comme leur nom l'indique, des documents internes chargés de « circuler » dans l'administration) leur rôle est en principe d'expliquer un texte aux agents de l'administration, nonobstant leur publication[71]. Mais c'est tout. Si un ministre est habilité à commenter un texte par voie de circulaire[72], il demeure que celle-ci n'a en principe pas de valeur réglementaire comme le rappelle constamment la

69. – V° par exemple Com. 7 avril 1992, JCP 1993, ed. N, II, p. 64, note David au sujet de l'impôt sur les grandes fortunes.

70. – Archives de la philosophie du droit t 17 1972 Genevois RFDA 2002 877 (le conseil d'état et l'interprétation de la loi). Rieg Travaux de l'association Capitant XXIX 1978 p 70 (interprétation par le juge).

71. – Le décret n°2008-1281 du 8 décembre 2008 rappelle qu'une circulaire ne peut s'appliquer que dans la mesure où elle est publiée. « Les circulaires et instructions adressées par les ministres aux services et établissements de l'état sont tenues à la disposition du public sur un site internet relevant du premier ministre. Elles sont classées et répertoriées de manière à faciliter leur consultation. Une circulaire ou une instruction qui ne figure pas sur le site mentionné au précédent alinéa n'est pas applicable. Les services ne peuvent en aucun cas s'en prévaloir à l'égard des administrés... » V° P. Deumier : « les circulaires sortent de l'ombre » RTD Civ 2009 page 487.

72. – CE 5 Mai 1961 Librairie Quillet Rec CE 297 AJDA 1961 chron. Galabert.

jurisprudence de la cour de cassation. Elle ne lie ni les magistrats ni les particuliers[73]. Il est de fait cependant que les circulaires sont de plus en plus nombreuses y compris dans le domaine du droit privé...[74] Enfin, si un ministre est interrogé sur le sens d'une loi, sa réponse ministérielle n'engage que lui, quand bien même cette réponse serait publiée au journal officiel[75]. Cette technique, qui en arrive à évoquer dans certaines hypothèses celle du « rescrit » romain[76] tend à confondre dans l'esprit du public, les pouvoirs. Or seul un tribunal dispose officiellement du pouvoir d'interpréter efficacement la loi ; c'est sans doute la raison pour laquelle les réponses ministérielles sont souvent données « *sous réserve de l'interprétation des tribunaux* ».

SECTION VI. LA PRÉCISION DU CHAMP D'APPLICATION DE LA LOI

Une disposition ayant valeur normative a vocation à s'appliquer de façon précise, sur une certaine catégorie de personnes, pendant un certain temps, dans un certain espace. C'est le sixième critère que nous avons dégagé. La loi n'échappe pas au principe : la loi s'applique pour tout le monde. On dit qu'elle a un effet absolu (A) son champ d'application est très précisément déterminé tant dans l'espace (B) que dans le temps. C'est ce qui différencie la disposition normative de celle qui ne l'est pas. Alors par exemple qu'un avis doctrinal est intemporel et peut être (ou ne pas être) utilisé par tel ou tel, à l'intérieur ou à l'extérieur du territoire, la loi au contraire est enfermée dans le temps et l'espace par des barrières précises.

73. – Sur l'absence de valeur normative des circulaires, qui ne sont pas obligatoires et ne s'imposent pas au juge : CIV 3e 26 Mai 1992 Bul Civ. III n°167 Déjà en ce sens : CIV Sect. Com 23 Octobre 1950 Préfet du Nord/Melis Bul. Civ. II n°302 GAJC 11e éd. n°7 D 1951 4. V° aussi Blumann, l'interprétation des circulaires administratives par le juge judiciaire AJDA 1972 p. 263. La position du Conseil d'État est différente. Celui-ci a tout d'abord distingué (dans la jurisprudence Notre Dame du Kreisker du 29 janvier 1954) les « circulaires réglementaires des circulaires interprétatives ». Cette dualité a été abandonnée en 2002 au profit d'une autre distinction : celle des circulaires impératives et des circulaires « non impératives » CE 18 décembre 2002 RFDA 2003 274 concl. Fombeur.

74. – Par exemple, s'agissant de l'état des personnes, l'instruction générale à l'état civil de 1955 qui a été à diverses reprises refondue.

75. – Oppetit « Les réponses ministérielles aux questions écrites des parlementaires et l'interprétation des lois » D1974 chron. 107 réed. in droit et modernité 1998 p. 137 Molfessis obs. RTD Civ. 2002 597.

76. – Oppetit « La résurgence du rescrit » D 1991 chron. 105 réed. In droit et modernité p. 153. B. Benoit « le rescrit fiscal » RF compt. 1989 n°199 p. 39.

Sous-section I. L'effet absolu de la loi

Une fois que la loi est votée, promulguée et qu'elle est publiée, elle est applicable à tous. On dit qu'elle a un EFFET ABSOLU. L'expression « *effet absolu* » s'oppose à celle « *d'effet relatif* » que nous emploierons plus tard lorsque nous étudierons la décision de justice et le contrat. La décision de justice comme le contrat ont un effet obligatoire. Mais cet effet n'est pas absolu. Il n'est que relatif. Il ne concerne essentiellement que le seul individu jugé ou engagé contractuellement.

Que faut-il entendre par le mot « TOUS » ? Les étrangers vivant en FRANCE sont-ils soumis à la loi française ? L'article 3 du code civil nous apporte des éléments de réponse[77] qu'on se contentera d'évoquer sans trop entrer dans le détail (une étude approfondie ressort d'un cours de droit international privé).

A) « Les lois de police et de sûreté obligent tous ceux qui habitent le territoire » (art 3 alinéa 1).

Le texte est net : on parle de « *tous ceux qui habitent* »... qu'ils soient français, étrangers ou apatrides. La seule question est de déterminer ce qui ressort des lois de police et de sûreté.

On peut bien sûr ranger dans la catégorie des lois de police et de sûreté toutes les dispositions qui ressortent du droit pénal. Au demeurant, c'est l'article 113-2 du nouveau code pénal qui dispose que « *la loi pénale française est applicable aux infractions commises sur le territoire de la République. L'infraction est réputée commise sur le territoire dès lors qu'un de ces faits constitutifs a eu lieu sur le territoire* ». En matière civile on dira que tout ce qui concerne l'ordre public, comme l'hygiène, la sécurité, la santé, relève des lois de police et de sûreté[78].

77.– V° Bolze Dalloz 2001 Chronique 1818 (application de la loi étrangère) Bolard Études Ponsard Litec 2003 p 103 (la loi étrangère devant le juge français) Fauvarque Cosson Dalloz 2000 Chron. 125 (le juge français et le droit étranger). Nicod Mélanges Jestaz Dalloz 2006 p 417 (la loi étrangère désignée par la règle de conflits)

78. – Par exemple : les dispositions sur l'assistance à l'enfance en danger sont applicables sur le territoire français, à tous les mineurs qui s'y trouvent, quelle que soit leur nationalité ou celle de leurs parents (CIV : 27 Octobre 1964 D.1965 81. V° aussi 16 Janvier 1979 Bul. civ. 1 n°22. Crim. 4 Novembre 1992 Bul. Crim. N°355 Dalloz 1994 11 Note F. Boulanger). Inversement, les lois sur l'assistance éducative étant d'application territoriale les juridictions françaises sont incompétentes pour prendre les mesures éducatives à l'égard des mineurs résidant à l'étranger. Civ. 6 Avril 1994 Bul. Civ. 1 n°139 Defrénois 1994 1099 obs. Massip. La réglementation des funérailles touche l'ordre public et doit demeurer

B) « Les immeubles, même ceux possédés par des étrangers, sont régis par la loi française » (art.3 al 2).

Par définition, un immeuble par nature est une chose immobile, fixée au sol. Il est donc naturel que l'immeuble situé en France soit soumis à la loi française, quelle que soit la nationalité de son propriétaire. Ceci emportera pour conséquence que les sûretés consenties sur l'immeuble, destinées à garantir une créance, seront soumises à la loi de la situation du bien[79]. Les biens meubles, qui par définition se déplacent, seront soumis à la même règle : leur sort dépend donc de la loi du lieu où ils se trouvent[80]. Ainsi, si l'objet mobilier est gagé[81] ou retenu[82] en France, il sera soumis à la loi française.

C) « Les lois concernant l'état et la capacité des personnes régissent les Français, même résidant en pays étrangers » (art 3 al 3)

Cette phrase nous dit que dans certains cas, le français à l'étranger pourra continuer à demander le bénéfice de la loi française. *A contrario,* pour ces mêmes hypothèses, l'étranger vivant en France pourra demander le bénéfice de l'application des lois étrangères. Nous visons le domaine de tout ce qui

---

résolue suivant les dispositions de droit français (CIV 1re 17 Février 1982 Rev. crit. de DIP 1984, 451 note Labrusse) ce qui permettrait de penser que la législation des prélèvements d'organes peut être qualifiée de « *loi de police et sûreté* » et vise ainsi les étrangers qui meurent en France. Les lois relatives à la représentation des salariés et à la défense de leurs droits sont des lois de police, qui s'imposent à toutes les entreprises qui exercent leur activité en France. (Soc. 3 Mars 1988 Bul. Civ. 5 n°164. Assemblée plénière 10 Juillet 1992 JCP 1993 II 22063 note P. Rodière. Rev. Crit. DIP¨1994 69 note Audit 2 arrêts (licenciement de salariés protégés). Les dispositions édictées par l'ordonnance du 22 Février 1945 relatives à l'institution d'un comité d'entreprise dans toute entreprise industrielle et commerciale employant au moins cinquante salariés doivent être appliquées par toute personne physique ou morale exerçant en France les responsabilités de l'employeur. La circonstance qu'une entreprise employant en France plus de cinquante salariés a son siège social à l'étranger ne saurait la faire échapper à l'application de la législation sur les comités d'entreprise (CE 29 juin 1973 revue crit. de Dip 1974 p 344).

79. – Civ. 1re, 19 juin 1999 Bul Civ. 1 n°21 ; D.1999 Somm. 292 obs. Audit ; D. Affaires 1999 371, obs. X. D ; J.C.P 2000 II 10248 note Vignal ; ibid. 1 209 n°11 obs. Delebecque. L'hypothèque judiciaire provisoire est soumise à la seule loi de situation de l'immeuble. Civ. 1re 17 novembre 1999 : Bul. Civ. 1 n°305 ; D 2000 547 conclusions Sainte-Rose, note Khairalah. Rev. Crit DIP 2000 433 note Rémery.

80. – Req. 24 Mai 1933 : DH 1933, 378.

81. – Civ. 1re 8 juillet 1969 : J.C.P 1970 II 16182 note Gaudemet Tallon ; JDI 1970 916 note Derruppé. V° aussi Civ. 1re 3 Mai 1973 Bul Civ. 1 n°143, Rev. Crit. DIP 1974. 100 note Mezger. Com. 11 Mai 1982 D 1983 271 note Witz.

82. – Application de la loi de situation du bien à l'exercice du droit de rétention sur des marchandises. Com 2 Mars 1999 Bul. Civ. IV n°52, Rev. Crit. DIP n°1999 305 rapport Rémery.

concerne « *l'état et la capacité des personnes* », c'est-à-dire, en d'autres termes, tout ce qui concerne le mariage[83], le divorce[84], la séparation de corps, la filiation[85], la parenté[86] et l'alliance, la capacité. Un juge français peut donc être amené à appliquer (et donc à interpréter[87]) une loi étrangère[88] dans la mesure où sa preuve est établie[89]. Mais il y a cependant une réserve : la loi étrangère ne doit pas être contraire à l'ordre public français.

---

83. – Les conditions de validité au fond du mariage sont déterminées par la loi personnelle des époux. Paris 2 février 1956 JCP 1952 II 9229 note PG. Le principe s'applique aux règles relatives à la capacité des futurs époux (TGI Paris 15 mars 1972 Rev. Crit. DIP 1973 509 note Alexandre) et à leur consentement (Paris 7 juin 1973 JCP 1973 II 17 539 note Goubeaux) comme à la comparution personnelle exigée à l'article 146-1. Les conditions de fond du mariage s'apprécient distributivement, selon la loi nationale de chacun des époux. Paris 9 juin 1995 D 1996 Somm. 171 obs. Audit.
84. – Il ne peut y avoir en France de divorce sans décision judiciaire. Les actes des autorités religieuses sont en la matière dénués d'effet civil en France. Civ. 1ere 15 juin 1982 D 1983 431 Note Agostini.
85. – Les lois étrangères qui prohibent l'établissement de la filiation naturelle ne sont pas contraires à la conception française de l'ordre public international dont la seule exigence est d'assurer à l'enfant les subsides qui lui sont nécessaires. Civ. 1re 3 Novembre 1988 Bul. civ. 1 n° 298. Rev. crit. DIP 1989 495 note Jacques Foyer. Mais il en est autrement lorsque ces lois ont pour effet de priver un enfant français ou résidant habituellement en France du droit d'établir sa filiation, auquel cas cet ordre public s'oppose à l'application de la loi étrangère normalement compétente. Civ. 1re 10 février 1993 D 1994 Somm. 32 obs. Kherkove.
86. – L'attribution de l'autorité parentale (puissance paternelle dans l'arrêt cité) est régie par la loi nationale des parents (Civ. 13 janvier 1873 D P 1873 1 297) et pour les enfants naturels, par la loi personnelle de l'enfant (Paris 28 Novembre 1868 Revue critique DIP 1969 266 note Bischoff). L'obligation alimentaire est soumise à la loi du lien de famille, sous réserve de l'ordre public français, lequel peut intervenir pour assurer le minimum d'assistance de la loi française. Civ. 1ere 19 octobre 1971 Bul. Civ. 1 n°261.
87. – Les juges du fond interprètent souverainement le contenu de la loi étrangère. La jurisprudence est constante. V° par exemple : Civ. 1ere 15 juin 1982 D 1983 431 note Agostini. 10 juillet 1990 Bul. Civ. 1 n°195. Sauf dénaturation, l'application et l'interprétation sont souveraines. Civ. 1ere 20 décembre 2000. Bul. Civ. 1 n° 336.
88. – Il incombe au juge français qui reconnaît applicable un droit étranger d'en rechercher, soit d'office, soit à la demande d'une partie qui l'invoque, la teneur avec le concours de parties et personnellement s'il y a lieu et de donner à la question litigieuse une solution conforme au droit positif étranger. Civ. 1ere 28 juin 2005. Bul. Civ. 1 289 D 2005 28 53 note Bouche. D 2006 panorama 1495 et 1498 obs. Courbe Gaz Pal 2006 doctrine 300 étude Groud. Il incombe au juge français saisi d'une demande d'application d'un droit étranger, de rechercher la loi compétente selon la règle de conflit, puis de déterminer son contenu au besoin avec l'aide des parties et de l'appliquer Civ. 1ere 11 Février 2009 D 2009 AJ 565 obs. Egea. JCP 2009 II 10065 note Mahinga.
89. – Il incombe à la partie qui se prévaut d'une loi étrangère de faire la preuve de la disposition qu'elle invoque. Civ. 1ere 21 juin 1988 Bul. Civ. 1 n° 199. Spécialement, celui qui prétend qu'un contrat est soumis à la loi étrangère doit rapporter la preuve du contenu de cette loi, et de ce que ses dispositions auraient abouti à un résultat différent de celui auquel

Un Français qui épouse une Française et vit avec elle en Angleterre, pourra demander au juge anglais l'application du droit français s'il veut divorcer. Réciproquement, un couple de Marocains souhaitant se séparer et vivant en France, pourra en principe, solliciter du juge français l'application du droit marocain (on rapproche cette question de l'article 310 du code civil) sous la réserve de l'ordre public. Dans ce registre, on a posé la question de la reconnaissance des répudiations musulmanes[90] ou encore, en matière de filiation, des « kafalas ».

D) Autres matières

a) **Lex loci delicti**. La loi applicable en matière de responsabilité civile extracontractuelle est en principe la loi du lieu où le fait dommageable s'est produit. Ce principe est constamment rappelé par la cour de cassation[91].

b) **Loi d'autonomie**. Par principe, la loi applicable aux contrats, soit en ce qui concerne leur formation, soit quant à leurs effets et conditions, est celle que les parties ont adoptée[92]. Il appartient au juge de rechercher la commune intention des parties (quand celle-ci n'est pas clairement exprimée) quant à la localisation de leur contrat[93], et de déduire en conséquence la loi applicable[94].

---

conduisaient les règles du droit français. Civ. 1ere 22 avril 1986 Bul. Civ. 1 n°98 Rev. Crit. DIP 1988 302 note Bischoff.

90. – En principe, la cour de cassation refuse de reconnaître les répudiations musulmanes car elles témoignent de l'inégalité de l'homme et de la femme (seul le mari pouvant répudier son épouse). Or le principe d'égalité des époux est d'ordre public et il est établi par la CEDH. V° François D.2002 Chron. 2958 (conventions bilatérales reconnaissant les répudiations musulmanes et CEDH) F Oudin RJPF 2002 12/11 principe d'égalité et ordre public international). V° aussi Civ. 1ere 17 février 2004 Bul. Civ. 1 n°47 R p 431. V° Abla Koumdadji « la sécularisation de la répudiation ou la rupture discrétionnaire unilatérale en droit français » Thèse Lille 2 Décembre 2010.

91. – Cass.civ. 25 mai 1948 JCP 1948 II 4542 note Vasseur.

92. – Cass civ. 31 Mai 1932 DP 1933 1 169 note Battifol.

93. – Saisie d'un litige relatif à la responsabilité d'un architecte allemand chargé de construire un immeuble en France, le juge peut estimer que l'exécution principale de la convention doit être localisée au lieu de situation de l'immeuble lieu qui est au surplus le lieu de conclusion du contrat, et en déduire qu'il y a présomption que le contrat doit être régi par la loi française (Cas 1ere civ 15 juin 1982 Bull civ n°223 p 191). S'agissant d'un contrat conclu en langue anglaise devant le consul des États Unis d'Amérique, ayant pour objet des biens situés dans ce pays et empruntant une institution propre à la loi américaine (trust) il est manifeste que les contractants ont entendu se placer sous l'empire de cette loi (Paris 10 Janvier 1970 D 1972 p 122 note Malaurie).

94. – Cas 1ere civ 15 juin 1982 Bull Cive 1 n°223 p 191.

Sous-section II. La loi et ses limites dans l'espace

La loi oblige tous ceux qui habitent « *le territoire* ». Que faut-il entendre par « *territoire* » ou encore par « *espace* »[95] ? Le territoire est, bien sûr, celui de la France. Mais une telle réponse est insuffisante.

D'abord, il peut arriver que le législateur limite l'application d'une loi nouvelle à une certaine partie du territoire, pour « tester » la loi nouvelle. Ainsi par exemple, quand on a créé la procédure de « mise en état », on a d'abord appliqué ce texte à certaines régions de France. On « expérimente » désormais la loi nouvelle[96]. La méthode expérimentale aurait-elle sa place dans la science du droit[97] ?

On trouve aussi des particularités tenant à l'histoire de France. On rappelle par exemple que l'Alsace et la Lorraine ont été annexées par l'Allemagne en 1871 et sont redevenues françaises en 1918. On n'efface pas d'un trait 50 ans d'histoire et d'occupation étrangère, d'autant que sur bien des points, la législation allemande était beaucoup plus novatrice que la législation française. Une loi de 1990 a supprimé les dispositions spécifiques qui concernaient l'état et la capacité des personnes. Mais des particularités demeurent dans le droit de la publicité foncière (l'institution de « Livre foncier ») des assurances, des associations. Enfin, les dispositions françaises antérieures à l'annexion et abrogées par l'État français entre 1871 et 1918, sont toujours en vigueur : en va- t-il ainsi du Concordat de 1801 sur le statut des cultes. On ne s'étonnera pas, en conséquence, de trouver des particularismes juridiques dans le département de la Moselle[98]. La constitutionnalité du maintien d'un droit

95. – V° Drago, « la géographie et le droit », Mélanges Alice-Saunier Seite, éd. Société de géographie, 1997 p. 97 et suiv. Brimo, la notion d'espace et de droit, Mélanges Montané de la Roque, 1986, p. 69. Denis Alland, « La représentation de l'espace en droit international public », Archives de philosophie du droit, t 32, 1987, p. 163 et suiv.

96. – Christian Atias L'expérimentation juridique : y a-t-il des expériences juridiques cruciales ? In Théorie du droit et science 1995 p. 129. Drago le droit de l'expérimentation Mélanges Terre 1999 p. 229 et suiv.

97. – Gaétan Grach La place de la méthode expérimentale dans la science du droit RRJ 2010 2 p 691 et suiv.

98. – V° Jacqueline Flauss, droit local alsacien mosellan et Constitution, Revue de droit public 1992 p. 1625 et suiv. Sophie Hocquet Berg, Le particularisme des promesses synallagmatiques de vente immobilière en droit local d'Alsace Moselle RTD Civ. 2000 781. D Bastian et A. Weill Une tentative d'unification législative entre le droit français général et le droit local d'Alsace et de Lorraine, le registre matrimonial. In Mélanges Julliot de la Morandière, 1964 p. 23 et suiv. VF Lotz, la loi du 29 décembre 1990 portant diverses mesures d'harmonisation entre le droit local alsacien mosellan et le droit français général JCP Notarial 1991 1 p. 93 et suiv. Sander, du code local de procédure civile au code de procédure civile Mélanges Wiederkher 2009 p. 723 et suiv.

local dans les départements du Bas Rhin, du Haut Rhin et de la Moselle a été consacrée en 2011 à l'occasion d'une Q.P.C. Le conseil constitutionnel a dégagé le principe suivant lequel, aussi longtemps qu'elles n'ont pas été remplacées par des dispositions de droit commun ou harmonisées avec elles, les règles locales peuvent demeurer en vigueur[99].

De même, dans les départements d'outre-mer (D.O.M.) qui sont formés par la Martinique, la Guadeloupe, la Guyane et la Réunion, la législation française antérieure à 1946 n'est pas applicable, à moins qu'avant cette date, elle n'ait fait l'objet d'une extension. À l'inverse, la législation postérieure à 1946 est applicable, à moins qu'elle n'ait fait l'objet d'une adaptation nécessitée par les données locales. Mayotte[100] a rejoint en mars 2011 la liste des départements d'outre-mer[101].

La Nouvelle Calédonie a été dotée de son côté, suite aux « événements de Nouméa » d'une sorte de Constitution qui lui confère une large autonomie[102]. C'est l'accord de Nouméa du 5 mai 1998 signé entre le gouvernement français et les représentants des partis politiques du territoire qui en est l'objet. Le statut admet l'existence dans de nombreux domaines, de « lois de pays » émanant de l'autorité législative locale (le congrès) susceptibles d'être soumises au contrôle du conseil constitutionnel[103].

Enfin, dans les collectivités d'outre-mer, c'est-à-dire, aux îles Wallis et Futuna, en Polynésie[104], aux Nouvelles Hébrides, à Saint Pierre et Miquelon, à

99. – C. Const 11 Aout 2011 décision n°2011-157

100. – Sur les particularités du droit à Mayotte avant les lois récentes V° JR Binet « le croissant et la balance. De quelques spécificités du droit applicable à Mayotte au crépuscule de la justice cadiale » RID comp. 3-2002 p 787 et suiv.

101. – La collectivité territoriale de Mayotte est notamment régie par une loi du 11 juillet 2001, mais aussi par une ordonnance du 19 décembre 2002 et une ordonnance du 23 mars 2006 formant le livre V du code civil intitulé « dispositions applicables à Mayotte (art 2489 à 2506 du code civil). Le livre commence par une sorte de table de concordance visant à remplacer des mots par d'autres (exemple : « cour d'appel » par « tribunal supérieur d'appel », « département » par « collectivité départementale ») V° Marie Lamarche État civil et statut personnel à Mayotte : de l'ordonnance de Villers Cotterêts à la recherche d'une identité pour les Mahorais du 101e département français. Dr Fam. avril 2009 Focus 29. Cabrillac et Seube D.2003 Chron. 1058.

102. – Schotel Mise en œuvre de l'accord de Nouméa AJDA 1999 p. 324. O. Gohin, l'évolution constitutionnelle de la nouvelle Calédonie AJDA 1999 p. 500 et suiv. Verpeaux La Nouvelle Calédonie est- elle une collectivité territoriale D 2007 p. 1175.

103. – V° les observations de C. Jamin RTD Civ. 1999 488 V° décret du 29 juin 2001 portant publication du code des communes de la nouvelle Calédonie.

104. – Le statut de la Polynésie a été profondément modifié à la suite de la révision constitutionnelle du 28 mars 2003 relative à l'organisation décentralisée de la République, ce cadre nouveau permettant aux collectivités d'outre-mer d'adopter des actes

Saint Martin, dans les Terres Australes et Antarctiques françaises et Clipperton, on n'applique les lois de la métropole que dans la mesure où ces dernières le disent expressément. Sinon on applique le droit local[105]. Dans certaines collectivités d'outre-mer, une assemblée locale peut d'ailleurs légiférer dans des domaines déterminés et le chef de l'exécutif local exerce un pouvoir réglementaire.

Sous-section III. La précision de la loi et son application dans le temps

La question tenant à la loi et au temps ressort d'abord d'un délicat problème d'application. Une loi nouvelle n'intervient jamais dans une situation désertique, synonyme de néant juridique. Il y a en général un texte ancien qu'on va remplacer par le texte nouveau. On comprend qu'il n'est pas possible d'appliquer brutalement un texte, en faisant abstraction de tout. L'aménagement du temps est souvent indispensable. Il faut appréhender le futur en l'anticipant mais aussi tenir compte du passé en le faisant survivre, ou au contraire ne pas en tenir compte en l'oubliant... Comment opérer le changement ?[106] Comment régler les conflits de lois dans le temps ? (A) La question du temps tient aussi à la durée de la loi : jusqu'à quand la loi sera-t-elle applicable ? (B) Nous verrons qu'à ces questions sont données des réponses précises, car la norme elle-même a vocation à la précision.

administratifs dits aussi « lois de pays » au titre des compétences exercées dans le domaine de la loi et soumis au Conseil d'État. Le pluralisme juridique est accru. Des transferts de compétence importants ont aussi été retenus, ainsi que des assouplissements relativement au patrimoine foncier, de l'identité de la population polynésienne, de l'usage du tahitien. Le statut d'autonomie de la Polynésie française résulte de la loi 2004-192 et de la loi ordinaire 2004-193 du 27 février 2004. Il a été jugé que le « principe de spécialité de la législation applicable à la Polynésie s'oppose à ce qu'un texte soit de plein droit applicable sur ce territoire, à moins qu'il y ait été déclaré expressément applicable, qu'il ait fait l'objet d'un arrêté de promulgation par le Haut- commissaire, et qu'il ait été publié au journal officiel de la Polynésie française » Civ. 2e 8 Février 2006.

105. – Ainsi, ne sont pas applicables dans un territoire d'outre-mer des dispositions législatives modifiant une loi applicable dans ce territoire, si elles n'ont pas été elles-mêmes étendues à ce territoire d'outre-mer par une disposition expresse. CE Ass, 9 février 1990, Élections municipales de Lifou : Rec. CE 28. V° contra : antérieurement CE 27 janvier 1984, Ordre des Avocats de la Polynésie Française : Rec. CE 20.

106. – Des réflexions ont été menées sur l'appréhension du temps en droit. Parmi les plus célèbres, on citera : Brimo, Réflexions sur le temps dans la théorie générale du droit et de l'État, mélanges Hébraud, 1981, p. 145 et suiv. Terré, Temps sociologiques et temps juridiques, Annales de la faculté de droit d'Istanbul, XXX n°40 1996, Méche, Voyages dans l'espace du temps juridique, Mélanges Farjat 1999, p. 429 et suiv. Ost, le temps et le droit éd Odile Jacob, 1999.

A. L'application de la loi dans le temps

On aborde ici l'une des questions les plus délicates du droit civil. Comment appliquer la loi dans le temps ? La réponse est donnée par l'article 2 du code civil qui est censé, dans sa brièveté, régler la question. « *La loi ne dispose que pour l'avenir. Elle n'a pas d'effet rétroactif* ». Paul ROUBIER[107] a proposé un schéma explicatif qui présente le grand mérite d'être clair. L'article 2 édicte donc un premier principe : celui de la NON RÉTROACTIVITÉ DE LA LOI NOUVELLE (1). Mais il en édicte aussi un second : celui de son EFFET IMMÉDIAT (2).

1) La non-rétroactivité de la loi nouvelle

La non-rétroactivité constitue le principe (a). Mais ce principe souffre des exceptions (b).

a) Le principe

Une loi nouvelle ne peut, sous peine de rétroactivité, porter atteinte aux conditions de CONSTITUTION ou aux conditions d'EXTINCTION d'une situation juridique antérieure. Elle ne peut pas non plus remettre en cause les EFFETS PASSES d'une situation antérieurement constituée. Que signifie cette phrase ?

Il faut bien comprendre le sens des mots « **constitution** *d'une situation* » et « **effets** *d'une situation* ».

Raisonnons par exemple sur le mariage. Pour qu'un mariage puisse valablement se constituer, certaines conditions de fond et de forme doivent être respectées. Les époux par exemple doivent échanger leur consentement devant un officier de l'État civil, ils doivent avoir l'âge légal, ne pas être déjà mariés... etc. Une fois que le mariage est constitué, il produit des effets : ainsi les époux se doivent fidélité, secours et assistance...

Première situation : Les conditions de constitution d'une situation juridique doivent être appréciées au regard de la loi sous l'empire de laquelle cette situation s'est constituée. Une loi nouvelle ne peut, sans rétroactivité, remettre en question une situation juridique entièrement constituée avant son

107. – Paul ROUBIER, le droit transitoire (conflits de lois dans le temps) D. S 2e Édition 1960 ; V° également BACH Contribution à l'étude du problème de l'application de la loi dans le temps RTD civ; 1969 413 Bonneau Jcl civil art 2. CARBAJO, l'application dans le temps des décisions administratives exécutoires, préface de M. Lachaume L.G.D.J 1980, J. HERON principes de droit transitoire, 1996. Marais Le temps, la loi et la jurisprudence : le bon, la brute et le truand Mélanges Marie Stéphane Payet Dalloz 2011 383

intervention[108]. La régularité et l'efficacité du fait constitutif doivent être appréciées eu égard à la loi en vigueur au moment où ce fait s'est trouvé entièrement accompli.

Prenons un exemple : une personne décède en 1960. À cette époque, la loi prévoit que sont héritiers les descendants en ligne directe, ainsi que les collatéraux privilégiés (c'est-à-dire les frères et sœurs). Une loi de 1961 intervient, qui supprime la vocation héréditaire des collatéraux lorsqu'il y a des descendants. Imaginons que le notaire, chargé de liquider la succession, procède au partage en 1962. Qui hérite ? Et plus précisément, les collatéraux peuvent-ils hériter ?

La réponse est simple : la qualité d'héritier est constituée du fait de la mort de la personne. L'article 718 c. civ. rappelle en effet que « *les successions s'ouvrent par la mort naturelle* ». Il faut donc se placer en 1960 pour savoir qui a la qualité d'héritier et appliquer le droit en vigueur. Pourront donc hériter les descendants et les collatéraux. La loi de 1961 ne peut pas remettre en cause la qualité d'héritier qui est apparue du fait du décès et qui a été attribuée aux collatéraux. Une situation s'est valablement créée, qui ne peut être remise en cause par une loi postérieure[109].

Réciproquement, une loi nouvelle ne peut rendre efficace un fait qui n'avait pas pu valablement faire naître une situation juridique : une situation qui n'a pu valablement se constituer sous l'empire des dispositions en vigueur au moment de sa formation, ne peut être ultérieurement validée par la loi nouvelle, supprimant l'interdiction qui avait été transgressée.

Prenons un exemple : un enfant naturel adultérin est reconnu à une époque où la loi interdit ce genre de reconnaissance. Une loi nouvelle intervient, qui dispose que désormais les enfants naturels adultérins pourront être reconnus.

108. – La loi nouvelle ne s'applique pas, sauf rétroactivité expressément stipulée par le législateur, aux conditions de formation de l'acte juridique conclu antérieurement. Même si elle intéressait l'ordre public, cette loi ne pourrait frapper de nullité les actes valablement passés avant sa promulgation. Civ. 3eme 7 novembre 1968 JCP 1969 II 15 771 note PL. Com 11 octobre 1988 Bul. civ. IV n°274. Une convention portant un prix illicite ne peut être validée en se fondant sur un arrêté postérieur qui soustrait de telles conventions à la taxation. Civ. 3eme 6 décembre 1977 Bul. civ. 3 429. Les conditions de validité d'un contrat et les conséquences de sa nullité sont régies par la loi en vigueur au jour où il a été passé. Civ. 3eme 7 Octobre 1980. Bul. civ. III n°152.

109. – Rapp. Le droit des héritiers réservataires est fixé et délimité par la loi qui lui donne naissance, c'est-à-dire par la loi en vigueur à la date de l'ouverture de la succession. C. Cass 1ere civ. 14 décembre 1971 D 1972 p.117. Les droits de réservataires résultant de nouvelles règles sur la filiation naturelle ne peuvent être exercés au préjudice des donations entre vifs consenties avant l'entrée en vigueur de la loi du 3 Janvier 1972.

Cette loi nouvelle ne peut en principe valider rétroactivement la reconnaissance antérieure qui était interdite.

Deuxième situation : Les conditions d'extinction d'une situation juridique.

La loi nouvelle ne peut, sans rétroactivité, faire revivre une situation juridique qui a disparu. Ce qui est éteint sous l'empire de la loi ancienne, ne peut revivre au bénéfice d'une loi nouvelle.

On peut imaginer un exemple tiré du droit de la prescription. Le code civil nous disait (avant la réforme de 2008 sur la prescription) que « *l'action des marchands se prescrit par deux ans pour les marchandises qu'ils vendent aux particuliers* ». Ceci voulait dire qu'un marchand qui avait vendu des marchandises à une personne et qui aurait négligé le recouvrement de sa facture, aurait pu se voir opposer au bout de deux ans la prescription extinctive.

Supposons qu'un marchand ait vendu le 1er janvier 1998 des marchandises à un particulier et qu'il ait négligé le recouvrement de sa créance. L'acheteur peut lui opposer la prescription extinctive au bout de deux années. Imaginons qu'une loi nouvelle intervienne en 2020 qui porte à trente ans le délai de prescription. Cette loi nouvelle sera sans incidence sur la situation passée qui est définitivement éteinte. La jurisprudence est très nette sur la question[110]. Une loi nouvelle ne peut donc faire revivre une situation juridique qui a disparu.

Troisième situation : La loi nouvelle ne peut remettre en cause les effets passés d'une situation antérieurement constituée.

Il faut supposer qu'une situation se crée et produise des effets dans le temps. Nous avions donné comme exemple celui du mariage qui, une fois constitué, produit des effets qui dureront aussi longtemps que le couple.

Ainsi, supposons que deux personnes se marient. Elles se doivent fidélité, secours et assistance aux termes de la loi. Supposons que l'un des conjoints commette aujourd'hui un manquement au devoir de fidélité. Il s'agit d'un adultère, constituant une cause de divorce. Supposons que demain le législateur décide que l'adultère n'est plus une cause de divorce. Cette loi

110. – V° En l'absence d'une volonté contraire expressément affirmée, lorsque le législateur modifie le délai d'une prescription, cette loi n'a pas d'effet sur la prescription définitivement acquise. Civ. 1re 27 Septembre 1983 Bul. civ. 1 n°215. Dans le même sens Soc 15 Février 1973, 518 Note Saint-Jours. Aussi, dès lors qu'une action n'était pas prescrite à la date d'entrée en vigueur de la loi allongeant le délai de prescription, cet allongement lui est applicable. Com 30 Novembre 1999 ; resp. civ. et Ass. 2000 Comm. 42 Obs. Groutel.

nouvelle ne pourra effacer rétroactivement les manquements aux devoirs du mariage. L'adultère qui a été commis hier reste un adultère.

b) Les exceptions au principe de non – retroactivité

Quelles sont les exceptions au principe de non rétroactivité ?

• **Première exception** : nous trouvons d'abord les lois pénales plus douces.

La loi pénale est celle qui définit une infraction et qui définit la sanction pécuniaire ou corporelle attachée à cette infraction. Lorsque la loi pénale nouvelle est plus douce que la loi pénale ancienne, elle s'applique non seulement immédiatement pour les infractions à venir, mais aussi aux infractions commises avant son entrée en vigueur et qui n'ont pas donné lieu à condamnation passée en force de chose jugée. En d'autres termes, la loi nouvelle plus douce s'applique aussi aux faits déjà jugés en première instance, et qui peuvent encore faire l'objet d'un recours. C'est ce que l'on appelle la « rétroactivité *in mitius* ». Ce principe de rétroactivité de la loi pénale plus douce a valeur constitutionnelle[111].

Prenons un exemple : une femme enceinte de trois mois se fait avorter en 1974. À cette époque l'avortement est une infraction punissable par les juridictions répressives. Les poursuites sont engagées contre la personne. Intervient la loi VEIL en 1975, qui supprime le délit d'avortement lorsque celui-ci est commis dans les dix premières semaines de la grossesse. Peut-on juger après 1975, la personne qui s'est fait avorter en 1974, avant la loi nouvelle ? La réponse est négative : bien que l'infraction ait été commise avant la loi nouvelle, la loi nouvelle (plus douce) rétroagira. Elle s'appliquera rétroactivement pour une infraction antérieurement consommée.

Des difficultés peuvent apparaître lorsque la loi pénale nouvelle est à la fois plus douce sur certains points et plus dure sur d'autres. Si ces dispositions forment un tout, on dit parfois qu'il faut se livrer à une comparaison globale des lois en présence, pour savoir si la loi nouvelle est plus douce ou non[112] et parfois qu'il faut faire prévaloir la disposition principale de chaque loi pour connaître leur degré de sévérité respective.

Le nouveau code pénal (article 112-4) précise le sort des personnes définitivement condamnées à une peine, pour des faits qui, en vertu de la loi

111. – Sur le caractère constitutionnel du principe de rétroactivité *in mitius*, V° Paris, 5 décembre 1990, Gaz Pal 1991, 1,147. V° de façon plus générale : Marty, à propos de la prétendue rétroactivité des lois pénales plus douces, Mélanges Magnol, 1948, pages 297 et suiv. Vitu, Les conflits de lois dans le temps en droit pénal, thèse, Nancy, 1945.

112. – Crim. 5 Juin 1971 J.C.P. 1972 II 17039.

nouvelle, n'ont plus le caractère d'une infraction. L'article nous dit « *la peine cesse de recevoir exécution quand elle a été prononcée pour un fait qui, en vertu d'une loi postérieure au jugement, n'a plus le caractère d'une infraction* ».

• **Deuxième exception** : les lois interprétatives et de ratification

- Une loi interprétative se définit comme un texte qui vient « *préciser le sens d'une loi antérieure* » sans la modifier[113]. En quelque sorte, une loi interprétative fait corps avec la loi initiale, à laquelle elle s'incorpore, en en révélant le sens exact. Souvent, le législateur indique expressément qu'une loi est interprétative. Ainsi, le législateur donne nécessairement un caractère rétroactif à la disposition[114]. Mais il peut arriver que le législateur ne dise rien, et c'est le cas le plus fréquent. Il appartient alors au juge de constater le caractère interprétatif de la loi. Il faut que l'intention du législateur apparaisse avec suffisamment de netteté[115]. La Cour de cassation l'indique « *une loi ne peut être considérée comme interprétative que tant qu'elle se borne à reconnaître, sans rien innover, un droit préexistant qu'une définition imparfaite a rendu susceptible de controverse*[116] ».

Le principe de rétroactivité de la loi interprétative va fort loin : imaginons qu'une décision soit rendue sous l'empire de la loi ancienne. Survient une loi interprétative qui apporte une précision. Un recours pourra être menée contre la décision rendue (à condition bien sûr que cette décision ne soit pas définitive) sur le fondement de la « *violation de la loi* ». Et le juge saisi du recours devra apprécier la situation eu égard à la loi nouvelle. Toutes les situations contentieuses non encore résolues par une décision ayant acquis

113. – Une loi ne peut être considérée comme interprétative qu'autant qu'elle se borne à reconnaître, sans rien innover, un état de droit préexistant qu'une définition imparfaite a rendu susceptible de controverses. Civ. 3e 27 février 2002 Bul. civ. 3 n-53 JCP E 2002 678 note Sainturat. LPA 2002 étude Friocourt et Mongin. RTD. Civ. 2002 599 Obs. Molfessis.

114.– Civ. 3e 1er Février 1984 Bul. civ. 3 n°25.

115.– Absence de caractère interprétatif d'un texte dont il ne résulte pas des débats parlementaires que le législateur ait entendu lui conférer un caractère interprétatif et rétroactif, faute de disposition expresse en ce sens, et compte tenu des prévisions de son décret d'application. CIV 19 Mars 2008 D 2008 AJ 988 obs. Rouquet (loi du 13 juillet 2006).

116. – Cass. Soc 13 Mai 1985 Bul. civ. V n°291. Mais une loi n'a pas de caractère interprétatif dès lors qu'elle tend à substituer de nouvelles conditions d'imposition à celles résultant du texte prétendument interprété. Com 7 avril 1992 Bul. Civ. IV n°150 JCP 1992 II 21 939 note David Defrénois 1992 1274 note Chappert. Rapp : Molfessis, obs. RTD Civ. 2002 p. 599. V° également Com 2 Oct. 2001 Bul. civ. IV n°156. D 2001 AJ 3044 Obs. Lienhard. RTD Com 2002 162 Obs. Martin Serf (absence de caractère interprétatif de la loi du 1er juillet 1996 art 19 sur l'opposabilité des clauses de réserve de propriété).

force de chose jugée seront soumises au texte interprétatif[117]. Une loi interprétative est en effet applicable aux instances en cours[118] sous certaines réserves[119]. C'est la conséquence de ce que la loi INTERPRÉTATIVE fait corps avec la loi qu'elle interprète. Mais bien sûr, une loi interprétative ne peut préjudicier à la partie dont les droits ont été reconnus par une décision de justice devenue définitive[120].

- Dans le même ordre d'idée, une loi ratifiant une ordonnance prise sur le fondement de l'article 38 de la Constitution acquiert valeur législative à compter de sa signature, et sa légalité ne peut plus être contestée devant la juridiction administrative[121]. Ceci étant, la jurisprudence rappelle que la ratification de tout ou partie des dispositions d'une ordonnance prise sur le fondement de l'article 38 peut résulter d'une loi qui, sans avoir cette ratification pour objet direct, l'implique nécessairement[122].

• **Troisième exception** : Les lois expressément rétroactives.

Il peut arriver que le législateur souhaite régler une situation juridique donnée, en lui donnant effet pour le passé. Le législateur doit alors déclarer expressément ce caractère rétroactif. On cite toujours à titre d'exemple le décret expressément rétroactif du 17 Nivôse an II, qui bouleversa profondément les structures de la société de l'époque. La rétroactivité est souvent synonyme de danger[123]. La technique de la rétroactivité est souvent

---

117. – Civ. 22 juin 1983 Bul. civ. III n°145.

118. – Civ. 3e 27 février 2002 précité.

119. – Si le législateur peut adopter en matière civile, des dispositions rétroactives, la prééminence de la notion de droit et la notion de procès équitable (C. EDH art 6) s'opposent à l'ingérence du pouvoir législatif dans l'administration de la justice, dans le but d'influer sur le dénouement judiciaire des litiges. Cette règle générale s'applique, quelle que soit la qualification formelle donnée à la loi, et même lorsque l'État n'est pas partie au procès. Cass. Assemblée plénière 23 Janvier 2004. JCP E 2004 514 Note Monéger ; Defrénois 2004 525 Obs. Ruet. RTCiv 2004 341 obs. Théry et 371 obs. Raynard.

120. – Cass. Ass. Plénière 21 décembre 1990 Bul. civ. n°12 p 354 JCP 1991 II 21 640 concl. Dontenwille.

121. – CE 8 décembre 2000 Lebon 584 D 2001 IR 830. CE 17 Mai 2002 RFDA 2002 917 Concl. Maugué.

122. – CE 17 Mai 2002 prec. T. Confl. 19 Mars 2007 Bul. civ. N° 7

123.– Par ce décret, la Convention annulait toutes les donations faites depuis le 14 juillet 1789 et disposait en outre que les règles nouvelles qu'il édictait en matière de dévolution de biens laissés par des personnes mortes sans testament s'appliqueraient à toutes les successions ouvertes depuis cette date. Une perturbation profonde résulta de cette disposition inspirée au législateur révolutionnaire par cette préoccupation, toute politique, de modifier profondément la répartition des richesses et par conséquent la structure de la société. C'est précisément le souvenir de cette perturbation qui avait fait introduire le principe de non rétroactivité dans la Constitution de l'an III.

utilisée en périodes de crise. Pour faire face à des situations exceptionnelles, il peut parfois paraître nécessaire de sacrifier des intérêts particuliers[124]. La technique semble aujourd'hui couramment utilisée dans le domaine fiscal où de lourds enjeux financiers peuvent inciter le législateur à procéder à des changements législatifs brusques et à s'immiscer dans le cours des procès[125].

C'est pourquoi, s'il est constant que le principe de non rétroactivité des lois posé par l'article 2 du code civil ne s'impose pas au législateur en matière civile[126] (puisqu'il n'a de valeur constitutionnelle qu'en matière répressive)[127] encore faut-il que celui-ci marque clairement son intention de donner au texte une application rétroactive[128] sans aucune équivoque[129].

• **Quatrième exception** : Les lois de procédure.

Une loi qui modifie la compétence des tribunaux et les règles de procédure à suivre devant eux s'applique non seulement aux instances futures concernant des faits antérieurs, mais encore aux instances engagées avant sa promulgation[130]. Faut-il y voir véritablement une exception à la règle de non rétroactivité ? En fait, il semble bien que non. La loi ne s'applique pas en réalité aux faits et actes objets de l'instance, mais à l'instance elle-même et ne régit que les actes de procédure futurs sans porter atteinte aux actes de procédure passés et *a fortiori* aux décisions déjà rendues sur le fond[131]. À titre d'exemple, les

---

124. – Ainsi par exemple, une loi du 27 Juillet 1940 a exonéré les chemins de fer de leur responsabilité pour les transports effectués depuis le 10 mai 1940.

125. – MOUTOUH La rétroactivité des lois fiscales JCP 1999 1.102. Il y eut 38 lois fiscales rétroactives adoptées entre 1988 et 1993. En outre, chaque loi de finance est rétroactive puisqu'elle assujettit aux impôts directs les gains réalisés au cours de l'année écoulée.

126. – Civ.1re 20 juin 2000, Bul. Civ.1 n°191 (2e arrêt) D. 2000 699 note Niboyet.

127. – Cons. Const. 7 Novembre 1997 D.1999 Somm. 235 Obs. Melin Soucramanien AJDA 1997 969 note Schoettel.

128. – Paris 21 Mai 1971 D.1973. 93 Note Philippe Malaurie. V° aussi Cass. Civ. 7 juin 1901 Institut des frères des écoles chrétiennes DP 1902 1 105. S 1902 1 153 Note Albert Wahl. « Le législateur peut- il est vrai déroger à la règle ordinaire de la non rétroactivité, en vue d'un intérêt supérieur d'ordre public ; mais s'il n'a pas manifesté nettement sa volonté en ce sens dans la loi nouvelle, celle-ci doit être appliquée par le juge conformément à l'article 2 ».

129. – Paris 21 mai 1971 D 1973 93 Note Ph. M.

130. – L'application immédiate d'une loi nouvelle est sans effet sur la validité des actes de procédure accomplis selon la loi en vigueur. Com 27 Janvier 1998 Bul. Civ. IV n°46. Mais une Cour d'appel statuant comme juge du second degré ne peut appliquer d'autres textes que ceux en vigueur à la date de son arrêt. Civ. 2e 6 Février 1975 Bul. civ. 2 n°38. Dans le même sens Civ. 1re 7 Mai 1980, Bul. Civ. 1, n°140.

131. – V° Roubier, de l'effet des lois nouvelles sur les procès en cours, Mélanges Maury, 1960, tome II, p. 513. Roujou de Boubée, la loi nouvelle et le litige, R.T.D. Civ. 1968, p. 479 et suiv. Gianviti, Application dans le temps des lois judiciaires et de preuve, thèse ronéo,

voies de recours dont un jugement est susceptible, sont régies par les lois en vigueur au jour de celui-ci[132].

2) L'effet immédiat de la loi nouvelle

Il est naturel qu'une loi nouvelle s'applique sans restriction à partir du moment où elle entre en vigueur. On part de l'idée selon laquelle une loi nouvelle est toujours meilleure... sinon on ne l'aurait pas votée. Il va de soi que les situations juridiques qui se constituent APRÈS la loi nouvelle sont soumises à la loi nouvelle et cela sans qu'il soit besoin de réfléchir sur l'origine de la situation, contractuelle ou non.

La difficulté apparaît à propos des situations qui se sont constituées AVANT la loi nouvelle, mais qui continuent de produire des effets APRÈS celle-ci. Il convient alors de distinguer les situations qui trouvent leur origine dans un CONTRAT, (qu'on appelle encore un ACTE JURIDIQUE) des situations qui trouvent leur origine dans un FAIT JURIDIQUE.

a) Les situations extra contractuelles

Nous visons par-là les situations juridiques qui ne sont pas nées d'une convention, mais seulement d'un fait juridique. Le principe est simple, qui est rappelé par la Cour de cassation : « *toute loi nouvelle s'applique immédiatement aux effets à venir des situations juridiques non contractuelles en cours, au moment où elle entre en vigueur* » et cela quand bien même la situation ferait l'objet d'une instance judiciaire[133].

Paris 1969. Normand, L'application dans le temps des lois de droit judiciaire privé au cours de la dernière décennie, Mélanges Raynaud, 1985, p. 555 et suiv.

132. – Com. 3 octobre 2006 Bul. Civ. 4 n°202 D 2006 AJ 2602 Obs. A. Lienhard (taux de compétence en dernier ressort du tribunal de commerce) La faculté d'interjeter appel qui tient au fond du droit, est régie par la loi en vigueur à la date du prononcé du jugement. Civ. 3e 22 Janvier 1975 Bul. Civ. III n°23. Le nouveau délai institué par un texte de procédure d'application immédiate est applicable à l'appel formé après l'entrée en vigueur de ce texte, d'un jugement signifié après cette date Soc. 7 décembre 1977 Bul Civ. 5 n°680.

133. – Civ. 3e 13 Novembre 1984 : Bul Civ. III n°189. V° aussi 8 Février 1989 Bul Civ. III n°33 ; Civ. 3e 3 Avril 1997 Bul Civ. III n°81. Même lorsqu'une semblable situation fait l'objet d'une instance judiciaire, les dispositions nouvelles doivent donc recevoir immédiatement application dans l'instance d'appel au cours de laquelle elles sont intervenues. Soc 7 mai 1981 Bul Civ. V n°406. C.cass 2eme civ. 7 Mai 2003 JCP 2003 II 10 135 note Desgorces. La loi du 7 avril 1997 suivant laquelle les correspondances entre avocats sont couvertes par le secret professionnel est applicable à des correspondances antérieures à cette loi. C cass 1ere civ. 14 mars 2000. Bul civ 1 n°91 p 61

Ainsi, la responsabilité délictuelle est régie par la loi en vigueur au moment du fait dommageable[134]. De même, les lois modifiant l'état et la capacité des personnes, ou instituant des procédures en vue de telles modifications par justice s'appliquent immédiatement aux situations existantes. Il importe peu que ces situations résultent de faits ou d'actes volontaires intervenus antérieurement à l'entrée en vigueur[135]. On comprend ainsi par exemple que la loi de 1975 instituant le divorce par consentement mutuel s'applique immédiatement, y compris aux couples qui se sont mariés antérieurement à cette loi, à une époque où il n'était pas possible de divorcer ainsi. On peut trouver d'autres illustrations dans le domaine de la nationalité[136], de la propriété littéraire et artistique[137], de la formation scolaire[138].

Certains problèmes peuvent cependant se poser : peut-on appliquer brutalement la loi nouvelle, sans tenir compte d'un processus qui a pu s'accomplir avant ? Un exemple peut être donné avec le droit de la prescription. Imaginons qu'une loi vienne réduire un délai de prescription de 30 ans à 5 ans. Si une personne a déjà accompli 26 ans du délai initial au jour de l'entrée en vigueur de la loi nouvelle, on ne va sûrement pas lui demander de prescrire encore pendant cinq ans, sous prétexte de l'effet immédiat de la loi

134. – Cass .civ 7 octobre 1939 DH 1940 p.2. La responsabilité des parents du fait des enfants mineurs doit être appréciée au regard des textes en vigueur lorsque ces enfants ont commis le fait dommageable et non des textes qui ont été promulgués postérieurement à ces faits. C. cass crim 18 janvier 1975 Gaz Pal 1975 2 p 661 C'est la législation en vigueur au jour du sinistre qui est applicable pour déterminer l'étendue de la garantie d'un contrat d'assurance automobile en ce qui concerne les victimes d'un accident de la circulation.

135. – V° par exemple Paris, 26 Novembre 1968 : Gaz Pal 1969, 1, 72 (délégation des droits de puissance paternelle) Dijon 11 Mars 1993 : Bul. Inf. C. Cass. 1er octobre 1993 n°1120 (légitimation des enfants, y compris des enfants décédés) V° aussi Holleaux note D. 1960, 429.

136. – Ce n'est faire découler aucune rétroactivité d'un texte relatif à l'acquisition d'une nationalité que de constater qu'il est applicable aux personnes nées avant son entrée en vigueur, mais sans que cela implique que la nationalité qu'il confère remonte avant cette entrée en vigueur. Civ. 1re 20 avril 1982 Bul. Civ. 1 n°135.

137. – En matière de droits d'auteur, la loi qui a vocation à s'appliquer est celle qui est en vigueur à la date de l'acte qui provoque la mise en œuvre de la protection légale. Civ. 1re 18 Juillet 2000, Bul. Civ. 1 n°226 D 2000 821 note Gautier ; Petites Affiches 7 Novembre 2000 note Derieux ; Communic. Comm. élec. 2000 n°124 obs. Caron.

138. – Le principe général de non rétroactivité des lois et des règlements ne fait pas obstacle à l'application immédiate, même aux élèves engagés dans un cycle de formation sanctionné par un diplôme, des dispositions réglementaires relatives à la formation qui leur est dispensée et notamment à la durée de la scolarité. CE 19 décembre 1980 D.1981 398 conclusions Genevois.

nouvelle. La prescription sera acquise à la personne 4 ans seulement au lieu de 5 après cette date[139].

b) Les situations contractuelles

Le principe en la matière est celui de la SURVIE de la loi ancienne. Un contrat reste soumis à la loi qui était en vigueur au moment de sa passation. Ce principe est la conséquence de la théorie de L'AUTONOMIE DE LA VOLONTÉ, et de l'article 1103 (ord. du 10 février 2016) du code civil : les contrats ont « *force de loi* » entre les parties. Ils ont donc une force équivalente à celle de la loi. Le principe de survie de la loi ancienne est logique. Les parties passent un contrat en fonction de la législation qui est en vigueur. Elles ne peuvent évidemment prévoir l'avenir[140].

À ce principe existe une exception traditionnelle qui est bien sûr d'importance : si la loi nouvelle est d'ordre public, elle s'appliquera immédiatement aux effets futurs des conventions antérieurement passées[141]. Le principe de survie de la loi ancienne se trouvera donc écarté.

Toute la question est de savoir ce qu'est une loi d'ordre public. Une loi d'ordre public est une loi d'intérêt général. La sécurité des contrats peut céder le pas devant des raisons sociales ou nationales graves. On dit traditionnellement que la législation du travail est d'ordre public, ainsi que les textes intervenant dans le domaine économique. L'exemple traditionnel donné aux étudiants est celui de la loi de 1936 instituant les congés payés : cette loi s'est appliquée immédiatement y compris aux contrats de travail antérieurement passés, dans lesquels les parties n'avaient pas pu prévoir de congés payés... pour la bonne raison que l'institution n'existait pas[142].

139.– Lorsque la loi réduit la durée d'une prescription, la prescription réduite commence à courir sauf disposition contraire, du jour de l'entrée en vigueur de la loi nouvelle, sans que la durée totale puisse excéder le délai prévu par la loi ancienne. Civ. 1ere 28 Novembre 1973 D 1974 112 Note Massip. Même sens, Civ. 1ere 12 Juillet 1972 D 1973 361 note Chauveau. Com 13 Juin 1995 Bul. Civ. IV n°179 (application en matière fiscale) Soc. 22 Novembre 2001 Bul. Civ. 5 356.

140. – Les effets des contrats conclus antérieurement à la loi nouvelle même s'ils continuent à se réaliser postérieurement à cette loi, demeurent régis par les dispositions sous l'empire desquelles ils ont été passés. Civ. 3 juillet 1979 Bul. Civ. III n°149 JCP 1980 II 19384. Civ. 1re 17 mars 1998 Bul. Civ. 1 n°115 RTD Civ. 1999 378 note Mestre.

141. – Le principe de survie de la loi ancienne s'applique, sauf volonté contraire du législateur et sous réserve d'impératives considérations d'ordre public absentes en ce qui concerne le contrat d'édition civ. 1re 4 décembre 2001 Bul Civ. 1 n°307.

142. – Pour quelques exemples : L'action directe instituée par la loi du 31 décembre 1975 en matière de sous-traitance trouve son fondement dans la volonté du législateur et non dans les contrats conclus entre les parties. L'article 2 du code civil ne faisant pas obstacle à

Mais une loi nouvelle – fut-elle d'ordre public- ne peut s'appliquer (à défaut de disposition expressément rétroactives) aux conditions des actes juridiques conclus antérieurement. Elle ne peut avoir pour effet de rendre caducs les actes passés avant son entrée en vigueur[143].

B) La durée de la loi

Il y a abrogation lorsqu'un nouveau texte vient retirer toute valeur normative à un texte antérieur. Une fois le nouveau texte entré en vigueur, l'ancien ne s'impose plus à personne. Le juge n'aura plus à l'appliquer, ni l'administration le faire respecter. Le caractère de précision qui s'attache à la loi suppose que l'on sache – très précisément – jusqu'à quand celle-ci s'applique et qui peut l'abroger.

1) Qui peut abroger la loi ?

Une fois que la loi est publiée, elle durera en principe aussi longtemps qu'une autre loi ne viendra l'ABROGER. Seule une loi peut abroger une autre loi. Il n'appartient pas au pouvoir réglementaire d'abroger des textes législatifs. En d'autres termes, l'abrogation se fait entre textes de même niveau hiérarchique. Une autorité normative a toujours compétence pour défaire ce qu'elle avait posé précédemment, ou y apporter des dérogations.

2) Comment abroger une loi ?

L'abrogation est en principe expresse (le législateur précise alors formellement l'abrogation du texte antérieur). Généralement, c'est l'un des derniers articles d'une loi nouvelle qui déclare abroger telles dispositions antérieures qu'il énumère. En principe, seul le législateur peut défaire ce qu'il a fait. Et en principe, quand il défait ce qu'il a fait, il doit le dire. Mais, comme l'observe de façon critique François Terré[144] *« la fébrilité législative a, de nos jours, favorisé l'abrogation « par mégarde » caractérisée soit par la disparition*

---

l'application immédiate des lois nouvelles aux situations juridiques établies avant leur promulgation si elles n'ont pas encore été définitivement réalisées, l'action directe est ouverte au sous-traitant dès l'entrée en vigueur de la loi, bien que le contrat de sous-traitance ait été conclu antérieurement. Cass. Ch. Mixte 13 Mars 1981 Bul Civ. n°3 R page 38. JCP 1981 II 19568. Même sens à propos de la loi du 10 juin 1994 sur la garantie de paiement de l'entrepreneur Civ. 3eme 26 mars 2003 Bul. Civ. 3 n°70 RDI 2003 261. À propos de la loi du 12 mai 1980 instaurant la clause de réserve de propriété consacrant un effet légal indépendant de la volonté des parties Com 7 Mars 1983 Bul. Civ. IV n°95.

143. – Cass. Com 11 octobre 1988 Bul Civ IV n°274 p 187

144. – Terre introduction au droit *op. cit* p. 413.

pure et simple d'un texte[145]*, soit par sa modification accidentelle*[146]*. L'erreur est humaine, même si du côté des bricoleurs de la législation, on répugne à le reconnaître...* ». La volonté contemporaine de tout codifier (surtout « à droit constant »[147]) augmente le risque d'erreur... Et il faut alors réparer comme on peut.

3) Une loi peut-elle être abrogée par désuétude ?

Sans doute existe-t-il beaucoup de textes qui ne sont plus appliqués en raison de changements dans les mentalités, et qui n'ont pour autant jamais été expressément abrogés. Par exemple, une loi du 10 Juillet 1920 prévoit que « *la République française célèbre annuellement la fête de Jeanne d'Arc, fête du patriotisme* ». Jeanne d'Arc n'a plus été fêtée pendant des années par la République française. Mais la loi n'a pas été abrogée. Et depuis peu – avec le retour du patriotisme[148] – on célèbre à nouveau celle qui libéra la France des Anglais... Ce qui montre qu'un texte non expressément abrogé et qui n'est plus appliqué, est en état de sommeil mais n'est jamais mort. La Cour de cassation a jugé en 1901 qu'était parfaitement invocable une loi prise en 1848 sans limitation de durée et laissée totalement de côté depuis. L'abrogation par désuétude n'existe donc pas[149]. Il faut donc retenir qu'une loi ou un règlement ne peuvent être abrogés que si l'abrogation est expresse[150]. On peut imaginer néanmoins une abrogation implicite lorsque les dispositions nouvelles sont totalement inconciliables avec les dispositions anciennes[151]. Ce qui pose le problème de la portée de l'abrogation.

---

145. – Dobkine Nul n'est censé ignorer que la loi est abrogée Note sous Crim. 16 janvier 2002 D 2002 1225.
146. – Molfessis RTD Civ. 2001 689.
147. – obs. A. Lienhard L'abrogation d'une loi à la suite de sa codification à droit constant ne modifie ni la teneur des dispositions transférées ni leur portée civ. 1re 27 février 2001 Bul. civ. 1 n°50 D 2001 AJ 1025 note Alain Lienhard.
148. – JO Sénat 8 Septembre 1994 page 2196 réponse à la question écrite d'un sénateur « pour que cette fête nationale ne soit pas celle de l'oubli »
149. – Les lois et règlements ne peuvent tomber en désuétude par suite d'une tolérance plus ou moins prolongée. Crim. 12 Mai 1960 JCP 1960 II 11765 Note Rodière.
150. – Lorsqu'une loi abroge une incrimination et prévoit que cette abrogation ne prendra effet qu'après publication d'un décret à intervenir dans un délai déterminé, l'abrogation à défaut de décret, devient effective à l'expiration du délai. Crim. 3 Oct. 1994 Bul. crim. n°311 V° aussi crim. 16 Janvier 2002 Bul. crim. n°6 D 2002 1225 note Dobkine.
151. – crim. 28 Mai 1964 Bul. crim. n°183. Même sens crim. 22 Juin 1992 Bul. crim n°247. En n'examinant pas d'office si les textes de loi permettant aux agents de l'administration des impôts d'intervenir sans formalités préalables dans les locaux professionnels d'une personne soumise à la législation sur les contributions indirectes, n'avaient pas été

4) La portée de l'abrogation

Lorsque le texte nouveau ne comporte aucune formule d'abrogation, mais qu'il pose des principes inconciliables avec ceux résultant des règles posées antérieurement, on pourra parler d'abrogation tacite. Mais celle-ci n'est pas toujours chose facile à constater : la Cour de cassation exige le constat, soit de l'existence d'une contradiction entre deux règles, soit de leur incompatibilité (c'est-à-dire de l'impossibilité de les appliquer simultanément). Le constat d'une incompatibilité n'autorise pas toujours à conclure à l'abrogation de la loi précédente : il est possible que deux textes contradictoires n'aient pas la même portée, l'un posant une règle générale, l'autre une règle spéciale. Dans cette hypothèse, et en application de l'adage « *specialia generalibus derogant* » on doit admettre que la loi spéciale se borne à préciser une dérogation à la règle générale, lorsque celle-ci est apparue en premier. Abrogation et dérogation ne sont pas synonymes[152]. En tout cas, lorsque l'abrogation tacite est admise, le texte disparaît définitivement et ne saurait renaître plus tard du fait de l'abrogation ou de la modification ultérieure de la loi qui lui portait contradiction[153]. Abrogation sur abrogation ne vaut résurrection.

Que peut-on conclure de l'étude de la loi ?

Nous constatons d'abord que la loi n'est pas l'œuvre de la communauté des juristes (ce qui ne signifie évidemment pas que ceux-ci ne contribuent pas à son élaboration. Nous y reviendrons). Elle est au contraire le reflet de la volonté du peuple et est votée par ses représentants. Nous constatons ensuite que les six critères que nous avons posés en introduction s'appliquent de façon cumulative : la loi a un caractère obligatoire car elle émane d'un pouvoir constitué, qu'elle a été rendue exécutoire par la promulgation en l'absence d'un contrôle éventuel devant le Conseil constitutionnel, qu'elle a été publiée, qu'elle est exacte. Son application spatio-temporelle obéit à des règles précises. *A contrario*, un projet de loi non suivi d'effet, de simples actes préparatoires[154],

---

implicitement abrogés par l'article 66 de la constitution du 4 octobre 1958, les juges du fond n'ont fait que se conformer au principe selon lequel il n'appartient pas aux tribunaux judiciaires de relever l'inconstitutionnalité des lois quelle que soit la date de leur promulgation. crim. 18 Nov 1985 Bul. Crim. n° 359.

152. – Sur la distinction entre l'abrogation et la dérogation : V° Kelsen théorie générale des normes Op. Cit. pages 146 et suiv.

153. – Soc 16 Mai 1979 Bul. Civ. 5 n°421. Contra Paris 20 décembre 1960 JCP 1961 II 11 929 note Jean Mazeaud. Rapp Kelsen, Théorie générale des normes p 140 et suiv. « Une norme abrogatoire n'est pas abrogeable ».

154. – L'exemple des « accords de Grenelle » discutés le 27 mai 1968 entre le Gouvernement, le patronat et les syndicats, nous paraît à cet égard éclairant. Ces accords ont été à l'origine d'une augmentation de 25 pour cent du SMIG, de la création de la section

une proposition inachevée, une loi non publiée ou non promulguée, ne sauraient avoir de caractère normatif. De même une loi inexacte (c'est-à-dire comportant une erreur) ne saurait avoir de caractère normatif aussi longtemps que le problème posé de l'erreur éventuelle n'ait été tranché. En d'autres termes, que l'un des six critères fait défaut et la loi n'aura pas de caractère normatif.

Qu'en est-il des règlements ?

syndicale d'entreprise et d'autres mesures sociales exceptionnelles... alors qu'ils n'ont jamais été signés puisque les partenaires sociaux avaient émis des réserves et que la grève avait continué ! On dit parfois qu'ils sont obligatoires. En fait, il faut rappeler qu'à l'issue des trente heures de négociations des prétendus « accords » de Grenelle, Georges Pompidou avait pris des engagements qui seront tenus : l'objectif immédiat étant de mettre fin à la crise exceptionnelle qui paralysait l'économie du pays. Des accords non signés peuvent-ils avoir valeur normative ? En réalité, ce sera une loi du 27 décembre 1968 qui créera la section syndicale d'entreprise (en application de ce qui avait été dit à Grenelle) et une décision gouvernementale qui augmentera comme promis le Smig au 1er juin 1968. Les « accords de Grenelle » (même non signés) ont constitué des actes préparatoires à la norme, d'une importance historique sûrement majeure puisqu'ils ont d'une certaine manière contraint l'autorité normative à prendre quasiment sur le champ des dispositions exceptionnelles. Mais ils n'ont constitué que des actes préparatoires. On rappelle enfin pour l'histoire que le 30 mai, le général de Gaulle de retour à Paris après avoir rencontré le général Massu à Baden-Baden (Allemagne) la veille et conforté par une énorme manifestation de la droite sur les Champs-Élysées, décidera de dissoudre l'Assemblée nationale et provoquera des élections législatives qui verront le 30 juin 1968 le triomphe des gaullistes de l'UDR (293 sièges sur 578) mettant ainsi un terme à la crise politique. Le mot « Grenelle » est aujourd'hui employé comme synonyme de débat « multipartique » réunissant des représentants du gouvernement, d'associations professionnelles et d'ONG. (Exemple : le « Grenelle de l'environnement »)

Chapitre II.
Les règlements

Les règlements ont également valeur normative car ils répondent eux aussi aux critères de la norme. Ils émanent d'une AUTORITÉ qui est investie du pouvoir de prendre un règlement (I) Ces règlements sont rendus EXÉCUTOIRES (II) et portés OFFICIELLEMENT À LA CONNAISSANCE des personnes concernées (III) Ils peuvent être CONTRÔLES (IV) et poursuivent aussi le souci d'EXACTITUDE (V). Ils ont enfin une portée PRÉCISE absolue ou relative et s'appliquent précisément dans le temps et dans l'espace (VI).

SECTION I. L'AUTORITÉ INVESTIE DU POUVOIR RÉGLEMENTAIRE

A) Qui sont les titulaires du pouvoir réglementaire ?

On peut effectuer un premier constat : les personnes investies du pouvoir réglementaire disposent du pouvoir normatif et pourtant, elles n'appartiennent pas nécessairement à la communauté des juristes. Le Président de la République est élu au suffrage universel[1]. Les Ministres sont nommés, comme les préfets. Les Maires sont élus par le Conseil municipal. Il n'est pas nécessaire d'être juriste pour être Maire, préfet, Président de la République... ou même Ministre de la Justice. Nous formons ici une remarque identique à celle que nous avons faite à propos des parlementaires. Ceux qui détiennent le pouvoir normatif ne sont pas nécessairement juristes.

Pour le reste on dira que la fonction de Président ou de ministre[2] n'est pas plus désintéressée que celle de député ou sénateur. Enfin en principe, le

---

1. – Art. 6 de la Constitution : le Président de la République est élu pour cinq ans au suffrage universel direct. Nul ne peut exercer plus de deux mandats consécutifs. Les modalités d'application du présent article sont fixées par une loi organique. Art. 7 de la Constitution : le Président de la République est élu à la majorité absolue des suffrages exprimés. Si celle-ci n'est pas obtenue au premier tour de scrutin, il est procédé, le quatorzième jour suivant, à un second tour. Seuls peuvent s'y présenter les deux candidats qui, le cas échéant après retrait des candidats plus favorisés, se trouvent avoir recueilli le plus grand nombre de suffrages au premier tour. Le scrutin est ouvert sur convocation du Gouvernement.

2. – Un ministre perçoit 9940, 20 euros (comprenant une indemnité de base de 7720 euros, une indemnité de résidence de 231 euros, une indemnité de fonctions non imposable de 1988 euros) Le cumul est possible avec une indemnité de mandat local, à concurrence de 2757 euros. Au total, un ministre peut donc percevoir 12 657 euros. En outre, un ministre bénéfice de certains avantages (accès gratuit au réseau SNCF 1re classe, déplacements

Président de la République est irresponsable[3]. Il est élu et ses actes sont couverts par l'immunité durant son mandat. La fonction de chef de l'État serait « *sanctuarisée*[4] ». Le Président ne serait responsable qu'en cas de Haute trahison ou en cas de crime contre l'Humanité. L'irresponsabilité du chef de l'État est remise en cause aujourd'hui. En revanche, nous observons que les membres du Gouvernement (qui ne sont pas élus mais choisis) sont pénalement responsables des actes accomplis dans l'exercice de leurs fonctions et qualifiés de crimes et de délits au moment où ils ont été commis. Ils sont alors jugés par la Cour de Justice de la République (article 68-1 de la Constitution, rédaction du 27 Juillet 1993)[5]. En cas de crime contre l'Humanité, ils peuvent être jugés par la cour pénale internationale.

B) Les règles émanant du pouvoir exécutif

Les règles ayant valeur réglementaire émanent du pouvoir exécutif : mais il convient de faire une distinction entre les ORDONNANCES (A) et les RÈGLEMENTS (B).

---

aériens, mise à disposition du parc automobile, dépenses téléphoniques et courriers, voiture de fonction et chauffeur, logement de fonction ou prise en charge par l'état d'un logement d'une superficie maximale de 80 m² plus 20 m² par enfant à charge. C'est chiffres rappellent qu'une baisse des salaires de ministres (30 pour cent) a été voulue en 2012 par François Hollande. Les salaires des collaborateurs de ministres auraient en revanche augmenté de 4,7 pour cent en 2014.

3. – L'article 67 de la Constitution, depuis la révision constitutionnelle du 23 février 2007 dispose que le président de la République *« ne peut durant son mandat et devant aucune juridiction ou autorité administrative française, être requis de témoigner non plus que faire l'objet d'une action, d'un acte d'information, d'instruction ou de poursuite. Tout délai de prescription ou de forclusion est suspendu. Les instances et procédures auxquelles il est fait ainsi obstacle peuvent être reprises ou engagées contre lui à l'expiration d'un délai d'un mois suivant la cessation de ses fonctions ».* V° Philippe Chrestia « il faut modifier le statut du président de la République » D 2010 p. 24.
4. – Gicquel, droit constitutionnel p. 537. V° également Emeri, de l'irresponsabilité présidentielle, Pouvoirs, n°41 1987 p. 133. Carcassonne, le Président de la République et le juge pénal, Mélanges Ardant, 1999 p. 289.
5. – O. BEAUD et J. BLANQUER. « La responsabilité des gouvernants » 1999. Degoffe, la responsabilité pénale du ministre du fait de son administration R.D.P 1998 p. 433. Avril, trois remarques à propos des réquisitions du ministère public dans l'affaire du sang contaminé. *Ibid.* 1999 p. 395.

1) Les ordonnances

a) de l'article 38 de la Constitution

L'article 38 de la Constitution permet au Gouvernement de demander au Parlement, « pour l'exécution de son programme » et pour une durée limitée, l'autorisation de prendre des mesures qui sont normalement du domaine de la loi. Les ordonnances de l'article 38 sont prises en Conseil des ministres, après avis du Conseil d'État. Elles doivent être signées du Président de la République. Elles entrent immédiatement en vigueur. Elles deviennent caduques, si le projet de loi de RATIFICATION n'a pas été déposé devant le Parlement dans le délai fixé. Si le projet de loi de RATIFICATION a été déposé et qu'il ne vient pas en discussion, l'ordonnance restera en application, mais gardera sa valeur réglementaire. Sa légalité pourra être contestée par la voie du recours par excès de pouvoir ou par voie d'exception[6]. Si le projet est ratifié par le PARLEMENT, l'ordonnance aura alors une valeur LÉGISLATIVE et échappera à tout contrôle juridictionnel[7]. La ratification peut être explicite, s'opérer par le vote du projet de loi de ratification, ou implicite, le parlement votant un texte incluant des dispositions contenues dans une ordonnance. Le refus de ratification, comme l'absence de dépôt d'un projet de ratification dans le délai prescrit, rend l'ordonnance caduque et lui fait perdre toute force juridique à compter de cette date.

Les gouvernements de la Ve République – toutes tendances confondues – ont usé de la faculté prévue à l'article 38 de la Constitution, avec l'assentiment du parlement et la bénédiction du conseil constitutionnel saisi à plusieurs reprises[8]. Des auteurs observent une « dérive » de la pratique[9].

---

6. – Touscoz « La notion d'ordonnance » Études de droit public 1964 JP Rist, l'article 38 de la constitution du 4 octobre 1958 et son utilisation Thèse Paris 2 1987.

7. – CE 12 février 1997 Synd. National des inspecteurs des affaires sanit. et soc. Rec.36. Dès lors que sa ratification est opérée par le législateur, une ordonnance prise sur le fondement de l'article 38 de la Constitution de 1958 acquiert valeur législative à compter de sa signature et sa légalité ne peut plus en principe être utilement contestée devant la juridiction administrative. CE 8 décembre 2000 Rec. CE 584 D 2001 IR 830. La ratification de tout ou partie des dispositions d'une ordonnance prise sur le fondement de l'article 38 de la constitution peut résulter d'une loi qui, sans avoir cette ratification pour objet direct, l'implique nécessairement. CE 17 mai 2002 RFD adm. 2002 917 concl. Maugue.

8. – Laurent Leveneur Quarante-six transpositions par ordonnance : où va-t-on ? CCC février 2001 chron. 3. Gaudemet sur l'abus ou sur quelques abus de la législation déléguée Mélanges Pactet 2003 p. 619 et s.

9. – François Terre introduction générale du droit *Op. cit.* p. 259.

b) de l'article 16 de la Constitution

Les ordonnances prises en vertu de l'article 16 de la Constitution sont susceptibles de recours pour excès de pouvoir. Le Conseil d'État a estimé qu'elles demeurent soumises à son contrôle dans la mesure où elles ne sortent pas du domaine assigné normalement au pouvoir exécutif par l'article 37 de la Constitution. Si au contraire, elles traitent des questions relevant de la compétence du Parlement, elles échappent à son contrôle[10]. Seul le général de Gaulle a fait usage de l'article 16, du 23 avril 1961 au 29 septembre 1961, essentiellement en matière pénale. Nous pensons aujourd'hui que la question de la constitutionnalité de mesures prises en période de crise par le président, dans le domaine habituellement réservé au Parlement, pourrait faire l'objet d'un contrôle à l'occasion d'une instance judiciaire, selon les modalités définies par le nouvel article 61-1 de la Constitution.

2) Les règlements

On peut proposer une double classification.

1) *la première est fonction de L'AUTORITÉ dont ils émanent.* On peut ainsi distinguer les décrets du Président de la République délibérés en conseil des Ministres[11], les décrets simples du Président de la République, les décrets du premier ministre, les arrêtés interministériels, les arrêtés préfectoraux, les arrêtés municipaux.

2) *La seconde classification ne concerne que les décrets.* Certains se bornent à préciser les modalités d'application d'une loi : on parlera alors de RÈGLEMENT D'APPLICATION. D'autres décrets sont indépendants de toute loi ; ce sont les décrets pris dans le cadre de l'article 37 de la Constitution, c'est-à-dire pris dans le domaine réglementaire, en dehors du domaine réservé au parlement par l'article 34. Ce sont les RÈGLEMENTS AUTONOMES.

---

10. – CE 2 Mars 1962 D 1962 307 Le Conseil d'État exerce un contrôle sur les ordonnances prises en vertu d'une loi référendaire : v° ainsi CE 19 octobre 1962 JCP 1963 II 13068 note Debbasch relativement à l'ordonnance du 1er juin 1962 instituant, en application de la loi référendaire du 13 avril 1962, une cour militaire de justice.

11. – À l'image du décret du 14 Novembre 2015 instaurant l'état d'urgence pris en application de la loi de 1955 ; ce décret a été pris par le président de la République en conseil des ministres. L'état d'urgence permet aux autorités administratives de prendre certaines mesures d'exception (comme délivrer des assignations à résidence). L'état d'urgence ne doit pas être confondu avec l'état de siège (impliquant l'armée)

Section II. Les dispositions réglementaires sont rendues exécutoires

Il ne s'agit pas d'une promulgation, comme nous l'avons étudiée pour la loi même si le mot « promulgation » a pu être employé autrefois par certains auteurs à propos des actes réglementaires. Mais il demeure que ces actes sont clos par une formule d'exécution, énumérant les autorités administratives auxquelles ordre est donné de pourvoir à l'exécution de l'acte. Le critère tenant au caractère exécutoire est donc dégagé : c'est par une autorité distincte de celle qui l'a prise que la règle est promulguée[12].

Section III. Les dispositions réglementaires sont officiellement portées à la connaissance des personnes concernées

Si le règlement concerne un individu en particulier (on parlera alors d'ACTE INDIVIDUEL) il devra être porté à la connaissance de la personne par une NOTIFICATION, qui sera l'événement permettant de présumer que l'individu a eu officiellement connaissance de la décision, et qui fera courir le délai de recours. S'il peut arriver qu'un acte individuel pris sous la forme d'un décret soit publié au journal officiel, la jurisprudence admet que de tels décrets ne sont pas soumis à l'exigence d'une publication au J.O. Pour que l'acte individuel puisse produire ses conséquences il doit être notifié à la personne concernée et cela suffit. D'ailleurs, une éventuelle publication ne saurait tenir lieu de notification[13].

Si en revanche le règlement à une portée générale, il ne sera opposable aux personnes concernées qu'après une PUBLICATION OFFICIELLE. La publication

12.– Tout décret énumère in fine les autorités chargées de leur exécution : à titre d'exemple nous citons l'article 306 qui clôt le décret 92-755 du 31 juillet 1992 : « *Le Garde des Sceaux, Ministre de la Justice, le Ministre de l'intérieur et de la sécurité publique, le Ministre de la défense, le Ministre de l'économie et des finances, le Ministre du budget, le Ministre de l'équipement, du logement et des transports, le Ministre du travail, de l'emploi et de la formation professionnelle, le Ministre des départements et territoires d'outre-mer, le Ministre des postes et télécommunications, le Ministre délégué au logement et au cadre de vie et le Secrétaire d'État aux collectivités locales sont chargés, chacun en ce qui le concerne, de l'exécution du présent décret, qui sera publié au Journal officiel...* »
Et tout arrêté indique in fine la personne chargée de son exécution. À titre d'exemple, un arrêté ministériel de nomination d'un maître de conférences des Universités sera clos par un article indiquant : « *le Directeur des personnels d'enseignement supérieur est chargé de l'exécution du présent arrêté* »

13. – C. État, 24 Octobre 1934, Rec. p. 952 ; 16 mars 1951, Rec. p. 167 ; 29 juin 1951, Rec. p. 380.

des décrets obéit à des règles différentes de celle des arrêtés. On conçoit aisément que le procédé qui permettra de présumer qu'officiellement, le public a eu connaissance de la disposition réglementaire sera différent selon que l'on parlera d'un décret du premier ministre, ou d'un arrêté municipal. Le « public » intéressé est plus restreint dans le second cas que dans le premier. Et puis le journal officiel ne peut tout contenir… Mais dans tous les cas, un procédé permettant de porter la disposition à la connaissance du public (ou de présumer cette connaissance) existera et c'est là l'essentiel.

A) La publication des ordonnances, des décrets et de certains actes administratifs

L'ordonnance du 20 février 2004 a repris le principe posé antérieurement, en disposant que « sont publiés au journal officiel les lois, les ordonnances et les décrets, et lorsqu'une loi ou un décret le prévoit, les autres actes administratifs ». La règle du « jour franc » a été abandonnée comme en matière législative. Les textes entrent en vigueur à la date qu'ils fixent ou à défaut « le lendemain » de leur publication au Journal officiel. C'est à partir de cette date que va courir le délai de recours. Un décret non publié au J. O n'est donc pas obligatoire et ne saurait être opposé aux personnes concernées[14].

Quel est l'avenir de la publication sur support papier ? L'ordonnance de 2004 a prévu que dans certaines hypothèses « la publication électronique suffit à assurer l'entrée en vigueur ». Ces hypothèses sont énumérées par le décret n°2004-617 du 29 juin 2004 *: « 1) les actes réglementaires autres que les ordonnances, qui sont relatifs à l'organisation administrative de l'état, en particulier les décrets se rapportant à l'organisation des administrations centrales, les actes relatifs à l'organisation des services déconcentrés de l'état, ainsi que ceux portant délégation de signature au sein des services de l'état et de ses établissements publics ; 2) les actes réglementaires autres que les ordonnances, relatifs aux fonctionnaires et agents publics, aux magistrats et militaires 3) les actes réglementaires autres que les ordonnances, relatifs au budget de l'état notamment les décrets et arrêtés portant répartition, ouverture, annulation, virement ou transferts de crédits, ceux relatifs aux fonds de concours, aux postes comptables du*

14. – Pourtant « *un règlement qui n'est pas entré en vigueur faute de publication produit néanmoins certains effets. Dès qu'il est signé, il existe. Le fait de ne pas être publié ne le rend pas illégal. Un recours en excès de pouvoir peut-être intenté contre lui et le juge peut l'annuler, sa légalité s'appréciant à la date de la signature.* » (M. C Rouault Droit administratif Gualino page 152)

Trésor public et aux régies d'avances, ainsi que les instructions budgétaires et comptables 4) les décisions individuelles prises par le ministre chargé de l'économie dans le domaine de la concurrence 5) les actes réglementaires des autorités administratives indépendantes et des autorités publiques indépendantes dotées de la personnalité morale, autres que ceux qui intéressent la généralité des citoyens » (décret art 1er). Le conseil d'état a confirmé que la publication de certains textes au seul JO électronique est légale[15].

B) La publication des arrêtés

Faut-il publier les arrêtés préfectoraux et municipaux ? Et si oui, par quel procédé ?

La réponse nous est donnée par l'article L 2131 (issu d'une loi du 7 Août 2015) du code général des collectivités territoriales : « les actes pris par les autorités communales sont exécutoires de plein droit dès qu'il a été procédé à leur publication ou affichage, ou à leur notification aux intéressés... La publication ou l'affichage sont assurés sous forme papier... La publication peut être également assurée le même jour sous forme électronique... »

La réponse est donc claire et conforme à la jurisprudence traditionnelle qui retenait un « *un principe général selon lequel les actes administratifs ne sont opposables aux tiers que lorsqu'ils ont été effectivement publiés*[16] ». Évidemment, on ne peut songer sérieusement à avoir recours au journal officiel (même si certains arrêtés préfectoraux y sont quelquefois publiés). La masse des arrêtés de toutes sortes est en effet beaucoup trop dense pour être contenue dans un tel support. Aussi, la jurisprudence admet-elle que la publication des actes administratifs ne sera opposable aux particuliers que s'ils ont été portés à leur connaissance par des procédés « *suffisants* » ou « *appropriés* »[17] Il est donc possible de recourir à l'affichage, aux annonces orales à son de trompe ou de tambour (comme on le faisait autrefois dans les toutes petites communes), ou à

15. – CE 9 novembre 2005 D 2006 IR 179. V° également CE 28 décembre 2007 JCP 2008 II 10066 note Ngampo Obélé Bélé Juris-data n°2007 072884

16. – CE 19 juin 1959 D.1959 372 conclusions Braibant.

17. – Un acte administratif réglementaire n'est opposable que s'il a fait l'objet d'une publicité appropriée. Soc 12 octobre 2000 Bul. Civ. 5 n°419. Les actes réglementaires pris par l'autorité préfectorale ne deviennent obligatoires qu'après avoir été portés à la connaissance des personnes qu'ils concernent ; la seule insertion de l'arrêté au recueil des actes administratifs du département n'établit pas que cet acte ait été porté à la connaissance des intéressés Crim. 5 Mars 1991 Bul. crim. n°111. Voir aussi Soc. 12 décembre 2000 prec. La notification individuelle aux personnes concernées peut constituer la publicité appropriée.

des publications par voie de presse spécialisée ou de grande presse d'information. Tout dépend également du public auquel est destinée la règle. Pour les fonctionnaires d'une administration, le bulletin ou la note de service peuvent être jugés suffisants[18]. Mais c'est toujours *a posteriori* que l'on jugera si le procédé est suffisant ou non... La loi publiée au J.O est présumée connue du public de façon irréfragable. On ne peut l'ignorer. En revanche, il semble que l'on peut toujours discuter du caractère « *suffisant* » de la publicité donnée à l'arrêté... C'est le juge qui apprécie. Ainsi, la Cour de cassation rappelle qu'en ce qui concerne les actes réglementaires pris par l'autorité préfectorale, ceux-ci « *ne deviennent obligatoires qu'après avoir été portés à la connaissance des personnes qu'ils concernent, la seule insertion de l'arrêté au recueil des actes administratifs du département n'établit pas que cet acte ait été porté à la connaissance des intéressés* »[19].

SECTION IV. LE CONTRÔLE DE LA LÉGALITÉ DES DISPOSITIONS RÉGLEMENTAIRES

C'est le quatrième critère posé pour caractériser la norme. À l'inverse de la loi qui peut être contrôlée *A PRIORI,* le règlement peut être contrôlé *A POSTERIORI,* par la saisine de la juridiction administrative ou judiciaire.

Les règlements doivent être conformes à la LOI. C'est le principe de LÉGALITÉ. Ce principe ne souffre aucune difficulté pour les RÈGLEMENTS D'APPLICATION, pris en application d'un texte de loi. Il semble même aller de soi. Pour les règlements autonomes, c'est-à-dire pour ceux qui sont pris dans le cadre de l'article 37 de la Constitution, il paraît difficile de parler de principe de « *légalité* » puisque précisément, ces règlements sont « *autonomes* ». On admet toutefois que ces règlements doivent se conformer aux principes généraux du droit qui, sans être expressément formulés par les textes constitutionnels ou législatifs, s'induisent de ceux-ci (exemple : principe d'égalité devant l'impôt...). Les règlements d'application doivent donc être conformes à la loi et c'est pourquoi on parle de hiérarchie des normes juridiques. La loi a une valeur supérieure au règlement.

Le contrôle des règlements est effectué a posteriori, par les tribunaux administratifs ou judiciaires.

---

18. – Cons. d'État 19 mai 1954 Rec. p. 281 V° aussi Cons. d'État 20 janvier 1950 Rec. p. 49 ; 10 novembre 1953 Rec. p. 601.
19. – Crim. 5 Mars 1991 Bul. Crim. n°111.

A) Le recours pour excès de pouvoir

Tout particulier peut former un recours pour excès de pouvoir contre une décision réglementaire en saisissant le tribunal administratif, dans un délai de deux mois à compter de l'événement par lequel il a eu officiellement connaissance de l'acte qu'il conteste (publication ou notification). L'étude du contentieux administratif montre que « *la violation de la loi* » est l'un des cas d'ouverture du recours pour excès de pouvoir[20]. Si le recours aboutit, le règlement est annulé et cette annulation a un effet *erga omnes*. Les règlements autonomes ne peuvent pas être soumis à la loi, comme on l'a dit, puisque par définition ils sont en dehors de son domaine. Ils demeurent soumis à la Constitution et aux principes généraux du droit.

B) L'exception d'illégalité

Imaginons que le délai de contestation de la légalité d'un règlement soit expiré. On pourra cependant encore discuter de la légalité de ce règlement de façon incidente, à l'occasion d'un procès, en soulevant PAR VOIE D'EXCEPTION l'illégalité du texte. On parle d'exception d'illégalité. Cette exception est appréciée par le juge chargé de faire application du règlement litigieux, à telle ou telle personne. Cette exception est PERPÉTUELLE, et peut être appréciée par n'importe quelle juridiction administrative. Elle peut l'être aussi par les juridictions répressives (C'est la jurisprudence Avranches et Desmarets du 5 Juillet 1971 T. Conflits) mais non par les juridictions civiles, sauf si le règlement illégal porte atteinte à un droit fondamental, comme une liberté ou comme le droit de propriété. Si tel n'est pas le cas, l'exception d'illégalité constitue une QUESTION PRÉJUDICIELLE qui doit être portée devant la juridiction administrative. Le juge doit donc surseoir à statuer jusqu'à ce que le juge administratif décide.

SECTION V. L'EXACTITUDE

De la même façon que pour les lois, les décrets peuvent faire l'objet d'ERRATA, publiés au journal officiel. Il peut arriver qu'une erreur se glisse dans

20. – « On distingue traditionnellement quatre cas d'ouverture ; incompétence de l'auteur de l'acte, vice de forme, violation de la loi et détournement de pouvoir. La jurisprudence distingue la légalité interne de la légalité externe. Les parties ne sont fondées à invoquer en cours d'instance que les moyens relevant des mêmes « causes objectives » que ceux invoqués initialement. Il faut donc par mesure de précaution, invoquer quasi systématiquement dans la requête introductive d'instance des moyens relevant de la légalité externe et de la légalité interne » (M. C. Rouault op.cit p 220)

la publication du texte, exactement comme en matière législative. Il sera toujours possible de publier un *erratum* au journal officiel. Les règles sont les mêmes qu'en matière de loi : la modification qui n'affecte pas le sens du texte ne fait aucun problème. Ce sont en revanche les modifications qui atteignent le fond qui posent difficulté. En matière de lois, nous avons vu que le juge a la possibilité de rechercher dans les travaux préparatoires et les débats parlementaires, ce que le législateur a réellement voulu. Mais en matière de décrets, il n'y a pas de débats. La seule possibilité offerte est celle de la communication de la « minute », c'est-à-dire de l'original du décret, conservée en principe dans les archives de l'administration. Sur cette question, la jurisprudence est divisée. Le Conseil d'État n'hésite pas, en cas de difficulté d'interprétation d'un décret, à se faire communiquer la minute, aux fins de pouvoir comparer l'original et le rectificatif. La Cour de cassation en revanche, ne se reconnaît pas compétente pour exiger communication de la minute par l'administration (ceci en raison du principe de séparation des pouvoirs : le juge judiciaire ne peut donner un ordre à l'administration). Aussi, la Cour de Cassation estimant que l'interprétation ne peut être faite qu'à partir du texte publié et du rectificatif, refuse en principe de tenir compte du rectificatif : en effet, deux textes sont en présence, le texte initialement publié et le texte rectifié. Et rien ne permet de penser que le texte rectifié est conforme au texte original. Il n'en va autrement que si le texte publié contient une erreur matérielle apparente, auquel cas le rectificatif est valable.

Section VI. La précision du règlement

Un règlement peut être individuel, ou peut au contraire, avoir une portée générale. Concernant l'application des règlements dans l'espace, le principe n'est pas fondamentalement différent qu'en matière législative. Le règlement s'applique dans un espace déterminé (un arrêté municipal ne concerne que la commune, un arrêté préfectoral ne concerne que le département...). Quant à l'application du règlement dans le temps, nous remarquons que l'article 2 du code civil ne concerne que *« les lois... »* au sens strict (et organique ?) du terme. Néanmoins la jurisprudence du Conseil d'État considère que la non-rétroactivité des actes réglementaires est un principe général du droit. Dès lors, un acte réglementaire est annulé s'il est rétroactif[21]. Il s'agit d'un moyen

21. – CE 25 Juin 1948 D 1948 p. 437 Note Waline JCP 1948 n°4427 note Mestre.

d'ordre public[22]. Et les règles relatives à l'abrogation sont les mêmes qu'en matière législative[23]. Nous pouvons donc dresser un bilan identique à celui que nous avions dressé pour la loi. Un projet de décret n'est pas plus obligatoire d'un arrêté non publié ou une décision non notifiée. Mais l'étude du règlement nous a montré que s'il y a des règlements ayant une portée absolue, il y en a d'autres qui peuvent n'avoir qu'une portée relative. Cette observation est utile pour l'étude qui va suivre et qui est consacrée à la décision de justice. Un jugement n'a qu'une portée relative. Il ne peut par définition avoir une portée absolue, comme nous aurons l'occasion de le rappeler plus tard avec l'étude de la prohibition des arrêts de règlement.

22. – CE Section 8 novembre 1968 Menez Rec. N° 557 AJDA 1969 306 CE Section 20 février 1971 Megard Rec. CE 112 AJDA 1971 359.

23. – L'auteur de l'acte réglementaire ou une autorité supérieure peut abroger l'acte qui est alors inapplicable à l'avenir. L'abrogation peut être expresse ou tacite. CE 25 juin 1954 D.55 49 conclusions Donnedieu de Vabres. « *L'abrogation met fin à l'existence de l'acte pour l'avenir uniquement. Les effets qu'il a pu produire demeurent. Elle peut être totale ou partielle, explicite ou implicite. Il n'existe jamais de droit acquis au maintien d'un règlement. Celui-ci peut donc être abrogé à tout moment, même pour de simples considérations d'opportunité, dès lors que l'administration agit dans l'intérêt général* » (M. C Rouault droit administratif Gualino page 154).

Sous-titre II.
La décision de justice

« D'un magistrat ignorant
c'est la robe qu'on salue »
La Fontaine

Rappelons les paramètres que nous avons posés pour caractériser la norme de droit.

Une règle ayant valeur normative est une règle qui émane d'une autorité investie d'un pouvoir constitué ; c'est une règle rendue exécutoire, officiellement portée à la connaissance des personnes concernées par elle, et qui est susceptible d'être contrôlée. C'est enfin une règle exacte et précise.

La décision de justice répond elle aussi à tous ces critères. Nous verrons cependant qu'à la différence de la LOI ou du RÈGLEMENT qui ont une portée ABSOLUE, la décision de justice n'est qu'une règle de droit purement relative : elle ne s'impose qu'à la personne qui a été jugée. Kelsen parle à son sujet de « norme individuelle »[1]. Étudions chacun de ces critères plus en détail.

Chapitre Premier.
L'autorité investie du pouvoir de juger

« La justice est la vérité en action »
J. JOUBERT. Des lois

Nous n'avons pas employé l'expression de « pouvoir judiciaire » car cette expression pourrait laisser planer l'idée que le juge aurait le pouvoir de créer le droit et qu'il disposerait en quelque sorte d'un pouvoir concurrent à celui du

1. – Kelsen Théorie générale des normes, page 143 « La norme… peut être une norme générale ou individuelle. C'est à ce dernier cas que l'on a affaire (avec) la décision d'un tribunal qui a le caractère d'une norme individuelle… »

législateur. Or tel ne semble pas le cas. Le juge n'a pas pour première mission de créer le droit. Seul le pouvoir législatif est investi de ce pouvoir. Le juge ne fait qu'appliquer la loi[2]. Pourquoi dès lors parler de « pouvoir » si le juge n'est qu'un simple serviteur de la loi ? Quel est en fait le pouvoir du juge ?

Le pouvoir du juge nous paraît avant tout être celui de mettre fin à un conflit en rendant une décision qui, sous condition qu'elle devienne définitive, s'imposera aux parties. À l'extrême, on pourrait imaginer qu'une décision soit rendue au mépris de la loi ou des principes communément admis. Si cette décision devient, pour une raison ou pour une autre, définitive, elle sera obligatoire, quelle que soit sa motivation. L'œuvre judiciaire n'est pas nécessairement synonyme d'œuvre juridique. Ce caractère OBLIGATOIRE est celui de la règle de droit ayant valeur normative.

Cela ne signifie pas, bien sûr, que le juge puisse statuer en aveugle ou comme le juge Bridoye, « *en jouant aux dés* » (même si la cause est, selon Rabelais, ainsi « *bien jugée* ») au seul motif qu'il a le pouvoir (et le devoir) de statuer. En principe, le juge est tenu de motiver sa décision. En matière civile, c'est l'article 455 du C. P. C qui rappelle ce principe. Cela ne signifie pas non plus que le juge puisse refuser de statuer, lorsque la loi qu'on lui demande d'appliquer est obscure ou inexistante. Comme nous le verrons, le code civil fait obligation au juge de juger (article 4) « *le juge qui refusera de juger sous prétexte de silence, d'obscurité ou d'insuffisance de la loi, pourra être poursuivi comme coupable de déni de justice* »[3]. Cela ne signifie pas enfin que le juge puisse statuer injustement. Comment une décision « de justice » pourrait-elle

2. – Bergel Théorie du droit, *op. cit.* p. 334 « *Les Révolutionnaires de 1789 se souvenant des résistances que la monarchie avait rencontrées auprès des parlements, se sont méfiés des tribunaux et leur ont dénié le pouvoir de créer le droit. La séparation des pouvoirs est, sous l'influence de Montesquieu, devenue le dogme du droit public français : elle implique que le pouvoir législatif n'appartienne qu'au Parlement, qui représente la volonté générale alors que, selon la loi des 16-24 août 1790 « les tribunaux ne peuvent prendre, directement ou indirectement, aucune part à l'exercice législatif, ni empêcher ou suspendre l'exécution des décrets du corps législatif à peine de forfaiture* ».

3. – Libchaber « les articles 4 et 5 du code civil ou les devoirs contradictoires du juge civil » in le titre préliminaire du code civil, Economica 2003, p 143la cour de cassation précise que « le déni de justice est le refus, ou la négligence de juger, ou de prendre une décision de la part de ceux qui sont appelés à rendre la justice » (C. cass 12 juin 1929 Gaz Pal 1929 2 p 541). Tout manquement de l'État à son devoir de protection juridictionnelle de l'individu constitue un déni de justice (ex : plaidoiries fixées près de trois ans après l'inscription de la déclaration d'appel : TGI Paris 6 juillet 1994 Gaz Pal 1994 2 589)

être injuste[4] ? Nous reverrons plus tard ces principes et ce qu'il faut en tirer. Voyons dans l'immédiat quelles sont les personnes (Section I) composant les juridictions judiciaires de premier degré (Section II).

SECTION I. LES MAGISTRATS ET LES JUGES

La juridiction judiciaire est servie par un corps unique de magistrats, mais certaines précisions doivent être apportées.

A) La première précision concerne la FORMATION des magistrats et des juges[5]

Les juges sont-ils nécessairement des professionnels du droit, qui ont acquis une formation spécifique ? Sont-ils nécessairement des juristes ? La question est pour nous intéressante car nous avons déjà dit que les personnes investies du pouvoir de créer la norme légale ou réglementaire, ne sont pas juristes de formation. Qu'en est-il de la décision de justice ?

La réponse doit être nuancée : comme on le verra plus tard, il existe dans l'organisation judiciaire des juridictions d'exception dont le personnel n'est pas toujours composé de magistrats professionnels ayant acquis une formation de juge, mais au contraire de personnes tantôt élues, tantôt choisies. Le constat peut être effectué aussi bien pour les juridictions civiles que pour les juridictions pénales.

Ainsi par exemple, pour les juridictions civiles d'exception, nous verrons que le tribunal de commerce n'est composé que de commerçants élus par le

---

4. – Kelsen Op. Cit p 546 « Si l'on part du point de vue que la décision juridictionnelle tranchant des cas concrets doit être juste, on doit nécessairement aboutir à la conclusion qu'une décision juridictionnelle ne peut pas être obtenue par la voie d'une déduction logique, à partir d'une norme juridique générale positive, si cette norme générale n'est pas juste »

5. – On emploie aujourd'hui indifféremment les mots de « juge » et « magistrat » pour évoquer le tribunal. Pourtant ces mots ne sont pas synonymes. Comme le rappelle F. Terre « *notamment dans la Grèce antique, le terme de magistrat ne désignait pas les personnes qui rendaient la justice, mais ceux qui exerçaient des fonctions dans la cité. Les juges, qui étaient élus, n'étaient pas magistrats. C'est plus tard que le mot a servi à désigner les juges... (aujourd'hui) l'expression de magistrat est encore utilisée dans le sens large pour désigner les maires, « magistrats municipaux ». D'autre part, bien que l'on emploie fréquemment le mot de « magistrat consulaire » pour désigner les juges du tribunal de commerce, on est davantage enclin à utiliser le mot de magistrat pour les juges professionnels qui composent la magistrature...* » *Op. cit.* p. 131 Rapp Marie Anne Frison Roche L'esprit comparé du juge civil et du juge consulaire (perspective sociologique) Gaz Pal 1995 1 doctr. 706.

monde du commerce, le conseil des prud'hommes est composé d'élus du monde du travail (employeurs et salariés) le tribunal paritaire des baux ruraux de représentants des bailleurs et preneurs, le tribunal des affaires de sécurité sociale d'un magistrat professionnel entouré de représentants salariés et employeurs...). Pour les juridictions répressives, on peut observer que les assesseurs au tribunal pour enfants ne sont pas plus des professionnels du droit que les jurés de cour d'assises... qui sont tirés au sort parmi les citoyens. Les instances disciplinaires (que nous n'étudierons pas dans ce manuel mais qui sont néanmoins soumises aux règles formant le droit du procès[6]) sont composées de personnes qui ne sont pas en général des juristes de formation, même si elles sont souvent présidées par un professionnel. Toutes ces juridictions, composées de magistrats non professionnels fonctionnent aussi bien que d'autres. Elles rendent un volume fort important de décisions.

Sinon les magistrats sont des professionnels, appartenant au corps des magistrats et recrutés par voie de concours[7] après l'obtention d'un diplôme (concours d'entrée à l'École Nationale de Magistrature) ou par voie parallèle. Ils sont donc fonctionnaires au service de l'État[8] avec tout ce que suppose cette

6. – Les professions regroupées en Ordres assurent leur propre discipline. Il y en a de plus en plus et il serait fastidieux de les citer toutes. À titre d'exemple, les pédicures podologues sont aujourd'hui réunis en un Ordre national disposant d'une chambre disciplinaire dotée d'attributions juridictionnelles. Elle est notamment chargée d'examiner les manquements aux devoirs professionnels et aux règles déontologiques relevés à l'encontre des personnes exerçant la fonction de pédicures podologues. (Article R 4322-31 du CSP). C'est le président du tribunal administratif (ou son délégué) qui préside cette instance composée de pédicures, membres du Conseil National de l'ordre.

7. – Sur le concours : V° Serge Guinchard « L'avenir du juge » Mélanges Catala Litec p 173. L'auteur déplore : « *l'insuffisante exigence de la connaissance du droit dans le concours étudiant. Curieusement, la connaissance du droit n'est pas vraiment une condition essentielle des candidats au concours étudiant, un peu comme si l'on recrutait des médecins d'origine juridique, sans s'assurer de leurs connaissances médicales...* »

8. – On méditera la critique de Balzac sur les juges fonctionnaires : « *Avancez ! Voilà le mot terrible, l'idée qui de nos jours change nos juges en fonctionnaires... les magistrats pensent à se distinguer pour avancer, comme on avance dans l'armée ou dans l'administration. Cette pensée, si elle n'altère pas l'indépendance du magistrat, est trop connue et trop naturelle, on en voit trop d'effets, pour que la magistrature ne perde pas de sa majesté dans l'opinion publique. Le traitement payé par l'État fait du magistrat un employé. Les grades à gagner développent l'ambition ; l'ambition engendre une complaisance à l'égard du pouvoir. Puis l'égalité moderne met le justiciable et le juge sur la même feuille du parquet social... Aujourd'hui où l'on fait de l'argent la garantie sociale universelle, on a dispensé les magistrats de posséder... de grandes fortunes ; aussi les voit-on députés... allant emprunter de l'importance à des positions autres que celles dont devait venir tout leur éclat* » (Splendeur et misères des courtisanes).

expression[9]. Nous retenons donc à ce stade de l'étude que la fonction de juge n'est pas réservée aux professionnels du droit : sinon il n'existerait pas plus de juridictions populaires que de juridictions fondées sur l'échevinage. Il est vrai que la justice est rendue « *au nom du peuple français* »... et pas au nom de la communauté des juristes.

B) La seconde précision concerne la division du corps des magistrats de l'ordre judiciaire en deux catégories : on distingue les magistrats du siège et les magistrats du parquet.

Le magistrat du siège (on parle de la « *magistrature assise* ») a pour fonction de JUGER, c'est-à-dire de trancher le litige qu'on lui soumet, en rendant une décision qu'on appellera jugement (si elle émane d'un tribunal) ou arrêt (si elle émane d'une cour). Le magistrat du siège est en principe indépendant : il n'a d'ordre à recevoir de quiconque. Son indépendance est « *garantie par le Président de la République* » (art 64 de la Constitution) lequel est « *assisté par le Conseil de la Magistrature* »[10] (art 64 al 2). Il est inamovible, ce qui signifie qu'il ne peut être déplacé sans son consentement.

Le magistrat du parquet (« *magistrat debout* ») assure la fonction de MINISTÈRE PUBLIC. La fonction de magistrat du parquet n'est pas de juger, mais de représenter l'État quand cela est nécessaire. Dans le procès pénal, le magistrat du parquet REQUIERT au nom de la société qu'il représente, une SANCTION pour punir celui qui a commis une infraction. Le magistrat du parquet dans le procès pénal n'est donc pas un juge, mais un accusateur. Dans le procès civil, il peut arriver que le parquet ait à intervenir lorsque le procès touche à l'ordre public (exemple : une nullité de mariage). Le parquet intervient alors comme partie jointe et donne son point de vue. Mais ici

9. – « *On a créé une magistrature qui est une administration comme les autres, qui est un corps de fonctionnaires. L'État nomme ces fonctionnaires, les promeut, leur refuse les promotions, les paie. En un mot, il les tient dans la main comme les employés des contributions directes. Dès lors ils n'ont plus de compétence morale pour juger. Ils seront toujours tentés de juger comme le gouvernement voudra qu'ils jugent. Le jeune magistrat qui veut avancer, désir légitime, n'est point du tout indépendant puisque s'il déplaît, il jouira d'un genre particulier d'inamovibilité : il restera toujours à son poste du début... celui qui, pourvu des biens de fortune est indifférent à l'avancement et fait toute sa carrière dans la ville de ses débuts, magistrat exactement pareil aux magistrats de l'Ancien Régime... est de plus en plus rare de nos jours* » (Émile Faguet, le culte de l'incompétence).

10. – Sur la réforme du Conseil de la Magistrature : Gicquel « Le nouveau conseil de la magistrature ». JCP 2008 1 176. Ludet « Conseil supérieur de la magistrature : une liberté... surveillée ? » LPA « Une nouvelle constitution » numéro spécial 19 décembre 2008 p. 111 et suiv.

encore, il NE JUGE PAS. Habituellement, on dit que magistrat du parquet doit obéissance au pouvoir. Il dépend en effet du Garde des Sceaux. Il est tenu de requérir par écrit, conformément aux ordres reçus. Mais il peut dire à l'audience ce qu'il pense : « *la plume est serve, mais la parole est libre* ». Le principe de dépendance est néanmoins remis en cause aujourd'hui, par différents projets de texte actuellement à l'étude[11]. Et peut-être plus profondément par le droit européen[12].

Nous observons que les juges professionnels sont fonctionnaires et que les juges non professionnels exercent en revanche leurs fonctions gratuitement.

Enfin les juges sont personnellement irresponsables dans leur activité : lorsque l'on pense qu'un juge a commis une erreur en rendant une décision, on ne peut qu'exercer une voie de recours. Mais on ne peut pas exercer une action personnelle contre le juge qui s'est trompé et cela quand bien même l'erreur serait reconnue. Les hypothèses dans lesquelles on peut mettre en œuvre la responsabilité personnelle d'un juge sont éminemment rares... et c'est alors de toute façon l'État qui indemnisera la victime, sans exercer d'action récursoire contre le juge[13]. L'irresponsabilité n'est-elle pas curieusement le trait commun

---

11. – La question de la subordination du Ministère public au Ministre de la justice est aujourd'hui contestée et certains prônent une coupure radicale du « lien ombilical » qui relie traditionnellement le parquet à cet élément du pouvoir exécutif. Une telle rupture est-elle souhaitable ? N'est-il pas assez naturel – sinon constitutionnel – que le gouvernement ait son mot à dire en ce qui concerne l'expression et la mise en œuvre de sa politique judiciaire ? À tout le moins il paraît nécessaire que le garde des Sceaux, ministre de la justice, ait la possibilité de fixer au ministère public la ligne générale de ses interventions. Mais à vrai dire, ce débat en dépit de sa réalité fortement médiatisée, n'est sans doute qu'un faux débat qui n'aurait pas eu lieu d'être si la mise en œuvre du pouvoir hiérarchique du ministre s'était toujours exercé dans la plus grande clarté, notamment sur la base d'instruction écrite et versée au dossier de la procédure, comme l'exige depuis 1993 l'article 36 du code de procédure pénale.
12. – Comme le rappelle Bernard Beignier (introduction au droit p 412) « Selon la CEDH, le ministère public n'est pas une autorité judiciaire au sens de l'article 5§3 de la convention EDH. Elle considère que, du fait de leur statut, les membres du ministère public en France ne remplissent pas l'exigence d'indépendance à l'égard de l'exécutif. Or, selon sa jurisprudence, cette exigence compte au même titre que l'impartialité parmi les garanties inhérentes à la notion autonome de « magistrat ». La chambre criminelle de la cour de cassation a statué dans le même sens ; lors de la rentrée 2011, le procureur général d'alors s'est prononcé en faveur d'une réforme du statut du ministère public. Mais cela ne fait actuellement l'objet d'aucun projet »
13. – Ainsi en cas de faute lourde du service public de la justice ou de déni de justice ayant donné lieu à condamnation de l'État sur le fondement de la responsabilité du service public de la justice, aucune action récursoire n'est prévue ; de même, lorsque la victime d'une détention provisoire abusive ou d'une erreur judiciaire est indemnisée.

qui concerne tous ceux qui ont le pouvoir de créer le droit[14] ? Peut-on imaginer un système dans lequel le juge serait personnellement responsable de ses décisions [15]?

Les magistrats du siège, qui ont le pouvoir de juger en rendant une décision qui s'imposera aux parties, tiennent leur pouvoir « *du peuple français* ». Ils composent les juridictions. Avant de les étudier, nous nous demanderons comment actuellement sont perçus les juges dans leur activité ?

C) Quelle est l'image que présente le juge aujourd'hui ?

Alors que les députés et les ministres n'ont pas toujours bonne presse, parce que le pouvoir politique a été très souvent lié à des affaires scandaleuses, le pouvoir judiciaire est longtemps apparu épargné par l'opinion publique. On a plaint le juge d'instruction dans sa solitude face à de lourdes responsabilités (on a parlé ainsi avec sympathie du « *petit juge* » chargé de l'affaire dite du « *petit Grégory* »)[16]. On a attendu aussi – parfois avec impatience – les résultats de telle enquête menée : le juge devient alors une espèce de justicier ou encore le dernier rempart contre la perte des valeurs. Et lorsque l'on ne sait plus comment penser, on s'en est rapporté au juge : faut-il reconnaître le phénomène transsexuel ? Cette question délicate a finalement été posée en justice... et c'est l'opinion du juge que l'on suit. Enfin, si l'on a pu critiquer les

---

14. – On peut lire sur « la responsabilité des gens de justice » la revue de droit processuel Janvier Mars 1997 et plus spécialement le rapport de synthèse de Monsieur Serge Guinchard p. 117 et suiv.

15. – À propos de la responsabilité des magistrats. Interview de Nicolas Sarkozy D.2005 p. 1957 « ouvrir le débat de la responsabilité des magistrats, c'est leur permettre de jouer pleinement leur rôle en confortant l'institution qu'ils incarnent et par là même notre démocratie » V° également Jean PRADEL La responsabilité personnelle du juge pénal. Faut-il vraiment changer l'état du droit ? D.2005 p. 1953. Didier CHOLET Responsabilité de l'état du fait de la fonction juridictionnelle : la réforme nécessaire. D 2005 p. 2541.

16. – L'expression « *petit juge* » revient de façon récurrente aujourd'hui dans les medias : V° J.C Soyer « pèlerinage aux sources du droit privé » Mélanges Catala Litec p 39 : « ... *le petit juge sait qu'il peut faire trembler un maire, un président du Conseil Général même – et parfois surtout – s'ils sont des personnalités politiques de premier plan. Car le petit juge sait aussi que si l'on tentait d'infléchir son pilotage du dossier, les médias bondiraient à son soutien. Que tout aussitôt le ministre de la justice exalterait sa courageuse attitude d'indépendance. Qu'avec un peu de chance, la télévision lui apporterait la notoriété. Qu'il n'aurait alors aucun mal à trouver un éditeur pour ses mémoires de guerre, la guerre sainte – bien sûr – du seul état de droit...* »

lenteurs de la justice, cette critique a toujours été associée au manque de moyens donnés. Ce constat revient de façon récurrente[17].

L'image du juge est souvent apparue comme réconfortante à la différence, peut-être, de celle donnée par les autres pouvoirs. On a « *confiance dans la justice de son pays* » selon cette formule qui revient comme un leitmotiv dans la bouche des personnalités politiques poursuivies (et pas encore condamnées...)[18]. On se méfie en revanche des accusations lancées par voie de presse : les journalistes aujourd'hui n'ont-ils pas tendance, au nom allégué de l'information, à condamner avant tout procès au mépris de la présomption d'innocence ? Apparaît sur la scène médiatique un nouvel acteur : le lanceur d'alerte. Quelle différence y-a-t-il entre ce personnage, un dénonciateur et un délateur ? Faut-il permettre à tout un chacun de dénoncer impunément son voisin par la voie des medias ou d'internet ? La loi a dû donner un cadre juridique à cette nouvelle activité[19]. Les justiciers ne sont pas des juges et c'est peut-être la raison pour laquelle on a encore confiance en ce dernier. Il est vrai qu'à l'audience, le juge demeure vêtu du costume judiciaire, comme l'avocat porte la robe. Faut-il voir dans ce rituel le témoignage d'une mission quasi-sacrée (synonyme d'infaillibilité) dont serait investi le juge ? L'habit est-il quasi sacerdotal ? Ne faut-il y voir au contraire, comme Blaise Pascal, qu'un « déguisement » permettant de « duper le monde » sur une justice qui ne serait jamais qu'imaginaire[20] ?

---

17. – Les magistrats de l'USM ont publié un livre blanc de la justice en novembre 2010. Ces magistrats ont « sillonné la France et visité 165 juridictions, des grands TGI comme des petits tribunaux. Premier constat : l'état de quasi faillite de beaucoup d'entre eux, malgré l'augmentation du budget de la justice. La Commission européenne pour l'efficacité de la justice a classé la France 37e sur 43 pays – derrière l'Azerbaïdjan et l'Arménie – pour le montant du budget alloué au système judiciaire rapporté au PIB par habitant. Concrètement cela signifie que sur le terrain, les tribunaux n'ont plus d'argent pour fonctionner. En septembre 2009, il ne restait par exemple au tribunal de Beauvais que 27 euros pour finir l'année... Le problème c'est que beaucoup de factures sont reportées sur le budget de l'année suivante, le grevant dès le début de l'exercice ». V° lemonde.fr....livre-blanc-sur-un-piteux-état-de-la-justice. Les choses ne semblent pas aller en s'améliorant : le Bâtonnier de Paris Frédéric Sicard en janvier 2016 a affirmé qu'en France « on a en matière de justice le même budget que la Moldavie ».

18. – La phrase avait été prononcée en 1996 par Jean Tiberi qui avait été condamné par le tribunal et pour cela avait fait appel. La cour d'appel confirma la condamnation quatre ans plus tard... La phrase apparaît souvent comme une défense de coupable !

19. – Loi du 16 avril 2013 (2013-316) relative à l'indépendance de l'expertise médicale et à la protection des lanceurs d'alerte. V° également l'adoption le 25 Mai 2016 par la commission des lois d'un certain nombre d'amendements visant à encadrer la fonction.

20. – « *Nos magistrats ont bien connu ce mystère. Leurs robes rouges, leurs hermines dont ils s'emmaillotent en chats fourrés, les palais où ils jugent, les fleurs de lys, tout cet appareil*

Et puis il y a eu l'affaire d'Outreau[21] : un juge d'instruction a été mis sur la sellette et soumis publiquement à la question[22]... et avec lui tout le système judiciaire. Une commission parlementaire a été créée pour entendre les uns et les autres. Et l'on a vu l'image assez déstabilisante d'une justice faillible, mise au banc des accusés, devant tout à coup rendre des comptes (quasiment publiquement) à ceux-là même qu'elle n'hésitait pas hier à poursuivre[23]... Et l'on a parlé d'échec et de naufrage même si l'échec fut aussi celui de la presse et de l'information toujours avide d'audience (mais de cet échec-là, on a un peu moins parlé). L'affaire d'Outreau laissera un souvenir que le temps aura du mal à effacer. La justice est le dernier rempart de la démocratie. Si ce rempart doit s'effondrer, le chaos s'installera inévitablement dans le pays.

---

auguste était fort nécessaire ; et si les médecins n'avaient de soutanes et des mules, et que les docteurs n'eussent des bonnets carrés et des robes trop amples de quatre parties, jamais ils n'auraient dupé le monde qui ne peut résister à cette montre si authentique. S'ils avaient la véritable justice, et si les médecins avaient le véritable art de guérir, ils n'auraient que faire de bonnets carrés ; la majesté de ces sciences serait assez vénérable d'elle-même. Mais n'ayant que des sciences imaginaires, il faut qu'ils prennent ces vains instruments qui frappent l'imagination à laquelle ils ont affaire ; et par là en effet, ils s'attirent le respect. Les seuls gens de guerre ne se sont pas déguisés de la sorte, parce qu'en effet leur part est plus essentielle, ils s'établissent par la force, les autres par la grimace.... Nous ne pouvons pas seulement voir un avocat en soutane et le bonnet en tête, sans une opinion avantageuse de sa suffisance. L'imagination dispose de tout. Elle fait la beauté, la justice et le bonheur, qui est le tout du monde » (Blaise Pascal Les pensées).

21. – Méhena Mouhou, *Affaire d'Outreau : dans l'enfer du mensonge*, Canubis éditions, Paris, 2005, 155 p Acacio Pereira, *Justice injuste : le scandale de l'affaire d'Outreau*, éditions P. Rey, Paris, 2004, 258 p. Florence Samson, *Outreau et après ? : la justice bousculée par la commission d'enquête parlementaire* éditions L' Harmattan coll. « Questions contemporaines », Patrice Trapier et Anne-Laure Barret, *Innocents : le calvaire des accusés d'Outreau*, éditions Calmann-Lévy, Paris, 2005, 543 p. André Vallini, *Justice pour la République : réquisitoire contre le populisme par le président de la commission Outreau*, éditions L'Archipel, Paris, 2008, 405 p. Jean-Marie Viala, *Outreau ou La justice martyrisée*, éditions J.-M. Laffont, Paris, 2004, 186 p. Dominique Wiel, *Que Dieu ait pitié de nous : mémoires* (avec la collaboration de Lionel Duroy, Oh ! éditions, Paris, septembre 2006, 253 p. *Rapport fait au nom de la commission d'enquête chargée de rechercher les causes des dysfonctionnements de la justice dans l'affaire dite d'Outreau et de formuler des propositions pour éviter leur renouvellement*, Assemblée nationale, Paris, 2006, 628 p. + 1 CD-ROM.

22. – « *Effondrement du juge Burgaud devant la commission parlementaire* » Video-ina. Fr. On pense au vers de la Fontaine : « et l'on cria haro sur le baudet » (les animaux malades de la peste).

23. – Rapport n° 3125 de l'enquête parlementaire sur les causes du dysfonctionnement de la justice dans l'affaire d'Outreau.

Section II. Les juridictions

Nous dresserons un tableau des juridictions judiciaires[24] (sous-section I) puis nous parlerons des juridictions administratives (sous-section II).

Sous-section I. – Les juridictions judiciaires de premier degré

Elles comprennent les juridictions CIVILES (A) et les juridictions RÉPRESSIVES (B).

A) Les juridictions civiles

Lorsque surgit un litige entre deux particuliers, celui qui entend faire valoir ses droits contre l'autre doit exercer une ACTION EN JUSTICE, c'est-à-dire saisir le tribunal de ses prétentions.

Encore faut-il saisir le tribunal compétent : on distingue deux compétences. La compétence matérielle (*ratione materiae*) qui prend en considération la matière de l'affaire. Une affaire commerciale relèvera du tribunal de commerce. La compétence territoriale, qui désigne à l'intérieur de la catégorie considérée, le tribunal géographiquement habilité à juger. En principe, la juridiction compétente territorialement est celle du lieu où est domicilié le DÉFENDEUR au procès. C'est ce que dispose l'article 42 du code de procédure civile : « *la juridiction territorialement compétente est, sauf disposition contraire, celle du lieu ou demeure le défendeur. S'il y a plusieurs défendeurs, le demandeur saisit à son choix, la juridiction du lieu où demeure l'un d'eux. Si le défendeur n'a ni domicile ni résidence connus, le demandeur peut saisir la juridiction du lieu où il demeure ou celle de son choix s'il demeure à l'étranger* »[25].

---

24. – On ne peut évidemment que brosser un tableau sommaire des juridictions. Pour plus de détail, on peut se reporter à : Vincent, Guinchard, Montagnier et Varinard, Procédure Civile 25e édition 1999 ; Couchez Langlade et Lebeau, Procédure civile 1998, Taisne Jean-Jacques Institutions judiciaires Mémento Dalloz.

25. – Il existe des exceptions à ce principe : l'article 44 du CPC dispose « qu'en matière réelle immobilière, la juridiction du lieu où est situé l'immeuble est seule compétente ». L'article 45 du CPC dispose « qu'en matière de succession, sont portées devant la juridiction dans le ressort de laquelle est ouverte la succession jusqu'au partage : les demandes entre héritiers, les demandes formées par les créanciers du défunt, les demandes relatives à l'exécution des dispositions à cause de mort ». L'article 46 enfin offre une option au demandeur qui peut « saisir à son choix, outre la juridiction du lieu où réside le défendeur : en matière contractuelle, la juridiction du lieu de la livraison effective de la chose ou du lieu de l'exécution de la prestation de service – en matière délictuelle, la juridiction du lieu du fait dommageable ou celle dans le ressort de laquelle le dommage a été subi – en matière mixte, la juridiction du lieu où est situé l'immeuble – en matière

Le tribunal compétent est en principe saisi par un ACTE d'huissier (assignation ou citation) par lequel le demandeur porte à la connaissance de l'adversaire (qu'on appelle le défendeur) l'objet de sa demande et les raisons qui l'amènent à engager son action. Cette assignation est SIGNIFIÉE par l'huissier au défendeur, qui devra préparer sa défense. Pour ce faire, il pourra choisir un AVOCAT. Il en aura même l'obligation si le procès se déroule devant le tribunal de grande instance, devant lequel l'avocat dispose encore d'un monopole de plaidoirie (de plus en plus remis en question, à tort ou à raison). Une copie de l'assignation est remise au GREFFE du tribunal, qui sera alors SAISI de l'affaire. L'affaire sera plaidée quand elle sera EN ÉTAT, c'est-à-dire lorsque les pièces et conclusions auront été échangées, conformément au principe du CONTRADICTOIRE. Ce mode de saisine du tribunal concerne les tribunaux de grande instance, de commerce, d'instance et la formation de référés de ces juridictions. Mais il faut savoir que certaines juridictions civiles peuvent être saisies par une demande déposée au GREFFE, qui convoque alors le défendeur. C'est le cas de la juridiction prud'homale, du tribunal de sécurité sociale, du tribunal des baux ruraux. Une loi du 26 janvier 2005 complétée par un décret du 13 mai de la même année est venue préciser leur compétence[26].

On distingue, parmi les juridictions civiles, la juridiction de droit commun (1) des juridictions d'exception (2).

1) Le tribunal de grande instance, juridiction de droit commun

Une juridiction de droit commun est une juridiction qui a compétence pour TOUT JUGER (on dit qu'elle a plénitude de juridiction) SAUF ce qui a été confié expressément par un texte à une juridiction spécialisée, qu'on appellera juridiction d'exception.

Il existe depuis 1958 au moins un tribunal de grande instance par département (c'est un minimum, car dans les départements importants, on en trouve plusieurs). Il n'en existe plus à ce jour que 174 en France métropolitaine. Il résulte en effet du décret n°2008-145 du 15 février 2008 redessinant la carte judiciaire qu'au premier janvier 2011, 23 tribunaux de grande instance ont été supprimés.

Les magistrats qui le composent sont des magistrats professionnels.

Le tribunal est divisé en chambres. En principe, l'audience est publique et collégiale (art 212-1 COJ) : elle est présidée par un président, encadré de deux

d'aliments ou de contribution aux charges du mariage, la juridiction du lieu où demeure le créancier »

26. – D. 2005 – 460 V° pour un commentaire Corinne BLERY D. 2005 p. 1891.

assesseurs. Exceptionnellement le tribunal peut siéger en chambre du Conseil, c'est-à-dire à huis clos (c'est le cas par exemple en matière de divorce). Sachons cependant que par souci d'économie de moyens (la justice est pauvre...) le législateur a institué dans certains domaines le juge unique (c'est le cas par exemple du juge aux affaires familiales, qui statue seul sur les divorces et sur les contentieux relatifs à la pension alimentaire après divorce ou encore le cas du juge de l'exécution).

Le président du tribunal est aussi, à lui seul, une juridiction, puisqu'il peut rendre des ORDONNANCES sur REQUÊTE et des ORDONNANCES de RÉFÉRÉ.

Une ordonnance sur requête est une réponse à une demande présentée par un avocat sans débat contradictoire. Par exemple, le président désigne un huissier pour procéder à un constat d'adultère... On comprend aisément pourquoi une telle mesure ne doit pas être prise contradictoirement !

Une ordonnance de référé est une décision prise après un débat contradictoire, lorsqu'il y a urgence, trouble manifestement illicite ou absence de contestation sérieuse au fond. Exemple : le président désigne un expert pour apprécier le préjudice subi par une victime d'accident.

Le tribunal de grande instance a une compétence de principe pour tout juger : il a plénitude de juridiction. Il pourra ainsi juger tous les contentieux, sauf ceux qui ont été expressément confiés à une juridiction d'exception. Il pourra ainsi juger en premier ressort, de toutes les affaires personnelles et mobilières portant sur une somme supérieure à 10.000 euros puisque le tribunal d'instance est seul compétent en dessous de ce seuil (art L221-4 COJ).

Le tribunal de grande instance a aussi une compétence exclusive pour certaines affaires, réaménagée par un décret du 29 décembre 2009[27]. Le tribunal de grande instance a une compétence exclusive en matière d'état des personnes[28], de propriété et de possessions immobilières. Il est également compétent en matière de baux commerciaux, de baux professionnels et de convention d'occupation précaire en matière commerciale. Dans ces domaines où sa compétence ne dépend pas de la valeur du litige, le tribunal de grande instance statue en dernier ressort, c'est-à-dire sans possibilité d'appel, lorsque la valeur du litige est inférieure ou égale à 4000 euros (art R 211-3 du COJ). Lorsque la valeur du litige est indéterminée, le jugement est toujours rendu en

27. – Corinne BLERY *Répartition des compétences entre le tribunal de grande instance et le tribunal d'instance.* À propos du décret du 29 décembre 2009 JCP 1er février 2010 p. 203.

28. – Mais le décret du 29 décembre 2009 supprime de la compétence du TGI le divorce, la séparation de corps et les régimes matrimoniaux, prenant acte de la nouvelle compétence du juge aux affaires familiales, issue de la loi du 12 mai 2009.

premier ressort. Nous observons que tribunal de grande instance n'est plus compétent en matière de propriété intellectuelle et de marques de fabrique[29] ni en matière de saisie immobilière[30].

2) Les juridictions d'exception

Une juridiction d'exception est une juridiction qui se voit confier un contentieux bien déterminé, par un texte de loi ou un règlement. Les juridictions civiles d'exception sont au nombre de cinq : le tribunal d'instance, le tribunal de commerce, le conseil des prud'hommes, le tribunal des affaires de sécurité sociale, le tribunal paritaire des baux ruraux. En principe, le ministère d'avocat n'est pas obligatoire devant les juridictions d'exception. Un décret du 1er Octobre 2010 est venu réformer la procédure devant les juridictions d'exception. Apparaît avec ce texte l'idée d'unifier les procédures en instaurant un tronc commun procédural ayant vocation à s'appliquer devant chaque juridiction d'exception[31].

Ces juridictions statuent en dernier ressort pour tous les litiges dont l'intérêt pécuniaire est inférieur à une certaine somme, fixée par décret. C'est dire que, dans ces cas, la voie de recours de l'appel ne sera pas possible. Seul le recours en cassation pourra être mené. Mais lorsque l'intérêt du litige dépasse le chiffre fixé, l'affaire sera rendue en premier ressort. La décision pourra être contestée par la voie de l'appel.

a) Le tribunal d'instance

Cette juridiction a remplacé en 1958, la juridiction de paix... que certains auraient par la suite souhaité rétablir. Il existe au moins un tribunal d'instance par département : ce chiffre est un minimum, car dans les départements importants, il en existe plusieurs. Leur nombre a été néanmoins ramené à 297 par la réforme de la carte judiciaire du 15 Février 2008. Il y avait, avant la réforme, 473 tribunaux d'instance. Le tribunal d'instance est formé par un juge unique qui est un magistrat professionnel. La compétence du tribunal d'instance s'est intensifiée au point qu'un certain nombre d'auteurs hésitent à le qualifier de juridiction d'exception... et qu'il a fallu imaginer des solutions

---

29. – Le décret du 29 décembre 2009 a tenu compte du fait qu'il y a désormais neuf TGI spécialisés en matière de propriété intellectuelle et de marques (décret du 9 octobre 2009 n°2009-1205).

30. – Le décret du 29 décembre 2009 a tenu compte de l'ordonnance du 21 avril 2006 qui confie le contentieux de la saisie immobilière au juge de l'exécution.

31. – Nicolas Gerbay « la conciliation et la procédure orale en matière civile, commerciale et sociale. Premières vues sur le décret du 1er octobre 2010. Gaz Pal 12 octobre 2010

pour désengorger cette juridiction si encombrée. C'est ainsi qu'a été créé en 2003 le juge de proximité, magistrat non professionnel[32] chargé au tribunal d'instance de régler le contentieux des affaires personnelles ou mobilières inférieures à 4.000 euros[33]. Ce juge statue donc toujours en dernier ressort.

Le tribunal d'instance statue quant à lui sur le contentieux des affaires personnelles ou mobilières comprises entre 4.000 et 10.000 euros (art L 221-4 COJ). Il est d'abord compétent pour trancher ces litiges (nous verrons qu'un droit personnel est un droit qu'une personne, qu'on appelle le créancier, exerce contre une autre personne, qu'on appelle le débiteur. Le tribunal d'instance connaît donc du recouvrement des créances inférieures à 10.0000 euros).

Mais le tribunal d'instance a aussi une compétence spéciale, sans limitation de valeur, dans certains domaines. Le juge d'instance tranche ainsi les difficultés créées à l'occasion du bail d'habitation (exemple : recouvrement de loyers, expulsion de locataires[34]) ou de l'occupation d'un immeuble d'habitation, ou encore à l'occasion des opérations de crédit à la consommation en matière mobilière (exemple : une personne ne rembourse pas le prêt effectué pour l'acquisition d'un véhicule) en matière de bornage (désigner un géomètre pour tracer la ligne séparative entre deux propriétés) en matière de funérailles[35]. Le décret du 29 décembre 2009 est venu compléter cette liste[36].

---

32. – Blery chron. Cit «... *un vrai problème de compétence au sens de capacité à comprendre le droit se pose pour certains juges de proximité, et ce malgré la procédure de recrutement qui peut leur imposer un stage probatoire : la qualité de la justice rendue par certains juges de proximité n'est pas celle que les justiciables sont en droit d'attendre...* ».

33. – « *En matière civile, la juridiction de proximité statue selon les règles de procédure applicables devant le tribunal d'instance. Elle se prononce après avoir cherché à concilier les parties par elle-même ou, le cas échéant, et avec l'accord de celles-ci, en désignant une personne remplissant les conditions fixées par décret en conseil d'état. Lorsqu'en matière civile, le juge de proximité se heurte à une difficulté juridique sérieuse portant sur l'application d'une règle de droit, ou sur l'interprétation du contrat liant les parties, il peut, à la demande d'une partie ou d'office, après avoir recueilli l'avis, selon le cas, de l'autre ou des deux parties, renvoyer l'affaire au tribunal d'instance qui statue en tant que juridiction de proximité* » (art L 231-5 COJ).

34. – Le décret du 29 décembre 2009 précise toutefois que le tribunal d'instance ne peut plus connaître des actions tendant à l'expulsion des occupants sans droit ni titre que si cette « occupation est aux fins d'habitation et si les immeubles sont bâtis ». De même le contrat de louage doit porter sur « des immeubles à usage d'habitation ».

35. – Barrère « Essor et repliement du tribunal d'instance » Mélanges Louis Boyer 1996 p. 39 et suiv.

36.– Blery chron. prec.

b) Le conseil des Prud'hommes

Son origine est ancienne, puisqu'il a été créé par une loi de 1806. Cette juridiction a pour mission de concilier ou à défaut de juger les litiges individuels du travail.

Il existe au moins un conseil de prud'hommes dans le ressort du tribunal de grande instance. Souvent en fait, il y en a plus. Le conseil des prud'hommes est divisé en sections (encadrement, commerce, industrie, agriculture, activités diverses). Chaque section comprend des conseillers prud'hommes salariés et employeurs en nombre égal. Ces conseillers prud'hommes sont élus par les gens du monde du travail. On s'est demandé si le fait qu'ils soient élus sur des listes syndicales n'était pas incompatible avec l'article 6-1 de la convention EDH. Les conseillers peuvent-ils juger avec impartialité les affaires des personnes membres du syndicat auquel ils appartiennent [37]? Le conseil des prud'hommes statue en dernier ressort pour les litiges inférieurs à 4000 euros (art D 1462-3 du code du travail) et à charge d'appel au-delà de cette somme.

Le procès prud'homal débute par une phase de conciliation, devant le bureau de conciliation et d'orientation (art L1454-2 de la « loi Macron ») composé d'un représentant salarié et d'un représentant employeur. Cette phase est obligatoire. S'il n'y a pas de conciliation entre les parties, l'affaire est renvoyée devant le bureau de jugement, en formation normale (composée de deux salariés et de deux employeurs) ou formation restreinte. C'est désormais un magistrat du tribunal de grande instance qui peut intervenir comme juge départiteur en cas de partage des voix.

Le Conseil des prud'hommes juge les litiges nés d'un contrat de travail ou d'apprentissage (le plus souvent des licenciements) de nature individuelle. Le Conseil des prud'hommes n'est donc pas compétent pour les questions liées aux conflits collectifs du travail. Le Conseil des prud'hommes peut statuer en référé (la formation des référés comprend un employeur et un salarié). Quel est l'avenir du procès prud'homal ? Il apparaît que dans 62 pour cent des cas, un appel est inscrit contre le jugement rendu par le conseil. Faut-il souhaiter le développement de la médiation prud'homale [38]? Il faut savoir cependant qu'à compter du 1er août 2016, le ministère d'avocat sera obligatoire pour inscrire

37. – C. Cass. 19 Décembre 2003 : « La circonstance qu'un ou plusieurs membres du conseil appartiennent à la même organisation syndicale qu'une des parties n'affecte pas l'équilibre d'intérêts et n'est pas de nature à mettre en cause l'impartialité de ses membres ».

38. – V° sur cette question : Béatrice Blohorn-Brenneur : bicentenaire de la création des conseils de prud'hommes : bilan et perspectives. D 2006 p. 1324.

un appel en matière prud'homale. Il ne l'était pas jusqu'à présent. Il n'est pas impossible que ce fait puisse provoquer une baisse des statistiques.

c) Le tribunal paritaire des baux ruraux

Cette juridiction, de création relativement récente, est présidée par le juge d'instance, lequel est assisté de quatre assesseurs (deux représentants des bailleurs, deux représentants des preneurs, lesquels sont élus pour cinq ans). Cette juridiction fonctionne donc sous la forme de l'échevinage. Elle n'est pas permanente mais fonctionne par sessions, en fonction des besoins. Elle statue en dernier ressort pour les litiges à l'occasion du bail rural, notamment les baux à ferme et baux à métayage dont la valeur est inférieure à 4 000 € (et à charge d'appel au-delà de cette somme).

Le président exerce aussi les fonctions de juge des référés. Le ministère d'avocat n'est pas obligatoire devant le tribunal paritaire des baux ruraux.

d) Le tribunal de commerce

L'origine du tribunal de commerce est ancienne : cette juridiction existait déjà sous l'Ancien Régime et fonctionnait sous le nom de « *juridiction consulaire* ». L'expression est encore employée aujourd'hui. Le tribunal de commerce est une juridiction collégiale, composée exclusivement de commerçants élus par les autres commerçants, et dont les fonctions sont bénévoles. Aucune condition (sinon des conditions d'âge, et d'exercice d'une activité de commerçant) n'est posée pour être élu. Une fois élus, les magistrats consulaires désignent leur président.

Le tribunal de commerce statue en formation collégiale d'au moins trois juges. Le ministère public peut intervenir à l'audience (par exemple dans le cadre des procédures collectives de paiement) Le président du tribunal de commerce est juge des référés.

Le tribunal de commerce statue en dernier ressort pour les affaires inférieures à 4 000 € et à charge d'appel au-delà de cette somme.

e) Le tribunal des affaires de sécurité sociale

Cette juridiction est compétente pour régler le « contentieux général » de sécurité sociale, c'est-à-dire les difficultés d'ordre juridique (assujettissement, droit aux prestations, cotisations) à ne pas confondre avec le « contentieux technique » qui ressort de la compétence du tribunal de l'incapacité (TCI). Cette juridiction est présidée par le président du tribunal de grande instance ou son délégataire, entouré paritairement de deux ou quatre assesseurs (représentant à égalité le collège des salariés et des employeurs) désignés par le président du tribunal de grande instance. Il statue en dernier ressort pour les litiges inférieurs à 4000 euros.

B) Les juridictions répressives

Nous avons défini en introduction ce qu'est le droit pénal : quand une personne physique (et quelquefois une personne morale de droit privé) a commis une INFRACTION aux règles contenues dans le code pénal, elle pourra être jugée par l'une des juridictions RÉPRESSIVES. On peut encore poser comme distinction celle des juridictions de droit commun (1) et des juridictions d'exception (2).

1) Les juridictions de droit commun

Il convient préalablement de faire une observation importante : la recherche de la vérité a, dans le procès pénal, une dimension qu'elle n'a peut-être pas dans le procès civil. L'enjeu du procès pénal n'est-il pas la liberté de l'individu ? C'est pourquoi des mesures telles que des auditions, des confrontations, des perquisitions, sont nécessaires. Nous isolerons donc l'instruction préparatoire comme une phase particulière du procès pénal, distincte de la phase du jugement.

a) Les juridictions d'instruction

Le juge d'instruction est un magistrat du siège (et non pas du parquet) inamovible et indépendant. Il statue à juge unique. Ce dernier caractère a souvent été critiqué et remis en cause par les organisations syndicales qui dénoncent de façon récurrente la solitude du juge d'instruction. La loi créant les « pôles de l'instruction » (pour les affaires graves pouvant dépasser le ressort du tribunal) instaure la pratique de la « Co-saisine du juge d'instruction » (c'est-à-dire la désignation par le président du tribunal de grande instance d'un ou plusieurs juges du pôle pour assister le juge d'instruction initialement désigné.[39] Se dirige-ton vers « le collège de l'instruction[40] qui pourrait instruire systématiquement chaque affaire ? » ?

L'instruction est obligatoire pour les infractions qualifiées crimes. Elle est facultative pour les infractions qualifiées délits et contraventions. Le juge

---

39. – Loi du 1er mars 2008 instaurant les pôles de l'instruction. (V° CPP art 52-1) V° Karsenty « réflexions sur la mise en œuvre des pôles de l'instruction eu égard aux droits fondamentaux » JCP 2008 1 121

40. – Madame Ginestet a comparé la situation générale à celle « d'un mille feuilles »

d'instruction est saisi sur plainte avec constitution de partie civile de la victime, ou sur réquisitoire introductif du parquet.

Son rôle est de rechercher la vérité : il instruit à charge et à décharge, et dispose pour ce faire d'un arsenal de moyens (descente sur les lieux, confrontations, expertises etc.). Mais le juge d'instruction ne peut plus placer la personne mise en examen en détention provisoire. Ce rôle incombe aujourd'hui au juge des libertés et de la détention[41]. Lorsque l'instruction est terminée, il peut renvoyer l'affaire devant le tribunal de police ou devant le tribunal correctionnel ou la transmettre à la chambre de l'instruction s'il s'agit d'un crime. Si les charges sont insuffisantes, il peut rendre une ordonnance de non-lieu.

Mais l'institution de la juridiction d'instruction a été, une fois de plus, remise en cause. La malheureuse affaire d'Outreau aura été sans doute à l'origine d'un (nouveau) projet réclamant la réforme de l'institution : selon le rapport Leger, le juge d'instruction devrait dépendre du parquet : c'est donc de son indépendance qu'il s'agit. Mais il n'y a pas eu de suites au projet. L'affaire DSK aurait-elle eu le mérite de nous montrer les dangers du système accusatoire américain et l'avantage d'une juridiction d'instruction indépendante ? Finalement, notre système pénal n'est peut-être pas aussi mauvais qu'on veut bien le dire.

b) Les juridictions de jugement

Elles sont classées en fonction de la gravité des infractions commises.

La cour d'assises juge les crimes, c'est-à-dire les infractions les plus graves qui peuvent être sanctionnées de peines allant de la réclusion ou de la détention criminelle à perpétuité, ou à trente ans au plus, ou à vingt ans au plus, ou à quinze ans au plus (de telles sanctions n'étant pas exclusives de peines d'amende. (Art 131-1 et 131-2 du code pénal). Il y a une cour d'assises par département. Sa composition est mixte : elle comprend trois magistrats professionnels (la cour) et un jury populaire composé de personnes (9 jurés) tirées au sort sur une liste de session. Mise à part certaines incompatibilités, la seule condition pour être juré d'assises est de savoir lire et écrire, d'être majeur et de ne pas avoir été condamné. La cour et le jury délibèrent ensemble, tant sur la culpabilité que sur la sanction. Cette juridiction n'est pas permanente et

41. – Ce juge a été créé par la loi du 15 juin 2000 renforçant la protection de la présomption d'innocence et du droit des victimes. Il s'agissait déjà de limiter les pouvoirs du juge d'instruction, d'éviter que le juge instruisant l'affaire statue seul sur la question de la mise en détention provisoire. Son existence n'a pas été remise en cause par la loi du 5 Mars 2007.

fonctionne par sessions. Autrefois, il n'était pas possible de faire appel d'une décision de Cour d'assises et le seul recours était le pourvoi en cassation. On expliquait cette solution par le fait que la cour d'assises est une juridiction populaire formée d'hommes et de femmes qui statuent en leur âme et conscience. Le peuple peut-il se tromper dans son jugement ? Depuis une loi du 15 juin 2000, une procédure d'appel a été mise en place[42]. Le recours s'exerce non pas devant une Cour d'appel mais devant une autre cour d'assises, dont le jury comporte douze membres au lieu de neuf. Les décisions de ces cours d'assises statuant en appel peuvent faire l'objet d'un pourvoi en cassation pour vice de forme ou violation de la loi. Devant la cour d'assises, les fonctions de ministère public sont assurées par le procureur général.

Le tribunal correctionnel[43] juge quant à lui les infractions qualifiées de délits, c'est-à-dire les infractions pouvant entraîner « *un emprisonnement de dix ans au plus, sept ans au plus, cinq ans au plus, trois ans au plus, deux ans au plus, un an au plus, six mois au plus* » (art 131-4 du nouveau code pénal) ou une peine d'amende, de jour-amende, de travail d'intérêt général, ou encore des peines complémentaires (comme la confiscation, ou l'immobilisation d'un véhicule...) (art 131-5 et 131-6 du nouveau code pénal). Cette juridiction est en principe collégiale, puisqu'elle est formée de trois juges professionnels. Mais elle peut aussi fonctionner à juge unique pour certains délits spécifiques (chèques sans provisions, délits routiers). Sachons cependant que des propositions de réforme tendant à instaurer l'échevinage ont été émises[44]. L'expérience a été menée mais elle a finalement tourné court[45]. Il convient d'indiquer également qu'une loi du 6 Décembre 2013 relative à la lutte contre

42. – Angevin JCP 2000 1 260 (à propos de l'instauration par la loi du 15 juin 2000 d'un second degré de juridiction en matière criminelle). Marsat Droit pénal 2001 Chron. 28 (cour d'assises. L'absence du double degré de juridiction avant la loi du 15 juin 2000) Pradel D.2001 Chron. 1964 (l'appel contre les arrêts d'assises : un apport heureux de la loi du 15 juin 2000).

43. – Gassin ALD 1995 (l'audience de jugement).

44. – Le garde des Sceaux Michel Mercier a repris l'idée du président Nicolas Sarkozy d'introduire des jurés populaires dans les tribunaux correctionnels. Ceux-ci, composés de trois magistrats, jugent les délits punis de peines allant jusqu'à dix ans de prison. « *Il faut associer plus clairement nos citoyens à l'œuvre de justice. C'est déjà le cas dans les cours d'assises* », a-t-il dit dans un discours en Novembre 2010 (www.lexpress.fr/.../vers-des-jures-populaires-en-tribunal-correctionnel). V° aussi Felix Rome « Justice populaire ou populiste » D. 10 mars 2011 n°10 en son éditorial.

45. – A.S Chavant Leclere « citoyens assesseurs : un petit tour et puis s'en vont » Procédures 2012 repère 8. La loi n°2011-939 du 10 Aout 2011 sur la participation des citoyens au fonctionnement de la justice pénale a créé le « citoyen assesseur » (évoquant un peu le juré d'assises). Mais ce fut un échec.

la fraude fiscale et la grande délinquance économique est venue – dans le domaine des infractions complexes – modifier le ressort territorial du tribunal correctionnel qui peut alors s'étendre à celui de plusieurs cours d'appels, en instaurant le JIRS (juridictions interrégionales spécialisées)[46]. Indiquons enfin, qu'il est possible de faire appel d'une décision du tribunal correctionnel devant la chambre des appels correctionnels. Les fonctions de ministère public sont assurées devant le tribunal correctionnel par le procureur de la République.

Le tribunal de police juge quant à lui les infractions qualifiées de contraventions. Ce tribunal statue à juge unique. Ce sont les juges d'instance et de proximité qui tiennent l'audience en fonction de la gravité de la contravention[47]. La peine encourue par le contrevenant peut être une amende dont le montant peut varier : 38 euros au plus pour les contraventions de 1re classe, 150 euros au plus pour les contraventions de seconde classe, 450 euros au plus pour les contraventions de 3e classe, 750 euros pour les contraventions de quatrième classe, 1500 euros au plus pour les contraventions de cinquième classe, montant qui peut être doublé en cas de récidive (art 131-13 du nouveau code pénal, L 2005-47 du 26 janvier 2005). Le tribunal de police peut aussi prononcer des peines restrictives de droits, telles la suspension de permis de conduire ou le retrait du permis de chasse. Il ne peut pas prononcer de peine d'emprisonnement. Les fonctions de ministère public sont assurées par le substitut du procureur, ou par le Commissaire de police.

2) Les juridictions d'exception

En matière pénale, les juridictions d'exception ont tendance à disparaître. On connaissait autrefois le tribunal permanent des forces armées, qui jugeait les infractions commises par les militaires en temps de paix. On connaissait aussi la Cour de sûreté de l'État, qui jugeait des atteintes commises à la sûreté de l'État. Ces juridictions ont été supprimées au début des années 1980.

Demeurent les juridictions pour mineurs, la Haute Cour de Justice et la Cour de Justice de la République.

a) les juridictions pour mineurs

Les infractions commises par les mineurs donnent en principe lieu à une instruction préparatoire. L'instruction des crimes est confiée à un juge

46. – Ginestet « les regroupements fondés sur la complexité du contentieux en matière économique et financière »
47. – Art 521 CPP « Le tribunal de police connaît des contraventions de cinquième classe. La juridiction de proximité connaît des contraventions des quatre premières classes. »

d'instruction, l'instruction des délits et contraventions peut être confiée à un juge d'instruction ou à un juge des enfants (le choix dépendant du ministère public) précision faite que le juge des enfants qui a fait l'instruction ne peut participer au jugement de l'affaire qu'il a lui-même instruite, pour des raisons tenant à l'impartialité. « *Le juge des enfants qui a renvoyé l'affaire devant le tribunal pour enfants ne peut présider cette juridiction* » (art L 251-3 du COJ issu de la loi du 26 décembre 2011).

Le juge des enfants, magistrat du TGI peut juger seul, sans être assisté de ses deux assesseurs. Sa compétence est la même que celle du tribunal pour enfant[48]. Mais s'il juge seul, il ne peut prononcer de véritables peines, et ne peut ordonner que des mesures de rééducation ne comportant aucun placement du mineur au sein d'un organisme.

Le tribunal pour enfants, présidé par le juge des enfants (lequel est entouré de plusieurs assesseurs[49] non professionnels désignés : art L 251 3 COJ) peut prononcer de véritables sanctions, même s'il a la même compétence pénale que le juge des enfants. Il juge les mineurs auteurs de contraventions de 5e classe ou de délits, ainsi que les mineurs de seize ans qui ont commis un crime (art L 251-1 du COJ). Ce tribunal a le pouvoir de prononcer une véritable peine contre les mineurs de plus de 13 ans (même si la peine est systématiquement réduite, sauf exception pour les mineurs de 16 à 18 ans, par le jeu de l'excuse de minorité).

Le tribunal correctionnel pour mineurs, instauré par une loi de janvier 2012 a pour fonction de juger les délits punis d'au moins trois ans, commis par les mineurs récidivistes âgés de plus de seize ans au moment des faits. Le Ministre de la justice a cependant annoncé en 2016 sa suppression future.

La cour d'assises des mineurs est compétente pour juger des crimes commis par les mineurs, âgés de 16 à 18 ans. Elle est composée comme la cour d'assises mais les débats ne font pas l'objet de publicité[50].

---

48. – Ce mode de fonctionnement n'est pas jugé contraire au principe d'impartialité (V° nos développements pages 248 et suiv.)

49. – Art 251-4. Les assesseurs titulaires et suppléants sont choisis parmi les personnes âgées de plus de trente ans, de nationalité française, et qui se sont signalées par l'intérêt qu'elles portent aux questions de l'enfance et par leurs compétences. Les assesseurs sont nommés pour quatre ans par le Garde des Sceaux… ».

50. – Art L 254-1 du COJ Les règles concernant la compétence, l'organisation et le fonctionnement de la cour d'assises des mineurs sont fixées par l'ordonnance n°45-174 du 2 février 1945 relative à l'enfance délinquante, et en matière de terrorisme, par l'article 706-17 du code de procédure pénale.

b) La Haute Cour de Justice et la Cour de Justice de la République

Instituée par l'article 67 de la Constitution, cette Haute Cour, dont les juges sont des parlementaires élus par leurs pairs, a compétence pour juger le Président de la République en cas de haute trahison. Il faut observer que cette juridiction a perdu, en 1993, la compétence que lui attribuait l'article 68 de la Constitution à l'encontre des ministres, pour les crimes et délits commis dans l'exercice de leurs fonctions au profit d'une nouvelle juridiction, la Cour de Justice de la République[51]. L'article 68-1 nouveau de la Constitution donne compétence à celle-ci pour juger les membres du gouvernement responsables d'actes qualifiés crimes ou délits accomplis dans l'exercice de leurs fonctions. Elle est composée de quinze juges : douze parlementaires et trois magistrats du siège de la Cour de cassation[52]. Le candidat François Hollande s'était engagé pendant sa campagne à supprimer cette juridiction aux motifs que « les ministres sont des citoyens comme les autres ». La réforme a été cependant abandonnée à l'été 2013 faute de majorité politique requise pour une révision constitutionnelle.

Sous-section II. – Les juridictions administratives

En France, le principe de Séparation des pouvoirs veut que le juge judiciaire ne puisse juger des actes de l'administration et des personnes morales de droit public (État, département, communes, établissements publics). Aussi, quand un litige apparaît entre deux administrations entre elles, ou – ce qui est plus courant – entre le particulier et l'administration, c'est la juridiction administrative qu'il conviendra de saisir.

51. – Guy Carcassonne « cour de justice de la République : renoncer au salmigondis à la française » JCP G 2012 395

52. – Art. 68-2. - La Cour de justice de la République comprend quinze juges : douze parlementaires élus, en leur sein et en nombre égal, par l'Assemblée Nationale et par le Sénat après chaque renouvellement général ou partiel de ces assemblées et trois magistrats du siège à la Cour de cassation, dont l'un préside la Cour de justice de la République. Toute personne qui se prétend lésée par un crime ou un délit commis par un membre du gouvernement dans l'exercice de ses fonctions peut porter plainte auprès d'une commission des requêtes. Cette commission ordonne soit le classement de la procédure, soit sa transmission au procureur général près la Cour de cassation aux fins de saisine de la Cour de justice de la République. Le procureur général près la Cour de cassation peut aussi saisir d'office la Cour de justice de la République sur avis conforme de la commission des requêtes. Une loi organique détermine les conditions d'application du présent article.

A) Le tribunal administratif est la juridiction de droit commun

Cette juridiction a succédé en 1953 aux conseils de préfecture[53].

Il existe 42 tribunaux administratifs, dont 31 en métropole[54]. Le ressort du tribunal administratif varie de 1 à 5 départements. Il est présidé par un président, fonctionne par chambres collégiales de trois juges, qu'on nomme conseillers. Les membres du tribunal administratif sont en général recrutés par le concours de l'E N A. Outre une attribution consultative auprès du préfet (d'où l'ancien nom de « *conseil de préfecture* ») le tribunal administratif a une fonction de juridiction. Il peut être saisi de deux formes de recours :

- Lorsqu'il est demandé l'ANNULATION d'un acte administratif (arrêté municipal, préfectoral, décret...) le tribunal administratif sera saisi d'un RECOURS POUR EXCÈS DE POUVOIR qui doit être mené dans le délai de deux mois à compter de l'événement qui porte l'acte administratif à la connaissance de l'intéressé.
- Lorsqu'il est demandé l'indemnisation d'un préjudice causé par l'administration, le tribunal administratif sera saisi d'un RECOURS DE PLEIN CONTENTIEUX.

Le président du tribunal administratif – outre des fonctions administratives au sein de son tribunal – est juge des référés.

B) Les juridictions administratives d'exception

1) La cour des comptes

Sous l'autorité d'un premier président, la cour est divisée en sept chambres. Chaque chambre est présidée par un président. Les magistrats de la cour des comptes sont inamovibles et issus de l'E.N.A. ou choisis parmi les hauts fonctionnaires. La cour est dotée d'un parquet (comprenant un procureur et plusieurs avocats généraux).

Son attribution est de contrôler les comptes rendus chaque année par les comptables publics des administrations de l'État, des entreprises publiques, de la sécurité sociale, des collectivités territoriales. Elle juge les comptes, non les comptables. Elle publie chaque année un rapport annuel. Depuis 1983, on connaît des formes décentralisées de la cour des comptes, avec les chambres régionales des comptes, qui ont une mission locale. La décision rendue par la

53. – De façon générale M. Ch. Rouault Droit administratif Mémentos LMD Gualino p. 214 et suiv.

54. – V° décret du 29 Juillet 2009.

chambre régionale des comptes est susceptible d'appel devant la cour des comptes.

2) Les autres juridictions

Sous le vocable de « juridictions administratives à compétence spéciale » on trouve une trentaine de juridictions spécialisées (comme le conseil supérieur de la magistrature, le conseil supérieur de l'éducation nationale, le conseil national des ordres professionnels, la commission nationale des objecteurs de conscience...). On ne fera qu'évoquer ces juridictions sans approfondir leur rôle.

Chapitre II.
La décision de justice est exécutoire

De même que la loi est rendue exécutoire par la promulgation, de même la décision de justice émanant dune juridiction française, sera rendue exécutoire par l'apposition de la formule exécutoire sur le titre. Cette formule permettra d'avoir recours à la force publique. Elle permet l'effectivité du droit[1].

En matière civile, l'article 502 du code de procédure civile rappelle la nécessité de l'existence de cette formule : « *Nul jugement, nul acte, ne peut être mis à exécution que sur présentation d'une expédition, revêtue de la formule exécutoire, à moins que la loi n'en dispose autrement* ». Ce qui signifie qu'une simple copie de jugement non assortie de la formule, ne pourra avoir d'efficacité sur le plan des voies d'exécution. Sachons cependant qu'exceptionnellement, dans les cas d'urgence, l'exécution peut être ordonnée sur présentation de la minute de la décision, c'est-à-dire de l'original (on parle d'exécution sur minute). La formule exécutoire est spécifique. Elle débute par la phrase suivante :

« AU NOM DU PEUPLE FRANÇAIS » (Cette phrase rappelle que le juge tient son pouvoir du peuple). Elle se termine par la formule suivante :

> « En conséquence, la République Française mande et ordonne à tous les huissiers de justice sur ce requis, de mettre le dit jugement à EXÉCUTION, au procureur de la République ou aux procureurs généraux d'y tenir la main, à tous les commandants et officiers de la force publique de prêter main-forte lorsqu'ils en seront requis ».

Cette formule montre bien le caractère contraignant de la décision de justice : on pourra avoir recours aux forces de l'ordre pour que la décision soit exécutée.

La formule exécutoire est apposée par le greffier du tribunal[2]. Bien sûr, comme on le verra, l'exécution ne pourra être mise en œuvre que dans la mesure où la décision est définitive, c'est-à-dire qu'elle ne peut plus faire l'objet

---

1. – Christine Hugon « L'exécution des décisions de justice » Dalloz CRFPA « Libertés et droits fondamentaux » p 629 et suiv. L'auteur parle du « droit à l'exécution du jugement, affirmé comme droit fondamental ». Rapp Baranes et Frison Roche « Le souci d'effectivité du droit » D 1996 chron. Page 301

2. – La formule exécutoire n'a pas à figurer sur les décisions exécutoires sur minute (Civ 2eme 15 juillet 1959 D 1960 Somm 32) Paris 5 Novembre 1958 JCP 1958 II 10 893 concl Combaldieu

d'aucun recours. (L'article 501 du code de procédure civile rappelle que « le jugement est exécutoire... à partir du moment où il est passé en force de chose jugée » Il est cependant des cas exceptionnels dans lesquels la décision doit être immédiatement exécutée, même si un recours est formé. C'est le cas dans lesquels la décision est assortie de l'exécution provisoire. Le juge peut, s'il l'estime nécessaire, prononcer l'exécution provisoire. Dans certains cas, l'exécution provisoire résulte de la loi. Ainsi les ordonnances de référé sont exécutoires par provision.

En dehors de ce cas, pour mettre en œuvre l'exécution, il conviendra de se faire délivrer par le secrétaire de la juridiction devant laquelle le recours peut être formé, un certificat attestant l'absence d'opposition, d'appel ou de pourvoi. Ce certificat atteste du caractère définitif de la décision. Le délai à partir duquel le recours peut être formé est celui du moment où les personnes ont officiellement connaissance de la décision[3]. Ce dernier point contribue à attribuer à la décision de justice son caractère normatif. De même que la loi est promulguée et publiée, de même la décision de justice est rendue exécutoire, puis portée à la connaissance des intéressés.

3. – Une partie, débitrice d'une obligation, ne peut résister abusivement à l'exécution de celle-ci que si le jugement qui l'authentifie lui a été préalablement signifié Civ 2eme 28 Octobre 1999 Bul Civ II n°161 D 1999 IR 266

Chapitre III. La décision de justice est officiellement portée à la connaissance des intéressés

Une règle ayant valeur normative ne peut être secrète : ainsi la loi et le règlement font-ils l'objet, comme nous l'avons vu, d'une publication officielle. C'est par cette publication que le « public » a connaissance de la loi ou du règlement. Et ce n'est que dans cette mesure qu'ils deviennent obligatoires.

Le principe est identique pour la décision de justice : on ne pourra l'exécuter que dans la mesure où on l'a portée à la connaissance de l'intéressé selon le procédé officiellement décrit par le code et où on a mis ainsi la personne à même de contester la décision dans le délai prévu.

Deux principes peuvent être observés : d'abord la justice est rendue publiquement. Le caractère de publicité a pour effet de rendre la décision opposable, non seulement aux intéressés, mais plus généralement aux tiers (Section I). Puis les décisions sont en principe notifiées aux intéressés (Section B). La notification à l'intéressé sera l'événement par lequel on portera officiellement à la connaissance de la personne la décision et à partir duquel le délai de recours s'ouvrira. Passé ce délai, la décision sera définitive. Elle deviendra obligatoire pour l'intéressé.

SECTION I. LA JUSTICE EST RENDUE PUBLIQUEMENT

La publicité des débats est la règle en matière civile (article 22 du CPC) étant précisé qu'exceptionnellement, dans certains domaines, l'affaire peut être jugée en chambre du conseil. C'est le cas par exemple du contentieux familial : aux fins d'éviter les scandales, ces contentieux échappent à la règle de la publicité. Les décisions contentieuses sont prononcées en audience publique, mais les décisions gracieuses hors la présence du public[1].

En matière pénale, l'instruction de l'affaire est secrète (aux fins de préserver la règle de la présomption d'innocence). Mais l'affaire est jugée publiquement. Et en matière pénale, le point de départ du délai de recours est celui du prononcé du jugement à l'audience car « il est donné lecture du jugement par le président ou par l'un des juges. Cette lecture peut être limitée au dispositif... »[2]. En matière administrative enfin, les décisions sont « rendues

1. – art 451 du CPC.
2. – Art 485 du CPP.

en audience publique »[3] et la décision doit d'ailleurs mentionner que l'audience a été publique[4].

En principe donc, les décisions de justice sont rendues publiques et les jugements doivent théoriquement être lus publiquement à l'audience. C'est à partir de cet instant que le juge est dessaisi[5].

Section II. La notification de la décision à l'intéressé

Parce que la loi a une portée générale et qu'elle s'applique à tout le monde, elle sera portée à la connaissance des intéressés par la PUBLICATION. La décision de justice n'a quant à elle qu'une portée relative. Elle n'est obligatoire que pour les parties au procès. L'article 651 du code de procédure civile dispose que « les jugements sont portés à la CONNAISSANCE des intéressés par la NOTIFICATION qui leur en est faite ».

La loi prévoit deux formes de NOTIFICATIONS. Celle qui est faite par ministère d'huissier s'appelle la SIGNIFICATION. Celle qui est faite par un autre ministère (comme le greffe du tribunal) garde le nom de NOTIFICATION. La notification est importante car c'est à partir de cette date que va courir le délai de recours, toujours possible, contre la décision.

A) La signification par ministère d'huissier

L'huissier doit en principe signifier le jugement A PERSONNE. L'article 654 du C P C. est net : *« la signification doit être faite à personne. La signification à une personne morale est faite à personne, lorsque l'acte est délivré à son représentant légal, à un fondé de pouvoir, ou à toute autre personne habilitée à cet effet »*.

L'emploi du mot « DOIT » est significatif. La signification à personne est donc la règle.

Quand la signification à personne s'avère impossible, l'acte d'huissier pourra être délivré soit à domicile, soit à défaut de domicile connu, à la résidence. Une copie de l'acte pourra être remise à toute personne présente, à

---

3. – Art R 741-1 du C.A « Après délibéré hors la présence des parties, et réserve faite des dispositions applicables aux ordonnances, la décision est prononcée en audience publique ».

4. – Art R 741-2 du CA.

5. – Art 481 al 1 CPC « Le jugement, dès son prononcé, dessaisit le juge de la contestation qu'il tranche ». Formulé au sujet des seuls jugements sur le fond, ce principe est expressément écarté au sujet des jugements avant dire droit (art 483) qu'il s'agisse de décisions ordonnant des mesures d'instruction, ou de décisions ordonnant des mesures provisoires.

défaut au gardien de l'immeuble, en dernier lieu au voisin. Cette copie ne peut être laissée qu'à la condition que la personne (gardien ou voisin) l'accepte, et déclare son identité complète. L'huissier laissera alors un avis de passage au domicile de la personne, l'avertissant de la remise de la copie. Si personne ne veut recevoir l'acte, l'huissier sera tenu d'en remettre une copie en mairie (article 656 du code de procédure) où elle sera conservée pendant trois mois. Enfin, si la personne à qui l'acte doit être remis n'a ni domicile, ni résidence, ni lieu de travail connu, l'huissier dresse un procès-verbal où il relate toutes ses diligences. Le même jour, l'huissier enverra une lettre recommandée avec accusé réception au dernier domicile connu du destinataire (article 659 du C P C).

En la forme, les actes de signification doivent répondre à un formalisme strict, décrit par le code de procédure[6]. Il s'agit encore une fois d'une prise de connaissance officielle de la décision.

B) Les autres notifications

Dans certains cas, la notification du jugement peut être effectuée par le secrétaire greffier de la juridiction qui a rendu la décision. Il en va ainsi, par exemple, en matière prud'homale ou en matière administrative. La notification est alors faite par voie postale, avec accusé réception. Elle répond également à un formalisme précis défini aux articles 665 à 670 du code de procédure... Le procédé est moins coûteux pour le justiciable, même s'il peut apparaître moins sûr qu'en matière de signification[7]. Si la lettre recommandée revient au secrétariat-greffe avec l'indication qu'elle n'a pas pu être remise au destinataire,

---

6.– Art 648 CPC Tout acte d'huissier de justice indique, indépendamment des mentions prescrites par ailleurs, sa date, si le requérant est une personne physique ses noms prénoms, profession, domicile, nationalité date et lieu de naissance ; si le requérant est une personne morale : sa forme, sa dénomination, son siège social et l'organe qui la représente légalement, les nom, prénom demeure et signature de l'huissier de justice, si l'acte doit être signifié, les nom et domicile du destinataire ou s'il s'agit d'une personne morale, sa dénomination et son siège social. Ces mentions sont prescrites à peine de nullité.

7. – Des questions apparaissent en jurisprudence illustrant le particularisme du procédé : ainsi, selon la cour de cassation, la preuve que l'enveloppe ne contenait pas la copie de l'acte notifié est à la charge du destinataire (Civ. 2eme 1er avril 1981 Gaz Pal 1982 2 480 note Viatte. Lorsque plusieurs décisions sont notifiées par la voie postale, dans un même envoi, l'enveloppe doit contenir outre chacune des notifications, un document récapitulatif permettant l'identification de chacune des décisions. Il s'en suit que doit être déclarée irrégulière la notification d'un ensemble de décisions en cinq envois accompagnés d'une lettre de notification par décision, mais sans état récapitulatif. Civ. 2eme 21 juin 1995 Bul. Civ. 2 n°193 D 1995 IR 173

le secrétaire greffier invite la partie à procéder par voie de signification (art 670-1 CPC). C'est alors elle qui fait courir le délai d'appel[8].

8. – En cas de retour au secrétariat greffe de la juridiction d'une lettre de notification qui n'a pu être remise à son destinataire, le délai d'appel ne court que de la signification du jugement par acte d'huissier à la diligence de la partie intéressée. Civ. 2eme 22 juin 1983 Bul. Civ. 2 n°134.

Chapitre IV. Le contrôle de la décision de justice

Nous avons posé, en introduction, le principe qu'une disposition a valeur normative dès lors qu'elle est susceptible d'être contrôlée. Nous avons vu ainsi que la loi fait l'objet d'un contrôle a priori par le conseil constitutionnel et que le règlement peut faire l'objet d'un contrôle a posteriori devant les juridictions administratives.

La décision de justice peut, elle aussi, être contrôlée : et ce fait contribue à faire de la décision de justice une règle ayant valeur normative. Le but du contrôle de la décision du juge est double. Le juge peut se tromper dans son appréciation des faits ou du droit (Section I) il convient alors de solliciter d'une autre juridiction un nouvel examen de l'affaire. Mais le juge peut avoir été trompé, et il sera possible alors de revenir devant lui aux fins qu'une nouvelle décision soit rendue (Section II).

Section I. Le contrôle de la décision par une autre juridiction

Le juge, lorsqu'il rend sa décision, est à même de se tromper : l'erreur est humaine. Et c'est pourquoi le législateur a posé le principe du DOUBLE DEGRÉ DE JURIDICTION. Ce principe permet au justiciable mécontent d'une décision rendue en premier ressort de soumettre à un second juge le litige. C'est la voie de recours de l'APPEL qui s'effectue devant la cour d'appel qui réexaminera l'ensemble du procès, en fait et en droit (A).

Contre les décisions rendues en dernier ressort (jugements de tribunaux statuant en dernier ressort ou arrêts de Cour d'appel) il existe aussi une voie de recours, qui est le POURVOI en cassation (B). Cette voie de recours est différente de l'appel. La Cour de cassation n'est pas un troisième degré de juridiction. Elle ne juge pas l'affaire. Elle va dire simplement si les juges ont fait une bonne ou une mauvaise application de la règle de droit. Examinons ces deux voies de recours.

A) L'appel

L'appel est une voie de recours effectuée contre les décisions rendues en premier ressort par les tribunaux[1]. Cette voie de recours s'effectue dans le

---

1. – V° de façon générale : Almairac, J.C.P 1978, 1, 2884 (du jugement à l'arrêt) Appert et Juilliard, D 1976, chron. 140 et 201 (les voies de recours dans le nouveau code) Vincent

domaine judiciaire devant les cours d'appel[2] (1) et en matière administrative devant les cours administratives d'appel (2).

1) La procédure devant la Cour d'appel.

Il existe 36 Cours d'appel, dont six dans les départements d'outre-mer et un tribunal supérieur d'appel à St Pierre et Miquelon. La Cour d'appel est présidée par le premier président. Elle est divisée en chambres, dont le nombre varie en fonction de l'importance de la cour. Chaque chambre est présidée par un président de chambre, assisté de deux conseillers. Le ministère public y est représenté par le Procureur Général, lequel est assisté d'avocats généraux. En principe les arrêts sont rendus en audience ordinaire par trois magistrats (le président de chambre assisté de deux conseillers) exceptionnellement, la cour d'appel peut rendre un arrêt en audience solennelle, un président et quatre conseillers siégeant. Il en est ainsi des arrêts de renvoi après cassation. Les Cours d'appel contribuent à la formation de la jurisprudence[3]. La procédure d'appel est spécifique.

• En matière civile, la Cour d'appel est saisie par la voie de recours de l'Appel, voie de recours ordinaire des affaires ayant fait l'objet d'un jugement rendu en premier ressort, par les tribunaux de premier degré. Il s'agit de ce que l'on appelle une voie de RÉFORMATION car, conformément au principe du double degré de juridiction, la Cour d'appel est invitée à changer la solution admise par le jugement contesté.

L'appel a un effet DÉVOLUTIF, ce qui signifie que la Cour d'appel est tenue de reprendre l'examen de l'ensemble de l'affaire, en fait et en droit. Elle va donc devoir réexaminer les faits, c'est-à-dire les circonstances de l'affaire qui ont donné lieu au litige. Mais elle doit aussi examiner la règle de droit. La Cour d'appel reprend donc l'ensemble du procès, en FAIT ET EN DROIT.

L'appel a aussi un effet SUSPENSIF : ce qui signifie que le jugement attaqué ne peut pas être exécuté, tant que la Cour d'appel ne s'est pas

---

D.1976, chron. 179 (nouvelles dimensions de l'appel) Wiederkher, Rev. Int. de droit comp. 1989, 225 (le système des voies de recours). Hébraud, obs. R.T.D.Civ 1973, 154 (recours en rectification ou en interprétation) Normand, R.T.D.Civ 1976 180 (recevabilité de l'appel) 1980, 393 (recours en révision).

2. – La cour d'appel de Paris statue aussi sur les recours intentés contre les décisions du conseil de la concurrence, du conseil des bourses de valeur, du conseil du marché à terme... considérés pourtant comme des actes unilatéraux administratifs. Un auteur en a déduit que dans ce cas, la cour d'appel de Paris était une juridiction administrative (Delvolvé, la cour d'appel de Paris juridiction administrative Mélanges Auby 1992 pages 47 et suiv.

3. – La jurisprudence des cours d'appel. PUAM 2004 spec. Pierre Catala Jurisprudence ou jurisprudences de la cour ? p. 65 et suiv.

prononcée sur la procédure dont elle est saisie. Le jugement frappé d'appel ne peut donc être exécuté tant que la cour ne s'est pas prononcée, sauf si le tribunal qui a rendu sa décision a ordonné l'EXÉCUTION PROVISOIRE. Les ordonnances de référé sont en principe exécutoires PAR PROVISION, du fait de la loi. L'exécution d'une décision de justice exécutoire à titre provisoire n'a lieu qu'aux risques de celui qui la poursuit, à charge par lui, si le titre est ultérieurement modifié, d'en réparer les conséquences dommageables[4].

L'effet suspensif suppose également qu'aussi longtemps que le jugement est susceptible d'être contesté par la voie de l'appel, il ne pourra être exécuté. Le délai de contestation par appel est d'UN MOIS à compter de la notification du jugement effectuée par ministère d'huissier ou de QUINZE JOURS à compter de la notification de l'ordonnance de référé[5]. Lorsque le délai d'appel est expiré, le jugement rendu devient DÉFINITIF (Une ordonnance de référé

4. – C. Cass. Assemblée plénière 24 Février 2006. D 2006 p. 1085 note Roger Perrot.

5. – Il fallait autrefois pour inscrire un appel avoir recours aux services d'un avoué près la cour d'appel. Mais la profession d'avoué a été finalement supprimée à compter du 1er janvier 2012 par une fusion avec celle des avocats. Un décret du 9 décembre 2009 décrit les modalités d'inscription de l'appel auprès de la cour, qui doit être effectué par voie électronique au greffe de la cour. Guy NARRAN, Avoué fait la synthèse du nouveau texte : « Ce décret, qui reprend pour l'essentiel les préconisations du rapport Magendie, donne un sacré coup de neuf à la procédure civile d'appel avec représentation obligatoire. Il accroît en effet de façon importante sa spécificité et opère un glissement manifeste vers la procédure administrative. Les principales dispositions de ce décret sont les suivantes 1) Les délais sont nettement raccourcis et leur dépassement durement sanctionné : 3 mois pour conclure pour l'appelant, et sinon caducité de l'appel relevée d'office, 2 mois pour conclure pour les intimés, et sinon irrecevabilité des conclusions relevée d'office, 1 mois pour signifier la déclaration d'appel aux parties défaillantes pour l'appelant, et sinon caducité de l'appel relevée d'office, 1 mois pour signifier les conclusions d'appel aux parties défaillantes, et sinon caducité de l'appel relevée d'office. 2) La compétence exclusive du Conseiller de la mise en état est étendue aux irrecevabilités et à la caducité de l'appel. 3) Un début de formalisme est institué pour les conclusions d'appel : chaque prétention doit faire référence aux pièces invoquées, chaque prétention doit figurer dans le dispositif pour être examinée par la Cour 4) Les dossiers devront être déposées 15 jours avant la date des plaidoiries, ce qui va probablement aboutir à la généralisation devant les cours d'appel des plaidoiries interactives (sous forme de questions/réponses). 5) Les déclarations d'appel et les constitutions devront être envoyées au greffe, à peine d'irrecevabilité relevée d'office, par voie de communication électronique pour les appels postérieurs au 1er janvier 2011. Pour les autres actes de procédure, il faudra attendre la parution d'un arrêté et au plus tard le 1er janvier 2013 ». V° Sur la loi n°2011-94 instaurant la fusion des professions « Fusion avoués-avocats Pour le meilleur et pour le pire » Jacques Jurilllon JCP 2011 pages 200 et suiv. Nathalie Fricero « procédure d'appel : la réforme de la réforme » À propos du décret du 28 décembre 2010 S.J 17 janvier 2011. Il est question en 2016 d'étendre la procédure d'appel « électronique » (qui suppose donc la présence d'un avocat) à la procédure d'appel en matière prud'homale (qui pouvait jusqu'à présent se faire librement)

demeure toujours provisoire). La décision définitive ne peut plus être contestée. On dit qu'elle a AUTORITÉ DE LA CHOSE JUGÉE.

• En matière pénale, les règles sont un peu différentes. L'appel d'une décision rendue par une juridiction pénale est en principe formé devant la chambre des appels correctionnels, qui est une chambre de la Cour d'appel spécialisée en matière pénale. Les délais sont différents : on doit former appel en principe dans les « 10 JOURS à compter du prononcé de la décision contradictoire » (art 498 du C P P)[6]. Le parquet, qui a lui aussi possibilité de relever appel, dispose d'un délai « de deux mois à compter du jour du prononcé du jugement » (art 505 du C P P).

En matière pénale, l'effet dévolutif n'est pas admis aussi largement qu'en matière civile : le ministère public ne peut faire appel que de l'action publique et la partie civile ne peut faire appel que des intérêts civils. Il est par ailleurs admis, selon un principe traditionnel, que si l'appel n'est formé que par le seul prévenu, la cour ne saurait aggraver les condamnations pénales et civiles prononcées contre lui. Inversement, si la partie civile seule a fait appel, la cour ne peut pas diminuer le montant des réparations allouées par les premiers juges.

2) Les cours administratives d'appel

Elles ont été créées par une loi du 31 décembre 1987. Autrefois, c'était le conseil d'état qui était juge d'appel et de cassation. Aujourd'hui, les cours administratives d'appel sont les juges d'appel ordinaires des décisions rendues par les tribunaux administratifs[7]. Il existe huit cours administratives d'appel en France (Bordeaux, Lyon, Nancy, Nantes, Douai, Versailles, Marseille et Paris).

6.– «... Toutefois le délai d'appel ne court qu'à compter de la signification du jugement quel qu'en soit le mode, 1) pour la partie qui, après débat contradictoire, n'était pas présente ou représentée à l'audience où le jugement a été prononcé, mais seulement dans le cas où elle-même ou son représentant n'auraient pas été informés du jour où le jugement serait prononcé 2) Pour le prévenu qui a été jugé en son absence, mais après audition d'un avocat qui s'est présenté pour assurer sa défense, sans cependant être titulaire d'un mandat de représentation signé du prévenu 3) Pour le prévenu qui n'a pas comparu dans le cas prévu par le cinquième alinéa de l'article 411 lorsque son avocat n'était pas présent (article 498 CPP).

7.– « Les cours administratives d'appel sont compétentes pour statuer sur les appels formes contre les jugements des tribunaux administratifs autres que ceux portant sur les litiges relatifs aux élections municipales et cantonales, contre les jugements des tribunaux administratifs portant sur des recours pour excès de pouvoir même dirigés contre des actes réglementaires. En outre, ces cours sont compétentes pour connaître des litiges des litiges de plein contentieux » Terre introduction générale au droit p. 148.

Chaque cour est présidée par un président, conseiller d'état. Chaque cour est divisée en chambres. Chaque chambre comprend cinq magistrats.

La cour administrative d'appel juge des appels formés contre les décisions rendues par les tribunaux administratifs (sous réserve des appels dévolus au Conseil d'État spécifiquement).

B) Le POURVOI en CASSATION

Le pourvoi est une voie de recours formée contre les décisions rendues en premier et dernier ressort (c'est-à-dire les jugements rendus en dernier ressort ou les arrêts de cour d'appel). Cette voie de recours s'exerce, en matière judiciaire, devant la Cour de cassation et en matière administrative devant le conseil d'état.

1) Le recours devant la Cour de cassation

• La Cour de cassation

La Cour de cassation, juridiction unique, est la plus haute juridiction de l'ordre judiciaire. Son rôle et sa fonction sont de veiller à l'interprétation UNIQUE de la règle de droit par les juridictions inférieures.

La Cour de cassation est divisée en six chambres, dont les attributions sont spécifiques. La chambre criminelle statue sur les affaires pénales. Les autres chambres sont civiles. L'une est spécialisée en droit du travail (c'est la chambre sociale) l'autre pour les affaires commerciales (c'est la chambre économique et financière).

Chacune de ces chambres doit réunir au moins cinq magistrats pour statuer (art R 431-5 COJ). Il existe cependant un mécanisme de filtrage institué auprès de chaque chambre par les lois du 23 avril 1997 et du 25 juin 2001[8]. Ce filtrage, effectué par une formation de trois magistrats, est obligatoire et a pour mission d'écarter les pourvois peu sérieux[9].

Mais la Cour de cassation connaît d'autres formations :

---

8. – Marianne Cottin « La cour de cassation se dote d'une procédure d'admission des pourvois en cassation » D 2002 chron. 748. A. Perdriau « la non admission des pourvois en cassation ». JCP 2002 1 181.

9. – Art L 431-1 du COJ « Après le dépôt des mémoires, les affaires soumises à une chambre civile sont examinées par une formation de trois magistrats appartenant à la chambre à laquelle elles ont été distribuées. Cette formation déclare non admis les pourvois irrecevables ou non fondés sur un moyen sérieux de cassation. Elle statue lorsque la solution du pourvoi s'impose. Dans le cas contraire, elle renvoie l'examen du pourvoi à l'audience de la chambre ».

D'abord la chambre mixte, qui rassemble des magistrats de trois chambres au moins[10]. Elle comprend au moins treize membres. Elle statue lorsqu'un litige relève des attributions de plusieurs chambres, ou encore lorsque la question posée est susceptible de recevoir des interprétations différentes selon les diverses chambres de la cour (art L 431-5, 431-6 et 431-9 du COJ). Le renvoi en chambre mixte peut être demandé par le Premier Président ou par le procureur général.

L'assemblée plénière est une formation encore plus solennelle que la chambre mixte. Elle comprend 25 membres et est présidée par le premier président. Cette formation a remplacé celle des chambres réunies. L'assemblée plénière doit être saisie lorsque, « après cassation d'un premier arrêt ou jugement, la décision rendue par la juridiction de renvoi est attaquée par les mêmes moyens » (art L 431-6 COJ). Elle peut également être saisie lorsque l'affaire « pose une question de principe notamment s'il existe des solutions divergentes soit entre les juges du fond, soit entre les juges du fond et la cour de cassation » (art L 431-7 COJ).

• Le mécanisme du pourvoi en cassation.

Le pourvoi en cassation doit être exercé dans le délai de deux mois à compter de la signification de la décision attaquée. Le pourvoi n'a pas d'effet suspensif en matière civile, mais a un effet suspensif en matière pénale.

Si la Cour de cassation estime que la décision attaquée a convenablement appliqué la règle de droit, elle rendra un ARRÊT de REJET (elle rejette le pourvoi, ce qui signifie que la partie qui a mené son pourvoi a eu tort de l'engager)[11]. Si au contraire elle estime que la critique est justifiée, elle rendra un ARRÊT de CASSATION, et RENVERRA l'affaire devant une juridiction de même nature et de même degré que celle dont la décision a été cassée. C'est parce que la cour de cassation est juge du droit et non du fait et qu'elle ne rend pas de décision sur le fond, qu'en cas de cassation, elle renvoie. « Casse et

10. – A. Perdriau « La chambre mixte et l'assemblée plénière de la Cour de cassation », J C P 1994, 1, 3798 ; sur la rareté des arrêts de la chambre mixte, V° les observations de Libchaber, R T D Civ. 1999, 735 et suiv.

11. – La loi du 25 juin 2001 a créé le mécanisme de la non admission qui permet à la cour de cassation, au terme d'une instruction complète du dossier, de rendre un arrêt de rejet non motivé. L'objectif poursuivi par le législateur est de lutter contre l'encombrement de la cour de cassation. Le caractère brutal de la décision donne au justiciable le sentiment que la cour n'a pas jugé son pourvoi. Lire sur la question : Louis Boré « Quelques idées sur le pourvoi en cassation » D 2005 p. 180.

renvoie » : les deux mots vont de pair[12]. Par exemple, si un arrêt de la cour de Douai est cassé, il pourra y avoir renvoi devant la cour d'Amiens, ou la cour de Caen qui sont les cours d'appel géographiquement les plus rapprochées.

Devant la juridiction de renvoi, l'affaire doit être examinée de nouveau. La juridiction de renvoi n'est nullement tenue de s'incliner devant l'interprétation de la chambre de la Cour de cassation (ce qui laisserait penser qu'une chambre isolée de la Cour de cassation n'a pas vocation à dire de façon infaillible le droit...) et adopte la même solution que la première juridiction qui a vu sa décision cassée. L'assemblée plénière de la Cour de cassation devra alors être saisie d'un second pourvoi.

L'assemblée plénière, saisie du second pourvoi, pourra adopter deux solutions possibles : elle peut d'abord rendre un arrêt de rejet, et consacrer l'opinion des deux juridictions inférieures contre la chambre de la Cour de cassation. L'affaire est alors terminée et la décision de la juridiction qui a fait l'objet du pourvoi devant l'assemblée plénière aura force de chose jugée.

Elle peut aussi – démarche opposée – rendre une décision conforme à l'opinion de la chambre civile, contre la résistance des juridictions de renvoi. Elle rendra alors un arrêt de cassation, ce qui (sauf exception) entraînera un nouveau renvoi devant une autre juridiction de même nature et de même degré que les précédentes. Sur cet arrêt de l'assemblée plénière, la seconde juridiction de renvoi devra à son tour statuer, mais elle sera obligée de s'incliner devant l'interprétation de la Cour de cassation, et rendre un arrêt conforme à celle-ci.

2) Le recours devant le Conseil d'État

Le conseil d'état est juge de cassation des pourvois formés contre les décisions rendues par les cours administratives d'appel.

L'étude du Conseil d'État ressort du cours de droit public. On retiendra que cet organisme était initialement le « conseil de l'exécutif » (créé sous l'an

12. – Il existe néanmoins des cas de cassation sans renvoi : la cour de cassation quelle que soit sa formation, peut casser sans renvoi « *lorsque la cassation n'implique pas qu'il soit statué à nouveau sur le fond ; elle peut aussi, en cassant sans renvoi, mettre fin au litige lorsque les faits, tels qu'ils ont été souverainement constatés et appréciés par les juges du fond, lui permettent d'appliquer la règle de droit appropriée* » (art L 411-3 COJ). Et parce qu'il faut de toute façon mettre fin à un litige, à supposer qu'aient été respectées diverses étapes, il est prévu que lorsque le renvoi est ordonné, après cassation, par l'assemblée plénière, la juridiction de renvoi doit se conformer à la décision de cette assemblée sur les points de droits jugés par celle-ci (art L 431-4 COJ) V° A. Perdriau Usage actuel des cassations sans renvoi JCP 2001 1 334, Martine Fabre La cassation sans renvoi en matière civile JCP 2001, 1, 347.

VIII, il avait pour mission de rédiger les projets de lois et les règlements, et de résoudre les difficultés qui s'élèvent en matière administrative).

Composé d'auditeurs, de maîtres de requêtes et de conseillers d'état proprement dits, issus de l'ENA ou des tribunaux administratifs, qui présentent la particularité de ne pas être inamovibles, le Conseil d'état est divisé en six sections, dont cinq administratives et une contentieuse. Chaque section est dotée d'un président.

Le Conseil d'État est juge de cassation contre les décisions des cours administratives d'appel, contre les décisions disciplinaires des conseils nationaux des ordres professionnels (sauf les avocats) et contre les décisions de la cour des comptes. Mais là n'est pas le seul rôle du conseil d'état qui, à titre résiduel, est encore dans certains domaines spécifiques juge en premier ressort et juge d'appel.

Section II. Le contrôle par le juge qui a rendu la décision

Nous supposons que le juge a rendu une décision, en ayant eu une présentation incomplète des faits dans la mesure, par exemple, où l'une des parties était absente des débats.

A) L'opposition

C'est une voie de recours qui permet à la partie défaillante de venir devant le juge et de rétablir le débat contradictoire. Il s'agit d'une voie de RÉTRACTATION ; le juge qui a rendu la décision se rétracte.

Cette voie de recours est exclue lorsque le défaillant a eu connaissance du litige et qu'il ne s'est pas présenté : le jugement est alors RÉPUTÉ CONTRADICTOIRE. Cette voie de recours est aussi exclue lorsque la possibilité de faire appel suffit à garantir les droits du défaillant.

L'opposition se fait, en matière civile, dans le délai d'un mois à compter de la signification du jugement, sauf relevé de forclusion. Elle se fait en matière pénale par signification au ministère public, dans les dix jours de la signification du jugement, avec possibilité d'un relevé de forclusion.

B) La tierce opposition

Cette voie de recours est réservée aux tiers, c'est-à-dire aux personnes qui n'étaient ni parties, ni représentées au procès[13]. Cette voie de recours n'est

13. – Art 583 du CPC Est recevable à former tierce opposition toute personne qui y a intérêt, à la condition qu'elle n'ait été ni partie ni représentée au jugement qu'elle attaque. Les

admise en matière pénale qu'au profit du Fonds de garantie automobile et des organismes sociaux, pour les seuls intérêts civils.

La tierce opposition est soumise au délai trentenaire, sauf si un texte a prévu la notification de la décision aux tiers (auquel cas le délai est de deux mois)[14]. Si la tierce opposition est admise, la décision n'est rétractée que dans le seul intérêt du tiers opposant. La tierce opposition laisse en principe subsister le jugement entre les parties et à l'égard des autres tiers.

C) Le recours en révision

En matière civile, le recours en révision est une voie de recours extraordinaire en rétractation. Ce recours n'est ouvert que pour des causes limitativement énumérées : il faut supposer en fait que le débat initial a été tronqué par l'attitude de l'une des parties, qui par exemple a fourni des attestations ou des témoignages qui ont entraîné la conviction du juge et qui ont ultérieurement été déclarés faux en justice[15].

En matière pénale, le pourvoi en révision est destiné à pourchasser l'erreur judiciaire. Les cas d'ouverture du pourvoi en révision en matière pénale sont limitativement énumérés : il faut supposer l'existence de faits nouveaux ou la découverte de pièces inconnues de nature à établir l'innocence du condamné, ou encore la condamnation d'un témoin pour faux témoignage. En cas de fait nouveau, le pourvoi en révision peut être mis en œuvre par le seul ministre de la justice, après avis d'une commission ad hoc. La demande en révision est

---

créanciers et autres ayants cause d'une partie peuvent toutefois former tierce opposition au jugement rendu en fraude à leurs droits, ou s'ils invoquent des moyens qui leur sont propres. En matière gracieuse, la tierce opposition n'est ouverte qu'aux tiers auxquels la décision n'a pas été notifiée. Elle l'est également contre les jugements rendus en dernier ressort même si la décision leur a été notifiée. V° de façon générale Raymond Martin, Gaz Pal 1991 1 doct. 303 (utilité de la tierce opposition). Roland, LGDJ 1958 (chose jugée et tierce opposition). Boyer RTD Civ. 1951 163 (effets du jugement à l'égard des tiers).

14. – Art 586 du CPC.

15.– Art 595 CPC Le recours en révision n'est ouvert que pour l'une des causes suivantes : 1) s'il se révèle, après jugement, que la décision a été surprise par fraude de la partie au profit de laquelle elle a été rendue 2) Si depuis le jugement, il a été recouvré des pièces décisives qui avaient été retenues par le fait d'une autre partie 3) S'il a été jugé sur des pièces reconnues ou judiciairement déclarées fausses depuis le jugement 4) S'il a été jugé sur des attestations témoignages ou serments judiciairement déclarés faux depuis le jugement. Dans tous ces cas, le recours n'est recevable que si son auteur n'a pu, sans faute de sa part, faire valoir la cause qu'il invoque avant que la décision ne soit passée en force de chose jugée. V° de façon générale Barrère Mélanges Hebraud 1981 p. 1 (rétractation du juge civil) Boyer RTD Civ. 1955, p. 55 (réflexions sur la requête civile).

tranchée depuis la loi du 20 juin 2014 par la cour de révision et de réexamen[16], composée de dix-huit magistrats de la Cour de cassation (dont le président de la chambre criminelle), qui peut soit rejeter la demande, soit annuler la condamnation et renvoyer l'affaire devant une juridiction de même ordre et de même degré que celle qui a rendu la décision attaquée.

16. – V° Fournié « réviser la révision » À propos de la nouvelle procédure de révision et de réexamen des condamnations pénales JCP G 2014 777

Chapitre V.
La décision de justice et l'exactitude

Nous avons posé en postulat que la norme poursuit le souci de l'exactitude. Et nous avons dit que ceci ne signifie pas qu'une disposition ayant valeur normative soit nécessairement à l'abri de l'erreur ou du flou... Mais cela signifie qu'une erreur, toujours possible, doit pouvoir être réparée selon un procédé défini, et que la disposition floue doit pouvoir être interprétée selon une méthode appropriée. Nous avons vu comment les erreurs contenues dans la loi ou le règlement sont réparées, et comment ces dispositions normatives peuvent être interprétées en cas de difficulté.

La décision de justice n'est pas à l'abri de l'erreur matérielle : le recours en rectification d'erreur matérielle est possible (A). Quant à l'ambiguïté d'une décision, elle peut être levée par le recours en interprétation (B). Ces deux procédés officiels attestent de la finalité de la décision de justice, qui est d'être exacte... et qui constitue l'un des critères de la norme juridique. Ces procédés sont à la décision de justice, ce que la technique de l'erratum et de l'interprétation jurisprudentielle sont à la loi. La ressemblance est assez frappante.

Section I. Le recours en rectification d'erreur matérielle

Ce recours est défini par l'article 462 du code de procédure civile[1]. Les erreurs ou omissions matérielles qui affectent un jugement, même passé en force de chose jugée, peuvent toujours être réparées par la juridiction qui l'a rendu ou par celle à laquelle il est déféré, selon ce que le dossier révèle ou à défaut ce que la raison commande. On ne corrige pas une erreur n'importe comment, même si la procédure en rectification est simple. Le juge est saisi par simple requête, à la demande de l'une ou l'autre des parties. Il peut également être saisi sur demande conjointe.

1. – V° Carel, Gaz. Pal 1973, 1 doct. 241. Dorsner Dolivet RTD Civ. 1989, 205 (recours en rectification) Perdriau, J.C.P 1995, 1, 3886 (rectification des jugements civils) Perrot et Ribaut Gaz Pal 1981, 1, doctr. 238. Dupre, la rectification des décisions judiciaires en dehors des voies de recours, thèse Toulouse 1941. Sur l'erreur « rectifiable » Ass. pl. 1er avril 1994 D 1994, 293 concl. Jeol RTD Civ 1994 681 obs. Perrot. Julien Mélanges Normand Litec 2003 p 241 « ce que la raison commande » Perdriau JCP 1995 1 3886 (rectification des jugements civils)

Une fois rendue, la décision rectificative est mentionnée sur la minute et sur les expéditions de jugement. Elle est notifiée comme le jugement. Et si la décision rectifiée est passée en force de chose jugée, la décision rectificative ne peut être attaquée que par la voie du recours en cassation.

La procédure de rectification obéit donc à des règles précises. La difficulté majeure – déjà rencontrée avec la technique de l'erratum en matière législative – consiste à savoir ce qu'il faut entendre par erreur matérielle : la jurisprudence est riche en exemples, qui attestent des problèmes posés par la définition de la notion. Si l'erreur de frappe, de plume ou de rédaction ou encore l'erreur de calcul peuvent être retenues comme constitutives d'erreurs matérielles[2], d'autres ne sont pas visées. Ainsi, l'erreur d'appréciation d'un fait ne peut donner lieu à rectification[3]. Les risques encourus, du fait d'une telle méthode, ressemblent aussi à ceux précédemment étudiés à propos de la rectification des erreurs législatives : on ne peut, sous couvert d'une rectification d'erreur matérielle, ajouter ou retrancher des énonciations qui ne figuraient pas dans le texte initial[4]. La définition de l'erreur paraît finalement identique en matière législative, réglementaire ou judiciaire au point que l'on pourrait parler d'un droit commun à toutes formes de règles.

Section II. Le recours en interprétation

La notion d'exactitude, qui caractérise la décision de justice, va se traduire également par le fait qu'une décision ambiguë peut toujours être interprétée par le juge qui l'a rendue, si bien sûr elle n'est pas frappée d'appel. La procédure

---

2. – Il y a lieu à rectification d'erreur matérielle lorsque les divergences entre les motifs et le dispositif s'expliquent par une erreur de frappe : Civ. 2e 9 Octobre 1974, Bul. civ. 2 n°261. 24 Mai 1975 : Bul. civ. 2 n°148. 29 Juin 1978 J.C.P 1978 IV 275. Ou encore par une erreur de plume : Paris 29 Avril 1977 ; D 1978 IR 86 Obs. Julien. Ou par une erreur de rédaction Civ. 2e 24 Novembre 1982 Gaz Pal 1983 1 panorama 103 observations Guinchard. Relève également de l'erreur matérielle celle commise par un juge sur un calcul. Civ. 2e 4 janvier 1978 Bul Civ..2 n°3. Aix en Provence 1er mars 1984, gaz pal 1984 1 480.

3. – Ne peut donner lieu à rectification l'erreur d'appréciation d'un fait (Civ. 2e 6 Octobre 1976 Bul. civ. II n°268) l'erreur d'appréciation d'une responsabilité (Civ. 2e 8 juin 1974 Bul. civ. 2 n°193) le fait que le juge du fond n'ait pas tiré toutes les conséquences de son raisonnement (Com 17 décembre 1980 Bul civ. IV n°430).

4. – Ainsi on ne peut modifier les droits et obligations des parties tels qu'ils résultent du jugement et se livrer à une nouvelle appréciation des éléments de la cause (Ass. Plénière, 1er avril 1994, D 1994 293 conclusions Jeol. J.C.P 1994 II 22256 conclusions Jeol) ni par exemple modifier le montant d'une indemnité (Com 3 novembre 1981 D 1982 IR 168 obs. Julien).

est identique à celle que nous venons d'étudier pour l'erreur matérielle[5]. Elle est décrite à l'article 461 du C P C. : la demande en interprétation est formée par simple requête de l'une ou l'autre des parties ou par requête commune. Le juge se prononce, les parties entendues ou appelées. Et bien sûr, le magistrat saisi d'une demande en interprétation ne peut, sous prétexte d'en déterminer le sens, apporter une modification quelconque aux dispositions précises de la précédente décision[6].

Le souci d'exactitude qui caractérise la décision de justice contribue à conférer à celle-ci son caractère normatif.

Mais le dernier critère, qui nous permettra de différencier la force obligatoire du jugement, par rapport à la force obligatoire de la loi, tient au champ d'application de la norme : alors que la loi à une portée absolue, et sera obligatoire pour tous ceux qui vivent à l'intérieur du territoire, la décision de justice ne sera obligatoire que pour les parties au procès.

5. – Bourgeois, quot. Jur. 1984 n°129 (interprétation et réparation de l'infra et l'ultra petita) Lindon D 1973 chron. 143 ; J C P 1973. 1 2527.

6. – Civ. 1re 5 juillet 1978 Bul. Civ. 1 n° 258. La jurisprudence est constante. Pour une formulation voisine : Civ. 2e 16 juillet 1980 Bul. Civ. II n°185. Com 19 janvier 1981 Bul. Civ. IV n°36.

Chapitre VI. La précision du champ d'application de la décision de justice

Nous avons vu que la loi a une autorité absolue : elle s'applique pour toutes les personnes vivant dans un territoire donné. En va-t-il de même de la décision de justice ? En matière civile à tout le moins, la décision de justice n'aura qu'une autorité relative.

Elle fait autorité, c'est-à-dire qu'elle est obligatoire et pourra être exécutée telle quelle à l'intérieur du territoire : son champ d'application territorial est donc précisément délimité, comme pour toute disposition normative (section I) et il en va de même pour son application dans le temps (section II). Mais cette autorité n'est que relative, c'est-à-dire que la décision n'est obligatoire que pour la ou les personnes visées nominativement par la décision. Il faut bien sûr que la décision soit définitive : une fois les voies de recours épuisées, ou les délais prévus pour leur exercice expirés, il n'y a plus aucune possibilité pour aucun juge de revenir sur la décision. C'est ce que signifie l'expression « autorité de la chose jugée » (section 3).

Section I. L'autorité de la décision dans l'espace

De même que la loi et le règlement ont vocation à s'appliquer par principe à l'intérieur du territoire, de même la décision de justice, par principe, a vocation à s'appliquer dans le territoire, mais pas à l'extérieur.

Ce qui signifie qu'une décision de justice étrangère ne peut en principe être exécutée en France, car le juge étranger n'a pas le pouvoir de commander la force publique française. Seule « la République française mande et ordonne ». Pour pouvoir être appliquée en France, une décision de justice étrangère devra faire l'objet d'une exequatur, qui devra être sollicitée au tribunal de grande instance ou à son président selon les cas (par exemple, la convention de Bruxelles prévoit une procédure simplifiée pour les états membres de la CEE). C'est donc la juridiction française qui rendra exécutoire en France une décision de justice étrangère. À l'inverse, il faudra solliciter l'exequatur devant le juge étranger si l'on souhaite exécuter à l'étranger une décision française. L'e juge français ne dispose pas du pouvoir d'ordonner l'exécution de ses décisions à l'étranger.

Peut-on imaginer un titre exécutoire européen ? Il faut savoir qu'un texte communautaire applicable depuis le 21 octobre 2005, a créé le « titre exécutoire européen » au domaine à vrai dire très limité, puisqu'il ne concerne que celui des créances incontestées et rien d'autre. Néanmoins ce titre est le premier instrument communautaire directement exécutoire dans tous les états membres sans exequatur préalable. Il permet le recouvrement des créances incontestées à un moindre coût. Faut-il y voir la préfiguration d'un système plus général[1] ?

Section II. L'autorité de la décision de justice dans le temps

À partir de quand et à quelles conditions un jugement est-il obligatoire ?

En matière civile, il nous faut distinguer les décisions rendues par défaut ou réputées contradictoires, des décisions contradictoires.

A) Les décisions rendues par défaut ou réputées contradictoires

Elles doivent, au terme de l'article 478 du C P C., être signifiées dans les six mois de leur prononcé : la sanction est radicale. « S'il n'a pas été notifié dans les six mois de sa date, le jugement par défaut ou réputé contradictoire, est non avenu. La procédure peut être reprise après réitération de la citation primitive ». La notification dans les six mois s'entend de celle qui est faite à la partie elle-même, et non à son mandataire ou son avocat (CIV 14 Avril 1988). On parle dans le langage courant de « péremption » de jugement. Une fois signifiée, la décision rendue sera, passé le délai de recours, définitive.

B) Les décisions rendues contradictoirement

Le code de procédure civile ne contient pas de délai spécifique de signification pour les décisions contradictoires (le jugement contradictoire est celui où les parties comparaissent en personne ou par mandataire). Une décision de justice définitive nous semble imprescriptible[2]. Tout au plus peut-

1. – Karl BELTZ, *Le titre exécutoire européen*, D.2005 p. 2767. Les praticiens doutent de son efficacité. Pour l'Union internationale des huissiers de justice, le titre exécutoire européen s'avère être « d'une lourdeur inconsidérée » (16 mai 2016 uihj.com)

2. – Observons néanmoins qu'un arrêt de la chambre mixte de la cour de cassation indique que la durée de la prescription est déterminée par la nature de la créance, et la circonstance que celle-ci soit constatée par un acte authentique revêtu de la formule exécutoire n'a pas pour effet de modifier cette durée. S'agissant d'une créance de nature commerciale dont la prescription est de dix ans et dès lors que le renouvellement de l'inscription hypothécaire est dépourvu d'effet interruptif, la cour d'appel a exactement décidé que la créance de la banque était prescrite (Cass. Ch. mixte 26 Mai 2006 Juris data n°2006-033691 JCP 2006

on songer à invoquer la prescription de l'action en justice visant à obtenir une mesure d'exécution[3]. Son délai était autrefois trentenaire. La loi du 17 juin 2008 réformant la prescription l'a réduit à cinq ans.

Section III. L'autorité de la chose jugée est relative

Ce qui a été jugé est obligatoire. Mais pour qui ? Il faut ici distinguer la chose jugée au civil, de la chose jugée par la juridiction pénale ou administrative.

A) L'autorité relative de la chose jugée au civil

Le code civil énonce aujourd'hui à l'article 1355 du code civil (ord. du 2 février 2016) le principe de l'autorité relative de la chose jugée, pour le placer parmi les présomptions légales[4]. Un jugement définitif est présumé, de façon irréfragable, énoncer la vérité. Res judicata pro veritate habetur. L'exception de chose jugée signifie donc qu'il est interdit de recommencer un procès exactement identique au précédent, c'est-à-dire opposant les mêmes PARTIES, portant sur le même OBJET et ayant la même CAUSE. Il est donc interdit de recommencer un procès[5] définitivement terminé. C'est ce qu'exprime l'article 1355 du code civil.

II 10129 note CROZE). La créance d'un prêt bancaire se prescrit par dix ans, même si l'acte est notarié. La chambre mixte met ainsi fin à la jurisprudence faisant application de la prescription trentenaire de droit commun à tous les titres exécutoires. Dans le prolongement de l'arrêt de la chambre mixte, on citera l'arrêt de la cour de cassation en date du 12 Juillet 2007 (D 2007 page 2030) Selon X. Delpech, par le présent arrêt la 1re chambre civile semble consacrer l'idée selon laquelle le lien entre la nature de la créance et la durée de la prescription est exclusif. Pris à la lettre, cette formulation peut signifier, selon cet auteur, « que les actions fondées sur un jugement qui constate une créance ne sont plus soumises à la prescription trentenaire, mais au délai de prescription propre à cette créance »

3. – Kelsen nous parle de l'efficacité du jugement comme condition de sa validité : « une norme individuelle perd de sa validité si elle demeure si longtemps inobservée ou inappliquée qu'elle ne peut plus être observée ou appliquée. Ainsi par exemple, la norme individuelle de la décision juridictionnelle ordonnant de mettre en prison une certaine personne perd sa validité si elle demeure inappliquée jusqu'à la mort de cette personne. L'efficacité de la norme est la condition de validité d'une norme dans le sens où une norme perd sa validité avec la perte de son efficacité... » 'Théorie générale des normes. Op. Cit. Page 185

4. – Fricero Mélanges Burgelin Dalloz 2008 Fabuleux destin de la chose jugée. Ghestin Etudes J.Waline Dalloz 2002 (autorité de chose jugée des motifs) Études Normand Litec 2003 (motifs de fond influant sur la compétence). Viatte Gaz Pal 1978 1 Doctr. 84 (autorité des motifs des jugements).

5. – Les décisions judiciaires émanant de la juridiction gracieuse ne sont pas revêtues de l'autorité de la chose jugée et restent susceptibles d'être rapportées ou modifiées si les

« L'autorité de la chose jugée n'a lieu qu'à l'égard de ce qui a fait l'objet du jugement. Il faut que la demande soit la même, que la demande soit fondée sur la même cause, que la demande soit entre les mêmes parties, et formée par elles ou contre elles en la même qualité ». C'est la règle dite de la triple identité (identité de parties, d'objet, et de cause).

1) L'identité de parties

Un jugement n'a d'autorité qu'entre les parties à l'instance, et les personnes qui ont été représentées par elles, notamment leurs ayants-cause universels et leurs créanciers chirographaires. Cette condition exprime le principe de l'autorité relative de la chose jugée. Si les parties en présence dans deux procès ne sont pas les mêmes, y eut-il identité d'objet et de cause, la deuxième demande ne pourra être repoussée en raison de la chose jugée. Res inter alios judicata aliis neque nocere neque prodesse potest.

Il n'y a identité de parties que si la même personne a figuré en la même qualité dans les deux instances. Ainsi la chose jugée avec le tuteur comme représentant du mineur ne peut lui être opposée lorsqu'il reproduit la même demande en son nom personnel[6]. Ceci étant, on considère comme parties dans une instance, non seulement celles qui y ont figuré en personne comme demanderesses ou défenderesses, mais encore celles qui y ont été représentées (mandants, ayants cause universels ou à titre universels : héritiers, légataires etc.).

Et puis, le principe ne signifie pas non plus qu'un jugement ne soit absolument rien pour les tiers au procès. Pour eux, un jugement demeure un fait juridique, et en cette qualité il leur est opposable. C'est pourquoi une décision de justice pourra être attaquée par un tiers, au moyen d'une voie de recours spécifique qu'on appelle la tierce opposition. Un tiers peut contester par ce procédé, une décision de justice dans laquelle il n'a pas été partie, dans la mesure bien sûr où il justifie d'un intérêt à agir.

---

circonstances dans lesquelles elles ont été rendues ont elles-mêmes changé. Civ. 25 octobre 1905 DP 1906 1 337 note Planiol.

6. – Civ. 28 Août 1849, DP 1850, 1, 57. De même, il a été jugé que la condition de l'identité de qualité n'est pas remplie lorsque l'une des parties, précédemment assignée en son nom personnel est prise dans un second litige en qualité de membre d'une société commerciale (Req.28 fev.1911, DP 1913,1 405).

2) L'identité d'objet et de cause

La distinction entre l'objet et la cause est en principe, simple : l'objet, c'est ce qui est demandé par les parties (QUID)[7]. La cause est la raison (CUR) qui étaye la prétention. En pratique la distinction n'est pas aussi simple et les auteurs ne sont pas toujours d'accord sur les définitions à adopter. La cause n'est-elle que le fondement juridique de la demande[8] ? (je perds un procès sur le fondement de l'article 1240[9]. Pourrai-je recommencer le même procès sur le fondement de l'article 1242[10] ? La jurisprudence a été amenée à évoluer considérablement sur la notion de cause[11]. Les solutions dégagées aujourd'hui paraissent différentes de celles d'hier.

Quoi qu'il en soit, l'autorité de la décision de justice n'est que relative. Il y aurait sans doute des rapprochements à faire sur le principe, avec la force obligatoire des contrats. Comme nous le verrons plus tard, le contrat est la loi des parties, sa force obligatoire est aussi purement relative. Mais un contrat est une norme voulue par les personnes qui s'engagent, alors qu'une décision de justice est en principe imposée par une autorité extérieure aux parties.

---

7. – À titre d'exemple : l'action en suspension de poursuites de saisie n'a pas le même objet que l'action en remboursement de sommes et paiement de dommages et intérêts. Civ. 2eme 18 septembre 2008. Bul. Civ. 2 n° 198. Une demande en réparation d'un préjudice de jouissance n'a pas le même objet qu'une demande en réduction du montant du loyer pour modification de la surface louée. Civ. 3eme 16 septembre 2009 Bul. Civ. III 193.
8. – Gilli, « La cause juridique de la demande en justice. Essai de définition ». Thèse Paris 1962. Normand, « le juge et le litige », thèse Paris 1965. V° Henri Motulski « La cause de la demande dans la délimitation de l'office du juge ». D 1964 chron. 235 Normand, « le juge et le litige » thèse Paris 1965.
9. – Ancien article 1382.
10. – Ancien article 1384.
11. – Si l'autorité de la chose jugée ne peut être opposée lorsque la demande est fondée sur une cause différente de celle qui a donné lieu au jugement ou lorsque des événements postérieurs sont venus modifier la situation antérieurement reconnue en justice (CIV 2e 17 mars 1986, Bul. Civ. 2 n°41) Civ. 2e 3 juin 2004 D 2004 IR 1769) il demeure que la notion de cause a été revisitée par la jurisprudence. L'assemblée plénière indique « qu'un requérant ne peut contester l'identité de cause de ses deux demandes en invoquant un fondement juridique qu'il s'était abstenu de soulever dans sa première demande » Cass. Assemblée plénière 7 juillet 2006 JCP 2006 1 183 obs. Amrani Mekki Gaz Pal 2007 398 note Gain. Cette jurisprudence paraît contraire aux principes dégagés antérieurement par la même assemblée plénière (Cass. Assemblée plénière 3 juin 1994 JCP 1994 II 22 309 Note Xavier Lagarde). Des moyens nouveaux au soutien d'une même demande dans une seconde instance ne constituent pas une cause différente (Civ. 2e 4 mars 2004 D.2004 Somm. 1204 Obs. Fricero). V° dans le même sens Civ. 1ere 24 septembre 2009 Bul Civ. 1 n°177 Dalloz 2010 Chron. RTD Civ. 2010 129 obs. Gauthier (demande d'expulsion sur le fondement de la résiliation judiciaire pour reprise, puis demande d'expulsion sur le fondement de la résiliation du prêt à usage).

B) L'autorité absolue de la chose jugée en matière pénale et en matière administrative

– En contentieux administratif, la solution peut sembler différente. L'une des parties au procès n'est-elle pas une autorité ayant le pouvoir de créer la norme ? (Exemple : le président de la République, les ministres, les préfets, les maires...). Or, nous avons vu qu'un décret ou un règlement peut avoir une autorité absolue. Il est logique que l'annulation d'un décret ou d'un règlement, par une juridiction administrative saisie d'un recours pour excès de pouvoir, ait une autorité absolue. Il va de soi que si l'acte est annulé, l'annulation ne vaut pas uniquement à l'égard du requérant qui a exercé le recours. Il est réputé nul à l'égard de tout le monde. Plus personne ne peut se voir opposer l'acte annulé et plus personne ne peut s'en prévaloir. C'est pourquoi on dira que les décisions rendues en matière de recours pour excès de pouvoir ont une autorité absolue. En revanche, en cas de recours de plein contentieux, le jugement rendu n'est doté que d'une autorité relative12.

– Dans le contentieux répressif

Le ministère public partie au procès, représente la société. C'est pourquoi le jugement rendu sur l'action publique par une juridiction répressive s'impose à tous y compris à la victime, même si celle-ci ne s'est pas constituée partie civile à l'audience[13].

On dit donc qu'en matière pénale les décisions rendues ont une autorité absolue. Cette autorité s'applique à l'égard de toutes personnes. Il en résulte qu'un juge civil ne peut méconnaître ce qui a été jugé définitivement au criminel, s'il est saisi par exemple, de l'action en réparation du dommage causé par une infraction pénale ou de toute autre action fondée sur le fait jugé par le tribunal répressif. Ainsi, lorsque le juge répressif a condamné un prévenu pour homicide par imprudence, cette condamnation implique nécessairement, de la part du condamné, une faute dont le juge civil saisi de l'action civile en dommages et intérêts, ne peut nier l'existence. Inversement, l'acquittement au pénal n'implique pas nécessairement l'absence de faute civile car d'une part, le juge civil peut retenir un fait sur lequel le tribunal répressif n'a pas eu à se prononcer et, d'autre part, les faits invoqués peuvent ne pas constituer à eux

12. – Watrin, « L'autorité de la chose jugée en droit administratif français » Ann. Fac. D'Istanbul, 1958 p. 29.

13.– V° Hébraud, « l'autorité de la chose jugée au criminel sur le civil », thèse Toulouse 1929. Valticos, « l'autorité de la chose jugée au criminel sur le civil », Paris 1948. Chavane, « les effets du procès pénal sur le procès engagé devant le tribunal civil », Rev. Sciences crim. 1954 p. 239 et suiv.

seuls une infraction pénale et renfermer les éléments mettant en jeu la responsabilité civile[14].

Conclusion

Que peut-on conclure de cette étude consacrée à la décision de justice ? On peut observer tout d'abord que la justice est rendue au nom du peuple français, par des magistrats qui ne sont pas nécessairement des professionnels du droit. C'est dire que la décision de justice n'est pas nécessairement l'œuvre d'un juriste technocrate.

On observe aussi que tous les critères normatifs réunis font de la décision de justice une disposition obligatoire. *A contrario*, qu'un critère fait défaut... et la décision ne sera pas obligatoire. Une décision non assortie de la formule exécutoire, une copie officieuse de jugement, une décision non définitive n'auront plus de force exécutoire que l'opinion émise par un magistrat en dehors d'un procès. Tous les critères devront être réunis. Ceci étant, la décision n'a de force qu'entre les parties au procès. En matière civile, elle n'a qu'une autorité relative. À cet égard, la force obligatoire du jugement ressemble à celle du contrat revêtu de la formule exécutoire, et que nous aurons l'occasion d'étudier ultérieurement. De façon plus générale, qu'il s'agisse de la loi, du règlement ou de la décision de justice, nous observons que les six critères que nous avons dégagés s'additionnent de façon cumulative et viennent ainsi caractériser la norme en son caractère obligatoire et impératif.

Mais il reste que si la norme peut être subie par l'individu, lorsqu'elle émane d'une autorité extérieure, elle peut également être voulue. C'est ce qu'il nous faut maintenant étudier.

---

14. – Il n'en est autrement que s'il s'agit d'une poursuite pour délit d'homicide ou de blessures par imprudence, car la notion de faute d'imprudence de l'ancien article 319 c. pen. (Art 221-6 nouveau c. pen.) a été considérée comme identique à la notion de faute civile au sens de l'article 1383 c. civ. (Civ. 18 décembre 1912 DP 1915, 1, 17). V° cependant sur une irréductible dualité de fautes, Pirovano, Faute civile et faute pénale, Essai de contribution à l'étude des rapports entre la faute des articles 1382-1383 du code civil, et la faute des articles 319-320 du code pénal. Thèse Aix éd. 1966.

Titre deux – La norme voulue

Nous venons de voir que l'individu peut ÊTRE obligé, en raison d'une norme provenant d'une autorité extérieure à sa personne : outre les normes supra nationales, la loi, le règlement et la décision de justice vont venir obliger la personne. Mais l'individu ne peut-il également S'OBLIGER de lui- même ? Peut-il y avoir une disposition normative n'émanant que de la seule VOLONTÉ de la personne ? L'individu qui s'est ainsi obligé, pourra- t-il être contraint de respecter son obligation ? Et si oui à quelles conditions ?

Nous allons nous rendre compte que la volonté individuelle ne pourra être source d'obligation qu'à la condition de répondre aux critères que nous avons posés : la volonté ne se voit-elle pas investie, par le législateur, du POUVOIR de créer l'obligation ? (1) La volonté exprimée ne sera-t-elle obligatoire que dans la mesure où elle reflète la CONNAISSANCE réelle de l'individu qui s'oblige (2) ? Peut-elle être rendue EXÉCUTOIRE (3) ? Peut-elle faire l'objet d'un CONTRÔLE ? (4) Obéit-elle aux principes d'EXACTITUDE tels que nous les avons définis ? (5) Quelle est enfin la PRÉCISION de son champ d'application ? (6).

Chapitre Premier. La volonté individuelle élevée au rang des autorités investies du pouvoir de créer la norme

Le législateur reconnaît à l'individu le pouvoir de s'obliger envers lui-même ou envers autrui[1], en manifestant une volonté qui entraînera, pour lui, des

1. – Article 1100 C. civ. (Ord 10 Février 2016) : « les obligations naissent d'actes juridiques, de faits juridiques ou de l'autorité de la loi » V° pour un commentaire de la réforme : Claude Brenner « Sources des obligations dans le code civil rénové : passage à l'acte ou acte

conséquences juridiques qui ont été recherchées. C'est toute la théorie de l'ACTE JURIDIQUE, dont la définition est aujourd'hui donnée par la loi à l'article 1100-1 du code civil, résultant de l'ordonnance du 10 Février 2016[2]. « *Les actes juridiques sont des manifestations de volonté destinées à produire des effets de droit. Ils peuvent être conventionnels ou unilatéraux* ». Elle s'inspire de celle que donnait la doctrine qui voyait en l'acte une « manifestation de volonté émise en vue de produire des conséquences juridiques »[3]. L'acte juridique remplit un rôle capital dans la vie juridique et d'ailleurs il constitue le fondement même du droit objectif : ne dit-on pas que la vie en société est organisée selon les règles définies par le « contrat social » ? La convention n'est-elle pas l'assise de la règle de droit ?

N'importe qui peut donc s'obliger envers lui-même ou envers autrui et donc créer un rapport obligatoire : il n'est pas nécessaire d'être juriste pour passer un contrat. Il n'est même pas obligatoire de prendre conseil auprès d'un juriste. De même que les députés ne sont pas juristes mais pourtant font la loi, de même les individus entre eux ont le pouvoir de « créer la loi des parties »... c'est-à-dire contracter, sans pour autant devoir justifier d'un diplôme de droit. Cette observation n'est-elle finalement pas commune à toutes les autorités investies du pouvoir de créer la norme ?

Quoi qu'il en soit, l'acte juridique peut être unilatéral[4] : une personne s'oblige, en définissant elle-même les conséquences juridiques de son acte, ou

manqué ? jcp Gen 2 Mai 2016 N°18 p 898 et suiv. Gaël Chantepie : la liberté contractuelle, back to basics blog Dalloz

2. – Cette importante ordonnance emporte pour conséquence pratique une nouvelle numérotation des articles traditionnellement consacré au droit des obligations. L'article 1382 du code civil est désormais dédié aux présomptions... Tout change ! Cette ordonnance entre en vigueur au 1er octobre 2016. L'ordonnance emporte aussi de nouvelles définitions s'inspirant le plus souvent de la jurisprudence. On peut lire sur la question : Denis MAZEAUD Droit des contrats : réforme à l'horizon ! D 2014 p 291 HAROUEL et TOURNAFOND « le droit des contrats réformé par ordonnance » D 2014 p 1099 TOURNAFOND « le projet de la chancellerie de réforme du droit des contrats. Commentaire raisonné et critique. Dr et patrimoine 2014 n°241 MOLFESSIS « l'heure de la réforme » JCP 2015 doctrine 199

3. – V° par exemple François Terre Introduction générale au droit Op.cit. p 178 et suiv : « *envisagé dans sa signification de fond, l'acte juridique remplit un rôle capital dans la vie juridique. Ce rôle se manifeste aux sources mêmes du droit objectif : une Constitution, une loi, un règlement administratif, un jugement sont des actes juridiques dont l'importance a déjà été examinée. On sait leur rôle en droit constitutionnel, en droit administratif, en droit judiciaire...* »

4. – Martin de la Moutte L'acte juridique unilatéral. Essai sur sa notion et sa technique en droit civil. Thèse Toulouse 1951 Marie Laure Izorche L'avènement de l'engagement unilatéral en droit privé contemporain thèse ronéo. Aix Marseille III 1989

en se ralliant aux conséquences juridiques de l'acte, telles que définies par le législateur. En effet, dans la mesure où la loi prévoit des conséquences juridiques à cette manifestation unilatérale de volonté, l'individu qui souscrit son acte se trouve par là même tenu des conséquences juridiques de l'acte ainsi souscrit. Ainsi la reconnaissance d'enfant naturel est une manifestation unilatérale de volonté, à laquelle la loi attache des conséquences juridiques. Nul n'est obligé de reconnaître un enfant naturel ; mais dans la mesure où une personne reconnaît son enfant, cette personne sera tenue de l'obligation alimentaire qui existe entre parents et plus généralement de tous les droits et devoirs existant entre eux.

L'acte juridique peut être bilatéral ou conventionnel : une personne s'oblige envers une autre personne (ou des autres personnes). Le type d'acte juridique bilatéral est le CONTRAT fondé sur l'ÉCHANGE de VOLONTÉS, qu'on appelle le CONSENTEMENT (cum-sentire)[5]. C'est le législateur qui reconnaît à la volonté le pouvoir de créer un contrat, et qui accorde à cet échange de volontés une force équivalente, entre les parties, à celle d'une loi. L'article 1103 du code civil (ord. 10 février 2016) rappelle le principe selon lequel « les contrats légalement formés tiennent lieu de loi à ceux qui les ont faits [6] ». Les conséquences juridiques sont définies par les parties ou par le législateur. Elles sont en tout cas recherchées par les parties. Le législateur élève donc la volonté individuelle au rang des autorités susceptibles de créer la norme. Ce qui n'est pas rien.

5. – G. Pignarre Les frontières du consentement : de la confrontation du pouvoir aux marges de l'autonomie RDC 2011/2 p 611 RDC 2011 : » p 989. Forray L'offre et l'acceptation dans les projets de réforme du droit français des contrats. Remarque sur l'écriture doctrinale du droit des contrats RTD Civ. 2012 p 231

6. – Ancien article 1134 c. civ « les conventions légalement formées tiennent lieu de loi à ceux qui les ont faites »

Chapitre II.
La prise de connaissance

Nous avons vu que la loi et le règlement, pour avoir valeur normative, doivent impérativement être publiés de manière officielle ; la décision de justice doit de son côté, être portée à la connaissance de l'intéressé de façon tout aussi officielle. Nous avons généralement posé le principe qu'une norme ne saurait être secrète.

Lorsque la norme émane de l'extérieur, le Droit a posé des règles permettant de présumer que l'individu a bel et bien pris connaissance de la règle. Mais lorsque la règle ayant valeur normative émane de l'individu lui-même, on peut penser que l'individu sait ce qu'il fait. On imagine mal a priori, un système permettant d'avoir la certitude que l'engagement a été pris en connaissance de cause. Pourtant, ce que l'individu a déclaré ne correspond peut-être pas nécessairement à ce qu'il a voulu.

La situation n'est en effet pas toujours nette : et le droit veut s'assurer que c'est en parfaite connaissance de cause qu'une personne s'engage. C'est pourquoi existent des règles, sanctionnées comme on le verra par la nullité de l'acte, relatives à l'existence du consentement, à sa liberté et à sa certitude. Le droit veut ainsi permettre à l'individu qui ne se serait pas engagé en pleine connaissance de cause, de revenir sur son engagement ou d'en demander l'annulation. Le législateur veut en quelque sorte s'assurer que la volonté de l'individu telle qu'elle s'est déclarée correspond bien à sa volonté interne. Le droit veut s'assurer que l'individu a bien CONNAISSANCE de ce qu'il fait en s'engageant (section I). Mais l'acte juridique existe-t-il matériellement s'il n'y a un élément permettant de le prouver (section II) ?

Section I. L'existence du consentement

L'individu n'est pas engagé si le consentement n'existe pas ou s'il est présumé ne pas exister au moment de l'engagement (A). L'individu n'est pas non plus engagé s'il arrive à démontrer que le consentement donné n'était pas éclairé et qu'il était en réalité entaché d'un vice (B).

A) Le défaut de consentement

Cette expression recouvre deux situations : parfois, le consentement a été donné par une personne dépourvue de fait, de la faculté de consentir. Il faudra alors démontrer l'inexistence du consentement par tout moyen (1). Cette démonstration n'est pas toujours aisée et c'est pourquoi dans d'autres hypothèses, on présumera que l'individu n'avait pas la capacité de donner son consentement, ou mieux encore qu'il l'a donné à la légère (2).

1) L'absence démontrée de la faculté de consentir

Le droit civil veut, avant de reconnaître une valeur au consentement, s'assurer qu'il existe[1]. Il est des causes qui excluent totalement le consentement ; il en est ainsi chez l'être totalement dépourvu de raison ou encore illettré[2]. Un enfant en bas âge, un fou (sauf à démontrer qu'il se trouvait en période de lucidité[3]) un mourant[4] ne peuvent pas émettre une volonté libre et réfléchie. Le défaut de consentement est sanctionné comme on le verra, par la nullité absolue. C'est l'article 414-1 C. civ. (issu de la loi 2007-308 du 5 mars 2007)[5] qui dispose que « *pour faire un acte valable, il faut être sain d'esprit* ». Cet article pose aussi la délicate question de la mise en œuvre de la nullité pour défaut de consentement : « *c'est à ceux qui agissent en nullité pour cette cause de prouver l'existence d'un trouble mental au moment de l'acte* ». La preuve se fait par tout moyen : mais il faut établir « qu'au moment de l'acte » l'individu n'était pas conscient. Pratiquement, cette preuve est

---

1. – V° de façon générale SIMON RTD Civ. 1974 p. 707. J.M PLAZY Les actes juridiques des majeurs protégés Mélanges Jean Hauser Lexis Nexis Dalloz 2012 p 549
2. – Pour une illustration d'absence de consentement due à l'illettrisme des contractants V° Civ. 3e 15 Décembre 1998, Defrénois 1999 1038 Note Talon. V° aussi civ. 1re 25 Mai 1964, D 1964 626 (annulation d'un cautionnement donné par des personnes positivement illettrées dans la croyance que leur patrimoine ne serait pas engagé). Rapprocher : nullité absolue des actes conclus par une société dépourvue d'existence juridique, leur irrégularité ne pouvant être couverte par des actes d'exécution intervenus postérieurement à l'immatriculation de la société en formation. Cass. Com 21 février 2012 N° 10-27 630 Bul civ n°49.
3. – Si l'état d'insanité d'esprit existait à la fois dans la période antérieure et dans la période immédiatement postérieure à l'acte litigieux, il revient alors au défendeur d'établir en pareil cas l'existence d'un intervalle lucide au moment où l'acte a été passé. Paris 10 Janvier 1969 D 1969 331. L'ouverture d'une sauvegarde de justice, puis d'une curatelle, ne suffisent pas à établir l'existence d'un trouble mental (CASS 1ere Civ 25 Mai 2004 Dr. Fam 2005 Note FOSSIER.
4. – La modification de la clause bénéficiaire d'un contrat d'assurance vie par une simple signature au bas d'un avenant pré rédigé par le nouveau bénéficiaire ne suffit pas à établir que le souscripteur ait eu connaissance du contenu et de la portée exacte du document, ni qu'il ait exprimé la volonté certaine et non-équivoque de modifier les bénéficiaires du contrat Cass 1ere civ 25 septembre 2013 N°12-23197 AJF 2013 p 716 obs. Vernières.
5. – L'article 1129 du code civil (ord. 10 février 2016) indique « conformément à l'article 414-1, il faut-être sain d'esprit pour consentir valablement à un contrat »

délicate[6] à rapporter. L'appréciation des juges du fond quant à l'existence d'un trouble mental est souveraine[7].

Car le contrat est le produit de la rencontre de deux volontés, d'une offre et d'une acceptation[8]. L'offre « peut-être rétractée tant qu'elle n'est pas parvenue à son destinataire[9] » c'est-à-dire tant que la rencontre n'a pas eu lieu. L'évolution des techniques a contraint le législateur[10] à encadrer le contrat conclu « sous forme électronique » entre personnes qui ne se rencontrent pas physiquement et qui ont choisi et accepté de communiquer par la voie d'Internet[11]. Sa première préoccupation a été de s'assurer que dans ce genre d'opérations, le destinataire d'une offre présentée par voie électronique en a bien pris connaissance et que l'acceptation de l'offre ne fasse aucun doute. En d'autres termes que le consentement des parties ne fait pas défaut. Les textes insistent sur la nécessité de l'accusé réception[12].

6. – Le contrat n'est pas nul si le tempérament dépressif de l'une des parties n'exclut pas la lucidité et la volonté requises pour s'obliger valablement. V° Lyon 30 janvier 1964 Gaz Pal 1964 1 420. De même, la haine ne saurait vicier un acte juridique dès lorsqu'elle ne va pas jusqu'à faire perdre la raison Cass 1ere Civ 3 juin 1959 Bul civ 1 N°276 ; il en va de même pour l'ivresse Besançon 12 juin 1931 Gaz Pal 1931 2 553

7. – CIV 23 Octobre 1985 Bul. civ. II n° 158.

8. – Articles 1113 et suivants du code civil (Ord 10 Février 2016)

9. – Article 1115

10. – Loi n° 2004- 575 du 21 juin 2004, art 25-II et Ord n°2005-674 du 16 juin 2005. Pour un commentaire : Caprioli et Agosti LPA 3 juin 2005. Castets Renard Defrenois 2006 1529 (formalisme du contrat électronique). Stoffel Munck JCP E 2004 1341.

11. – Art 1125 c. civ (ord.10 février 2016) La voie électronique peut être utilisée pour mettre à disposition des conditions contractuelles ou des informations sur des biens et services. Art 1126 c. civ (ord 10 Février 2016) Les informations qui sont demandées en vue de la conclusion d'un contrat ou celles qui sont adressées au cours de son exécution, peuvent être transmises par courrier électronique si leur destinataire a accepté l'usage de ce moyen. Les informations destinées à un professionnel peuvent lui être adressées par courrier électronique dès lorsqu'il a communiqué son adresse électronique.

12. – Art 1127-1 c. civ (ord 11 Février 2016) Pour que le contrat soit valablement conclu, le destinataire de l'offre doit avoir eu la possibilité de vérifier le détail de sa commande et son prix total et de corriger d'éventuelles erreurs avant de confirmer celle-ci pour exprimer son acceptation. L'auteur de l'offre doit accuser réception sans délai injustifié et par voie électronique de la commande qui lui a été ainsi adressée. La commande, la confirmation de l'acceptation de l'offre et l'accusé réception sont considérés comme reçus lorsque les parties auxquelles ils sont adressés peuvent y avoir accès. Art 1127-6 (ord.10 février 2016)... La remise d'un écrit électronique est effective lorsque le destinataire, après en avoir pris connaissance, en a accusé réception. Si une disposition prévoit que l'écrit doit être lu au destinataire, la remise d'un écrit électronique à l'intéressé dans les conditions prévues au premier alinéa vaut lecture.

2) L'absence présumée de la faculté de consentir

Comme il n'est pas toujours facile de démontrer qu'une personne n'était pas en état de consentir, le code civil a prévu des situations dans lesquelles l'apport de la preuve ne sera pas nécessaire. Il nous faut ici évoquer la situation de l'incapable ainsi que celle du consommateur, toujours prêt à donner un peu trop rapidement son consentement.

La capacité est l'aptitude d'une personne à être titulaire de droits et à les exercer. Un incapable est une personne à laquelle la loi ne reconnaît pas la faculté de passer tout acte juridique, comme le contrat. L'article 1145 du code civil (ord. 10 février 2016) présume qu'en principe toute personne est capable sauf « *si elle n'en est pas déclarée incapable par la loi* ». C'est dire que la capacité est le principe et l'incapacité l'exception. Lorsqu'une personne est déclarée incapable par la loi ou par le juge, il ne sera pas nécessaire de démontrer son absence de consentement au moment où elle a passé son acte.

a) La loi (art.1146 C civ.) distingue deux catégories d'incapables : les mineurs non émancipés (qui sont donc toutes les personnes qui n'ont pas atteint le seuil de la majorité fixée à dix-huit ans) et les majeurs protégés (qui sont les personnes qui, en raison de l'altération de leurs facultés mentales, ont été placées sous un régime juridique de protection[13], tel la tutelle ou la curatelle[14], à l'issue d'une demande formée devant le tribunal d'instance).

On peut aussi proposer une autre classification : on peut distinguer l'incapacité spéciale, qui peut interdire à telle catégorie de personnes d'effectuer telle catégorie d'opérations. Ainsi, l'article 909 du code civil[15] fait-il

13. – C'est la loi n°2007-308 du 5 mars 2007 entrée en vigueur le 1er janvier 2009 qui organise la protection des majeurs. V° pour son commentaire : Lemouland D. 2008 Pan. 313 Malaurie Defrenois 2007 557 JCP 2010 431 Peterka, Dr. Et Patr. Janvier 2009 p 28 (avocat tuteur) Potentier Dr. Et patr. Juin 2007 page 34 Dossier AJ famille 2007 160 et 198. N° spécial droit de la famille Mai 2007 Études 14 à 22 Dossier JCP N 2008 1266 Dossier droit et patrimoine Avril 2009 53

14.– Il y a des degrés dans la protection de l'incapable : l'article 440 du code civil nous invite à distinguer la simple assistance de la personne (qui est alors mise en curatelle) de sa représentation continue (qui suppose la mise en place d'une tutelle). « *La personne qui, sans être hors d'état d'agir elle-même, a besoin pour l'une des causes prévues à l'article 425, d'être assistée ou contrôlée d'une manière continue dans les actes importants de la vie civile, peut être placée en curatelle. La curatelle n'est prononcée que s'il est établi que la sauvegarde de justice ne peut assurer une protection suffisante. La personne qui, pour l'une des causes prévues à l'article 425, doit être représentée de manière continue pour les actes de la vie civile, peut être placée en tutelle* »

15. – V° Lacour L'extension de l'incapacité spéciale de recevoir de l'article 909 du code civil : droit positif et prospectif. Dr famille 2010 étude 35 Ch. Goldie Genicon Les libéralités

interdiction aux « *membres des professions médicales* » de recevoir une donation ou une libéralité de la personne soignée et qui décède[16]. On distingue aussi l'incapacité de jouissance, qui prive la personne du droit de passer un acte juridique. La personne frappée d'une telle incapacité n'est pas titulaire du droit. Ainsi, le mineur non émancipé ne peut-il faire une donation. L'incapacité d'exercice fait en revanche qu'une personne, titulaire du droit, ne pourra accomplir l'acte que par l'intermédiaire d'une personne qui le représente (comme le tuteur dans le régime de la tutelle) ou qui l'assiste (comme le curateur dans le régime de la curatelle). À défaut, l'acte serait frappé de nullité.

b) Le consommateur et le consentement donné à la légère

Parfois, le code civil dans des textes spéciaux, va permettre à l'individu, qui a pourtant donné son consentement, de le reprendre dans un certain délai, après accomplissement d'une formalité. La technique est courante dans le droit de la consommation. Le consommateur fait-il partie d'une catégorie nouvelle de sujets de droits, proches des incapables ? Ou alors présume-t-on que le professionnel, plus fort économiquement, dispose de moyens convaincants pour arracher le consentement de son client ?

Quoi qu'il en soit, on peut constater qu'aujourd'hui le législateur affecte le consentement d'un repentir au profit du consommateur ; ainsi par exemple la loi du 22 Décembre 1972 en matière de démarchage à domicile, prévoit-elle que « *dans les sept jours, jours fériés compris, à compter de la commande ou de l'engagement d'achat, le client a la faculté d'y renoncer par lettre recommandée avec accusé – réception...* ». La loi du 10 Janvier 1978 relative au crédit à la consommation indique de son côté que : «...*Toutefois, l'emprunteur peut, dans un délai de sept jours à compter de son acceptation de l'offre de crédit, revenir sur son engagement. Pour permettre l'exercice de cette faculté de rétractation, un formulaire détachable est joint à l'offre préalable...* » La technique du repentir a également été utilisée par le législateur en matière de courtage matrimonial ; celui qui recherche un partenaire et s'adresse à une agence matrimoniale, peut dans un délai de sept jours à compter de l'offre effectuée, revenir sur son

---

rémunératoires in Mélanges en l'honneur du professeur Champenois : Defrenois Lextenso 2012 p 347 et suiv.

16. – Il s'agit d'une présomption irréfragable : aucune preuve n'est admissible contre la présomption de suggestion et de captation sur laquelle est fondée l'incapacité de recevoir édictée par l'article 909 Req. 7 Avril 1863 DP 1863 1 231. TGI Seine 4 juin 1964 D.1965 271 RTD Civ. 1965 689 obs. Savatier.

consentement. L'amour est-il une opération purement commerciale rattachable au droit de la consommation ?

B) Le consentement vicié

D'autres causes, sans exclure totalement la volonté, se bornent à l'altérer : les parties émettent bien une volonté, mais celle-ci est entachée d'un vice, qui en compromet l'efficacité. Le code civil retient traditionnellement les vices d'erreur, de dol et de violence[17]. Certains y ajoutent la lésion. L'ordonnance du 10 Février 2016 n'apporte pas de grands bouleversements sur le contenu de ces notions qui ne sont qu'ajustées.

1) L'erreur

Il y a erreur lorsqu'une personne ne consent à un acte que parce qu'elle se trompe sur l'un de ses éléments[18]. J'achète une commode parce que je la crois ancienne et en fait elle ne l'est pas. Je fais une donation à un enfant, pensant par erreur qu'il est mon enfant naturel. Le code civil ne retient pas n'importe quelle erreur. Il ne prend en compte que « *l'erreur sur les qualités essentielles* » de la « *prestation due ou sur celles du cocontractant* » (art 1132 c. civ ord. 10 Février 2016)[19]. On ne parle plus de « substance de la chose » comme on le faisait auparavant, mais de « qualités essentielles », qui peuvent être étrangères à la matière de la chose (les exemples les plus nets concernent les questions d'authenticité[20] en matière d'antiquités ou d'œuvres d'art : c'est la

---

17. – Article 1130 c. civ (ord 10 Février 2016) « *l'erreur, le dol et la violence vicient le consentement lorsqu'ils sont de telle nature que sans eux, l'une des parties n'aurait pas contracté ou aurait contracté à des conditions substantiellement différentes* »

18. – V° de manière générale : Chauvel, Droits, 1990/12.93 (erreur substantielle, cause et équilibre contractuel). Decottignies, RTD Civ. 1951. 309 (erreur et droit) GHESTIN D.1971 Chron. 247 (réticence, dol et erreur sur les qualités substantielles) Études P. Catala, Litec 2001 (authenticité erreur et doute) Malinvaud D.1972. Chron. 215 (erreur sur la substance) Vivien RTD Civ. 1992, 305 (erreur déterminante et substantielle).

19. – Ancien article 1110 du code civil « l'erreur n'est une cause de nullité de la convention que lorsqu'elle tombe sur la substance même de la chose qui en est l'objet. Elle n'est point une cause de nullité lorsqu'elle ne tombe que sur la personne avec laquelle on a l'intention de contracter, à moins que la considération de cette personne ne soit la cause principale de la convention »

20. – Pour les questions d'authenticité : V° Lyon, 18 Mars 1931 DP 1933, 2,25 note Waline (tables d'époque Louis XV) Civ. 1re 23 Février 1970 D.1970 604 note Etesse JCP 1970 II 16347 note PA RTD Civ. 1970 751 Observations Loussouarn (« marquises d'époque Louis XV ») Paris 7 Mai 2001 D.2001 IR 1852 (tableau de Van Gogh). « En matière de vente d'œuvre ou d'objet d'art, la dénomination, lorsqu'elle est uniquement et immédiatement suivie de la référence à une période historique, un siècle ou une époque, garantit que cette œuvre ou cet objet a été effectivement produit au cours de la période de

vente d'une pièce « d'époque Louis XV », qui en fait ne l'est pas). Certaines erreurs n'ont jamais été prises en compte par la jurisprudence et n'ont pas été qualifiées d' « essentielles » par l'ordonnance de février 2016. Il en va ainsi de l'erreur sur la valeur[21] visée désormais par l'article 1136 du code civil[22] ou encore de l'erreur sur les motifs[23] (fussent-ils déterminants[24]) qui ont pu inciter une partie à conclure une opération, et qu'évoque aujourd'hui l'article

référence (décret n°81-255 du 3 mars 1981 art 2) l'inexactitude de la référence portée sans réserve expresse au catalogue de la vente publique suffit à provoquer l'erreur sur la substance » (Civ. 1re 27 février 2007 Bul. civ. 1 n°90 Dalloz 2007 1632 note Gautier, JCP 2007 1, 195 n°6 et suiv. obs. Labarthe, CCC 2007, n°146 note Leveneur, LPA 2 mai 2007 avis Sainte Rose, CCE 2008 Chron. n°9 note Henaff, RTD Com 2007 587 obs. Bouloc (statue égyptienne).

21. – En retenant que l'erreur invoquée portait, non sur les qualités substantielles de l'objet du contrat mais seulement sur sa valeur, les juges du fond ont pu déduire que cette erreur ne constituait pas une cause de la nullité de la convention de cession d'actions (Com 26 Mars 1974 Bul. civ. IV n°108. Et dans le même sens, Bul. Civ. Com 18 Février 1997 Bul civ. IV n°55 JCP 1997 I, 4056 obs. Loiseau).

22. – Art 1136 (ord 10 Février 2016) *« l'erreur sur la valeur par laquelle, sans se tromper sur les qualités essentielles de la prestation, un contractant fait seulement de celle-ci une appréciation économique inexacte, n'est pas une cause de nullité »* ; on peut en revanche distinguer l'erreur sur la valeur de l'erreur sur le prix, qui « *peut- être cause de nullité lorsqu'elle résulte d'une confusion entre les francs anciens et les francs nouveaux* » (Cass. 14 Janvier 1969 JCP 1970 II 16 504. Mais jugé qu'il entre dans la compétence d'un marchand de biens professionnel de la vente, de savoir déterminer et contrôler la conversion d'un prix négocié en francs en euros, ce qui devait conduire les juges du fond à écarter la nullité de la vente d'un immeuble pour erreur sur le prix Cass 3eme civ 4 Juillet 2007 D 2007 p 2847 Note RIAS)

23. – Les motifs vrais ou erronés qui peuvent inciter une partie à conclure une opération à titre onéreux avec une autre personne exempte de dol, sont sans influence sur la validité de l'opération à moins que les parties aient été d'accord pour en faire la condition de leur traité : Civ. 3 Août 1942 DA 1943 18. V° aussi à propos d'une vente de tissu d'ameublement que l'acheteur entend utiliser pour faire des vêtements : Com 4 Juillet 1973 Bul Civ. 4 N° 238. La seule appréciation erronée, par la caution, des risques que lui faisait courir son engagement ne constitue pas une erreur sur la substance, de nature à vicier son consentement. Ainsi ne porte pas sur la substance de l'engagement de caution l'erreur d'appréciation commise sur les possibilités de croissance du fonds de commerce appartenant au débiteur principal. Civ. 1re 13 Novembre 1990 Bul. Civ. 1 N° 242 D 1991 Somm. 385 Observations Aynès. RTD Civ. 1991 149 Observations Bandrac.

24. – L'erreur sur un motif du contrat extérieur à l'objet de celui-ci n'est pas une cause de nullité de la convention, quand bien même ce motif aurait été déterminant Civ. 1re 13 février 2001 Bul Civ. 1 n°31 JCP 2001 1 330 n°5 obs. Rochfeld Defrénois 2002 476 note Robine. RTD Civ. 2001 352 obs. Mestre et Fages. (Achat immobilier réalisé dans un but manqué de défiscalisation) V° aussi Civ. 3e 24 Avril 2003 Bul. Civ. III n°82 D 2004 450 note Chassagnard.

1135 c. civ[25]. L'erreur sur la personne[26] de son côté n'est pas une cause de nullité « *sauf si l'acte est conclu en considération de la personne* » de ceux qui y participent (art 1134 c. civ). Dans les contrats conclus intuitu personæ, la considération de la personne est en effet essentielle. Je choisis tel mandataire parce qu'il présente telle qualité[27]. Les autres erreurs sont indifférentes.

La validité du consentement doit être appréciée au moment de la formation du contrat[28] et la preuve de l'erreur se fait par tout moyen. Les juges du fond apprécient souverainement les qualités qui, dans le contrat, doivent être considérées comme substantielles aux yeux des parties[29]. L'action en nullité relative pour cause d'erreur n'appartient qu'à la partie dont le consentement a été vicié,[30] et le délai ne court que du jour où l'erreur a été découverte et pas seulement soupçonnée[31].

25. – Art 1135 C. civ « l'erreur sur un simple motif étranger aux qualités essentielles de la prestation due au cocontractant, n'est pas une cause de nullité, à moins que les parties n'en aient fait expressément un élément déterminant de leur consentement. Néanmoins l'erreur sur le motif d'une libéralité, en l'absence duquel son auteur n'aurait pas disposé, est une cause de nullité »

26. – Le contrat est nul pour cause d'erreur sur la personne lorsqu'il apparaît que l'une des parties avait l'intention de contracter avec une agence commerciale d'expérience, et non pas avec une personne physique : Saint Denis de la Réunion, 6 Octobre 1989 JCP 1990 II 21 504 note Putman. L'ignorance par l'une des parties d'une circonstance de nature à porter atteinte à l'indépendance d'esprit d'un arbitre vicie le consentement donné par elle à la convention d'arbitrage et en entraîne la nullité. Civ. 2e 13 Avril 1972 D 1973 2 Note J. Robert. RTD Civ. 1973 769 Obs. Loussouarn. Sur l'introduction de l'intuitu personae dans les baux : V° Lyon 16 Mai 1928 DP 1928 2 197 Note Voirin. Application de l'article 1110 al 2 (erreur sur la personne) à l'erreur commune des parties à un contrat de cautionnement sur une qualité substantielle de la personne du débiteur principal (interdiction d'exercer une activité commerciale). Com 19 Novembre 2003 Bul. civ. IV n°172 R, p. 400.D.2004 AJ 60 obs. Avena Robardet.

27. – L'erreur commise par la caution sur la solvabilité du débiteur peut annuler le contrat de cautionnement : C. cass 1er mars 1972 D 1973 733 note Malaurie. Mais la caution doit démontrer qu'elle a fait de cette solvabilité la condition déterminante de son engagement Cass 1ere civ 25 octobre 1977 JCP 77 IV 306. L'erreur commise sur l'impartialité d'un arbitre peut être sanctionnée par la nullité du compromis Paris 8 Mai 1970 JCP 1970 II 16 437 note Robert.

28. – Civ. 1re 26 Octobre 1983 Bul civ. 1 n°249.

29. – Civ. 26 février 1980 Bul. Civ. 1 n°66.

30. – Civ. 1re 1er Mars 1988 Bul Civ. 1 n°56.

31. – Civ. 1re 31 Mai 1972 Bul Civ. 1 n°142.

2) Le dol

Le dol est « *le fait pour un cocontractant d'obtenir le consentement de l'autre par des « manœuvres ou mensonges* » (art 1137 c. civ Ord 10 février 2016)[32]. C'est, en quelque sorte, l'erreur provoquée par une manœuvre ou un mensonge. Le dol n'est cause de nullité que lorsque les manœuvres pratiquées par l'une des parties sont telles qu'il est évident que sans ces manœuvres, l'autre partie n'aurait pas contracté. Tous les agissements malhonnêtes tendant à surprendre une personne en vue de lui faire souscrire un engagement qu'elle n'aurait pas pris autrement, peuvent être qualifiés de « manœuvres dolosives »[33]. C'est bien sûr aussi le cas du mensonge[34]. C'est même quelquefois le cas du silence gardé et de la réticence (exemple : dissimuler l'installation prochaine d'une porcherie[35] ou dissimuler un projet d'élargissement d'une route) surtout lorsqu'il existe une obligation précontractuelle (ou légale) de renseignement[36]. L'article 1137 vise d'ailleurs expressément « *la dissimulation intentionnelle d'une information déterminante pour l'autre partie* ». Mais les simples propos exagérés, le « baratin » ne seront pas constitutifs de dol. Si je vante un produit en disant qu'il est « le meilleur du monde » ou même si j'insiste un peu trop pour convaincre l'autre d'acheter un bien (com. 2 Juin 1981) je ne suis coupable de rien sinon d'un « bon dol »[37], d'un « dolus bonus ».

Si l'acte passé est un contrat, le dol ne constitue un vice de consentement que s'il émane du cocontractant (ou de son « représentant, gérant d'affaire, préposé ou porte-fort » art 1138 c. civ). Le dol d'un tiers n'est en principe, pas

---

32. – Ancien article 1116 « le dol est une cause de nullité de la convention lorsque les manœuvres pratiquées par l'une des parties sont telles qu'il est évident que sans ces manœuvres, l'autre partie n'aurait pas contracté. Il ne se présume pas et doit être prouvé »
33. – Colmar, 30 janvier 1970 D.1970 297 Note Alfandari JCP 1971 II 16609 Note Loussouarn.
34. – Un simple mensonge non appuyé d'actes extérieurs peut constituer un dol. Civ. 3e 6 Novembre 1970 JCP 1971 II 16942 note Ghestin. Rennes 11 Janvier 1994 Gaz Pal 1994 1 376 note Cadiou (affirmation mensongère de l'obtention de diplôme).
35. – C. Cass. 2 Octobre 1974.
36. – V° par exemple pour le vendeur professionnel : Civ. 3e 3 Février 1981 D.1984 457 note Ghestin (à propos des réparations d'une voiture) ou Paris 13 Novembre 1962 JCP 1963 II 13154 (année de sortie d'usine d'un véhicule d'occasion).
37. – « on ne peut juridiquement qualifier de dol toute espèce de ruse ou d'artifice et notamment les recommandations ou vanteries habituelles à l'aide desquelles un vendeur cherche à vendre sa marchandise ; s'il en exalte la valeur ou le mérite, c'est à l'acheteur à savoir s'en défendre pour ne pas en devenir la dupe trop facile » Riom 12 Mai 1884 S 1885 2 13

une cause de nullité[38] sauf s'il « émane d'un tiers de connivence » (art 1138 c. civ). Mais n'importe quelle erreur pourra être retenue (même une erreur sur la valeur) dès lors qu'elle a été provoquée par le dol.

3) La violence

La violence est constituée « *lorsqu'une partie s'engage sous la pression d'une contrainte qui lui inspire la crainte d'exposer sa personne, sa fortune ou celles de ses proches, à un mal considérable* » (art 1140 C. civ.)[39]. Cette contrainte peut être physique ou morale[40], le consentement étant alors donné par la crainte « *d'un mal considérable* ». La menace de l'emploi d'une voie de droit peut aussi constituer une violence si elle est abusive et qu'elle est exercée « *pour obtenir un avantage manifestement excessif* »[41]. La violence sera sanctionnée par la nullité même si elle émane d'un tiers au contrat, non partie à l'acte (article 1142 C. civ)[42]. C'est en cela que le régime de la violence se distingue du dol. En jurisprudence s'est posée la question de savoir s'il faut assimiler

38. – V° en ce sens Com. 1er avril 1952 D.1952 380 et 685 note Copper Royer. Dans le même sens Civ. 1re 27 Juin 1973 D.1973 733 (deux espèces) note Malaurie (application en matière de cautionnement, les manœuvres étant imputables au débiteur principal, tiers au contrat de cautionnement).
Le représentant d'une partie n'est pas un tiers : Com 13 juin 1995 Bul. Civ. IV n°175 Petites affiches 12 juillet 1996 note Dagorne Labbé. V° aussi Civ. 3e, 29 avril 1998 Bul. Civ. III n°87 RTD Civ. 1998 930 Obs. Gautier ibid. 1999 89 Obs. Mestre. Le porte fort n'est pas non plus un tiers par rapport à la convention conclue par le bénéficiaire Com. 27 Février 1996. Bul. Civ. IV 65.

39. – Ancien article 1112 « il y a violence lorsqu'elle est de nature à faire impression sur une personne raisonnable et qu'elle peut lui inspirer la crainte d'exposer sa personne ou sa fortune à un mal considérable et présent »

40. – Violences morales résultant de pressions exercées par des élus locaux et le président du tribunal de commerce afin d'amener l'épouse du dirigeant d'une entreprise en règlement judiciaire à se porter caution pour favoriser la reprise de l'entreprise. V° Com 28 Mai 1991 D 1992 166 Note Morvan, D 1991 Somm. 385 Obs. Aynès RTD Civ. 1991 773 obs. Bandrac et 1992 85 Obs. Mestre. V° aussi, pour une convention d'honoraires d'avocat signée par une cliente en état de contrainte morale. Civ. 1re 24 juin 1999 JCP 1999 II 10187 note Raymond Martin. Civ. 2e 18 décembre 2003 D 2004 IR 394.

41. – Civ. 3e 17 Janvier 1984 Bul. Civ. III n°13 : « *la menace de l'emploi d'une voie de droit ne constitue une violence que s'il y a abus de cette voie de droit, soit en la détournant de son but, soit en en usant pour obtenir une promesse ou un avantage sans rapport ou hors de proportion avec l'engagement primitif* ».

42. – Ancien article 1111 « la violence exercée contre celui qui a contracté l'obligation est une cause de nullité, encore qu'elle ait été exercée par un tiers autre que celui au profit de qui la convention a été faite »

l'exploitation par une partie contractante, de l'état de nécessité[43] dans lequel se trouve l'autre partie, à un acte de violence. La jurisprudence répondait habituellement par la négative, accueillant toutefois la notion de contrainte, synonyme de dépendance économique.[44] Aussi l'ordonnance du 10 février 2016 est venue indiquer qu'il « *y a également violence lorsqu'une partie, abusant de l'état de dépendance dans lequel se trouve son cocontractant, obtient de lui un engagement qu'il n'aurait pas souscrit en l'absence d'une telle contrainte et en tire un avantage excessif* » (art 1143 c. civ).[45]

4) La lésion

La lésion se manifeste en cas de déséquilibre dû à une disproportion manifeste des prestations prévues dans un contrat. L'une des parties n'a pas reçu ce qu'elle aurait dû équitablement recevoir. Le juste prix n'a pas été respecté. Faut-il anéantir ou réajuster le contrat ? On pourrait penser que la lésion laisse présumer un vice de consentement ; mais cette analyse, qui avait été soutenue au dix-neuvième siècle, n'est finalement plus suivie aujourd'hui. La lésion est un déséquilibre objectif des prestations (et cela, quand bien même il serait démontré que les consentements n'ont pas été viciés).

C'est sans doute la raison qui explique que par principe, la lésion n'est pas une cause de nullité du contrat. L'erreur sur la valeur elle-même – on l'a vu – n'entraîne pas en principe l'annulation de la convention. La lésion n'est traditionnellement retenue que dans des situations exceptionnelles, à l'égard

43. – V° pour les ventes consenties pendant l'occupation allemande : T.com de la Seine 12 mars 1945 Gaz Pal 1945 1 107. T. cant. de Cernay 12 décembre 1946 Gaz pal 1947 1 90. V° également : Cass 3em civ 8 Octobre 2014 N°13.18.50

44. – Sur la contrainte économique : annulation d'un contrat de cession de droits d'auteur pour vice de consentement de l'auteur par violence, dès lors que celui-ci, salarié de l'éditeur et donc en situation de dépendance économique, a été contraint d'accepter les termes du contrat du fait d'un risque réel et sérieux de licenciement en cas de refus. Paris 12 Janvier 2000 JCP 2000 II 10 433 Note Pierre. Mais seule l'exploitation abusive d'une situation de dépendance économique faite pour tirer profit de la crainte d'un mal menaçant directement les intérêts légitimes de la personne, peut vicier de violence le consentement à l'acte juridique ; il n'en est pas ainsi lorsqu'un salarié a renoncé à des droits d'auteur sur un ouvrage alors qu'il n'est pas constaté que l'employeur s'est prévalu de la perspective d'une compression de personnel dans l'entreprise pour le convaincre : Civ. 3 Avril 2002 Bul. Civ. 1 n°108 D 2002 1860 note Gridel et note Chazal RTD Civ. 2002 502 obs. Mestre et Fages.
Rapp : la contrainte économique se rattache à la violence et non à la lésion Civ. 30 Mai 2000 Bul. Civ. 1 n°169 D.2000 879 Note Chazal D.2001 Somm. 1140 Obs. Denis Mazeaud JCP 2001 II 10461 Note Loiseau.

45. – V° sur la notion Hugo BARBIER, « La violence par abus de dépendance », *Semaine Juridique*, 11 Avril 2016, p. 723.

de certaines personnes ou de certains contrats[46]. Ainsi, en matière immobilière, le vendeur d'immeuble qui a été lésé de plus des sept douzièmes du juste prix, pourra- t-il agir en rescision pour lésion. Certains autres contrats spéciaux, limitativement énumérés par le législateur, peuvent également faire l'objet de rescision. Enfin, le mineur (art 1151 C. civ.) ou le majeur en curatelle ou en sauvegarde de justice (art 435 al. 2) pourront invoquer également la lésion[47]. Ces personnes, parce qu'elles sont incapables, méritent en effet une protection particulière.

L'ordonnance du 10 février 2016 laisse pourtant entrevoir une espérance aux partisans de la théorie de lésion. L'article 1168 rappelle bien qu'en principe « *le défaut d'équivalence des prestations n'est pas une cause de nullité* » mais il ajoute : « *à moins que la loi n'en dispose autrement* ». Cette nouvelle rédaction n'est-elle pas une invitation faite au législateur à voter désormais des lois dérogatoires ? Par ailleurs, l'article 1171 du code civil dispose désormais que « *dans un contrat d'adhésion, toute clause qui crée un déséquilibre significatif entre les droits et les obligations des parties au contrat est réputée non-écrite* ». Le périmètre de cet article, d'inspiration consumériste, est certes limité au contrat d'adhésion, qui « *est celui dont les conditions générales, soustraites à la négociation, sont déterminées à l'avance par l'une des parties* » (art 1110 Ord 10.02.2016). Il n'en constitue pas moins une nouveauté.

C) La forme du consentement

En quelle forme doit se manifester le consentement ? Deux conceptions sont possibles.

On peut reconnaître la valeur du consentement, de quelque manière qu'il se soit manifesté. On dit alors que l'acte est consensuel. Le formalisme n'est pas une condition de validité de l'acte ; il ne sera exigé que pour la preuve de l'acte, pour le cas où apparaîtrait un conflit entre les cocontractants, qu'il faudrait trancher.

Mais on peut, en sens inverse, ne reconnaître la validité d'un acte que si les individus ont exprimé leur volonté en certaines formes. On dit alors que l'acte est solennel. Le formalisme est ici exigé comme condition de validité de l'acte (on dit qu'il est exigé AD VALIDITATEM).

46. – Ancien article 1118 « la lésion ne vicie les conventions que dans certains contrats ou à l'égard de certaines personnes »

47. – Article 1149 c. civ « Les actes courants accomplis par le mineur peuvent être annulés pour simple lésion. Toutefois la nullité n'est pas encourue lorsque la lésion résulte d'un événement imprévisible ».

Le code civil a opté pour le principe du consensualisme et l'ordonnance de février 2016 consacre la distinction entre contrats consensuels et contrats solennels[48]. Chacune des personnes doit donc respecter la parole donnée, sans qu'il soit nécessaire d'enfermer la volonté exprimée dans un formalisme plus ou moins long et coûteux. Mais il est des situations pour lesquelles un formalisme sera exigé par le législateur à peine de sanction. C'est que le formalisme peut poursuivre des finalités diverses : protéger les personnes qui s'engagent[49], mais aussi contrôler l'activité juridique des particuliers à des fins d'économie dirigée. D'ailleurs, on a toujours admis que certains actes spécifiques importants doivent impérativement être enfermés dans un formalisme spécial, pour être valables. Certains actes juridiques sont solennels (par exemple le contrat de mariage, la constitution d'hypothèque).

Section II. La preuve de l'acte juridique

De façon générale, lorsque le droit dont une personne se dit titulaire est contesté, celle-ci doit en apporter la preuve, ou plus exactement apporter la preuve de l'événement qui a fait entrer ce droit dans son patrimoine. En droit civil, ce sont les parties (et non le juge) qui ont la charge de prouver les événements qu'elles invoquent. Le juge ne peut même pas faire état de la connaissance personnelle qu'il aurait des faits. C'est le principe de neutralité du juge. En revanche, la preuve de la loi n'incombe pas aux parties, sauf pour la loi étrangère dont le contenu doit être établi par le plaideur qui l'invoque.

A) La charge de la preuve

1) L'article 1353 (ord. 10 février 2016) pose en principe que « *celui qui réclame l'exécution d'une obligation doit la prouver. Réciproquement, celui qui se prétend libéré doit justifier le paiement ou le fait qui a produit l'extinction de son obligation* »[50]. Cet article illustrant l'adage « *actori incumbit probatio* » veut dire plusieurs choses. D'abord, c'est à celui qui réclame qu'il appartient de rapporter la preuve de ce qu'il avance afin d'obtenir du juge ce qu'il veut. La

48. – Article 1109 : « le contrat est consensuel lorsqu'il se forme par le seul échange des consentements, quelqu'un soit le mode d'expression. Le contrats est solennel lorsque sa validité est subordonnée à des formes déterminées par la loi »

49. – Mais un formalisme excessif peut tuer toute idée de protection : si une notice d'information est rédigée sur vingt pages en petits caractères, personne ne la lira... Et le consommateur aura tendance à signer sans regarder...

50. – Pour une étude d'ensemble : F. Boulanger RTD Civ. 1966 p. 736.Larguier, RTD Civ. 1953 1. Plantey JCP 1986 1 1245. Pautrat D.1994 Chron. 337.

charge de la preuve incombe donc au demandeur et généralement la place de « demandeur à la preuve » coïncide avec celle de demandeur à l'instance[51]. C'est celui qui saisit le juge qui forme la première prétention et la première affirmation. Réciproquement, celui qui se prétend libéré doit justifier le paiement ou le fait qui a éteint son obligation : « *reus in excipiendo fit actor* ». La personne assignée qui prétend ne plus être débitrice doit apporter la preuve de ce qu'elle prétend. Le défendeur à l'instance devient « demandeur à la preuve » comme l'explique la formule latine. L'article veut dire ensuite qu'en matière civile, la charge de la preuve du fait n'incombe pas au juge mais aux parties : c'est à celui qui allègue un fait de le prouver et il n'appartient pas en principe au juge d'ordonner une mesure d'instruction en vue de suppléer la carence d'une partie dans l'administration de la preuve[52]. C'est en matière civile, le principe de neutralité du juge[53]. Et si aucune des parties n'apporte à l'appui de ses prétentions la preuve dont elle a la charge, le juge peut débouter tout le monde sans que sa décision puisse constituer un déni de justice[54].

2) Néanmoins, il peut arriver que devant la difficulté, ou même l'impossibilité dans laquelle une partie se trouve, le législateur lui permette de prouver un fait voisin, de l'existence duquel on pourra conclure à l'existence du fait à établir. Les présomptions légales consistent dans une dispense de preuve accordée par le législateur. Il y a désormais aux termes de l'article 1354 (ord. du 10 février 2016) trois catégories de présomptions légales : les présomptions simples, les présomptions irréfragables et les présomptions mixtes.

La présomption simple est celle qui souffre la preuve contraire. La personne qui en bénéficie peut se dispenser d'apporter la preuve du fait qu'elle veut établir, mais son adversaire a la possibilité de faire tomber la présomption « *par tout moyen de preuve* ». En droit de la famille, on aura l'occasion d'étudier des présomptions simples : on présume que le mari de la femme mariée qui met au monde un enfant est le père de l'enfant. C'est la présomption de paternité. Cette présomption est simple. De même, on

---

51. – Néanmoins, l'article 112-1 consacre la jurisprudence sur la preuve de l'obligation d'information en indiquant que « celui qui prétend qu'une information lui est due (doit) prouver que l'autre partie la lui devait, à charge pour cette autre partie de prouver qu'elle l'a fournie ».

52. – Soc 7 Octobre 1982 Bul. civ. V n°540 Civ. 1re 9 juillet 1985 Bul. civ. 1 n°216.

53. – Néanmoins, le juge peut contraindre une partie à produire telle ou telle pièce pour le triomphe de son protagoniste, par le système de la production forcée (Daigre, la production forcée des pièces dans le procès civil, 1979, La doctrine et la réforme de la procédure civile, à propos du pouvoir discrétionnaire du juge en matière de production forcée de pièces JCP 1981 1 3020).

54. – Com 10 mai 1977 Bul. Civ. IV n°134.

présume que l'enfant a été conçu dans une période se situant entre le 180e et le 300e jour avant la naissance. La présomption irréfragable ne supporte pas, en revanche, la preuve du contraire. C'est celle « qui ne peut être renversée ». Les présomptions irréfragables sont limitativement énumérées par la loi. L'autorité de la chose jugée constitue une présomption de vérité : « *res judicata pro veritate habetur* ». Une décision de justice définitive énonce de manière irréfragable la vérité puisqu'elle est inattaquable[55]. Enfin, la présomption est mixte « *lorsque la loi limite les moyens par lesquels elle peut être renversée ou l'objet sur lequel elle peut être renversée* »[56].

B) Les moyens de preuve

L'ordonnance du 10 Février 2016 pose en principe général qu'en droit, désormais, la « preuve est libre » et « peut être apportée par tout moyen » (article 1358). Ainsi les faits juridiques[57] (c'est-à-dire les situations de fait, voulues ou non, qui provoquent des conséquences juridiques qui n'ont pas été recherchées) pourront-ils se prouver par tout moyen susceptible de convaincre le juge. Mais l'ordonnance apporte immédiatement une exception au principe de liberté en précisant immédiatement : « hors les cas où la loi en dispose autrement ».

L'exception concerne le domaine du droit des contrats ; nous garderons, par souci de pédagogie, l'idée qu'en principe les actes juridiques se prouvent par des moyens de preuve parfaits qui lient le juge (1). Et ce n'est qu'à titre exceptionnel qu'ils pourront être prouvés par tous moyens laissés à l'appréciation du magistrat (2).

55. – « Il existe d'autres présomptions légales irréfragables : ainsi la présomption d'interposition de personne. Certaines personnes (tuteur, médecin et ministre du culte) sont frappées d'une incapacité de recevoir des libéralités de la part de certaines autres (pupille, malade soigné ou assisté, en cas de maladie ayant une issue fatale) L'auteur de la libéralité pour tourner l'interdiction légale, peut être tenté de feindre d'adresser le don à un tiers complaisant, qui en fera passer le bénéfice au donataire véritable. Les personnes lésées par la libéralité pourraient avoir les plus grandes difficultés à faire la preuve de la simulation. La loi vient alors au secours du demandeur en nullité, au moyen d'une présomption d'interposition de personne : les père, mère, enfants et descendants et l'époux de la personne incapable sont présumées personnes interposées (art 911 du code civil) la nullité de la donation faite à leur profit s'ensuit ». (Terre *op. cit.* p. 495).

56. – V° « Droit de la preuve : une réforme en trompe l'œil », Étienne VERGES, *Semaine Juridique*, 25 Avril 2016, p. 837.

57. – Les faits juridiques sont « des agissements ou des événements auxquels la loi attache des effets de droit » (article 1100-2 C. Civ. ordonnance du 10 Février 2016).

1) Le principe : les actes juridiques se prouvent par des moyens de preuve parfaits

Que veut dire ce principe ? Nous allons voir qu'il existe trois moyens de preuve parfaits. L'écrit (a) est le moyen de preuve parfait privilégié aux côtés duquel nous trouvons l'aveu (b) et le serment décisoire (c).

La nécessité de prouver les actes juridiques par un écrit est dictée par l'article 1359 (ord. du 10 février 2016) qui énonce deux règles : la première est « *l'acte juridique portant sur une somme ou une valeur excédant un montant fixé par décret doit être prouvé par écrit sous signature privée ou authentique* ». Ce qui souligne que le législateur a entendu exiger une preuve écrite pour tous les actes juridiques qui donnent naissance à une obligation, ou entraînant une transmission de droit réel ou emportant encore l'extinction ou la mutation de ces mêmes droits. Le décret du 20 août 2004 a fixé à 1500 euros le seuil au-delà duquel l'écrit est exigé. Mais on peut aussi prouver un acte juridique par l'aveu et le serment décisoire qui représentent les autres moyens de preuve parfaits.

La seconde règle est qu'il est interdit de prouver par témoins contre un écrit. Il faut supposer qu'un acte juridique a été constaté dans un écrit. Un plaideur prétend que l'écrit est inexact ou incomplet ou bien qu'un événement postérieur au contrat a apporté des modifications. L'article 1359 précise alors que lorsqu'un écrit a été dressé, fut-ce à propos d'une opération ne dépassant pas le seuil monétaire retenu, la preuve contraire ne peut se faire par témoins. On ne peut ainsi rien prouver par témoins contre le contenu de l'acte (c'est-à-dire de contraire aux énonciations dispositives de cet acte) ni outre ce contenu, c'est-à-dire rien qu'on prétendrait avoir omis. Mais on admet que l'on peut prouver contre un écrit par l'aveu judiciaire ou le serment décisoire. On retient qu'on ne peut prouver contre un écrit (moyen de preuve parfait) que par un autre moyen de preuve parfait (écrit sous-signature privée ou authentique).

a) La preuve par écrit

Comment comprendre le droit de la preuve ? Il faut d'abord s'accorder sur le sens du mot « écrit » avant de décrire la hiérarchie des différents écrits.

a) La signification du mot « écrit »[58]

Le mot a un sens précis : « écrit » ne veut pas dire « papier ». Le papier n'est qu'un support qui peut matérialiser l'écrit mais ce n'est peut-être pas le seul. Le professeur Pierre CATALA nous explique : « Si l'on remonte aux sources antérieures même à Gutenberg, on trouve sur les supports les plus divers (pierre de rosette, manuscrits de la Mer morte) des suites de signes dédiés à la compréhension des humains, présents et futurs. Ces supports ont pour objet commun la formalisation et la conservation des volontés qui s'y expriment »[59]. Le papier n'est donc qu'un support de l'écrit parmi d'autres. On peut écrire sur du papier comme on peut écrire sur une table de marbre ou sur une disquette informatique. C'est en ce sens que l'article 1365[60] (ord. du 10 février 2016) du code civil (reprenant les dispositions d'une loi du 13 Mars 2000) nous donne la définition actuelle de l'écrit : « *La preuve par écrit résulte d'une suite de lettres, de caractères, de chiffres, ou de tous autres signes ou symboles dotés d'une signification intelligible, quels que soient le support et leurs modalités de transmission* ». On peut donc imaginer qu'un écrit soit réalisé sur un morceau de bois, une ardoise, un parchemin, un tissu, une tablette en terre cuite ou pourquoi pas, sur un support électronique. Après tout, c'est la pierre qui nous a transmis le code d'Hammourabi. C'est peut-être le support informatique qui transmettra nos lois à nos enfants.

L'écrit ne veut pas dire non plus « langue française ». Sans doute l'emploi de la langue française est-il obligatoire pour certaines opérations[61]. Mais dans

58. – Sur la notion d'écrit : Gonthier JCP éd Not. 1999.1781 Informatique : Bensoussan Gaz. Pal 1991 2 Doct. 361. Breban et Pottier Gaz Pal 1996, 1 Doct. 276 ; *ibid.* 2 Doct. 863. Pierre Catala, Mélanges Cabrillac Litec 1999 p. 91 (écriture électronique et actes juridiques) Prum, Mélanges Cabrillac p. 255 (acte sous seing privé électronique).

59. – Pierre Catala L'audace technologique à la Cour de cassation : vers la libération de la preuve contractuelle JCP 1998 Act. 905.

60. – Ancien article 1316 : même rédaction

61. – La loi du 4 Août 1994 complétée par un décret du 3 Mars 1995 et une circulaire du 19 Mars 1996 dispose que « la langue de la République en vertu de la Constitution, la langue française est un élément fondamental de la personnalité et du patrimoine de la France. Elle est « la langue de l'enseignement, du travail, des échanges et des services publics ». Son emploi est obligatoire « *dans la désignation, l'offre, la présentation, le mode d'emploi ou d'utilisation, la description de l'étendue et des conditions de garantie d'un bien, d'un produit ou d'un service, ainsi que dans les factures et quittances...* ». Il en va de même de « toute inscription ou annonce apposée ou faite sur la voie publique, dans un lieu ouvert au public, ou dans un moyen de transport en commun et destinée à l'information du public »... des « *contrats auxquels une personne morale de droit public ou de droit privé exécutant une mission de service public sont parties...* » Du règlement intérieur et du

l'article 1365, il n'est question que de lettres, de chiffres de signes ou symboles, pourvu que ceux-ci aient une signification intelligible. Mais intelligible par qui ? Des personnes qui s'engagent parlant l'eskimo peuvent convenir de passer un contrat en langage eskimo. Si le contrat n'est pas convenablement exécuté, il faudra avoir recours au juge... et donc nécessairement avoir recours à l'interprète. Plus le langage utilisé est secret, plus il sera difficile à décoder.

L'écriture ressort donc d'un langage susceptible d'être compris, une sorte de code. L'esperanto, le latin, le patois picard, le morse, le braille sont des langages intelligibles par une fraction plus ou moins importante de personnes mais qui, une fois décodés, sont susceptibles d'avoir une signification. Une reconnaissance de dette rédigée en latin, en morse, en espéranto est tout aussi valable qu'une reconnaissance de dette rédigée en chinois pourvu que nous sortions des cas où l'emploi du Français est obligatoire. L'intelligibilité dépend de la traduction qui est faite et qui est apportée au juge. Il y a des traducteurs jurés en chinois. Y en a- t-il en espéranto ? Que faire s'il n'y en a pas ?

La preuve résulte de la production de ce langage sur un support quelconque : la loi distingue deux formes de supports, qui ont aux termes de l'article 1366 (ord. du 10 février 2016)[62] la même force probante : l'écrit sur support électronique et l'écrit sur support papier. L'écrit valant acte juridique est celui qui est signé. La signature, électronique ou manuscrite, conférera à l'écrit sa valeur d'acte juridique, manifestant ainsi le consentement des parties. Lorsqu'à la signature des parties s'ajoute celle d'un officier public, l'écrit sera authentique. Lorsque les parties ont simplement signé l'écrit, celui-ci sera sous seing privé. La force probante des deux procédés est identique : l'écrit sur support électronique « a la même force probante » que l'écrit sur support papier (art 1366 c. Civ.).

La signature (art 1367 C. civ.) « *identifie celui qui l'appose. Elle manifeste le consentement des parties aux obligations qui découlent de cet acte* » (art 1367 c. civ.). Le code civil est assez discret sur la signature écrite : aucun procédé n'est décrit, pour rendre par exemple l'écriture indélébile ou infalsifiable. Il suffit au fond d'écrire son nom et c'est tout. En l'absence de définition légale, la jurisprudence avait décidé que la signature ne pouvait être remplacée par une croix ou une empreinte digitale[63]. Seule la « griffe commerciale » avait

---

contrat de travail, des conventions et accords collectifs de travail et des conventions d'entreprise...

62. – Ancien article 1316-1

63. – Civ. 15 Mai 1934 DP 1934 1, 133 note E. P, S 1935, 1,9 note ROUSSEAU. Civ. 1re 11 Janvier 1968 D.1968 Somm. 64. À propos de la signature obtenue par décalque, V° les

posé difficulté. En revanche, la loi est assez complète sur la description de la signature électronique, qui consiste en « l'usage d'un procédé fiable d'identification garantissant son lien avec l'acte auquel elle s'attache » (art 1367 al 2). La fiabilité du procédé est présumée jusqu'à preuve contraire, lorsque la signature électronique est créée, l'identité du signataire assurée et l'intégrité de l'acte garantie, dans des conditions fixées par décret en Conseil d'état ». Un décret du 31 Mars 2001 définit la signature électronique et pose les conditions requises pour qu'une signature électronique puisse être « sécurisée » : « être propre au signataire, être créée par des moyens que le signataire puisse garder sous son contrôle exclusif, garantir avec l'acte auquel elle s'attache un lien tel que toute modification ultérieure de l'acte soit détectable ». En outre, ce même décret impose qu'un « dispositif sécurisé de création de signature électronique doit... garantir par des moyens techniques et des procédures appropriées, que les données de création de signature électronique : a) ne peuvent être établies plus d'une fois et que leur confidentialité est assurée ; b) ne peuvent être trouvées par déduction et que la signature électronique est protégée contre toute falsification ; c) peuvent être protégées de manière satisfaisante par le signataire contre toute utilisation par des tiers ». Ce même texte remet à un comité directeur de la certification siégeant auprès du premier ministre le soin de contrôler la mise en œuvre des procédures de certification des dispositifs sécurisés de signature électronique. Il définit également de façon minutieuse les prestataires de services qui peuvent être retenus pour définir des certificats électroniquement qualifiés[64].

---

positions divergentes de Toulouse 4 Décembre 1968 D.1968 673 et tribunal de Rennes 22 Novembre 1957 D.1958 631 note Chevallier.

64. – Les critiques formulées à l'encontre de ces textes n'ont pas manqué : la doctrine d'abord a souligné le manque de réalisme de l'effacement de toute distinction entre le document écrit et le document électronique. Ainsi J. Huet souligne à juste titre : « *l'information portée sur ce support, contrairement à celle portée sur le papier, n'est pas imprimée de manière irréversible et donc elle demeure, quelles que soient les précautions prises ou les techniques utilisées, manipulable d'une manière ou d'une autre par celui qui sait comment procéder.* » La doctrine n'a pas ensuite manqué de relever le renforcement de l'inégalité entre le professionnel et le particulier qu'entraîne la signature électronique. P. Leclercq souligne que : « *les preuves électroniques sont, aujourd'hui encore, trop unilatéralement établies et archivées, sans garantie de sécurité parfaite...* » Enfin, l'intervention d'un législateur dans un domaine d'évolution technique très rapide où les certitudes sont encore limitées ne peut qu'inquiéter le juriste... V° pour l'application du décret n°2001-272 du 30 Mars 2001. Bitan CCE 2001, chron.19, Buffet, Delmas, et Liard JCP 2002, Act. 519, Charbonneau et Pansier, LPA 6 avril 2001, et LPA 25 juin 2002 (arr. 31 mai 2002) Coupez et Galliègue CCE 2002 Chron. 25, Jacques JCP 2001 n°36 p. 1601 De Lamberterie et Blanchette JCP E 2001 1269.

β) Les différentes formes d'écrit

- **L'écrit authentique**[65] est le seul qui donne en lui-même à l'acte juridique sa force obligatoire car il est revêtu de la formule exécutoire. C'est « *l'acte qui a été reçu par un officier public ayant le droit d'instrumenter dans le lieu où l'acte a été rédigé et avec les formalités requises* » (Art. 1369 C. Civ. qui ajoute « *qu'il peut être dressé sur support électronique s'il est établi et conservé dans des conditions fixées par décret en Conseil d'État* »).

Sont officiers publics les notaires, les huissiers, les agents diplomatiques, les officiers de l'état civil. L'officier public doit être territorialement compétent. Le maire de LILLE est officier de l'état civil et peut rédiger des actes de l'état civil à LILLE (mais pas en dehors de sa commune). Mais il doit être également matériellement compétent : on parle de compétence ratione materiae. Le Maire de Lille, officier de l'état civil, n'est compétent que pour dresser les actes de l'état civil. Il ne peut pas en revanche recevoir les testaments, ou dresser des contrats authentiques comme le ferait un notaire. La présence de l'officier public confère à l'acte son sérieux : pour être notaire, il faut avoir fait de longues études sanctionnées par des diplômes. Et des enquêtes de moralité sont effectuées avant l'accès à la profession.

L'acte authentique doit obéir à un formalisme très strict : ainsi, pour les actes notariés, le décret du 26 Novembre 1971 nous précise que l'acte notarié doit être écrit : « de façon lisible et indélébile, sur un papier offrant toute garantie de conservation. Les signatures qui y sont apposées doivent être indélébiles ». L'acte contient les « noms, prénoms, et domiciles des parties, et de tous les signataires à l'acte. Ils sont écrits en un seul et même contexte, sans blanc... ». La date de l'acte doit être énoncée en lettres. « Chaque page doit être numérotée, et le nombre de pages doit être indiqué à la fin de l'acte. L'acte enfin porte mention qu'il a été lu par les parties et que lecture leur en a été donnée ». Par ailleurs, les actes authentiques doivent être conservés[66]

L'acte doit être signé par les parties, par les témoins lorsque cela est nécessaire et par le notaire. Lorsque les parties ne peuvent ou ne savent signer, leur déclaration doit être indiquée à la fin de l'acte. Un acte non signé par le notaire est nul de nullité absolue (Civ. 1re 29 Novembre 1989 Bul. civ. I n°368) tout comme l'acte dans lequel la signature de l'une des parties ferait

---

65. – A. Lapeyre L'authenticité JCP 1970 1 2365.

66. – *Code du patrimoine art R 212 15 Le délai pendant lequel les officiers publics ou ministériels assurent la conservation de leurs minutes et répertoires avant versement dans un dépôt d'archives relevant de la direction des archives de France est fixé à soixante-quinze ans pour les notaires et à vingt- cinq ans pour les autres officiers publics ou ministériels...* »

défaut. On observe toutefois qu'un acte nul comme acte authentique, pourra valoir comme acte sous seing privé, s'il est signé par les parties. C'est ce que rappelle l'article 1370 (ord. du 10 fév. 2016) du code civil : « *l'acte qui n'est point authentique par l'incompétence ou l'incapacité de l'officier, ou par un défaut de forme, vaut comme écriture privée s'il a été signé des parties* »[67].

La force probante d'un acte authentique est très grande. Parce qu'il est censé présenter toute garantie, on ne pourra en principe pas le contester, sauf par la très délicate procédure « d'inscription de faux » décrite aux articles 303 et suivants du C P C. Tout ce qui relate un fait matériel, accompli ou constaté par l'officier lui-même agissant dans l'exercice de ses fonctions, est doté d'une force probante extrême (exemple : nous sommes aujourd'hui le premier novembre 2016 et devant moi comparaît Monsieur DUPONT). Accuser un notaire de faux est très grave. On conçoit que la procédure d'inscription de faux soit délicate et qu'elle soit assortie d'une amende civile et de dommages et intérêts en cas d'échec. En revanche, tout ce qui est dit dans l'acte, sans correspondre à des éléments que l'officier devait, ou pouvait vérifier, ne fait foi que jusqu'à preuve contraire (exemple : Monsieur DUPONT dit qu'il est sain d'esprit)[68].

- **Les écrits sous signature privée**[69] sont ceux qui sont signés par les seuls particuliers. L'acte sous signature privée n'est soumis à aucune autre condition de forme que la signature de ceux qui s'obligent. Encore faut-il qu'elle existe et n'ait pas été raturée[70]. Le seul prénom quelquefois peut suffire, comme des initiales[71]. Ce qui veut dire qu'une croix ne peut remplacer la signature[72], pas plus qu'une empreinte digitale[73] (ce qui peut poser problème quand la

67. – Ancien article 1318 : même rédaction
68. – Sur les « mentions d'un paiement hors la vue d'un notaire » : les déclarations d'un acte authentique de partage selon lesquelles les soultes ont été payées hors la vue du notaire ne font foi que jusqu'à preuve contraire. Civ. 1re 5 Décembre 1995. Bul. Civ.1 n° 449. Et la quittance d'une somme payée en dehors de la comptabilité du notaire ne fait foi que jusqu'à preuve contraire. Civ. 3e 10 Mars 1993 : JCP éd Not 1994 II 25 Note Leveneur. RTD Civ. 1993 827 Obs. Mestre.
69. – L'expression « sous seing privé » a disparu avec l'ordonnance du 10 Février 2016. Il faut désormais dire « sous signature privée ».
70. – Le créancier qui a raturé la signature portée par le débiteur sur la reconnaissance de dette a fait perdre à cet écrit sa force probante et sa valeur de titre faisant de ce document un simple commencement de preuve par écrit Civ. 1re 16 juin 1993 Bul Civ. 1 n°219.
71. – Validité de la signature par le prénom : Civ. 24 Juin 1952 JCP 1952 II 7179 note VOIRIN (testament) ou par des initiales (22 Mai 1975 D 1976 Somm. 8).
72. – Civ. 1re 15 juillet 1957 Bul. Civ. 1 n°331.
73. – Civ. 15 mai 1934 DP 1934 1 113 note EP Sirey 1935 1 9 Rousseau.

personne est analphabète[74]) ou même encore la signature informatique qui émane, non de celui à qui on l'oppose, mais d'une machine dont le créancier a l'entière disposition[75]. Mais l'acte peut être rédigé au crayon[76]... Aucun procédé d'écriture n'est imposé.

L'acte sous signature privée « *qui constate un contrat synallagmatique* »[77] doit être établi « *en autant d'originaux qu'il existe de parties ayant un intérêt distinct* » (art 1375 C. Civ.) « *À moins que les parties ne soient convenues de remettre à un tiers l'unique exemplaire dressé* ». Et chaque original doit faire mention du nombre d'originaux qui en ont été faits. C'est ce qu'on appelle classiquement la « formalité du double » qui remonte à une pratique de l'Ancien Droit qui tend à assurer aux parties une situation égale quant à la preuve. Il ne faut pas que l'une d'elles ait en mains l'écrit probatoire alors que l'autre en serait démunie. C'est évident. On comprend aussi pourquoi la mention du nombre des originaux doit figurer sur chaque original. Si ce n'était pas le cas, en effet, il dépendrait de chaque cocontractant – quand bien même la formalité requise aurait été régulièrement accomplie – de rendre inopérante la preuve de son adversaire en détruisant ou en dissimulant l'original resté entre ses mains, pour invoquer alors la prétendue violation de la règle de l'original multiple. L'inobservation de l'article 1375 n'entraîne pas la nullité de la convention mais prive seulement l'écrit de sa force probante[78]. L'acte pourra éventuellement valoir comme commencement de preuve par écrit. Mais « *celui qui a exécuté le contrat, même partiellement, ne peut opposer le défaut de la pluralité d'originaux ou de la mention de leur nombre* » (art 1375 al 3).

---

74. – N'emporte pas preuve l'écrit revêtu de la signature malhabile d'une personne ne sachant ni lire ni écrire, sauf tracer son nom Soc 26 novembre 1987 Bul. Civ. 5 n°685 RTD civ. 1988 756 obs. Mestre.

75. – TI Sète 9 Mai 1984 D 1985 359 note Benabent.

76. – Aucun principe ni aucun texte ne prohibe l'usage du crayon dans la rédaction d'un acte sous seing privé (acte de cautionnement dans lequel le nom de la société cautionnée a été porté au crayon) Com 8 octobre 1996 Bul. Civ. IV n° 224 Dalloz 1997 504 note Fauchon. RTD Civ. 1997 137 obs. Mestre.

77. – L'article 1325 ancien est applicable, pour déterminer la force probante de l'acte considéré comme moyen de preuve dès lors qu'un contrat fait naître des obligations à la charge de chaque partie. civ. 1re 24 février 1987 Bul. civ. 1 n°69. L'article 1325 n'est pas applicable à un état des lieux établi contradictoirement par un bailleur et un preneur, qui se borne à constater une situation de fait. Civ. 3e 23 Mai 2002 D.2003 Somm. 732 Obs. Damas. CCC 2002 n°137 note Leveneur.

78. – L'inobservation de l'article 1325 n'entraîne pas la nullité de la convention elle-même, mais prive seulement l'écrit de sa force probante Civ. 3e 26 juin 1973 Bul. Civ. III n°444, 23 janvier 1991 Bul. Civ. III n° 35 13 février 1991, ibid. III n°58 Defrenois 1991 1264 obs. Aubert.

L'article 1376 évoque quant à lui le sort des actes unilatéraux, en disposant que « *l'acte sous-signature privée par lequel une seule partie s'engage envers une autre à lui payer une somme d'argent ou à lui livrer un bien fongible ne fait preuve que s'il comporte la signature de celui qui souscrit cet engagement ainsi que la mention écrite par lui-même de la somme ou de la quantité en toutes lettres et en chiffres. En cas de différence, l'acte sous signature privée vaut preuve pour la somme écrite en toutes lettres* ». Ce qui veut dire que l'acte sous seing privé qui constate une promesse unilatérale est valable s'il est rédigé en un seul exemplaire puisqu'il n'existe qu'une personne obligée[79]. La seule signature du débiteur est suffisante. Autrefois, on exigeait néanmoins du débiteur qu'il souscrive à la formule du « bon pour ». Cette formule est depuis une loi du 12 Juillet 80, supprimée. Simplement, le débiteur doit indiquer de façon manuscrite[80] en chiffres et en lettres, le montant ou la quantité déterminée de son obligation[81]. La sanction du non-respect de la formalité a pu donner lieu à des controverses qui paraissent aujourd'hui dissipées[82]. En principe, le non-respect de la formalité ne devrait altérer que l'acte instrumentaire, lui ôtant sa force probatoire sans affecter la validité de l'opération. Si la preuve est nulle, l'opération reste néanmoins valide. Et l'acte instrumentaire, s'il perd la force

---

79. – Aussi l'article 1325 n'est pas applicable à une promesse unilatérale de vente. T civ. Bordeaux 18 janvier 1944 JCP 1944 II 2687 note Carbonnier.

80.– Il résulte de la rédaction issue de la loi du 13 mars 2000 que si la mention de la somme ou de la quantité en toutes lettres et en chiffres, écrite par la partie même qui s'engage, n'est plus nécessairement manuscrite, elle doit alors résulter, selon la nature du support, d'un des procédés d'identification conformes aux règles qui gouvernent la signature électronique ou de tout autre procédé permettant de s'assurer que le signataire est le scripteur de la dite mention. Civ. 1re 13 mars 2008 D 2008 AJ 911 obs. Gallmeister. JCP 2008 II 10081 note Putman Dr. et patr ; mai 2008 p. 96 obs. Aynes.

81. – Philippe le Tourneau, contre le « bon pour » D.1975 Chron. 187 et s. La mention en lettres suffit-elle ? En ce sens, civ. 1re 19 Décembre 1995, Bul Civ. 1 n°467, p. 325 RTD Civ. 1996 p. 620 obs. Jacques Mestre, JCP 1997 II 22810 Note Dagorne Labbé. Civ. 1re 27 Juin 1995 D 1996 133 note Raphaëlle Micha Goudet.

82. – V° Par exemple en matière de cautionnement : Civ. 1re 22 février 1984 JCP 1985 II 20442 Note Storck. Cette jurisprudence a été suivie par de nombreux juges du fond. Versailles 27 Février et 7 Mai 1986 D.1987 Somm. 442 obs. Aynes. Voir cependant 1re Chambre Civile 15 Novembre 1989 D 1990 177 note Mouly. JCP 1990 II 21 422 note Legeais. Est irrégulier l'acte d'engagement d'une caution dès lors que le montant des sommes cautionnées, s'il y figure en chiffres, n'y est pas mentionné en toutes lettres, cette mention étant impérativement prescrite par les articles 1326 et 2015. V° Civ. 1re 25 Mai 2005 D 2005 AJ 1548 obs. Avena Robardet JCP 2005 II 10 169 note Piedelièvre. Defrenois 2005 1489 note Dagorne Labbe et 1634 obs. Benabent.

probante attachée aux actes sous seings privés, peut être requalifié en commencement de preuve par écrit[83].

La force probante de l'acte sous signature privée est moindre que celle de l'acte authentique. On peut contester un acte sous seing privé de différentes manières. La première hypothèse concerne la contestation de la signature : « ce n'est pas moi qui ai signé ce document »[84]. Le juge pourra alors comparer les écritures et ordonner – pourquoi pas – une vérification d'écritures. La seconde hypothèse concerne la contestation du contenu de l'acte. Il n'y a évidemment pas de procédure d'inscription de faux. On peut donc contester l'exactitude des faits que relate un acte sous signature privée, à charge d'en faire la contre démonstration, sauf à respecter la règle selon laquelle on ne peut prouver contre et outre un acte écrit par témoignage ou présomption.

Une dernière question concerne la date de l'acte sous signature privée.

Entre les parties, l'acte fait foi de sa date jusqu'à preuve contraire. Mais qu'en est-il vis-à-vis des personnes qui n'ont pas été parties à l'acte et qu'on appelle « tiers » ? L'article 1377 (ord. du 10 février 2016)[85] du code civil énonce que « *L'acte sous signature privée n'acquiert date certaine à l'égard des tiers que du jour où il a été enregistré, du jour de la mort d'un signataire, ou du jour où sa substance est constatée dans un acte authentique* », comme un procès-verbal de scellé ou d'inventaire. Certains événements vont donc conférer date certaine à un acte sous signature privée : si les parties ont fait enregistrer l'acte au service de l'Enregistrement[86] (qui dépend du ministère des finances) l'acte aura date certaine vis-à-vis des tiers au jour où il a été enregistré (ce jour est peut-être différent du jour où l'acte est signé). Cette date est officielle. De même si l'un des signataires décède... il va de soi qu'il n'a pas pu signer l'acte postérieurement à son décès. Les tiers pourront donc s'en tenir à la date du décès de l'un des signataires.

---

83. – Un acte irrégulier au regard de l'article 1326 peut constituer un commencement de preuve par écrit. Civ. 1re 16 janvier 1985 RTD Civ. 1986 758 obs. Mestre. Civ. 1re 15 octobre 1991 JCP 1992 II 21923 note Simler. En l'absence de mention écrite en chiffres, l'acte sous seing privé constatant l'engagement de caution est irrégulier et ne peut constituer qu'un commencement de preuve par écrit (cassation de l'arrêt qui avait admis que l'acte valait pour la somme écrite en toutes lettres) Civ. 1re 13 novembre 1996 D 1997 368 note Pasqualini.

84. – Ancien article 1323 du code civil

85. – Ancien article 1328 même rédaction

86.– Code général des Impôts article 849 « Les parties qui rédigent un acte sous seing privé soumis à l'enregistrement dans un délai déterminé doivent en établir un double sur papier revêtu du timbre prescrit. Ce double est revêtu des mêmes signatures que l'acte lui-même et reste déposé au service des impôts lorsque la formalité est requise ».

Quelle est la valeur des copies d'actes authentiques et d'actes sous signature privée ? Dans le système du code civil les copies étaient faites à la main. Elles étaient de ce fait peu fiables et c'est pourquoi on ne leur accordait qu'une force probante très limitée. L'évolution des techniques (commençant avec le papier carbone puis par les photocopies) a nécessité une refonte. Dans le système du code civil, la copie n'avait de valeur que dans la mesure où l'on pouvait la confronter à l'original[87] ; aujourd'hui l'article 1379 (ord. 10 février 2016) du code civil paraît assouplir le principe : « *la copie fiable a la même force probante que l'original. La fiabilité est laissée à l'appréciation du juge. Néanmoins est réputée fiable la copie exécutoire ou authentique d'un écrit authentique. Est présumée fiable jusqu'à preuve du contraire toute copie résultant d'une reproduction à l'identique de la forme et du contenu de l'acte et dont l'intégrité est garantie dans le temps par un procédé conforme à des conditions fixées par décret en conseil d'état. Si l'original subsiste, sa présentation peut toujours être exigée* ».

La fiabilité de la copie est donc laissée à l'appréciation du juge… La copie non fiable va-t-elle rejoindre sur le terrain de la pertinence, les photocopies[88], fax, carbones, dont la force probante était la plupart du temps rejetée, comme nous le dirons plus tard, au rang des commencements de preuve par écrit ou des indices ?

L'ordonnance du 10 Février 2016 a intégré dans le code civil « l'acte d'avocat », instauré par la loi **du 28 Mars 2011**[89]**.** Cet acte n'est pas un acte authentique (il ne dispose pas de la formule exécutoire et les avocats ne sont pas officiers publics). C'est plutôt un acte sous seing privé renforcé et c'est ainsi que l'article 1374 du code civil reproduit désormais les dispositions de l'article 66-3-2 de la loi de 2011 qu'on ne trouvait jusqu'alors que dans le code de procédure. « *L'acte sous signature privée contresigné par les avocats de*

87. – « Les copies, lorsque le titre original subsiste, ne font foi que de ce qui est contenu au titre dont la représentation peut toujours être exigée ». Ce qui veut dire qu'une copie d'acte sous seing privé peut toujours être produite en justice dès l'instant que la partie est capable, sur demande de son adversaire, d'en produire l'original pour vérification[87]. Ce qui veut donc dire que pour le code civil, une copie n'a pas de force probante si l'original ne peut être produit[87]

88. – Une photocopie peut constituer une copie sincère et fidèle, au sens de l'article 1348 al 2. Civ. 1re 30 mai 2000 Bul. Civ. 1 n°164 JCP 2001 II 10 505 note Nizard. Rapp Un document photocopié doit être soumis à un examen attentif avant de pouvoir être accepté comme une copie authentique d'un original, d'autant qu'il existe des moyens technologiques modernes pouvant être employés pour contrefaire des documents ou les altérer CEDH sect.1 13 juin 2000 Timurtas/Turquie Req. n° 23531/94.

89. – V° Felix Rome L'acte sous seing privé nouveau est arrivé : So what ? Edito Dalloz 7 Avril 2011 n°14. Christophe Jamin L'acte d'avocat Point de vue Dalloz 7 avril 2011.

chacune des parties ou par l'avocat de toutes les parties fait foi de l'écriture et de la signature des parties, tant à leur égard qu'à celui de leurs héritiers ou ayants-cause ; La procédure de faux prévue par le code de procédure civile lui est applicable » « *L'acte sous seing privé contresigné par avocat est, sauf disposition dérogeant expressément au présent article, dispensé de toute mention manuscrite exigée par la loi* »

En effet, d'après les dispositions de la loi « *En contresignant un acte sous seing privé, l'avocat atteste avoir éclairé pleinement la ou les parties qu'il conseille sur les conséquences juridiques de cet acte* ». Ce qui d'ailleurs ne garantit en rien la qualité du consentement : la présence de l'avocat n'a pas pour effet de purger l'acte de tout vice de consentement. Le contreseing de l'avocat ne constitue en fait qu'une attestation indiquant que l'avocat a rempli son obligation de conseil (dont l'inexécution serait susceptible d'engager sa responsabilité). La portée de l'acte d'avocat est limitée au formalisme décrit à l'article 1374, formalisme qui signifie que la partie à laquelle l'acte d'avocat est opposé ne peut plus en contester l'écriture ni la signature (sauf à engager une procédure de faux en écriture privée). L'acte d'avocat n'a peut-être pas l'importance qu'on avait bien voulu initialement lui donner. Faut-il y voir pourtant un premier pas vers l'unification des professions d'avocat et de notaire[90] ?

b) L'aveu judiciaire

Par aveu judiciaire, un plaideur reconnaît au cours d'un procès[91] l'exactitude d'un fait allégué contre lui et dont dépend l'issue du litige. C'est « *la déclaration que fait en justice*[92] *la partie ou représentant spécialement mandaté* » (art 1383-2)[93] Le code précise les caractères de l'aveu judiciaire :

90. – Xavier Labbée « Le testament par acte d'avocat » Recueil Dalloz

91. – L'aveu fait devant un expert ne constitue pas un aveu judiciaire (Cass. Soc 20 Mai 1950 Bul III n°436 p. 291) pas plus que l'aveu recueilli pendant une enquête de police (Cass. 1re Civ. 2 Février 1970 D 1970 265) ni les déclarations faites par un avocat pendant sa plaidoirie et non contenues dans ses conclusions (Cass. 1re civ. 14 Janvier 1981 Bul 1 N°13 p. 10). De même, l'aveu n'a force de présomption légale que s'il est produit dans l'instance ayant abouti à la décision attaquée (Cass. 3e Civ. 9 Octobre 1969 JCP 1969 IV 267).

92. – En justice : c'est-à-dire devant le juge compétent (req. 19 décembre 1877 DP 1878 1,176), soit dans des conclusions écrites (civ. 3e 13 novembre 1973 bul. civ. III n°576 p. 420), soit verbalement à l'audience ou dans un interrogatoire lors de la comparution personnelle des parties.

93. – L'avocat peut engager la partie qu'il représente par un aveu fait oralement (Civ. 1re 3 février 1993 Bul. Civ. 1 n°57 RTD Civ. 1994 106 obs. Mestre). Mais le silence ne saurait sauf exception, être constitutif de l'aveu lui-même. Civ. 4 mai 1976 Bul. Civ. III n°182.

- Il « *fait pleine foi contre celui qui l'a fait* » (art 1383-2 al 2). Le juge, quelle que soit son intime conviction, doit tenir pour exacts les faits avoués. L'aveu judiciaire est donc un mode de preuve parfait, qui comme tel, lie le juge civil dès lors qu'il est recevable et que l'autre partie décide de s'en prévaloir[94].
- Il est indivisible. La partie à qui l'aveu profite doit le prendre tel qu'il se présente dans sa totalité, ou alors s'abstenir de l'invoquer. Mais on ne peut retenir qu'une fraction d'aveu. Si un débiteur reconnaît avoir emprunté telle somme mais ajoute qu'il a remboursé... son aveu doit être pris intégralement ou alors ne pas être invoqué. Mais on ne peut pas retenir que la première fraction de l'aveu[95].
- Il est « *irrévocable sauf en cas d'erreur de fait* » dans ses conséquences juridiques. Mais on peut rétracter l'aveu si l'on s'est trompé sur ce que l'on a avoué (la somme que j'avais reçue n'était pas de 1.000 euros mais de 500 euros). Ce qui veut dire que seule l'erreur de fait peut justifier une rétractation[96]. En revanche, on ne peut rétracter son aveu si l'on a inexactement apprécié ses implications de droit (j'ai avoué, parce que je croyais que ma dette se prescrivait par six mois). L'aveu ne peut être rétracté pour cause d'erreur de droit. L'aveu judiciaire en matière civile est particulièrement rare.

c) Le serment décisoire

Le serment décisoire est un procédé de preuve parfait car il lie le juge qui sera obligé de faire triompher celui qui prête serment. Il est ainsi nommé parce qu'il décide de la contestation. Il est défini par l'article 1384 (ord. du 10 fév. 2016) comme « *celui qu'une partie défère à l'autre pour en faire dépendre le jugement de la cause* ». C'est un procédé de preuve archaïque que l'on n'utilise que dans les cas extrêmes... quand on n'a rien de mieux à proposer.

Il consiste, pour le plaideur, à susciter devant le tribunal de sa part ou de la part de son adversaire, une affirmation solennelle et formaliste dont dépendra

---

94.– Jugé qu'en vertu de l'article 1356, la force que la loi attache à l'aveu judiciaire s'oppose à ce qu'elle puisse être combattue par toute autre présomption légale, même absolue (Paris 10 Novembre 1956 D.1957 383).

95. – Viole l'article 1356 al 3 (ancien) l'arrêt qui refuse de reconnaître un caractère indivisible à l'aveu complexe comportant la reconnaissance d'un fait principal allégué par l'adversaire, à savoir l'existence de la dette, et d'un fait connexe de nature à priver le premier de ses effets juridiques, à savoir le règlement entre les mains d'un tiers (Cass. 1re Civ. 11 Mai 1971 JCP 1971 IV 157 Bul. 1 n°156 p. 130).

96. – Pour une application de l'article 1356 al 4 Rouen 3 avril 1973 D 1973 Somm. 104.

le jugement de la cause. Jurez-vous que ce que vous prétendez est vrai ? Raisonnons sur le cas d'une dette. Le demandeur, créancier impayé, va déférer le serment à son adversaire débiteur en déclarant qu'il renoncera à le poursuivre davantage, s'il jure qu'il n'est pas débiteur. Le défendeur peut alors adopter trois attitudes :

- jurer : et il gagne son procès.
- refuser : et alors il perd son procès car son attitude constitue un aveu judiciaire.
- référer le serment (c'est-à-dire « *renvoyer la balle* ») à l'adversaire en lui demandant de jurer lui- même qu'il est bien créancier. Le créancier est alors obligé de jurer sinon il perd son procès.

Si l'on veut, le serment décisoire est un moyen conventionnel de mettre fin à un procès : la délation de serment est une offre de renoncer à sa prétention et d'acquiescer à celle de l'adversaire, s'il consent à fortifier son affirmation par un serment, offre à laquelle se joint implicitement celle de jurer soi-même si l'adversaire réfère le serment[97]. Le serment décisoire « *peut être déféré sur quelque espèce de contestation que ce soit et en tout état de cause* » (art 1385). Cela veut- il dire qu'on peut désormais le déférer dans les matières dites d'ordre public ? Il ne peut en tout cas être déféré que sur « un fait personnel à la partie à laquelle on le défère » (art 1385-1) sans forme particulière[98]. En résumé, celui qui prête serment gagne son procès, celui qui refuse le perd[99] et le juge est lié par le serment décisoire[100] qui est un moyen de preuve parfait. Le faux serment est un délit pénal[101]. Si une personne prête un faux serment et

97. – Mourre réflexions sur le serment décisoire Gaz pal 1994 1 doctr. 798 et s.

98. – Si la loi ne précise pas les formes dans lesquelles le serment décisoire doit être prêté, les formes substantielles de sa prestation se réduisent, suivant un usage constant passé en force de coutume, au prononcé de la formule « je le jure » sans adjonction d'un autre mot ou accompagnement d'un geste quelconque. Paris 13 décembre 1968 D.1969 Somm. 18.

99. – Le serment décisoire a pour effet nécessaire de terminer le litige de façon définitive et absolue. Le juge perd tout pouvoir d'appréciation dès l'instant que le serment déféré à une partie a été accepté et prêté par celle-ci. Cass. 3e Civ. 22 février 1978 D.1978 Inf Rap. 411. Et l'appel contre le jugement rendu est irrecevable (Cass. 1re Civ.14 Mars 1966 JCP 1966 II 14614 note JA).

100. – Le serment décisoire a pour effet de terminer le litige de façon définitive et absolue ; le serment ayant été accepté et prêté, le juge perd tout pouvoir d'appréciation. Civ. 3e 22 février 1978 Bul civ. III n°100.

101. – En cas de poursuite exercée par le Ministère public du chef de faux serment (C. pénal art 434-13) la preuve de la vérité ou de la fausseté du serment découle nécessairement de la preuve de l'existence ou de la non existence du fait civil sur lequel le serment décisoire argué de faux a été déféré ; cette preuve ne peut être rapportée que conformément aux règles du droit civil (TGI seine 15 Mars 1967 Gaz Pal 1967 1 321).

que la fausseté est établie par le juge pénal, alors un recours en révision est possible devant le juge civil.

2) L'exception : les actes juridiques se prouvent par tous moyens

Dès l'origine, le code civil avait prévu des exceptions à la nécessité de produire un écrit. Il en est ainsi lorsqu'il existe un commencement de preuve par écrit, ou encore en matière commerciale. La loi du 12 juillet 1980 est allée au-delà, en reprenant largement les assouplissements consacrés par la jurisprudence lorsque la preuve écrite se révèle impossible. La loi autorise donc des dérogations à la nécessité de la preuve par écrit (a) qui rendra admissible la production de moyens de preuve imparfaits (b).

a) Les dérogations

Le code civil prévoit quatre hypothèses, dans lesquelles les actes juridiques pourront être prouvés par « tout moyen ». Quelles sont-elles ?

– La première concerne les actes juridiques portant sur « une valeur inférieure à une somme ou une valeur fixée par décret » et qui est, depuis un décret du 1er janvier 2005 fixée à 1500 euros. Que comprend cette somme ? Des précisions sont apportées par l'article 1359 (ord. du dix février 2016) Ainsi, celui « dont la créance excède » 1500 euros ne peut pas être admis à la preuve testimoniale, « même en restreignant sa demande primitive ». L'écrit est obligatoire dès lors que la demande dépasse 1500 euros, même si le dépassement est dû aux intérêts, qui réunis au capital, excédent le chiffre prévu. Si une personne fait, au cours du même procès, plusieurs demandes, qui « jointes ensembles dépassent 1500 euros », la preuve par témoins ne sera pas admise.

– La seconde hypothèse concerne l'existence d'un commencement de preuve par écrit (art 1362 c. civ ord. du 10 février 2016).

Nous supposons qu'une opération porte sur une somme supérieure à 1500 euros et qu'aucun écrit n'a été rédigé. Le code civil nous dit que rien n'est perdu pour autant, s'il existe un « commencement de preuve par écrit ». On appelle ainsi « *tout acte écrit émanant de celui qui conteste un acte ou de celui qu'il représente, et qui rend vraisemblable ce qui est allégué* ». (Art 1362) Analysons la phrase :

« *Tout acte écrit* » : cela peut être un texte dactylographié et non signé, dès lors que la partie à qui on l'oppose reconnaît qu'elle l'a elle-même dactylographié (Civ. 17 Janvier 1961) des doubles de facture ou des copies, un chèque signé comportant la mention en chiffres et en lettres, des déclarations verbales relatées dans un écrit peuvent valoir commencement de preuve par écrit[102].

« *Émanant de celui qui conteste un acte* ». C'est évident : l'écrit doit émaner de la personne[103] à laquelle il est opposé et non de celle qui s'en prévaut[104].

« *Et qui rend vraisemblable le fait allégué* » : on entre ici dans le domaine de l'intime conviction du juge : le juge du fond apprécie souverainement si un écrit rend vraisemblable le fait allégué. Cette appréciation échappe au contrôle de la Cour de cassation (Civ. 1er décembre 1965).

Par fiction, le législateur assimile au commencement de preuve par écrit les déclarations orales du défendeur lors d'une comparution en justice et même ses silences et ses absences. C'est l'article 1362-2 qui dispose que « *peuvent être considérées par le juge comme équivalent à un commencement de preuve par écrit les déclarations faites par une partie lors de sa comparution personnelle, son refus de répondre, ou son absence à la comparution* ».

L'idée à retenir est qu'à lui seul, le commencement de preuve par écrit n'est pas une preuve complète : il rend admissible les moyens de preuve imparfaits. On dit que c'est un adminicule. Il faudra donc ajouter au commencement de preuve par écrit quelque chose (un ou des témoignages, des présomptions, des indices) pour avoir une preuve complète. On peut donc poser l'équation :

---

102. – Signature raturée : le créancier qui a raturé la signature portée par son débiteur sur la reconnaissance de dette a fait perdre à cet écrit sa force probante et sa valeur de titre, faisant de ce document un simple commencement de preuve par écrit (Civ. 1re, 16 juin 1993 Bul Civ. 1 n°219). Lettre : constitue un commencement de preuve par écrit rendant vraisemblable l'existence d'un mandat verbal donné à une agence immobilière, une lettre en réponse à un compte rendu de l'agence qui « *intégrait intellectuellement* » le premier document Civ. 1re 20 avril 1983 Bul. Civ. 1 n°126.

103. – Constitue un commencement de preuve par écrit l'affirmation contenue dans un mémoire déposé par un avocat à la Cour de cassation dans une procédure antérieure concernant la même partie. Cass. 1re Civ. 5 Octobre 1976 JCP 1976 IV 344 Bul 1 283 p. 229.

104. – Civ. 1re 11 avril 1995 JCP 1995 II 22554 note Piedelièvre. Le commencement de preuve par écrit peut émaner du mandataire de celui à qui on l'oppose Civ. 1re 28 Juin 1989 Bul Civ. 1 n°263 RTD Civ. 1990 286 Note Mestre. Mais l'envoi d'un chèque d'acompte et d'un bulletin d'adhésion ne vaut pas commencement de preuve par écrit du contrat d'assurances à l'égard de l'assureur. Civ. 1re 10 juillet 2002 Bul. civ. 1 n°191. Le relevé informatique émanant de la société de téléphonie ne saurait constituer un commencement de preuve par écrit de la créance litigieuse à l'égard de celui qui conteste avoir souscrit un abonnement. Civ. 1re 12 juillet 2005 IR 2177.

commencement de preuve par écrit + moyen de preuve imparfait = preuve complète[105].

– La troisième exception concerne les affaires commerciales.

L'article 110.3 du code de commerce dispose qu'« *à l'égard des commerçants, les actes de commerce peuvent se prouver par tout moyen, à moins qu'il n'en soit disposé autrement par la loi* »[106]. Une difficulté peut surgir, tenant à l'acte qui est commercial pour l'un des contractants, et civil pour l'autre. C'est le cas de l'opération conclue entre un non commerçant, et un commerçant pour les besoins de son activité professionnelle. Nous sommes alors en présence d'un acte mixte[107]. On fera une application distributive des deux règles. Le commerçant, qui devra prouver contre le non commerçant, sera soumis aux règles de droit civil (et donc au principe de l'écrit). En revanche, le non commerçant prouvera contre le commerçant par les procédés de droit commercial, c'est-à-dire par tout moyen[108].

La quatrième hypothèse est visée à l'article 1360 du code civil (ord. du 1à février 2016) : c'est « *l'impossibilité matérielle et morale de se procurer un écrit* », c'est aussi le cas de « *l'écrit perdu par force majeure* ». C'est enfin l'existence « d'un usage » dispensant d'un écrit.

L'impossibilité morale peut résulter des rapports de famille existant entre les personnes : lorsque l'on prête de l'argent à un parent, une fiancée une concubine, on prend un risque qui est d'autant plus important qu'on n'a pas toujours la possibilité de demander un écrit : « cela ne se fait pas entre personnes de confiance »...[109] Pour tempérer le risque, la jurisprudence retient

105. – Il appartient au demandeur qui a rapporté un commencement de preuve par écrit de le parfaire par d'autres éléments tels que des témoignages ou indices, et les juges du fond apprécient souverainement si ce complément de preuve est fourni Civ. 1re 12 juillet 1972 Bul. civ. 1 n°185.

106. – Tous les modes de preuve sont donc admissibles en matière commerciale, la preuve par présomption comme la preuve par témoins. Civ. 3 février 1904 DP 1904 1 215. Même pour prouver contre et outre le contenu des actes. Req. 25 Novembre 1903 DP 1904 1 215

107. – Dans un acte mixte, les règles de preuve du droit civil s'appliquent envers la partie pour laquelle il est de caractère civil. Civ. 1ere 2 mai 2001 Bul civ. 1 n°108.

108. – Les règles de preuve de droit civil ne s'appliquent pas dès lors que le défendeur est commerçant et a procédé aux opérations litigieuses dans l'intérêt de son commerce. Com 12 Octobre 1982 Bul. Civ. IV n°313. V° aussi Com. 25 juin 2002 Bul Civ. IV n°110. Com. 21 juin 1994 Bul. civ. IV n° 232 (à l'égard d'une banque, en sa qualité de commerçante, les actes de commerce se prouvent par tout moyen).

109. – Les juges apprécient souverainement l'impossibilité morale dans laquelle un avocat se trouve de fournir une preuve littérale du mandat donné par son client, en raison du rapport de confiance qui le liait à ce dernier. Civ. 1re 9 mai 1996 Bul. Civ. 1 n°191.

qu'existe entre parents et alliés une impossibilité de se ménager un écrit, mais également entre « quasi parents et quasi alliés » (Civ. 7 janvier 1981)[110].

L'impossibilité morale de se procurer un écrit peut également résulter d'usages[111].

La notion de perte quant à elle doit être appréciée par le juge. Mais cette perte doit résulter d'un événement de force majeure[112].

b) Que faut-il entendre par « tout moyen » ?

On entend par là tout moyen susceptible d'emporter la conviction du juge, qui ne sera pas lié. On parle de preuve imparfaite. La preuve imparfaite est celle que l'on utilise pour prouver les faits juridiques, c'est-à-dire les situations de fait emportant des conséquences juridiques non recherchées par la volonté[113]. Le juge statue en son intime conviction. Ces moyens imparfaits peuvent être des présomptions du fait de l'homme, des témoignages, des mesures techniques ou encore le serment supplétoire.

– Les présomptions judiciaires[114]

Les présomptions judiciaires sont les déductions que tire le juge, à partir d'un fait connu, pour établir un fait inconnu. L'exemple classiquement donné est rappelé par François Terré : « pour reconstituer la vitesse à laquelle roulait la voiture, on mesure les traces qu'ont laissées les pneus sur la route. On prouve ainsi directement des faits (traces de pneus) qui ne sont pas l'objet de la preuve (vitesse) mais en établissant un lien de causalité (la trace des pneus est la conséquence d'une certaine vitesse) on déduit de la preuve fournie la preuve

---

110. – Pour des relations entre fiancés : Cass. 25 Mars 1969 Bul. 1 N° 124 p. 97. Paris 16 Février 1999 Dr Fam.1999, 95 Note Lécuyer, concubins. Pour un concubinage ayant une « *certaine intensité* » : Limoges 20 avril 1995 RTD Civ. 1995 867 Obs. Hauser.

111. – En matière médicale : Req. 4 Novembre 1908 DP 1909 1 188. En matière de vente de fumier : Cass. 1re Civ..28 Février 1995 contrats conc. Consomm. 1995, 83. En matière de vente de bois : Pau 12 Novembre 1998 JCP 1999 IV 1638.

112. – Les juges ne peuvent déclarer admissible la preuve par témoins de l'existence et du contenu d'un testament au motif que la disparition de ce testament est le fait d'un tiers, sans caractériser le fait constitutif d'un cas fortuit ou de force majeure Civ. 1re 9 juillet 1979 Bul Civ. 1 n°13. Est à bon droit rejetée la demande en pétition d'hérédité de l'association qui, ne détenant qu'une photocopie du testament, ne rapporte pas la preuve que la destruction de l'acte original était fortuite et indépendante de toute volonté de son rédacteur Civ. 1re 13 décembre 2005 Dalloz 2006 IR 102.

113. – L'ordonnance du 10 Février 2016 définit le fait juridique à l'article 1100-2 « les faits juridiques sont des agissements ou des événements auxquels la loi attache des effets de droit. Les obligations qui naissent d'un fait juridique sont régies selon le cas, par le sous-titre relatif à la responsabilité extracontractuelle ou le sous-titre relatif aux autres sources d'obligations »

114 – On les appelait autrefois les présomptions du fait de l'homme.

indirecte de la vitesse. La présomption est alors un véritable raisonnement probatoire dont l'importance pratique est extrême »[115]. Le code civil néanmoins est prudent : si les présomptions sont abandonnées aux lumières et à la prudence du magistrat, celui-ci ne doit les admettre que si elles sont « graves, précises et concordantes » (art. 1382 ord. 10 fév. 2016).

– Le témoignage est une déclaration qu'effectue un tiers à propos de faits dont il a eu personnellement connaissance[116]. En pratique, le témoignage se fait par écrit : on utilise la formule de l'attestation manuscrite[117], datée et signée, avec une justification d'identité annexée. Plus rare est la déposition orale effectuée sous serment devant le tribunal. Le juge peut pourtant toujours décider d'entendre l'auteur d'une attestation (art.203 CPC). Il apprécie souverainement le contenu du témoignage[118]. Un faux témoignage expose évidemment son auteur à des sanctions pénales. En principe, on peut être contraint de témoigner en justice. C'est le sens de l'article 10 du code civil : « *chacun est tenu d'apporter son concours à la justice en vue de la manifestation de la vérité* ». L'exception concerne les personnes qui sont tenues au secret professionnel (avocat, banquier, prêtre, médecin...) ou encore les parents ou alliés de l'une des parties au procès. La preuve par commune renommée est sauf exceptions, interdite[119].

– Le rapport technique

Lorsque la loi le permet, le juge peut tantôt d'office, tantôt à la demande des parties, désigner une personne techniquement compétente pour éclairer

---

115. – Terre, *op. cit.* p. 493.

116. – Gridel « la valeur du témoignage en droit civil » RIDC 1994 437 et suiv.

117. – Article 202 CPC « L'attestation contient la relation des faits auxquels son auteur a assisté et qu'il a personnellement constatés. Elle mentionne les noms, prénoms, date et lieu de naissance, demeure et profession de son auteur ainsi que, s'il y a lieu, son lien de parenté ou d'alliance avec les parties, de subordination à leur égard, de collaboration ou de communauté d'intérêt avec elles. Elle indique en outre qu'elle est établie en vue de sa production en justice et que son auteur a connaissance qu'une fausse attestation de sa part l'expose à des sanctions pénales. L'attestation est écrite, datée et signée de la main de son auteur. Celui-ci doit lui annexer, en original ou en photocopie, tout document officiel justifiant de son identité et comportant sa signature ».

118. – Le juge ne peut rejeter une attestation comme non conforme aux exigences de l'article 202 sans préciser en quoi l'irrégularité constatée constituait l'inobservation d'une formalité substantielle ou d'ordre public faisant grief à la partie qui l'attaque. Civ. 2e 30 Novembre 1988 Bul Civ. II n°238 Gaz Pal 1989 2 Somm. 464 obs. Croze et Morel.

119. – Picard de la preuve par commune renommée thèse Paris 1951. La preuve par commune renommée peut être utilisée contre le tuteur qui n'a pas fait inventorier le mobilier échu par succession à un mineur (art 451 al 3C.Civ).

une question de fait. C'est l'expert[120] qui peut intervenir dans des domaines très divers. Une expertise pourra être ordonnée par le juge pour savoir si, par exemple, le groupe sanguin de tel homme rend sa paternité possible… ou si le moteur de la voiture – objet du litige – est ou non affecté d'un vice. Les constatations de l'expert ne lient pas le juge, pas plus que ses conclusions.

– Le serment « déféré d'office »

C'est le serment est déféré à l'initiative du juge (et non pas des parties, comme c'est le cas pour le serment décisoire). On l'appelait auparavant le « serment supplétoire » Ce procédé est utilisé par le juge lorsque celui-ci veut fortifier sa conviction, qu'il veut compléter des éléments déjà présents. Le juge est libre de choisir la partie à laquelle il défère le serment, sans qu'elle puisse le référer et tirer toutes les conséquences de son attitude. L'article 1386 indique d'ailleurs que « sa valeur probante est laissée à l'appréciation du juge » Ceci étant, le procédé est devenu archaïque, compte tenu des techniques modernes d'expertise et du recul de la valeur morale que présuppose le serment.

120. – Perruchot – Triboulet Le nouveau statut des experts judiciaires. D 2005 3045 et suiv.

Chapitre III. Le caractère exécutoire conféré par l'authentification

Un contrat a force de loi entre les parties contractantes et celles-ci ont toute liberté pour conférer au dit contrat une force exécutoire qui donnera à l'obligation un aspect contraignant. Les parties peuvent convenir d'un engagement devant notaire. C'est ce dernier qui donnera la force exécutoire à la convention (section 1). Mais le phénomène de contractualisation est si fort aujourd'hui que des parties en litige peuvent également convenir de tenter de régler par elle-même (et conventionnellement) leur différend en ayant recours à la procédure participative ou encore à l'arbitrage privé, plutôt que d'aller en justice. Mais dans ce dernier cas, c'est toujours le tribunal qui donnera force exécutoire à l'accord ou à la décision de l'arbitre (section 2).

Section I. La convention notariée

Les parties ont la possibilité de s'engager devant un officier public compétent (un notaire), qui délivrera comme nous venons de le voir, un acte authentique. Cet acte authentique sera revêtu de la formule exécutoire, que nous avons précédemment décrite lors de l'étude de la décision de justice.

Cet acte authentique permettra la mise en œuvre immédiate des voies d'exécution, sans avoir à passer par le tribunal. La formule exécutoire est la même que celle précédemment étudiée. C'est ce que rappelle l'article 19 de la loi du 25 Ventôse an XI organisant le notariat : « Tous actes notariés feront foi en justice, et seront exécutoires dans toute l'étendue de la République ». On comprend donc tout l'intérêt qu'il peut y avoir de passer par le notaire... et toute la différence qu'il existe entre un acte authentique et un acte sous seing privé. La créance contenue dans un acte sous seing privé devra être reconnue par le juge, dans une décision, pour pouvoir en obtenir la sanction.

Si les parties n'ont pas eu recours à l'officier public, elles devront faire constater le bien- fondé de leur créance en s'adressant au juge qui rendra une décision qui pourra être exécutée une fois qu'elle sera devenue définitive.

Section II. La convention de procédure participative ou d'arbitrage

A) La procédure participative

La convention de procédure participative[1] est définie par le code civil à l'article 2062 ; elle résulte d'une loi de décembre 2010 ; c'est une convention « *par laquelle les parties à un différend qui n'a pas encore donné lieu à la, saisine d'un juge ou d'un arbitre, s'engagent à œuvrer conjointement et de bonne foi à la résolution amiable de leur différend* ».

Les parties vont donc s'accorder pour ne pas aller en justice et pour essayer de trouver, pour une durée déterminée, une solution conventionnelle à leur litige. L'objectif poursuivi par le législateur est de désengorger les tribunaux. Cette convention, qui suppose impérativement la présence d'un avocat, décrit à peine de nullité l'objet du différend et fait état des pièces et des informations nécessaires à la résolution du différend. Au fond, les parties s'obligent à respecter le principe du contradictoire. Tant qu'elle est en cours, la convention de procédure participative rend le recours au juge irrecevable. (Article 2065 c. civ). Si les parties parviennent à un accord total ou partiel, l'accord est soumis à l'homologation du juge.

B) La convention d'arbitrage

Deux personnes en litige peuvent confier à une personne privée, qu'on appellera « arbitre » le soin de trancher le litige. C'est donc du consentement des parties que l'arbitre tient son pouvoir de juger. Les plaideurs ne se bornent pas à choisir un arbitre : ils le font juge. Leur commun accord n'opère pas qu'une désignation, il vaut comme investiture. Par le contrat d'arbitrage, les parties s'accordent sur la procédure : les adversaires renoncent à régler entre eux une affaire et au lieu de se donner une solution, ils se donnent un juge dont ils recevront la solution.

Ceci étant, la sentence de l'arbitre ne pourra être exécutée qu'en vertu d'une décision d'exequatur émanant du tribunal de grande instance dans le ressort duquel la sentence a été rendue. À cet effet, la minute de la sentence accompagnée d'un exemplaire de la convention d'arbitrage est déposée par l'un des arbitres ou par la partie la plus diligente au secrétariat de la juridiction (article 1477 du C P C.).

1. – G SELL MACREZ Vers la justice participative ? Pour une négociation à l'ombre du droit D2010 2450 SAURET La convention de procédure participative : aspects pratiques Gaz Pal 4 Mars 2011 33

Chapitre IV. Le contrôle

L'un des critères normatifs tient au contrôle de la norme : toute disposition normative a vocation à s'appliquer et c'est la raison pour laquelle son application doit être acceptée. Accorder aux personnes un délai pour contrôler la norme, c'est pouvoir présumer qu'en l'absence de contrôle effectué dans le délai, la norme est valablement acceptée. Le but du contrôle est toujours le même : c'est d'obtenir l'annulation, la réformation de la disposition contestée. Nous avons vu ainsi que la loi est contrôlée, a priori et a posteriori, qu'il est possible d'obtenir l'annulation d'un règlement par la voie du recours pour excès de pouvoir et qu'une décision de justice peut être réformée par la voie de l'appel, ou même cassée par la cour suprême.

Le contrat – qui est la norme des parties – n'échappe pas au principe du contrôle : pour être valable, un contrat doit répondre à des conditions de fond et parfois de forme (A), ces conditions étant sanctionnées par la nullité (B) dont l'effet est de faire disparaître rétroactivement le contrat.

Section I. Les conditions de fond

Elles sont désormais décrites à l'article 1128 (ord. du 10 Février 2016) du code civil[1] :

> « Sont nécessaires à la validité d'un contrat : le consentement des parties, la capacité de contracter, un contenu licite et certain »

Nous avons déjà étudié les conditions tenant au consentement qui doit être dénué de vices ; nous avons évoqué le droit des incapacités. Restent les conditions tenant à l'opération envisagée elle-même et qui tenaient autrefois à « l'objet et à la cause » ; ces notions ne paraissent pas totalement abandonnées mais désormais regroupées sous le pavillon assez flou de « contenu » du contrat qui doit être « licite et certain ».

Le « contenu du contrat » se distingue désormais toujours par son « objet » (art 1163) mais aussi par... « son but » (?) (Article 1162). Rappelons que l'article 1101 du code civil définit le contrat comme « *un*

1. – Ancien article 1108 : « quatre conditions sont essentielles pour la validité d'une convention : le consentement de la partie qui s'oblige, sa capacité de contracter, un objet certain qui *forme* la matière de l'engagement, une cause licite dans l'obligation ».

accord de volontés » entre deux ou plusieurs personnes, « *destiné à créer, transmettre, ou éteindre des obligations* ». Le mot « destination » nous semble définir à la fois ce à quoi s'engagent les parties, et ce pourquoi elles s'engagent. L'article 1102 nous rappelle que la liberté contractuelle est absolue mais elle « *ne permet pas de déroger aux règles qui intéressent l'ordre public* ». Les « bonnes mœurs » ont-elles été abandonnées ? L'article 6 du code civil dispose toujours « *qu'on ne peut déroger par des conventions particulières, aux lois qui intéressent l'ordre public et les bonnes mœurs* ». Comment articuler ces deux articles ? Faut-il y voir un conflit de normes internes ? Les bonnes mœurs n'auraient-elles été supprimées qu'à moitié ?

A) L'OBJET

L'article 1163 issu de l'ordonnance du 10 février 2016 reprend pour l'essentiel des notions qui avaient été dégagées antérieurement[2] pour qualifier l'objet, quitte à les reformuler parfois. Il dispose que l'obligation a pour objet une prestation « *présente ou future* » qui doit être « *possible et déterminée ou déterminable. La prestation est déterminable lorsqu'elle peut être déduite du contrat ou par référence aux usages ou aux relations antérieures des parties, sans qu'un nouvel accord des parties soit nécessaire* ». L'exigence de la déterminabilité de l'objet de l'obligation est donc reformulée par rapport à sa rédaction antérieure. Des précisions sont apportées quant à la détermination du prix dans les contrats de « *prestation de service. À défaut d'accord des parties avant leur exécution, le prix peut être fixé par le créancier, à charge pour lui d'en motiver le montant en cas de contestation. En cas d'abus dans la fixation du prix, le juge peut être saisi d'une demande en dommages et intérêts* » (art 1165). On comprend donc que le prix peut être déterminé unilatéralement dans les contrats visés par l'article. Et lorsque la « *qualité de la prestation n'est pas déterminée ou déterminable en vertu du contrat, le débiteur doit offrir une*

2. – L'ancien article 1126 du code civil rappelait que « *tout contrat a pour objet une chose qu'une partie s'oblige à donner, ou qu'une partie s'oblige à faire ou à ne pas faire* ». Il rappelait aussi que la « chose » qui fait « l'objet de la convention » devait d'abord « être dans le commerce » (art 1128 ancien C. civ.). La convention devait également « *avoir pour objet une chose au moins déterminée quant à son espèce* » même si « *la quotité de la chose* » pouvait « *être incertaine* », l'essentiel étant « *qu'elle puisse être déterminée* » (art 1129 ancien C. Civ.) c'est-à-dire suffisamment précisée dans l'acte pour que l'on sache ce que les parties ont voulu. L'objet devait être également « possible » (à l'impossible, nul n'est tenu) même si « *les choses futures peuvent être l'objet d'une obligation* » comme le rappelait l'ancien article 1130 du code civil.

prestation de qualité conforme aux attentes légitimes des parties, en considération de sa nature, des usages, et du montant de la contrepartie » (art 1166). La notion d'attente légitime est nouvelle. Une nouveauté également permet de trouver une solution en cas de disparition d'un indice nécessaire à la détermination du prix : « *lorsque le prix doit être déterminé par référence à un indice qui n'existe pas ou a cessé d'exister ou d'être accessible, celui-ci est remplacé par l'indice qui s'en rapproche le plus* ». (Art 1167)

B) LE BUT

On ne trouve plus dans l'ordonnance de février 2016 de référence à la notion de « cause » en matière contractuelle, sur laquelle on avait beaucoup (trop ?) disserté. La raison est simple : « *la notion de cause est ignorée de la plupart des droits étrangers comme des différents instruments européens, et reste encore mal définie...* »[3] et donc on la supprime ! Le temps n'est plus, pour le droit français, de servir de modèle aux systèmes étrangers... Et dire que le code Napoléon avait inspiré l'Europe entière !

Mais il ne suffit pas de supprimer un mot. L'ancien article 1131 du code civil disposait d'abord que l'obligation « *sans cause, ou sur fausse cause, ou sur une cause illicite, ne peut avoir aucun effet* ». L'article 1169 dispose désormais « *qu'un contrat à titre onéreux est nul lorsqu'au moment de sa formation, la contrepartie convenue au profit de celui qui s'engage est illusoire ou dérisoire* ». On se rappelle irrésistiblement que les auteurs affirmaient que dans un contrat synallagmatique, la contrepartie convenue pour l'un, c'était... la cause de l'engagement de l'autre ! Les concepts ont la vie dure. Et l'on constate que le défaut devient « dérisoire » et le faux devient « illusoire ». Mais quoi qu'il en soit, le mot « cause » a disparu.

Le « contenu » du contrat ne peut pas déroger « *à l'ordre public par son but...* »(art. 1162). Apparaît le mot « but » aux contours encore plus imprécis que celui du mot « cause »... S'agit-il du motif ou de la raison impulsive et déterminante qu'on appelait hier encore la .... cause ?

Et comment définir l'ordre public ? Une règle d'ordre public est impérative[4] (« ordre ») parce qu'elle a pour fondement la sauvegarde des

3 – Rapport au Président de la République.

4. – Sur l'illicéité de la « convention de mère porteuse ». La convention par laquelle une femme s'engage, fut-ce à titre gratuit, à concevoir et à porter un enfant pour l'abandonner à la naissance, contrevient tant au principe d'ordre public de l'indisponibilité du corps humain qu'à celui de l'indisponibilité du droit des personnes ». Cass. Assemblée plénière 31 Mai

intérêts collectifs (« public ») supérieurs aux intérêts particuliers. En principe, le législateur précise qu'une règle est d'ordre public ; mais on admet aujourd'hui que le juge peut reconnaître à la loi un caractère d'ordre public même en l'absence de dispositions formelles. Nous rappelons enfin que les « bonnes mœurs » ont aussi disparu, mais qu'elles figurent toujours à l'article 6 du code civil qui n'a pas été modifié. « *On ne peut déroger aux conventions qui intéressent l'ordre public et les bonnes mœurs* » Force est de constater qu'il y a un conflit de normes au sein même du code civil[5].

Certaines prestations sont interdites : on ne peut pas par exemple s'engager à commettre un fait interdit par le droit pénal. La convention de « tueur à gages » est évidemment illicite. Qu'en est-il de la convention « de strip-tease [6]» ? Si la notion de bonnes mœurs doit quitter progressivement, sur la pointe des pieds le code civil, une autre notion prendra-t-elle le relai ? Est apparu dans les lois bioéthiques le concept de « dignité humaine ». Il a été jugé que la convention de « lancer de nains » était contraire à l'ordre public parce qu'elle porte atteinte à la dignité humaine. Une personne de petite taille ne peut être abaisée au rang de projectile dans une attraction foraine (et cela quand bien même elle serait d'accord). La convention de prostitution, la convention de tatouage, sont-elles conformes à l'ordre public ? Le corps humain peut-il être abaissé au rang de châssis, support d'un dessin ? Peut-il être abaissé au rang de simple objet de plaisir ou de sex-toy ? De telles conventions ne sont-elles pas indignes ? Pourquoi l'ordonnance de février 2016 n'a-t-elle pas repris la rédaction du projet de réforme qui prévoyait initialement qu'un contrat *« ne peut porter atteinte aux droits et libertés*

1991 Bul. Civ. n°4 R 247, JCP 1991 II 21 752 communication de Jean Bernard, conclusions Dontenwille, note Terre. Paris 15 Juin 1990 JCP 1991 II 21 653 note Edelman et Labrusse Riou. Comparer : sur la licéité de la convention de prélèvement des ovocytes et de leur fécondation. La convention intervenue entre un couple et un Cécos pour régir le prélèvement des ovocytes et leur fécondation avec le sperme de l'homme, prévoyant et organisant un acte de thérapie d'une stérilité par des méthodes non hétérogènes, est respectueuse de l'article 1128. TGI Rennes 30 juin 1993 JCP 1994 II 22250 note Neirinck. Comparer enfin : sur la nullité de la convention de prélèvement d'un tatouage : TGI Paris 3 juin 1969 D 1970 136 note JP Gaz pal 1969 2 57. Même affaire la nullité de la convention n'étant plus discutée civ. 1re 23 février 1972 JCP 1972 II 17 135.

5. – Gael Chantepie BLOG Dalloz précité.

6. – Le caractère scandaleux de l'hypothèse de l'exécution forcée révèle l'absence d'obligation juridique et la nullité de la convention de strip-tease, contraire aux bonnes mœurs (TGI Paris 8 Novembre 1973 D 1975 page 401 note Puech).

fondamentaux reconnus par un texte applicable aux relations entre personnes privées »[7] ?

SECTION II. LA SANCTION DES CONDITIONS DE FORMATION : LA NULLITÉ

Lorsque les conditions requises pour la validité d'un acte juridique ne se trouvent pas réunies, la sanction consiste en principe dans la nullité de cet acte. Aucun des effets juridiques que l'auteur ou les auteurs de l'acte avaient l'intention de provoquer en passant l'acte ne se produit. L'acte est juridiquement inefficace. L'effet de la nullité est perturbateur et paraît contraire à la stabilité des relations juridiques puisque l'acte nul sera rétroactivement anéanti[8], les parties étant remises en l'état où elles se trouvaient avant la passation de l'acte. La théorie de la nullité est ancienne. L'article 1178 du code civil, issu de l'ordonnance de 2016, a pour mérite de la consacrer désormais expressément. De même que l'illégalité d'un règlement peut être soulevée par voie d'ACTION ou par voie d'EXCEPTION, de même la NULLITÉ pourra être invoquée par le demandeur au procès ou par le défendeur. L'action en nullité, comme le recours en annulation d'un acte administratif, est enfermée dans des délais. L'exception de nullité (ou d'illégalité) est en revanche perpétuelle[9].

L'action en nullité, comme le recours en annulation d'un acte administratif, a pour effet d'obtenir l'ANÉANTISSEMENT RÉTROACTIF de l'acte. On le voit, les grands traits permettant le contrôle de la norme obéissent toujours aux mêmes principes.

7. – Projet Terre Pour une réforme du droit des contrats Dalloz 2008 p 113

8. – Qu'elle soit évoquée par voie d'action ou par voie d'exception, la nullité emporte en principe, l'anéantissement rétroactif du contrat. civ. 1re 16 juillet 1998 Bul civ. 1 n°251, D 1999 631 note Fronton, et civ. 3e 2 octobre 2002 CCC 2003 n°23 note Leveneur, énonçant le principe selon lequel ce qui est nul est réputé n'avoir jamais existé. Elle a pour effet de remettre les parties dans la situation initiale civ. 1re 4 avril 2001 Bul. civ. 1 n°103.

9. – L'exception de nullité est perpétuelle Civ. 1re 19 décembre 1995 Bul Civ. 1 n°477. La partie qui a perdu par l'expiration du délai de prescription, le droit d'intenter l'action en nullité d'un acte juridique, même en matière extrapatrimoniale, peut à quelque moment que ce soit, se prévaloir de cette nullité contre celui qui prétend tirer un droit de l'acte nul (application en l'espèce de la règle « *quae temporalia sunt ad agendum, perpetua sunt ad excipiendum* » à des reconnaissances d'enfant naturel irrégulières eu égard à la législation en vigueur à l'époque). Civ. 1re 21 décembre 1982 D 1983 IR 331 obs. Huet Weiller. L'exception de nullité peut seulement jouer pour faire échec à la demande d'exécution d'un acte juridique qui n'a pas encore été exécuté (Civ. 1re 1er décembre 1998 Bul Civ. 1 n°338 JCP 1999 1 171).

– Ceci étant, l'action en nullité comporte en matière contractuelle, quelques spécificités. On distingue en principe deux catégories de nullités (et c'est le mérite de l'ordonnance du 10 février 2016 que d'avoir consacré la distinction dans le code civil) : les nullités relatives supposent que l'acte manque d'une condition de validité exigée en vue de protéger les intérêts d'une personne déterminée. Par exemple, si le consentement d'une partie est entaché d'erreur, la loi prononce la nullité dans l'intérêt de cette partie (et pas dans l'intérêt de l'autre). Si un incapable d'exercice a passé un acte sans le concours des formalités destinées à l'habiliter, c'est encore dans son intérêt que la loi déclare annulable l'acte accompli. Les nullités absolues supposent en revanche que l'acte manque d'une condition de validité, exigée en vue de protéger les intérêts généraux (article 1179). Par exemple, le contenu du contrat est contraire à l'ordre public.

– Entre les deux sortes de nullités, on relève habituellement des différences fondamentales de régime juridique : la nullité relative ne peut être invoquée que par la, ou les personnes que la loi a voulu protéger, (article 1181 code civ) et ses représentants légaux ou successeurs. La nullité absolue pourra être de son côté invoqué par tout intéressé (l'une et l'autre partie au contrat) et parfois par le Ministère public (article 1180). La nullité relative peut se couvrir par la CONFIRMATION (art 1181). Ce qui signifie que la personne que la loi a voulu protéger peut renoncer à invoquer la nullité et donner à l'acte une force définitive. Une personne se rend compte qu'elle a été victime d'une erreur. Elle pourrait demander la nullité. Mais elle ne le fait pas, et au contraire confirme l'acte passé. La nullité absolue ne peut en revanche pas faire l'objet de confirmation (art 1180). Quand bien même les parties voudraient confirmer un acte contraire à l'ordre public qu'elles ne le pourraient pas. Dans la mesure où l'action appartient à tout intéressé, l'auteur de la confirmation ne peut priver les autres du droit d'invoquer la nullité.

Mais les différences s'arrêtent désormais là : avant la réforme de la prescription, l'action en nullité relative devait être menée dans les cinq ans, à compter de la découverte de l'erreur, du dol ou de la cessation de la violence[10]. Le titulaire de l'action, en gardant le silence, était présumé y avoir renoncé et a ainsi confirmé l'acte nul. L'action en nullité absolue ne pouvant faire l'objet de confirmation, se prescrivait par trente ans à compter du jour où l'acte avait été passé. La loi du 17 juin 2008 dispose désormais que « *les actions personnelles ou mobilières se prescrivent par cinq ans à compter du jour où le titulaire d'un droit a*

10. – Article 1304 du code civil.

connu ou aurait dû connaître les faits lui permettant de l'exercer » (art 2224 C. Civ.). Ce délai de cinq ans est donc le délai de droit commun. Il est donc le même, tant pour la nullité relative que pour la nullité absolue... ce qui tend à réduire l'intérêt de la distinction entre les deux régimes. Le législateur rappelle aujourd'hui que l'exception de nullité est quant à elle perpétuelle (art 1185).

Chapitre V. L'exactitude

Nous avons vu que l'un des critères qui font d'une disposition une norme, est celui de l'exactitude : toute erreur doit être à même d'être réparée selon une technique précise. Le plus souvent, on recherchera à établir ce qu'a voulu dire l'autorité qui a pris la disposition erronée.

Les erreurs contenues dans la loi sont susceptibles d'être réparées par la technique de l'erratum. Les difficultés d'interprétation d'un texte seront soumises au juge, qui s'efforcera (par l'étude des travaux préparatoires) de rétablir la volonté du législateur. Les erreurs contenues dans un jugement peuvent être aussi réparées, par la technique du recours en interprétation, ou en rectification d'erreur matérielle.

Qu'en est-il des erreurs contenues dans un contrat ?

L'erreur matérielle en elle-même ne pose aucune difficulté : les parties peuvent, par un nouvel accord, réparer le texte erroné. En pratique on fera état en marge de la rectification et chaque partie apposera sa signature sous le mot ou l'élément de phrase rectifié. C'est lorsque les dispositions contractuelles sont floues que les problèmes peuvent apparaître. Comment interpréter le contrat, et qui a le pouvoir de l'interpréter ?

On peut évidemment faire le rapprochement avec l'interprétation de la loi : après tout, le contrat est la loi des parties. Nous avons vu qu'en matière législative (et à défaut de loi interprétative) il appartient au juge – et à lui seul – d'interpréter la loi obscure ; nous avons dit également que dans sa recherche interprétative, le juge peut consulter les travaux préparatoires de la loi pour rechercher ce que le législateur a voulu dire. En matière contractuelle, la démarche est la même : si les parties ne parviennent pas à s'accorder sur le sens à donner à une disposition conventionnelle, c'est le juge (et lui seul) qui devra interpréter le contrat.

Les articles 1188 à 1192 du code civil[1] guident le juge dans sa démarche interprétative. Le texte fondamental est l'article 1188, en vertu duquel « *on doit dans les conventions, rechercher quelle a été la commune intention des parties, plutôt que de s'arrêter au sens littéral des textes* ». Ce texte est le corollaire du principe d'autonomie de la volonté. Le juge va donc pouvoir analyser les « travaux préparatoires » du contrat pour comprendre ce que les

1. – Anciens articles 1156 et suivants

parties ont voulu[2]. Il pourra écarter les termes employés par les parties dans leur convention, s'il estime que « malgré leur clarté, les termes invoqués pris dans leur sens littéral sont incompatibles avec l'ensemble du contrat, et l'intention évidente des parties » (Req.15 Avril 1926, DH 1926 p 317) ou encore écarter un mot comportant une erreur évidente[3].

Mais si le contrat est clair (art 1192) le juge ne dispose pas du pouvoir de l'interpréter... pas plus qu'il ne peut interpréter une loi claire. Il doit dans ce cas-là l'appliquer, comme il applique la loi. Ce n'est que dans la mesure où le contrat comporte une lacune ou une ambiguïté, que celui-ci devra être interprété. Que faire si la recherche de la commune intention ne donne aucun résultat ? Avant l'ordonnance de 2016, on présumait que les parties ont tacitement voulu se référer « *à ce qui est d'usage dans le pays où le contrat est passé* » (ancien art 1159) ou encore « *suppléer dans le contrat les clauses qui y sont d'usage, quoiqu'elles n'y soient pas exprimées* » (ancien art 1160). L'usage pouvait apparaître comme supplétif de volonté[4]. L'ordonnance de février 2016 se contente de rappeler que les contrats « *obligent non seulement à ce qui est exprimé, mais encore à toutes les suites que leur donnent l'équité, l'usage ou la loi* » (article 1194) Ce qui revient à dire que les parties tacitement s'en remettent aux usages.

Il faut reconnaître qu'à l'aide du recours à l'intention commune présumée, la jurisprudence a pu en fait, créer de nouvelles obligations à la charge de l'une des parties contractantes : l'exemple habituellement donné est celui de l'obligation de sécurité en matière de transport de voyageurs. Depuis 1911, la Cour de cassation estime que le transporteur ne s'engage pas seulement à

2. – Pour l'interprétation d'une convention (contrat d'édition) à la lumière des propositions antérieurement faites par l'éditeur à l'auteur : V° Civ. 1re 18 février 1986 Bul. Civ. 1 n°31.

3. – Lorsque les juges du fond estiment, par une interprétation souveraine de la commune intention des parties exclusive de dénaturation des termes de la clause litigieuse, que la mention d'un indice figurant dans la clause de révision d'un loyer était le résultat d'une erreur provenant d'une rédaction hâtive et maladroite, ils peuvent en écarter l'application. Civ. 3e 8 octobre 1974 D 1975 189.

4.– Si l'article 1160 autorise à suppléer dans les contrats les clauses qui y sont d'usage, ce texte ne peut avoir pour but ou pour effet de modifier l'économie du contrat en y introduisant, en raison du silence des parties, une clause qui modifie l'essentiel de leurs droits et de leurs obligations ; une clause ne peut être dite d'usage au sens du texte sus visé que si, d'une part, il est à présumer que son omission a été involontaire et que les parties entendaient de toute façon en faire application, et si d'autre part, cette application est possible sans que le juge ait à fixer des éléments de fait dont le choix et la détermination n'appartenaient qu'aux parties aux volontés desquelles il ne peut substituer la sienne : en l'espèce, l'omission de la clause de révision de prix ne paraît pas être le résultat d'une simple inadvertance. Rouen 29 Novembre 1968 D 1969 146.

transporter un voyageur d'un point à un autre, mais qu'il s'engage en plus à le conduire sain et sauf (et cela, quand bien même le contrat de transport serait muet sur la question). Cette jurisprudence, justifiée par l'équité, est fondée – artificiellement sans doute – sur l'intention présumée des parties. On a parlé de « forçage » du contrat, à propos de cette technique qui a par ailleurs été généralisée à d'autres conventions. L'ordonnance de 2016 propose en revanche des méthodes inspirées de la législation consumériste : *« dans le doute, le contrat de gré à gré s'interprète contre le créancier et en faveur du débiteur, et le contrat d'adhésion contre celui qui l'a proposé »*.

Il demeure que seul le juge a le pouvoir d'interpréter utilement un contrat. Cela signifie a contrario, que les interprétations contractuelles données par d'autres personnes que le juge, n'ont en principe pas de valeur normative. Elles ne forment qu'autant d'opinions, de points de vue, qui peuvent aider le juge dans sa démarche, sans pour autant s'y substituer. Il faut à ce stade évoquer le droit de la consommation, qui – dans le but de protéger le consommateur des abus du professionnel – interdit ou répute non écrite toute « clause abusive ». La « commission des clauses abusives » a même été créée en 1978, aux fins de détecter, dans les « conventions habituellement proposées par les professionnels à leurs contractants non professionnels » les clauses qui pourraient présenter un caractère abusif. Si le caractère abusif d'une clause contractuelle est soulevé par une partie au procès, le juge a la faculté de saisir la commission des clauses abusives aux fins que celle-ci donne son avis sur la question. Mais l'avis donné n'a pas pour effet de lier le juge, qui reste maître de sa décision et de l'interprétation à donner au contrat.

Chapitre VI.
La précision du contrat

Nous avons posé comme dernier critère normatif celui de la précision dans le temps, dans l'espace et quant aux personnes concernées par la norme. Qui est obligé ? À partir de quand et jusqu'à quand ? Dans quel domaine spatial ? La réponse à ces questions est précise et caractérise la norme.

Section I. Le contrat et le temps

Un contrat est-il tout le temps valable ? Le temps peut-il altérer son contenu ? La question se pose essentiellement pour les contrats à exécution successive. Elle se pose moins pour les contrats à exécution instantanée[1]. Cette classification classique a été entérinée par l'ordonnance du 10 février 2016 ;

Un contrat instantané est celui dans lequel les parties doivent exécuter leurs obligations en une seule fois. C'est par exemple le cas de la vente au comptant. Un contrat à exécution successive est celui dans lequel l'exécution des obligations des parties ou de l'une des parties, doit s'échelonner dans le temps (par exemple dans le contrat de bail, le locataire paye son loyer tous les mois). Comment régler la question posée par la durée du contrat ? Il est à ce stade utile de rappeler ce que nous avons dit à propos de la loi : la loi est en principe obligatoire aussi longtemps qu'elle n'est pas abrogée. Que dira-t-on du contrat ?

En principe, un contrat ne peut être rompu, conformément à l'article 1193 du code civil, que d'un commun accord entre les parties. Ce principe est vrai pour les contrats instantanés et pour les contrats à exécution successive à durée déterminée. Pour ces derniers, s'il n'y a pas d'accord amiable, ils devront être menés à leur terme (article 1212). Au contraire, on admet que les contrats successifs à durée indéterminée sont résiliables par la volonté unilatérale à condition que cette rupture ne présente pas un caractère abusif, et sous respect d'un préavis « contractuellement prévu » ou à défaut « un délai raisonnable » (art 1211). Ainsi, le contrat de travail à durée indéterminée est résiliable par la volonté unilatérale de l'employeur ou du salarié. La raison est simple : la loi prohibe par principe l'engagement perpétuel.

1. – Article 1111-1 du code civil : « le contrat à exécution instantanée est celui dont les obligations peuvent s'exécuter en une prestation unique. Le contrat à exécution successive est celui dont les obligations d'au moins une partie s'exécutent en plusieurs prestations échelonnées dans le temps »

Se pose aussi le problème de la révision des contrats à exécution successive, en raison de la modification des circonstances économiques. C'est toute la théorie de l'imprévision qu'il faut ici exposer[2]. Le principe d'intangibilité du contrat a longtemps interdit au juge de modifier les clauses contractuelles, et cela en dépit d'un changement des circonstances économiques. Ce principe a été posé par le célèbre arrêt dit « du Canal de Craponne » « *Dans aucun cas, il n'appartient aux tribunaux, quelque équitable que puisse leur paraître leur décision, de prendre en considération le temps et les circonstances pour modifier les conventions des parties, et substituer des clauses nouvelles à celles qui ont été librement acceptées* »[3].

Pour éviter les rigueurs de ce principe propre au droit civil[4], les cocontractants ont pris l'habitude d'inclure dans leurs conventions des clauses d'échelle mobile, des clauses d'indexation[5] ou de renégociation[6]. Mais cela n'a peut-être pas suffi à régler toutes les difficultés. L'ordonnance du 10 février 2016 a-t-elle remis en cause l'arrêt « Canal de Craponne » ? De fait, l'article 1195 dispose désormais que « *si un changement de circonstances imprévisible lors de la conclusion du contrat, rend l'exécution excessivement onéreuse pour une*

---

2. – R. David Études Jauffret Fac de droit d'Aix Marseille 1974 p. 211 (l'imprévision dans les droits européens) Hébraud Mélanges Kayser PU Aix Marseille 1979 Tome 2 p. 1 Ménard, Études Ghestin, LGDJ 2001 p. 661 (imprévision et contrats de longue durée).
3. – DP 1876 1 193 Note Giboulot.
   Cette solution est maintenue : Civ. 14 Novembre 1933 Gaz Pal 1934 1 58 (livraison périodique de charbon à prix fixe) Civ. 30 Mai 1996 Contrats Conc. Consomm 1996 n°185 obs. Leveneur (impossibilité de remettre en cause une clause prévoyant que le locataire ne pourrait être indemnisé du préjudice que lui causerait la durée des travaux dans les parties communes.
4. – La révision pour imprévision est admise en droit administratif CE 30 Mars 1916 Gaz de Bordeaux GAJA 15 ème ed. N°31 D 1916 3, 25 Concl. Chardenet. (constatant qu'une hausse imprévisible du charbon avait bouleversé l'économie d'un contrat de concession, le Conseil d'état reconnaît au concessionnaire un droit à une indemnité contre l'autorité concédante) V° également CE 9 décembre 1932 Compagnie des tramways de Cherbourg D 33 3 17 Concl. Josse.
5. – V° Chabas, Mélanges Decottignies, PU Grenoble 2003 p 71 (indexation conventionnelle) Honorat, Études Flour, Defrenois 1979 p 251 (indexations contractuelles et judiciaires)
6. – Les juges du fond apprécient souverainement qu'une clause de renégociation insérée dans un contrat n'oblige pas les contractants qui se conforment aux modalités de mise en œuvre de cette clause, à réviser le contrat, mais en autorise seulement la possibilité. Com 3 Octobre 2006 D 2007 765 Note Mazeaud. Clause de sauvegarde (dite de « hardship », permettant à l'une des parties de demander un réaménagement du contrat en cas de changement intervenu dans les données initiales sur lesquelles reposait l'équilibre du contrat. Paris 28 septembre 1976 JCP 1978 II 18 810 Note Robert (renégociation d'un prix en application d'une clause de sauvegarde).

partie qui n'avait pas accepté s'en assumer le risque, celle-ci peut demander une renégociation du contrat à son cocontractant. Elle continue à exécuter ses obligations durant la renégociation. En cas de refus ou d'échec de la renégociation, les parties peuvent convenir de la résolution du contrat, à la date et aux conditions qu'elles déterminent, ou demander d'un commun accord au juge de procéder à son adaptation. À défaut d'accord dans un délai raisonnable, le juge peut, à la demande d'une partie, réviser le contrat ou y mettre fin, à la date et aux conditions qu'il fixe ». Une brèche est semble-t-il ouverte qui porte atteinte au sacro-saint principe d'intangibilité du contrat. L'imprévision fait donc son entrée dans le droit des contrats : il est vrai que la France était l'un des derniers pays européens à ne pas la reconnaître.

SECTION II. LE CONTRAT ET L'ESPACE

Le principe de la liberté contractuelle fait que deux personnes ont toute liberté de préciser dans leur convention le lieu où celle-ci devra être exécutée. Deux Français peuvent convenir en France d'un contrat qui sera exécuté à l'étranger. Deux étrangers peuvent former à l'étranger un contrat, qui sera exécuté en France. Un Français peut conclure à l'étranger un contrat avec un étranger qui sera exécuté en France ou à l'étranger... Le problème de l'espace nous conduit à distinguer le lieu de formation du lieu de l'exécution de l'obligation. Quelle juridiction saisir en cas de problème ? Le code civil répond au problème[7] en instaurant un privilège de juridiction fondé sur la nationalité française de l'une des parties[8] et que l'on se contentera de décrire sommairement.

L'article 14 du code civil dispose que « *l'étranger, même non résidant en France, pourra être cité devant les tribunaux français pour l'exécution des obligations par lui contractées en France avec un Français ; il pourra être traduit devant les tribunaux de France, pour les obligations par lui contractées en pays étranger envers des français* ». Mais cette disposition qui n'est que facultative[9], n'est pas d'ordre public[10] et les parties peuvent y renoncer.

7. – Droz Rev. Crit. DIP 1975 1 (pour une réforme des articles 14 et 15)

8. – Pour l'application de l'article 14 qui est une loi de procédure, il suffit de rechercher quelle était la qualité des parties au moment où l'action a été introduite. Il importe peu que le demandeur ne soit devenu français que postérieurement à la naissance de l'obligation dont il poursuit l'exécution. Paris 7 Juin 1928 DP 1929 2 120 note Plassard.

9. – L'article 14 n'ouvre au demandeur français qu'une simple faculté et n'édicte pas à son profit une compétence impérative, exclusive de la compétence indirecte d'un tribunal

L'article 15 du code civil dispose de son côté qu'un « *Français pourra être traduit devant un tribunal de France pour des obligations par lui contractées en pays étranger, même avec un étranger* ». Cette disposition générale[11] n'est pas non plus d'ordre public[12] et les parties peuvent également y renoncer[13].

SECTION III. L'AUTORITÉ RELATIVE DU CONTRAT

Nous avons vu que la loi et le règlement ont un effet absolu et que la décision de justice a, au contraire, un effet relatif puisqu'elle n'est obligatoire que pour les parties au procès. Si la force obligatoire du contrat peut être rapprochée de celle de la loi (« *les contrats ont force de loi...* ») la portée de cette force obligatoire ressemble fort à celle de la décision de justice, puisque les contrats n'ont d'effet qu'entre les parties.

Les conventions produisent les effets que les parties y attachent librement, dans les limites de l'ordre public. Mais la liberté de chacun ne devant pas empiéter sur la liberté des autres, l'acte juridique ne peut avoir effet qu'à l'égard des parties qui l'ont voulu, et non à l'égard des tiers. Telle est la règle contenue dans le code civil « *le contrat ne crée d'obligations qu'entre les parties » (art 1199) les tiers ne peuvent ni demander l'exécution du contrat ni se voir contraints de l'exécuter... »* ». C'est la règle dite de « *l'effet relatif* », le mot effet devant être compris dans le sens « *d'effet obligatoire* ». Un tiers ne peut, en principe, être rendu créancier ou débiteur par l'effet d'un contrat auquel il n'a pas été

étranger déjà saisi et dont le choix n'est pas frauduleux. Civ. 1ere 22 Mai 2007. Bul Civ. 1 n°195 Dalloz 2007 AJ 1596 obs. Gallmeister. Dans le même sens dans l'hypothèse où la juridiction étrangère a été saisie postérieurement à la juridiction française civ. 1ere 30 septembre 2009 Bul. civ. 1 n°192 Dr. Fam. 2009 n°166 note Abadie.

10. – Le moyen pris du privilège de juridiction prévu aux articles 14 et 15 n'est pas d'ordre public. Civ. 1ere 7 Juillet 1981 Bul. Civ. 1 n° 252. Au cas où ceux qui bénéficient du privilège de juridiction qu'institue l'article 14 ne l'auraient pas invoqué, il n'appartient pas au juge de le faire jouer d'office. civ. 1ere 21 Mai 1963 Bul. Civ. 1 N° 267 Revue critique DIP 1964 360 Note Loussouarn.

11. – L'article 15 est applicable en toutes matières, à la seule exception des actions concernant des immeubles situés à l'étranger ou des voies d'exécution qui y sont engagées. Civ. 1ere 18 mai 1976 Bul. Civ. 1 n°176.

12. – Les dispositions de l'article 15 ne sont pas d'ordre public et ne peuvent être appliquées d'office par le juge Com 9 octobre 1967 Bul. civ. III n°309.

13.– La règle de compétence de l'article 15 conférant un droit aussi bien à l'étranger demandeur qu'au français défendeur, la renonciation à son bénéfice doit émaner à la fois du demandeur que du défendeur civ. 1ere 7 décembre 1971 Bul. Civ. 1 n°309.

partie[14]. Ceci étant, pour les tiers, un contrat n'est qu'un fait juridique ; en cette qualité, il leur est opposable[15] et peut constituer pour un juge une source d'information[16], mais rien de plus. C'est ce que rappelle désormais l'article 1200 : « *les tiers doivent respecter la situation juridique créée par le contrat. Ils peuvent s'en prévaloir notamment pour rapporter la preuve d'un fait* ».

Encore faut-il s'accorder sur le sens du mot « *tiers* ». Que veut dire ce mot ? Le code civil compliquait la définition par celle qu'il donnait au mot « parties » au contrat. Que veut dire le mot « parties » ? Le code civil disposait à l'article 1122 (ancien), que « *l'on est censé avoir stipulé pour soi et pour ses ayants cause* ». Les « *ayants- cause* » ne sont donc pas des « *tiers* » et peuvent se trouver engagés par des conventions qu'ils n'auraient pas souscrites mais qui auraient été souscrites par leur auteur[17]. On distinguait donc les ayants-cause des tiers (*penitus extranei*, complétement étrangers).

On plaçait, parmi les ayants cause, les ayants cause universels (c'est-à-dire les personnes qui recueillent en tout ou partie la succession de leur auteur). Ce sont les héritiers, ou les légataires universels ou à titre universel. Ils prennent en principe la place de leur auteur et sont donc tenus des mêmes obligations, et titulaires des mêmes droits que lui. Le principe de la transmissibilité des droits et obligations aux ayants-cause universels est absolu, « *à moins que le contraire ne soit exprimé, ou ne résulte de la nature de la convention* » (ce dernier point vise essentiellement les conventions conclues *intuitu personae*).

14. – V° par exemple : Absence de faute du particulier déposant un sac poubelle contenant des morceaux de verre sur la voie publique, dès lors que la convention concernant la collecte sélective du verre n'unit que la commune et la communauté urbaine et qu'aucun règlement municipal n'interdit ce comportement. civ. 2eme 3 juin 2004 Bul. Civ. II n° 270; Une société ne peut être condamnée à payer des travaux qu'une autre avait commandés. civ. 1ere 15 février 2000. Bul. Civ. 1 n° 47.

15. – Les tiers à un contrat peuvent invoquer à leur profit comme un fait juridique, la situation créée par ce contrat (caution admise à se prévaloir d'une convention passée entre deux banques, dont celle bénéficiant du cautionnement et ayant pour objet de répartir entre les deux établissements diverses créances) Com 22 Octobre 1991 D 1993 181 note Ghestin.

16. – L'effet relatif des contrats n'interdit pas aux juges du fond de rechercher dans un acte étranger à l'une des parties en cause des renseignements de nature à éclairer leurs décisions. Ils peuvent, dès lors, pour déterminer l'intention des parties, se référer à un second contrat conclu par une même personne avec le fils de son premier contractant. civ. 1ere 24 janvier 1967 Bul. civ. 1 n° 33

17. – Deshayes, Mélanges Goubeaux Dalloz LGDJ 2009 p 85 (recherche sur les origines de la notion d'ayant-cause) Du Garreau de la Méchenie RTD civ. 1944 219 (vocation de l'ayant-cause particulier aux droits et obligations de son auteur) Lépargneur RTD civ. 1924 481 (contrats générateurs d'obligations relatifs aux biens transmis).

On plaçait encore parmi les ayants-cause, les ayants-cause à titre particulier, qui ne succèdent qu'à un bien ou à un droit individualisé de leur auteur. C'est le cas par exemple de l'acquéreur d'un immeuble, ou du cessionnaire d'une créance. Il n'est pas discuté que les ayants cause à titre particulier doivent rester étrangers à l'ensemble des obligations et des droits de leur auteur. Mais le problème se pose lorsque le contrat passé par l'auteur a un rapport avec le droit ou avec le bien transmis. On règle la question en disant qu'en principe, les contrats ayant pour objet un droit réel se transmettent à l'ayant-cause à titre particulier (si je consens sur un terrain une servitude à un voisin et que je vends ensuite mon terrain, l'acheteur du terrain sera tenu de respecter la servitude par moi consentie, si bien sûr, la servitude a été publiée à la conservation des hypothèques). Pour les contrats ayant pour objet des droits personnels, on dit que les droits se transmettent à l'ayant-cause à titre particulier, mais pas les obligations. En d'autres termes, si j'achète un bien faisant l'objet d'une garantie par mon vendeur, je suis créancier de cette garantie. Si je cède le bien à un tiers, je cède la garantie au tiers en même temps que la chose. Ainsi l'obligation de non-concurrence, contractée par le vendeur d'un fonds de commerce peut-elle être invoquée par les acquéreurs successifs de ce fonds, comme la garantie des vices cachés due par le vendeur se trouve transmise au sous-acquéreur du bien. Mais si les droits se transmettent à l'ayant-cause à titre particulier, les obligations demeurent par définition intransmissibles en raison de la prohibition de principe de la cession de dette. L'ayant-cause à titre particulier n'est pas tenu des obligations de son auteur à moins bien sûr qu'il n'ait accepté expressément ou implicitement la transmission.

L'ordonnance du 10 février 2016 ne paraît pas avoir repris la distinction et ne parle plus des « ayants-cause ».

Le contrat est donc en principe un acte individuel, qui n'est obligatoire que pour les parties au contrat, c'est-à-dire les personnes qui ont donné leur consentement. Le contrat individuel est le seul qui ait été envisagé par les rédacteurs du code civil. C'est lui qui est visé par l'article 1199. Où sont passés les ayants-cause[18] ?

Observons toutefois qu'aux côtés du contrat individuel, apparaît aujourd'hui le contrat collectif, qui est un contrat qui a pour effet de lier des personnes sans que leur consentement soit nécessaire. Faut-il admettre que leur consentement est présumé ? L'exemple de contrat collectif est fourni par les « *conventions collectives de travail* ». Lorsqu'elle a été conclue par les

18. – Xavier LABBEE « où sont passés les ayants-cause » JCP 20 juin 2016

organisations les plus représentatives des employeurs et des salariés, la convention collective peut être étendue, par simple arrêté du Ministre du travail, à l'ensemble des employeurs et des salariés de la même branche d'activité. Ce qui caractérise le contrat collectif par rapport au contrat individuel, c'est en premier lieu qu'il émane d'une collectivité de personnes, et en second lieu qu'il comporte un élément de contrainte à l'égard de la minorité. C'est pourquoi des auteurs estiment que le contrat collectif a une nature mixte, qu'il est à la fois un contrat et un acte réglementaire[19]. Et constatent l'accroissement du phénomène de la contractualisation des rapports individuels.

Que peut-on conclure de cette étude relative à l'acte juridique ? D'abord, on peut constater qu'il n'est pas nécessaire d'être juriste ou de consulter un juriste pour accomplir un acte qui aura force obligatoire : la remarque rejoint celle que nous avons déjà faite à propos de la loi, ou même du jugement. Ensuite, nous remarquons que l'acte juridique n'aura de valeur normative qu'autant qu'il répondra aux six critères posés : *a contrario*, nous serons amenés à constater que de simples pourparlers, préliminaires au contrat, ne pourront avoir en tant que tels de valeur obligatoire (ce qui ne signifie pas qu'ils seront sans intérêt... notamment pour l'établissement de la « *commune intention des parties* » par le juge, en cas de litige). De même encore, un contrat ne sera véritablement obligatoire qu'autant qu'il sera revêtu de la formule exécutoire (on perçoit toute la différence qu'il peut exister entre l'acte authentique et l'acte sous seing privé).

CONCLUSION DE LA PREMIÈRE PARTIE

Nous avons posé comme première définition que la règle de droit est une règle de contrainte symbolisée par le glaive.

---

19. – P Rodière : « L'originalité principale de la convention collective n'est-elle pas que l'accord autonome des partenaires sociaux suffise par lui-même (certes parce que la loi le veut ou l'accepte) à créer des règles qui sont matériellement des lois, règles impersonnelles, générales, permanentes ? Un processus contractuel, de droit subjectif, donne vie à des règles de droit objectif : dissociation de la forme et du fond, a-t-on dit, puisque la règle de droit objectif ne naît pas de sa source naturelle, l'autorité publique ou étatique, effet qui dépasse la cause » In « *la convention collective de travail en droit international, contribution à l'étude des normes juridiques de source professionnelle* » thèse Paris 1 ed. 1987 p 378 V° également Brethe de la Gressaye, « *La nature juridique de la convention collective* », Thèse Paris 1921 et « *La convention collective est-elle un contrat ?* » Mélanges Henri Capitant 1939 p 101 et suiv. P. Durand, « *Le dualisme de la convention collective de travail* » RTD Civ. 1939 p 353 et suiv.

Les critères que nous avons dégagés nous permettent de classer parmi les dispositions contraignantes (et donc normatives) la loi et le règlement, dont la portée est en principe absolue, ainsi que la décision de justice et le contrat dont la portée est en principe relative. Nous observons que les personnes qui disposent du pouvoir de créer la norme ne sont pas par principe des juristes. Les députés et les sénateurs ne sont pas plus juristes que les ministres, les préfets, les maires ou même le Président de la République. Il n'est par ailleurs nul besoin d'être juriste pour confectionner un contrat... ni même pour juger puisque certaines juridictions ne sont composées que par des juges non-professionnels.

Nous avons vu que les six critères que nous avons dégagés sont cumulatifs : qu'un critère fasse défaut, et la disposition ne sera pas obligatoire. Il semble donc logique d'écarter des dispositions normatives les dispositions préparatoires à la norme (projets de lois non suivis d'effet, projets de décrets, conclusions d'avocat suivies – ou non – par le juge, pourparlers contractuels...). On écartera aussi des dispositions normatives tout ce qui émane d'autorités démunies du pouvoir normatif (comme les avis du CCNE, les opinions doctrinales). On écartera enfin les dispositions normatives inachevées (la loi non publiée, la décision de justice non signifiée et périmée, le contrat non signé) ou incomplètes (le jugement erroné ayant fait l'objet d'une demande de rectification, la loi comportant une erreur qu'il convient d'apprécier).

Tout ceci ne veut pas dire pour autant que ces dispositions demeurent sans intérêt : nous verrons lequel. On peut à ce stade de l'étude nourrir une inquiétude : que penser d'un système juridique laissé – en apparence du moins – entre les mains des non juristes ? À quoi servent les juristes ? Si le droit n'était qu'oppression et contrainte, le juriste ne servirait à rien. C'est parce que la règle de droit doit aussi être juste pour remplir sa mission que l'on se rend compte tout à coup de ce qu'est la mission du juriste, et que l'on comprend l'importance du rôle des dispositions que nous n'avons pas réussi à classer parmi les règles normatives, faute de répondre aux critères. C'est que le droit est aussi symbolisé par la balance.

DEUXIÈME PARTIE
LA BALANCE

« QUE LA FORCE SOIT JUSTE »

PRÉLIMINAIRE

Nous avons dit que la règle de droit allie ce qui est FORT et ce qui est JUSTE. Nous pensons avoir déterminé avec précision des paramètres nous permettant à coup sûr de distinguer ce qui est juridiquement obligatoire de ce qui ne l'est pas. Nous savons maintenant que la LOI, le RÈGLEMENT, la DÉCISION de JUSTICE, le CONTRAT sont des instruments de contrainte parce qu'ils sont obligatoires dès lors qu'ils répondent aux critères que nous avons définis. Mais cela suffit-il ?

Nous avons, en introduction, souligné tous les dangers que peut présenter le droit s'il se résume à un seul instrument d'oppression. Une mauvaise loi peut devenir obligatoire. Un jugement définitif peut être exécuté même s'il est injuste. Un tel constat n'est évidemment pas satisfaisant : et c'est pourquoi nous avons dit que le GLAIVE, instrument de force, ne peut exister sans la BALANCE, instrument de mesure. Car la règle de droit est un instrument de force qui doit poursuivre comme finalité d'atteindre ce qui est JUSTE.

À quoi correspond le mot « juste » évoqué par l'instrument de mesure qu'est la balance ?

Des propos mesurés sont des propos prudents. La balance symbolise l'ÉQUILIBRE, l'HARMONIE. On a dit également qu'un homme « juste » est un homme loyal, honnête. Et que la justice a pour corollaire l'ÉQUITÉ, l'ÉGALITÉ. Tous ces mots pourraient former les composantes de ce qui est JUSTE. Ce sont, en tout cas, ces mots que nous retiendrons. Comment obtenir un droit ÉQUITABLE, ÉQUILIBRE, HARMONIEUX, PRUDENT, REFLÉTANT L'HONNÊTETÉ ?

On se rend compte que l'idéal de JUSTICE, symbolisé par la balance, représente la FINALITÉ du DROIT. L'instrument de force qu'est la règle contraignante doit être manié dans le but de JUSTICE. Sans cet idéal, la règle de droit n'est rien. Elle peut devenir même la pire des choses puisqu'elle pourrait se résumer à la seule oppression. On comprend aussi qu'une disposition juste qui ne serait pas obligatoire ne serait – pour cette seule raison – peut-être pas respectée. C'est pourquoi le glaive ne peut aller sans la balance… et que la balance n'a pas de raison d'être sans la présence du glaive. Comment construire la règle de droit ? L'individu amené à obliger autrui par le contrat qu'il lui propose, le jugement qu'il va rendre, l'arrêté qu'il va signer, la loi qu'il va voter, doit agir en CONSCIENCE.

Qu'est-ce que la conscience si chère à l'avocat (qui jure dans son serment de défendre « en conscience ») et au juré d'assise (qui statue « en son âme et conscience ») et sur laquelle les juristes contemporains ont disserté[1] ? On peut la définir simplement comme étant la faculté de discerner le bien du mal. C'est la conscience morale qui règle « en guide infaillible » notre conduite comme l'explique Rousseau dans une très belle page[2]. C'est à ses décisions et non au jugement d'autrui que l'individu doit se conformer. D'où l'importance d'une bonne conscience vraie, droite, certaine, éclairée et délicate. On comprend dès lors la phrase de Rabelais, qui peut être appliquée à toutes les sciences : « Science sans conscience n'est que ruine de l'âme ». La science est un instrument qui doit être manipulé pour faire le bien. Il ne doit pas être manipulé dans un autre but. Sinon, la science est détournée de sa finalité. C'est la conscience qui guide celui qui manipule l'instrument.

Guide avant l'action, juge après l'action, la conscience se manifeste en nous de deux façons : elle prononce des jugements, elle provoque des sentiments. Avant l'action, la conscience apprécie la relation de l'acte avec la loi morale, elle dit s'il lui est conforme ou contraire ; elle juge que s'il est bon, on doit – ou tout au moins on peut – l'accomplir et que s'il est mauvais, il faut s'en abstenir.

---

1. – Laszlo Fenouillet Dominique « La conscience » Thèse LGDJ 1996.
2. – Jean Jacques Rousseau : « Si l'homme est actif et libre, il agit de lui-même ; tout ce qu'il fait librement n'entre pas dans le système ordonné par la Providence et ne peut lui être imputé » Ne reprochons donc pas à Dieu d'avoir permis le mal : « c'est pour respecter la liberté de l'homme, condition essentielle de sa vertu ! Ôtez nos funestes progrès, ôtez nos erreurs et nos vices, ôtez l'ouvrage de l'homme et tout est bien ! »… Il ne tient qu'à nous de faire bon usage de notre liberté, en nous conduisant selon la Nature, c'est-à-dire selon la volonté divine : obéissons à notre conscience, juge infaillible du bien et du mal. Dieu nous a donné la conscience pour aimer le bien, la raison pour le connaître, la liberté pour le choisir » et c'est de nous seul que dépend notre bonheur. (Lettres sur la Providence. In Lagarde et Michard XVIIIe siècle éd Bordas p. 310).

Après l'action, elle approuve ou condamne l'acte librement accompli par nous-mêmes ou par d'autres personnes ; elle loue ou blâme son auteur, le proclame digne de récompense ou de châtiment. Les scrupules, qu'on rencontre quelquefois, dénotent une clarté insuffisante de la conscience. Après l'action, la conscience provoque des sentiments : satisfaction intime, causée par l'accomplissement du devoir, ou le regret, le remords et la honte si nous avons violé la loi morale. À l'égard d'autrui, ce sont les sentiments du même ordre qu'on peut ranger : sympathie, estime, admiration ou au contraire antipathie, mépris, indignation.

Mais qu'est-ce alors que la loi morale[3] ? Il serait de la Nature de l'Homme de s'incliner vers le Bien...[4]

Existe-t-il des dispositions supérieures au droit positif, dont celui-ci devrait ou pourrait s'inspirer ? Y aurait-il des dispositions plus élevées, des principes supérieurs pouvant servir de référence à celui qui est amené à juger d'un comportement ? Et si oui, quels sont ces principes ? Qui peut les dicter ? Comment les découvrir ? Ce sont les théories du droit naturel qu'il convient d'exposer et qu'on peut regrouper en deux groupes : celles qui s'appuient sur la parole de Dieu ou sur la loi de la Nature (A) et celles qui ressortent de l'Humanisme (B).

A) Dieu ou la Nature

Alors qu'il est finalement facile de décrire précisément le droit positif, son élaboration et ses paramètres qui le distinguent des dispositions qui ne sont pas juridiquement normatives, il n'est pas facile de définir le droit naturel. La recherche d'une définition du droit Naturel et de son contenu est vieille comme le monde. Michel Villey[5] nous confie qu'il existe une cinquantaine de

---

3. – Pour Voltaire, la morale est la base de toute société, le trait d'union entre les hommes : « *Il n'y a pas deux morales. Celles de Confucius, de Zoroastre, de Pythagore, d'Aristote, d'Epictète, de Marc Antonin, sont absolument les mêmes. Dieu a mis dans tous les cœurs la conscience du bien avec quelque inclinaison pour le mal* » (Dictionnaire de l'Encyclopédie. Aristote).

4. – Jean Jacques Rousseau parlait de « religion naturelle » dans la « profession de foi du vicaire savoyard » : « *Voyez le spectacle de la Nature, écoutez la voix intérieure. Dieu n'a-t-il pas tout dit à nos yeux, à notre conscience, à notre jugement ? Qu'est-ce que les hommes nous diront de plus ? Leurs révélations ne font que dégrader Dieu en lui donnant les passions humaines. Loin d'éclaircir les notions du grand Être, je vois que les dogmes particuliers les embrouillent...* » (Lagarde et Michard XVIII éd. Bordas p. 310)

5. – Michel Villey, Philosophie du droit, Tome 1. Définitions et fins du droit (2ᵉ Édition 1978) V° également Jean-Louis Bergel, Théorie générale du droit, 2ᵉ éd. 1989. Alain Seriaux, Le droit naturel, collection « Que sais-je » ?

sens différents à cette notion ancienne et déjà exprimée chez Sophocle (495-406 avant Jésus Christ) par la voix d'Antigone : «... Je ne croyais pas tes édits qui ne viennent que d'un mortel, assez forts pour enfreindre les lois sûres, les lois non écrites des dieux. Ce n'est pas d'aujourd'hui ni d'hier qu'elles vivent et nul n'en connaît l'origine ».

Intuitivement, les partisans du droit naturel pensent que la Nature est équilibrée et qu'il faut projeter l'image de cet équilibre sur la vie sociale. Nous retrouvons ici le sens du mot « juste » tel que nous l'avons décrit en introduction : est juste ce qui est équilibré, harmonieux et conforme à l'égalité. C'est le droit naturel qui animerait la règle juridique. Le droit positif ne serait que la traduction de cette règle naturelle. Ou plus précisément, le droit positif est un instrument de contrainte que l'on doit manier dans le sens dicté par la loi naturelle. Le droit positif ne serait obligatoire que pour inviter les hommes à être égaux et à vivre en harmonie...

Aristote (384-322 avant J C) accueille l'idée d'un droit naturel formant un principe supérieur de justice inscrit dans la nature des choses. Mais tenant justement compte de cette nature des choses, il est amené à distinguer la loi naturelle – partout la même et invariable – du droit légal essentiellement variable, puisqu'il prend en considération les particularités des hommes et de la société. Ce « droit légal » doit néanmoins s'efforcer de tendre au bien commun, à l'image de la loi naturelle.

Puis apparut le Christianisme et avec lui une redéfinition du droit Naturel. Saint Thomas d'Aquin (1225-1274) approfondit la définition en la compliquant. Sa conception se situe évidemment dans une perspective chrétienne. Au sommet de la hiérarchie se trouve la loi éternelle d'ordre divin, qui a été révélée aux hommes par les textes de l'Ancien Testament[6] et du

---

6. – Les commandements de Dieu furent donnés à Moïse sur le mont Sinaï. Dieu lui-même les a écrits de sa main sur deux tables de pierre qui furent appelées les tables de la loi. Il y en a dix : les voici telles que les rapportent les livres de l'exode (XX II 12) et le Deutéronome. « Je suis le Seigneur votre Dieu qui vous a tirés de l'Égypte, de la maison de servitude.

– Vous n'aurez point de dieux étrangers devant moi.

– Vous ne ferez point d'images taillées, ni aucune figure de tout ce qui est en haut dans le ciel et en bas sur la terre, ni de tout ce qui est dans les eaux sous la terre.

– Vous ne les adorerez point et vous ne leur rendrez point de culte.

– Vous ne prendrez point en vain le nom du Seigneur votre Dieu.

– Souvenez-vous de sanctifier le jour du sabbat. Vous travaillerez pendant six jours et vous ferez tout ce que vous avez à faire, mais le septième jour est le jour du repos consacré au Seigneur votre Dieu.

– Honorez votre père et vous mère, aux fins que vous viviez longtemps sur la terre que le Seigneur votre Dieu vous donnera.

Nouveau Testament[7]. Dieu serait à l'origine du droit en le révélant : l'expression « droit révélé » est lâchée[8] qui renvoie à Dieu, aux prophètes (et aussi aux faux prophètes annoncés par Saint Jean dans l'Apocalypse)[9].

La loi naturelle quant à-elle peut être découverte par la raison parce qu'elle a été inscrite par le Créateur dans la conscience de l'Homme et la nature des choses : elle est la loi juste, le modèle auquel la loi humaine doit se conformer en recherchant le bien commun. Le droit naturel se trouve donc marqué par l'autorité de Dieu : la loi des hommes tire de là la justification de son caractère coercitif. Mais il n'en va ainsi que dans la mesure où cette loi humaine se conforme à la loi naturelle. À défaut, elle devient injuste, ce qui peut autoriser qu'on lui désobéisse[10].

– Vous ne tuerez point.
– Vous ne commettrez point de fornication.
– Vous ne déroberez point.
– Vous ne porterez point de faux témoignage contre votre prochain.
– Vous ne désirerez point la maison de votre prochain. Vous ne désirerez point sa femme, ni son serviteur, ni son âne, ni son bœuf, ni aucune des choses qui lui appartiennent ».

7. – L'Évangile forme l'ensemble des livres qui contiennent la loi et la doctrine de Jésus Christ. Les Quatre Évangiles, écrits sous l'inspiration du Saint Esprit, sont placés en tête du canon du livre saint du Nouveau Testament. Ce sont les Évangiles de Saint Matthieu, Saint Marc, Saint Luc et Saint Jean. D'après la tradition, Saint Matthieu composa son évangile pour les juifs et l'écrivit en araméen. Une traduction grecque, rédigée par un inconnu en présence de Saint Matthieu, a toujours été acceptée par l'Église et tient lieu de texte original. Cet évangile est le plus ancien et aurait été rédigé dans les dix années qui suivent la mort du Christ. L'évangile de Saint Marc a été écrit en grec, à Rome sous le règne de Claude. Il ressemble à l'Évangile de Saint Matthieu dont il constituerait une version abréviée. Saint Luc éclaircit les textes de Saint Marc, et replace dans un ordre chronologique différent, les faits que Saint Matthieu avait regroupés. Le style de Saint Luc qui a écrit en grec, est plus léger et plus pur que celui de Saint Matthieu. Il indique une culture littéraire plus développée. Ces trois premiers évangiles sont appelés synoptiques, parce qu'il y a entre eux une concordance assez frappante. On place l'Évangile de Saint Jean dans une catégorie à part. Après son exil dans l'île de Pathmos où il composa l'Apocalypse, Saint Jean partit à Ephèse, où il mourut (d'après Saint Jean Chrysostome) à l'âge de 120 ans après avoir écrit l'Évangile.

8. – Philippe Jestaz voit dans la « révélation » une source de droit. « Les sources du droit » Connaissance du droit. L'auteur parle de la Charia, mais curieusement n'évoque pas le Décalogue : pourtant les dix commandements de Dieu, dictés à Moise sur le mont Sinai, constituent bien un droit révélé.

9. – Matthieu 24 24 « car il s'élèvera de faux Christ et de faux prophètes qui feront de grands prodiges pour séduire même les élus »

10. – Les Scolastiques, à l'image de Saint Thomas d'Aquin inaugurent les théories modernes du droit naturel : celui-ci fait sans doute partie du droit divin. Il est donc institué et voulu par Dieu. Mais c'est par la raison humaine qu'il s'appréhende en dehors de toute révélation. Il est donc universel. Par la suite et toujours dans cette optique, Hugo de Groote (dit Grotius) juriste hollandais dira même (au XVIIeme siècle) que le droit naturel existe

B) Humanisme et Droits de l'Homme

Avec la Révolution Française[11], le droit est devenu laïc. Si la Déclaration des Droits de l'Homme du 26 Août 1789[12] (figurant aujourd'hui dans le Préambule de la Constitution de 1958) précise bien que « *nul ne doit être inquiété pour ses opinions, même religieuses, pourvu que leur manifestation ne*

« *quand bien même Dieu n'existerait pas* » et qu'il s'impose à Dieu Lui-même car il est la conséquence nécessaire de la nature sociale de l'homme, voulue par Dieu. Au XVIe siècle alors que l'esclavage disparaît en Europe pour réapparaître en Amérique, Bartolomé de las Casas affirme le principe de l'unité du genre humain : l'individu naît a priori libre et non esclave et il doit le demeurer. À la même époque, tandis que sévissent les guerres de religion, apparaît la notion de liberté de conscience et la séparation de la philosophie et de la religion, rangée au rang d'une opinion. En politique, le droit naturel met des limites aux prétentions du pouvoir en place : Jehan Bodin peut ainsi affirmer qu'en monarchie « *les sujets obéissent aux lois du monarque et le monarque aux lois de nature, la liberté naturelle et la propriété des biens demeurant aux sujets* ». Enfin, Emmanuel Kant dans une démarche non politique mais philosophique, tente de fonder une morale individuelle sur la raison seule. Le même acte peut selon l'intention qui y préside être moral ou immoral. Comment donc trouver un principe objectif et pratique qui nous dicte la « bonne » façon d'agir ? Kant trouve la réponse dans la notion d'impératif catégorique qui serait la norme éthique suprême : « *agis de telle sorte que la maxime de ta volonté puisse en même temps toujours valoir comme principe d'une législation universelle.* » Un comportement ne pourrait donc être qualifié de juste que s'il est universalisable. Une autre formulation de cette éthique pourrait décrire l'ambition de l'éthique libérale : « *Agis de telle sorte que tu traites l'humanité, aussi bien dans ta personne que dans la personne de tout autre, toujours en même temps comme une fin et jamais simplement comme un moyen.* »

11. – La France ne fut pas le premier pays à déclarer l'existence des « Droits de l'Homme ». C'est en 1776 que pour la première fois un État (celui de la Virginie en Amérique du Nord) promulgue une Déclaration des droits de l'Homme; suivront ensuite la Pennsylvanie, le Delaware, le Maryland, la Caroline et le Massachusetts. La Déclaration de la France sera votée en 1789 au début de la Révolution, par l'Assemblée Nationale. Lorsqu'on évoque les « droits de l'Homme », on se réfère en général à ces textes, auxquels on ajoute celui qui fut adopté par l'ONU. en 1948. Ces diverses Déclarations ont au-delà d'apparentes différences, des points communs très importants. Elles s'accordent pour conférer aux droits de l'Homme une double fonction. La première est constructive et programmatique: ils posent les fondements d'un ordre juste. La seconde est contestatrice et critique: ils dénoncent l'inadmissible, refusent l'inacceptable, s'opposent à l'intolérable.

12. – Il nous paraît important de préciser que la Déclaration des droits de l'Homme et du citoyen est datée du 26 Août 1789. Car la Constitution du 4 Octobre 1958 a remis en vigueur les dispositions contenues dans cette déclaration, comme l'avait déjà fait le préambule de la Constitution de 1946. D'autres textes pendant la période révolutionnaire ont été proclamés sous le pavillon « déclaration des droits de l'Homme et du citoyen » (comme par exemple la déclaration du 22 Août 1795, formant la Constitution de Fructidor An III). Ce texte n'a plus qu'un intérêt historique, à la différence du texte du 26 Août 1789 qui fait encore partie du droit positif puisqu'il figure dans la Constitution.

trouble pas l'ordre public établi par la Loi », il demeure que la Loi est désormais l'expression de la Souveraineté du Peuple.

Apparaissent les « droits de l'Homme », dont « *l'oubli et le mépris... sont les seules causes des malheurs publics et de la corruption des gouvernements* ». La religion a-t-elle cédé la place à l'Humanisme ? Ces droits de l'Homme sont qualifiés de « *droits naturels* »... mais toute l'ambiguïté de la Déclaration tient au vocabulaire employé qui n'est pas sans évoquer la religion. Les droits de l'Homme sont « *inaliénables et sacrés* »... et leur liste a été dressée « *en présence et sous les auspices de l'Être Suprême* ». Si l'on ne trouve pas trace de Dieu dans notre Constitution actuelle, on trouve celle de « l'Être Suprême » dont le culte a souvent été célébré pendant les années révolutionnaires... dans les églises désaffectées. Qui est cet Être Suprême qui n'a pas été chassé de la Constitution et que l'on trouve dans la pensée de philosophes comme Jean Jacques Rousseau qui, tout en dénonçant le fanatisme religieux, ne pouvait s'empêcher devant la Nature de louer le « *grand Être* » créateur de l'Univers[13] ? Est-ce Dieu qui a créé l'homme ou l'homme qui a créé Dieu ? Rousseau était en quête d'une « *religion naturelle* » qui aurait été distincte des religions.

Les droits naturels visent « *au bonheur de tous* » et « *toute association politique* » doit veiller à « *leur conservation* ». Ces droits naturels imprescriptibles sont « *la liberté, la propriété, la sûreté et la résistance à l'oppression* ». La force publique n'est instituée que pour garantir ces droits naturels « *pour l'avantage de tous et non pour l'utilité particulière de ceux à qui elle est confiée* ». La force n'est donc bien qu'un instrument mis au service des

---

13. – L'existence de l'Être Suprême qui lui est garantie par « *l'ordre sensible de l'univers* » lui est confirmée par son « *sentiment intérieur* ». Mais la connaissance humaine ne va guère plus loin. « *J'aperçois Dieu partout dans ses œuvres, je le sens en moi, je le vois tout autour de moi, mais sitôt que je veux le contempler en lui-même, sitôt que je veux chercher où il est, ce qu'il est, quelle est sa substance, il m'échappe et mon esprit troublé ne voit plus rien* ». Devant son impuissance à concevoir « *l'essence infinie de Dieu* » Rousseau se résigne au silence et à l'adoration. « *Je m'humilie et je lui dis : Être des êtres, je suis parce que tu es. Le plus digne usage de ma raison est de s'anéantir devant toi. C'est mon ravissement d'esprit, c'est le charme de ma faiblesse de me sentir accablé de ta grandeur* » (in Lagarde et Michard XVIIIe siècle p. 308 Chapitre intitulé : « Le déisme de Rousseau »). On trouve une idée identique chez Voltaire : « *le monde est assurément une machine admirable ; donc il y a dans le monde une admirable intelligence, quelque part, où elle soit* » (dictionnaire : athéisme) Dieu est « *l'horloger* », « *l'éternel géomètre* », « *l'éternel architecte du monde* » et la religion est utile à la société « *je veux que mon procureur, mon tailleur, mes valets croient en Dieu et je m'imagine que j'en serai moins volé* » (Dialogues ABDC17).

droits naturels et cette phrase justifie à elle seule notre démonstration et la pensée de Blaise Pascal, support de notre travail. La Déclaration des Droits de l'Homme institue enfin l'égalité de tous devant la loi, la présomption d'innocence.

Les droits de l'homme gagneront très rapidement l'Europe entière. La « *convention européenne de sauvegarde des droits de l'Homme et des libertés fondamentales* » qui sera ratifiée par la France en 1974, affirme un certain nombre de droits, de libertés et aussi de devoirs de l'homme. Elle instaure aussi un contrôle supranational des organes étatiques. Quarante et un états ont fait adhésion à cette Convention. Une « Charte des droits fondamentaux » a été enfin proclamée en 2000[14].

Les valeurs véhiculées par la Déclaration des droits de l'Homme semblent inspirées directement du Christianisme[15] : principe de laïcité séparant le pouvoir politique du pouvoir religieux[16], principe d'égalité de l'homme et de la femme[17], respect de la vie, dignité de la personne humaine[18]... Cela semble si

14. – Le préambule de la Charte est explicite : « l'Union contribue à la préservation et au développement de (ces) valeurs communes dans le respect de la diversité des cultures et des traditions des peuples de l'Europe, ainsi que de l'identité nationale des états membres et de l'organisation de leurs pouvoirs publics au niveau national, régional et local ; elle cherche à promouvoir un développement équilibré et durable et assure la libre circulation des personnes, des biens, des services et des capitaux, ainsi que la liberté d'établissement. À cette fin, il est nécessaire, en les rendant plus visibles dans une Charte, de renforcer la protection des droits fondamentaux à la lumière de l'évolution de la société, du progrès social et des développements scientifiques et techniques » Suit l'énoncé des « droits fondamentaux » avec en premier rang « la dignité humaine » qui doit être « respectée » et « protégée » . Viennent ensuite les « libertés, égalité, solidarité, citoyenneté, justice... »

15. – Jean Pierre Denis : Pourquoi le Christianisme fait scandale ? Le Seuil septembre 2010. Marc Agi « Christianisme et droits de l'Homme » 2007 LGDJ

16 – « *Rendez à César ce qui appartient à César et à Dieu ce qui appartient à Dieu* ». (Matthieu XXII, 21).

17. – « *L'épouse qui a déshonoré le lit de son mari est adultère et la conséquence en est pour elle, les dures sanctions des lois; au contraire, l'homme qui est infidèle à sa femme n'encourt aucune peine. Je n'accepte pas cette législation ; je n'approuve pas cette coutume. Ce sont des hommes qui ont légiféré de la sorte; voilà pourquoi cette législation est dirigée contre la femme; ils ont placé aussi les enfants sous l'autorité des pères et ils ont négligé les intérêts de la femme. Dieu n'agit pas ainsi. Remarque l'égalité de la législation divine : un unique créateur de l'homme et de la femme, une unique poussière qu'ils sont tous les deux ; une image unique, une loi unique, une mort unique, une résurrection unique. Nous sommes nés à la fois de l'homme et de la femme; unique est la dette des enfants à l'égard de ceux qui les ont engendrés. Comment réclames-tu donc, toi, la chasteté sans l'apporter ? Comment demandes-tu ce que tu ne donnes pas ? Comment, étant un corps de même dignité, légifères-tu d'une manière inégale ? Si tu regardes le mauvais côté des choses, la femme a péché mais Adam aussi; le serpent les a*

vrai que l'on pourrait presque dire que la « *religion des droits de l'Homme* [19]» serait « *le Christianisme sans la Résurrection* »[20]. Pourtant la France, au nom de la laïcité, n'a pas voulu faire référence à son « héritage religieux » lors de l'adoption de la Charte des droits fondamentaux. Les racines chrétiennes de l'Europe ont été curieusement occultées[21] à l'heure où des autorités musulmanes dictent de leur côté « la déclaration universelle islamique des droits de l'homme[22] » qui ne semble pas défendre les mêmes valeurs. Pourquoi ? Beaucoup ont été choqués par cette position. Les « droits de l'Homme » formeraient-ils en fait la nouvelle religion d'une Europe déchristianisée ?

En tout cas, si le droit naturel ou les principes humanistes nous parlent de « justice » il demeure donc que le mot « juste » révèle un concept assez délicat. Comment atteindre l'idéal de justice ? En fonction de quels paramètres peut-on repérer ce qui est juste de ce qui ne l'est pas ? La réponse n'est guère facile : alors que l'on peut dresser une liste des critères normatifs qui confèrent à coup sûr une disposition son caractère obligatoire, on ne peut dresser la liste des paramètres qui conféreront à coup sûr à une disposition un caractère juste. La justice est une finalité : pour atteindre cette finalité, plusieurs chemins peuvent s'offrir à l'individu. Ce n'est que lorsque l'on est au bout de la route que l'on peut savoir si l'on s'est trompé ou non de voie. Si l'on a pris ou non, le

---

trompés tous les deux; un parti ne s'est pas trouvé plus faible ni l'autre plus fort. Songes-tu au bon côté des choses ? Le Christ les sauve tous les deux par ses souffrances. Le Christ s'est fait chair pour le salut de l'homme. De même aussi pour le salut de la femme. Il est mort pour l'homme. La femme aussi est sauvée par sa mort » (Homélie de Saint Grégoire de Naziance évêque de Constantinople IVe siècle)

18.– Jean Paul II : « *Le Christ sauveur confirme dans toute leur plénitude les droits de l'homme en restaurant celui-ci dans la dignité qu'il a reçue du seul fait d'avoir été créé à l'image et à la ressemblance de Dieu* ».

19. – Guillaume Faye « Pourquoi nous combattons » L'Ancre 2001

20. – Pourtant, les libertés individuelles défendues par la Déclaration des droits de l'Homme n'ont-elles pas contribué au démantèlement de la famille telle que définie par la religion catholique ? L'Évangile enseigne l'amour (« aimez- vous les uns les autres »). Cet impératif ne se trouve pas dans la Déclaration des Droits de l'Homme qui ne parle que de liberté individuelle (et pourquoi pas d'égoïsme et de repli sur soi).

21. – François Terre op. cit page 244

22. – La Déclaration islamique universelle des droits de l'homme a été rédigée à l'initiative du Conseil Islamique pour l'Europe, organisme ayant son siège à Londres. Cette déclaration a été proclamée le 19 septembre 1981 à Paris, par Salem Azzam, secrétaire général du Conseil islamique, lors d'une réunion organisée au siège de l'Organisation des Nations unies pour l'éducation, la science et la culture [Unesco].

droit chemin... c'est-à-dire le chemin du droit. On ne peut donc qu'apporter des réponses approximatives.

Celui qui a pour mission d'élaborer ou d'interpréter la règle de droit doit s'efforcer d'atteindre ce qui est JUSTE. Il pourra s'inspirer, pour ce faire, de ce qui s'apparente à la RAISON (TITRE I). Et celui qui est chargé d'appliquer la règle de droit devra le faire avec humanité pour être juste. Il pourra agir en écoutant son CŒUR (TITRE II). Le cœur et la raison – dont l'alliance est si chère à Pascal – appartiennent au domaine du sentiment : on comprend dès lors qu'ils ne peuvent en aucun cas obéir à des critères ou à des règles. On ne peut pas plus obliger un individu à être raisonnable qu'on ne peut obliger un juge à avoir du cœur. Et de toute façon, le cœur et la raison sont des notions avant tout subjectives.

On comprend aussi que les dispositions que nous plaçons parmi les sources d'inspiration de la règle ne sont nullement obligatoires. Il ne faut pas confondre les sources d'inspiration de la norme (qui peuvent être fort diverses) et la norme elle-même, qui est seule à répondre aux critères que nous avons posés. Il est d'ailleurs si vrai que les dispositions placées parmi les sources d'inspiration ne sont pas normatives, qu'elles ne répondent pas aux critères que nous avons posés. En ce sens, le constat est intéressant : il nous permet, a contrario, de justifier du bien-fondé de la liste des critères normatifs... tout en nous permettant de distinguer ce que l'on **doit** suivre, sous peine de sanction étatique, de ce que l'on **peut** suivre.

Titre I – La raison

La Raison est la faculté intellectuelle par laquelle l'homme connaît, juge et se conduit. C'est elle qui nous fait acquérir les idées en observant les faits, et les idées sont les matériaux indispensables au travail de la pensée. Par la raison, nous comparons les idées, nous les rapprochons, nous formons les raisonnements et c'est ainsi que nous sommes capables de Science. Toutes les sciences se servent du raisonnement soit pour découvrir les lois qui régissent les phénomènes de la Nature, soit pour tirer des premiers principes les conséquences qui en découlent. Or le droit est une science : c'est donc la raison qui doit l'amener à découvrir ses lois.

Tandis que « les animaux n'inventent rien » comme l'exprime si bien Bossuet, la première cause des inventions et de la variété dans la vie humaine est la réflexion, c'est-à-dire la raison. C'est elle qui devrait conduire nos législateurs à se diriger vers ce qui est beau, vers ce qui est bien... et même davantage vers ce qui est mieux. Car la raison élève : un acte peut devenir beau lorsqu'il est le fruit d'une réflexion, d'un choix, d'un effort plus grand.

On comprend dès lors l'importance de ce que nous appelons de façon un peu pompeuse « l'opinion savante » dans l'élaboration de la règle de droit : la confrontation de l'opinion de ceux qui connaissent le droit n'est-elle pas indispensable lorsqu'il s'agira d'élaborer une nouvelle norme ? Et la consultation de ceux qui savent n'est-elle pas conseillée avant tout engagement ? L'OPINION SAVANTE constitue la première source d'inspiration permettant à la règle d'atteindre ce qui est juste, parce que cette opinion est souvent raisonnable (sous-titre 1).

Ce qui est juste peut être aussi ce qui est communément admis et toléré. L'idée de justice rejoint alors celle de sécurité, de stabilité. L'HABITUDE – qui se traduira juridiquement par la jurisprudence ou par la coutume – n'est pas une règle, même si elle constitue dans le langage courant une « force ». Les bonnes habitudes pourront néanmoins inspirer l'autorité normative parce qu'elles reflètent des pratiques admises. Pourront… et non pas devront, car il existe des perversions de la notion que sont les préjugés, les routines… et donc les « mauvaises habitudes ». Blaise PASCAL ne qualifiait-il pas de « puissance trompeuse » la coutume, rappelant que celui qui obéit à la coutume obéit à la justice qu'il imagine mais pas à l'essence de la loi ? On comprend que l'habitude ne peut être synonyme de loi ou de règle et qu'elle ne saurait être normative. Mais on comprend aussi qu'elle peut servir de source d'inspiration du droit parce qu'il est souvent raisonnable de la suivre. (Sous-titre II).

Sous-titre Premier.
L'opinion savante

Nous avons vu que les hommes appelés à confectionner la règle de droit n'appartiennent pas nécessairement à la communauté des juristes. C'est vrai pour la loi et le règlement : les parlementaires n'ont pas plus de formation juridique que les ministres, les préfets ou les maires. Nous avons dans le même registre, observé que la décision de justice émane parfois de juridictions populaires composées de juges non professionnels. Et qu'en matière contractuelle enfin, n'importe quelle personne capable peut souscrire un contrat qui « aura force de loi » vis-à-vis de la partie contractante. Faut-il conclure pour autant que le parlement a pour mission de voter n'importe quoi, que la mission du juge est de statuer n'importe comment et que dans le cadre de la liberté contractuelle, l'individu peut envisager n'importe quelle opération ? Évidemment non : les personnes investies du pouvoir de créer la norme doivent s'efforcer de faire du « bon droit ». La règle ne sera bonne que si elle est juste. À cette fin, elle doit être bien inspirée. Quelle est la finalité de la règle de droit ?

Dans le Discours Préliminaire, PORTALIS disait que *« les lois ne sont pas de purs actes de puissance ; ce sont des actes de sagesse, de justice et de raison »*. Cette réflexion ne devrait pas être réservée à la loi seule : elle pourrait tout aussi bien concerner le règlement, la décision de justice, le contrat... et plus généralement toute disposition normative au sens où nous l'avons entendu. N'est-il pas prudent de prendre conseil auprès du praticien avant de s'engager ? N'est-ce pas souvent sur les avis de la Doctrine ou des spécialistes que le législateur sera amené à créer ou à modifier des lois ?

On peut alors comprendre le rôle exact du juriste dans la société. Si celui-ci ne dispose pas du pouvoir normatif, il apparaît en revanche comme le guide indispensable de celui qui dispose d'un tel pouvoir. On se dit alors qu'il peut être plus grave de conseiller que de décider : d'ailleurs, nous avons vu que celui qui dispose du pouvoir normatif n'est en général pas responsable personnellement des actes accomplis dans sa fonction. Nous verrons en revanche que le juriste, de son côté, l'est souvent...

Faut-il pourtant faire une confiance aveugle au juriste et à la doctrine ? Il semble tout aussi difficile de le dire. Le juriste est là pour inspirer ou aider l'autorité normative dans sa mission. Il n'est pas là pour se substituer à elle. Il y aurait d'ailleurs autant de conseils maladroits ou mauvais que de bons. Il existe aussi des doctrines malfaisantes. Lorsque la doctrine « endoctrine », elle devient sûrement la pire des choses : l'histoire nous montre que le mot « doctrine » a souvent été accompagné de qualificatifs inquiétants... évoquant les sectes ou les partis politiques des pays totalitaires. Quand une personne est endoctrinée, elle n'est plus libre. C'est pourquoi les juristes et la doctrine doivent garder leur juste place dans la société sans chercher à se substituer à l'autorité normative.

Mais d'abord qui est juriste ? Alors que les critères de désignation des personnes qui font la norme sont précis (on est député parce que l'on est élu...) il n'en existe pas pour caractériser la fonction de « juriste ». Le dictionnaire nous dit que le « juriste est la personne qui connaît, pratique le droit ». Ou encore qu'il est « l'auteur d'ouvrages juridiques ». On peut penser que la « connaissance » soit concrétisée par l'obtention d'un diplôme mais on ne sait pas précisément lequel. La « pratique » du droit suppose certainement un certain temps d'expérience, mais on ignore combien de temps. Qu'est-ce enfin qu'un « ouvrage » ? Nous distinguerons le « conseil juridique » donné le plus souvent par un praticien, de « l'avis autorisé » émanant d'un auteur ou d'une autorité. Le conseil n'obéit pas plus aux critères normatifs que l'opinion doctrinale. L'un et l'autre peuvent pourtant contribuer à l'élaboration d'un acte juste.

Chapitre Premier. Le conseil juridique

Nous avons vu que tout individu a le pouvoir de créer un lien obligatoire en faisant des contrats. La liberté contractuelle ressort d'un principe général et il n'est dit nulle part que le domaine contractuel est réservé aux juristes... Pourtant, pour qu'un contrat soit convenablement formé, il paraît préférable de solliciter un conseil avant tout engagement, même si cela n'est pas obligatoire. Parmi les personnes qui sont habilitées à donner des conseils juridiques et qui font de cette activité leur profession, nous trouvons l'avocat (Section I) et le notaire (Section II).

Section I. L'avocat

L'avocat est traditionnellement défini comme un prestataire de conseil pour les personnes qui le sollicitent à cette fin. C'est aussi un auxiliaire de justice qui peut porter la robe. On dit qu'il exerce une profession libérale et indépendante[1] même si des sociétés civiles d'avocats peuvent être désormais créées et qu'un avocat peut être aujourd'hui salarié. Mais il semble qu'il ait aujourd'hui un rôle multiple dans la société. Mais il demeure qu'il est juriste de formation.

– Un conseil

L'avocat est habilité, en dehors de tout procès, à mener une activité de conseil. Il peut donc examiner pour un client l'aspect juridique d'une question. Il donne alors des consultations. Mais il peut être également amené à négocier une affaire et à rédiger des actes. Depuis 1990, la profession d'avocat a absorbé l'activité des anciens « conseils juridiques »[2] qui n'existent donc plus. Les anciens conseils juridiques sont devenus des avocats, tandis que les avocats ont accru leur mission de conseil.

– Un auxiliaire de justice

L'avocat a vocation à représenter les parties devant les tribunaux. Parfois l'avocat a un monopole de représentation (TGI, tribunal administratif, cour d'assises, cour d'appel) ce qui veut dire que pour se défendre, l'assigné doit alors impérativement CONSTITUER avocat. Devant les autres juridictions, le ministère d'avocat n'est pas obligatoire mais n'est que facultatif (comme quoi le fait de défendre ne ressort pas d'un monopole). On peut cependant prendre un avocat.

1. – La conception qui prévaut jusqu'au XIXe siècle, est caractérisée par Raymond Martin dans « Déontologie de l'avocat » : « *être avocat n'est pas un métier et suppose par ailleurs qu'on dispose d'un certain nombre de livres de rente... Il doit être libre et indépendant. À lui la tâche noble de porter la parole. Il ne réclame pas de rémunération, l'honoraire étant le « don spontané de la reconnaissance du client ». C'est un artiste, rien qu'un artiste. La procédure, les délais, la rédaction des écritures, les maniements de fonds, sont renvoyés aux avoués et huissiers...* ».

2. – « Une nouvelle profession dont les membres portent le titre d'avocat est substituée aux profession d'avocat et de conseil juridique. Les membres de ces professions font d'office partie, s'ils n'y renoncent, de la nouvelle profession... » (Art. 1 Loi n° 90-1259 du 31 décembre 1990).

En justice, l'avocat POSTULE (ce qui veut dire qu'il accomplit des actes de procédure) sauf devant la cour d'appel où cette tâche était autrefois confiée à l'AVOUE. Cette profession a été supprimée à compter du premier janvier 2012. Les anciens avoués sont devenus avocats. Supprimera-t-on dans la foulée purement et simplement la postulation ? Cela serait logique.

En revanche un décret du 9 décembre 2009 décrit les nouvelles modalités d'inscription de l'appel auprès de la cour qui devra être effectué par voie électronique au greffe de la cour. Nous constatons que la suppression décidée de la profession d'avoué coïncide avec l'établissement d'une nouvelle procédure « d'appel électronique » à laquelle le barreau a bien été obligé de se plier… Rappelons également que devant la cour de cassation et le conseil d'état existent les « avocats aux conseils » qui bénéficient d'un total monopole pour les fonctions d'avocat et d'avoué devant les deux plus hautes juridictions françaises. Ils peuvent comme avocats plaider de surcroît devant les juridictions de fond. Personne n'a jamais pensé à réformer le statut des avocats aux conseils.

Mais le rôle de l'avocat est aussi et surtout de plaider, c'est-à-dire d'exposer oralement au juge les éléments de fait et de droit. L'avocat est inscrit à un BARREAU. Les avocats qui en font partie constituent un ordre, représenté par le BÂTONNIER élu par ses pairs et administré par le conseil de l'ordre qui est en même temps une juridiction disciplinaire. Il existe un Conseil National des Barreaux (CNB) représentant au niveau national les avocats auprès des pouvoirs publics.

- Un rôle multiple ?

La profession est-elle en train de changer ? Aujourd'hui, les avocats peuvent être fiduciaires, être agents immobiliers, exercer une mission de conciliateur/médiateur (grâce à la convention de procédure participative régie par les articles 2062 à 2068 du code civil). Ils peuvent postuler devant les cours d'appel du fait de la disparition des avoués. Ils peuvent enfin être agents sportifs[3] (c'est-à-dire s'occuper des contrats et de la gestion du patrimoine du sportif) et proposer à leurs clients l'acte contresigné par avocat. Nous sommes loin de l'image classique du plaideur… Nous nous rapprochons de l'homme d'affaires ou de l'entremetteur. Pourquoi, au point où nous en sommes, l'avocat ne pourrait-il devenir agent matrimonial, directeur d'auto-école ou agent d'assurances ? L'avocat ne va-t-il pas finir par tout faire ? Sans compter que la profession a de tous temps, « mené à tout » constituant souvent un

3. – « Agent sportif ? Un métier de rêve » Le petit juriste 26 Février 2013

tremplin pour d'autres fonctions peut-être plus nobles : on songe évidemment à la politique (beaucoup de présidents de la République ou de ministres ont été avocats) mais aussi à l'art, la littérature ou même la chanson ou le café-théâtre (songeons à Jean Nohain ou à Sylvie Joly). Comment expliquer ce nouveau rôle de l'avocat dans la société ? Par le caractère pléthorique du barreau[4] ? Pourtant l'avocat reste un juriste de formation...

– Un juriste de formation

L'image de l'avocat comporte souvent des contrastes, finement soulignés par Daumier : on lui reproche son coût, mais aussi son habileté : le bon avocat n'est-il pas celui qui gagne la cause qu'il ne devrait pas gagner ? Victor HUGO prêtait à l'un de ses personnages la remarque suivante : « Monsieur le Président, n'ayant à dire que la vérité, je n'ai pas pris d'avocat ». L'image que suggère cette phrase est pourtant fausse. Le rôle de l'avocat n'est pas de cacher ou travestir la vérité. Il est au contraire de contribuer à son apparition... Ce qui ne met pas obstacle au talent nécessaire pour parvenir à ce but : la profession suppose – depuis CICÉRON – certaines qualités humaines : « démontrer, séduire, émouvoir ». N'est pas avocat qui veut (et pourtant la défense ne ressort pas d'un monopole professionnel). L'avocat est d'abord un juriste de formation. Pour accéder à la fonction[5], il faut s'inscrire dans un centre de formation professionnelle après avoir passé un examen d'entrée[6] (ce qui suppose que le candidat soit titulaire d'une master 1 en droit ou d'un diplôme jugé équivalent) suivre la formation professionnelle organisée par le centre, sanctionnée par le certificat d'aptitude à la profession d'avocat[7] (CAPA). Le

4. – Au premier janvier 2014 on dénombrait 60 223 avocats en France (dont plus de 23 000 à Paris). La grande presse s'est emparée du problème : l'express posait en 2013 la question : trop d'avocats en France ? La profession réfléchit à des solutions...

5. – La profession d'avocat est décrite par la loi n°71-1130 du 31 décembre 1971. Cette loi a été modifiée par la loi n°90-1259 du 31 décembre 1990 et le décret du 27 novembre 1991. Lire de manière générale : Jean Jacques Taisne, « la déontologie de l'avocat », connaissance du droit Dalloz 2002. Wachsmann « l'image de la profession d'avocat dans la convention européenne des droits de l'homme » Mélanges Pettiti, Bruylant éd. 1998 761 Guinchard, « comment devenir avocat ? » LGDJ 4e éd. 2004.

6.– Art 51 Décret du 27 Novembre 1991 « Pour être inscrit dans un centre régional de formation professionnelle, les candidats doivent avoir subi avec succès l'examen d'accès au centre dont le programme et les modalités sont fixés par arrêté conjoint du garde des sceaux, ministre de la justice et du ministre chargé des universités après avis du Conseil National des Barreaux... Art 52 Pour être admis à se présenter à l'examen d'entrée au centre régional de formation professionnelle, les candidats doivent être titulaires d'un des titres ou diplômes prévus à l'article 11 de la loi du 31 décembre 1971... ».

7. – Article 68 du décret du 27 novembre 1991 organisant la profession.

diplôme est gage de formation et de niveau de compétence. Mais il faut aussi prêter serment et subir une enquête de moralité diligentée par l'Ordre. Ces deux dernières exigences constituent des garanties de sérieux et de conscience. Et puis l'avocat est soumis à la discipline de sa profession[8]. C'est enfin un juriste responsable : il répond des fautes qu'il commet dans l'exercice de sa profession. Il doit souscrire à cette fin pour se garantir une assurance professionnelle[9].

Au vu de tout ceci, nous comprenons qu'il peut apparaître plus grave de conseiller quelqu'un… que de prendre la décision. Plus précisément, celui qui donne un mauvais conseil peut voir sa responsabilité engagée.

Section II. Le notaire

– Si le notaire a pour rôle de conférer l'authenticité et la force exécutoire aux actes qu'il rédige, il a aussi un rôle de conseil. Les notaires soulignent dans l'exercice de leur mission, les avantages et les inconvénients que présentent les possibilités légales. Leurs conseils s'adressent le plus souvent aux particuliers même s'il peut arriver que certaines initiatives notariales, certaines réflexions sur la combinaison de textes, soient à l'origine de pratiques généralisées… qui peuvent inciter le législateur à la réforme. Ainsi on a coutume de dire que bien avant 1965, la pratique notariale avait vidé le régime légal de communauté (à l'époque de meubles et acquêts) de toute réalité en suggérant de réduire en fait la communauté aux seuls acquêts.

Comme l'avocat, le notaire est un juriste de formation. Titulaire d'un master 1, le candidat au notariat sollicite son entrée au Centre de formation (CFPN) et doit satisfaire aux exigences d'un stage et suivre de nombreux enseignements donnés. À l'issue de ce stage, se déroule l'examen de notaire qu'organise le centre de formation des notaires. Mais il est possible également d'aborder la profession par la voie universitaire en suivant un master 2 de droit notarial qui ouvrira la porte au stage.

C'est enfin, comme l'avocat, un juriste responsable des fautes qu'il commet dans le cadre de sa profession. Il doit d'ailleurs, lui aussi, souscrire une assurance professionnelle. Il est comme l'avocat, tenu au secret professionnel.

8. – Art 28 Loi du 11 février 2004 « Un conseil de discipline institué dans le ressort de chaque cour d'appel connaît des infractions et fautes commises par les avocats relevant des barreaux qui s'y trouvent établis ».

9. – Flécheux et Fabiani « la responsabilité civile de l'avocat » JCP 1974 1 2673. Ramaget et Lafarge Gaz Pal 1995 1 Doctr. 137 (responsabilité de l'avocat eu égard à la fluctuation de la jurisprudence).

Mais à la différence de l'avocat, le notaire est officier public, nommé par l'État, propriétaire de son office. C'est pourquoi les notaires sont en principe en nombre limité[10]. La profession est organisée en chambres (régionales et nationales).

L'image du notaire est – de façon traditionnelle et caricaturale – souvent associée au monde de la bourgeoisie provinciale, riche et pleine de préjugés. Jacques Brel a entretenu cette image dans sa chanson « les bourgeois »[11]. Mais la vision du poète n'est sûrement pas (ou plus) celle de la réalité tant la profession se caractérise aujourd'hui par sa jeunesse et son dynamisme. Et la loi Macron est venue revoir le tarif des notaires « à la baisse » et tenter une réforme de la profession. Il ne ressort plus aujourd'hui de l'utopie de rêver à une grande profession unique, réunissant les notaires et les avocats.

L'avocat et le notaire sont donc des juristes professionnels. Mais il ne s'agit pas « d'autorités investies d'un pouvoir » quelconque, au sens que nous avons donné dans la première partie. L'individu n'a pas pour obligation de prendre un conseil avant d'agir. Il n'a pas non plus pour obligation d'écouter les conseils qu'on lui donne. Un conseil n'est pas un ordre et les conseils des juristes n'ont pas valeur normative. Chacun agit selon sa conscience... et chacun est libre de prendre ou de ne pas prendre conseil, ou même de prendre conseil auprès de qui il a envie.

L'individu peut prendre conseil auprès d'un avocat ou d'un notaire avant d'agir. De leur côté, le législateur ou l'autorité réglementaire peuvent tenir compte de l'avis de spécialistes avant de proposer un texte au vote ou à la signature. On parlera d'avis autorisés.

---

10. – Il y a 9802 notaires au premier janvier 2016, pour un peu plus de 4500 offices. Et 50 000 personnes salariées dans les études.

11. – « Les bourgeois c'est comme les cochons plus ça devient vieux plus ça devient bête... » Maître Jojo et Maître Pierre se retrouvent « au bar de l'hôtel des trois faisans » et sont contraints de faire appel à « Monsieur le Commissaire » pour faire taire les « jeunes peigne-culs » qui « montrent leur derrière en chantant... »

Chapitre II.
L'avis autorisé

Pour nous, « l'avis autorisé » est celui émane d'une autorité (qu'il s'agisse d'un individu ou d'un groupement institué). Nous pensons pouvoir regrouper sous le terme de « doctrine » les opinions et avis des juristes[1] (section 1) que nous étudierons avant les « avis des autres autorités » (section 2)

Section I. La doctrine

La doctrine est formée par l'ensemble des travaux écrits et publiés par les auteurs et les jurisconsultes[2]. Ces travaux peuvent contenir les ouvrages généraux de droit (répertoires, traités, manuels ou précis) ou encore des ouvrages spécialisés parmi lesquels on trouve les thèses de doctorat. On y joint certains écrits ponctuels (articles et chroniques) que peuvent publier les auteurs dans des revues scientifiques et qui constituent autant d'informations, d'appréciations ou d'opinions. Les auteurs appartiennent le plus souvent au monde de l'Université qui apparaît, à la lecture des travaux que la Doctrine a consacrés à elle-même, fort différent en apparence du monde du Barreau ou de la Magistrature. Or le droit ne forme-t-il pas un tout ? Peut-on parler exactement du droit sans le pratiquer ? Peut-on pratiquer le droit sans le connaître ?

Une réflexion doctrinale ne saurait en tout cas avoir de valeur normative. Il n'est pas plus obligatoire de consulter la doctrine que d'y obéir (A) Il conviendra alors de s'interroger sur son rôle (B).

---

1. – Comme l'observe François Terré, « *la notion même de doctrine suscite une grande perplexité, spécialement quant à la détermination des personnes ayant pour fonction d'étudier le droit. À cet égard, le développement du syndicalisme a favorisé, à côté de la doctrine universitaire, et non sans interférence d'ailleurs, l'émergence de doctrines de type syndical. Le phénomène est constaté en droit rural, en raison du rôle des syndicats agricoles. Il est manifeste en droit social : on peut à ce sujet parler d'une doctrine syndicale plus ou moins engagée* » (Introduction au droit p 161)
2. – J. Bonnecase, La pensée juridique française de 1804 à l'heure présente, 2 vol. 1933 ; E. Picard « Science et droit » ou doctrine juridique, Mélanges Drago 1996 p 119 et suiv. V° de manière générale Malaurie, Anthologie de la pensée juridique Ed. Cujas, 1996 et les grands juristes, Mélanges Drago prec. P 79 et suiv. P.Y Gauthier Portrait d'un portraitiste ; à propos d'une galerie de grands jurisconsultes RTD Civ. 1996 333 et suiv. Émile Garçon et le droit civil Mélanges Decocq 2004 p 267 Estimer la doctrine : « l'art... et la manière (à propos de l'article « estimer l'inestimable » RTD Civ. 1996 p 313 et suiv.)

A) Les opinions doctrinales ne sont pas normatives

Il est facile de démontrer que les avis de la doctrine ne sont pas obligatoires[3] : il suffit pour ce faire d'observer que la doctrine ne répond à aucun des critères normatifs que nous avons dégagés en première partie. Le bien-fondé du choix de nos critères serait en quelque sorte reconnu *a contrario*. Ainsi, on peut observer que les « *autorités* » doctrinales (ou plutôt les auteurs) ne sont investies d'aucun pouvoir (1). L'œuvre doctrinale ne fait l'objet d'aucune publication officielle (2) d'aucun contrôle au sens où nous l'avons entendu (3). Elle n'est pas exacte, dans le sens que nous avons donné de l'exactitude (ce qui bien sûr ne veut pas dire que la doctrine est erronée...) (4) et sa portée n'est ni absolue, ni relative (5). On se rend compte qu'aucun des critères normatifs que nous avions sélectionnés pour caractériser ce qui est obligatoire, n'est ici retenu.

1) Les auteurs sont dénués de pouvoir

Ceci apparaît aller de soi même si à une certaine époque, certains ont cru voir dans la doctrine une « entité » proche du pouvoir[4]. Cette analyse fut rapidement contestée. Beaucoup ne se sont pas reconnus dans ce portrait[5] et ont dénoncé son caractère quelque peu « nombriliste ». « Miroir dis-moi qui est le plus beau... ». D'autres ont vu en cette auto proclamation la manifestation du désintérêt général que l'on porterait aux juristes français, réduits en fait à écrire sur eux-mêmes pour justifier de leur existence. Pour d'autres, enfin, la doctrine serait de toute façon condamnée à disparaitre[6]. Les

3. – François Terré Op.cit. p 164 « la doctrine n'a pas force de loi »

4. – En effet, certains ont vu dans la doctrine « *une entité* » qui représenterait « *un pouvoir proche du pouvoir* ». Il existerait une « *connivence* » entre le pouvoir doctrinal « *auxiliaire qui a son franc-parler et avec qui le pouvoir* (devrait) *compter* ». La doctrine formerait par ailleurs un « *corps* » dans lequel n'entreraient que ceux qui seraient conformes « *au moule académique* », c'est-à-dire « *les professeurs, dotés d'un statut social gratifiant, qui constituent une bourgeoisie de robe... et le cas échéant une bourgeoisie d'argent* »[4]. Ce « *corps* » ressemblerait à une espèce de société secrète, si l'on en croit les auteurs de l'article, puisque « *avec une part de subjectivité sans doute, ce club de la doctrine française sélectionne ceux qu'il lui plaît d'accueillir en son sein. La procédure* (de sélection) *est évidemment informelle puisque le club lui-même n'a au mieux qu'un statut coutumier et n'édicte en tout cas aucune règle relative à une quelconque organisation* ».

5. – Terre Aynes et Gauthier « Antithèse de l'entité » D.1997 p. 230. C. Jamin La doctrine explication de texte. Mélanges Jestaz 2006 p. 255 Terré La doctrine de la doctrine Mélanges Simler 2006 p. 59.

6. – « La mort annoncée de la doctrine trouverait son origine dans l'inflation quantitative de manuels, de blogs, de colloques... au détriment de sa qualité, l'exigence de réactivité à l'égard d'un nouveau texte, d'une nouvelle politique éditoriale, condamnant les auteurs à

auteurs de l'analyse ont pourtant consacré un ouvrage à la doctrine pour décrire ses fonctions[7]. Peut-on dire d'un auteur qu'il dispose d'un « pouvoir », qu'il est « une autorité » et que la doctrine forme « un corps » ? Nous ne le pensons pas et en tout cas il faut s'accorder sur le sens des mots.

Lorsque nous avons évoqué les différentes autorités investies d'un pouvoir, nous avons fait référence à celles qui disposent du pouvoir officiellement reconnu d'obliger autrui : c'est en ce sens que l'on a parlé du pouvoir législatif, exécutif et judiciaire... et même de la volonté individuelle qui – lorsqu'elle s'enferme dans un contrat – dispose du pouvoir de créer « la loi des parties ». Mais il est évident qu'un auteur ne dispose pas du pouvoir d'obliger autrui, même s'il « fait autorité » parce qu'il est connu ou apprécié pour ses travaux. Nul n'est obligé d'obéir à une consultation juridique... même si celle-ci émane d'un juriste renommé. D'ailleurs cette expression très floue et n'est guère juridique.

Si des noms prestigieux d'auteurs sont entourés d'une certaine « autorité », il reste que ce critère est éminemment subjectif. On peut bien sûr retenir quelques noms... Celui de DEMOLOMBE[8] pour le XIXe siècle (avec le « cours de code napoléon » en 31 Volumes) d'AUBRY et RAU (« Droit civil français ») BAUDRY LACANTINERIE (« Précis de droit civil ») LABBÉ[9] (« le prince des arrêtistes ») et pour le XXe siècle les noms de GENY (« Méthode d'interprétation et sources en droit privé positif ») PLANIOL (traité élémentaire de droit civil) JOSSERAND (cours de droit positif français). Il va de soi que nous citons ces auteurs sans pour autant vouloir constituer une liste de « bons auteurs ». En d'autres termes, nous pourrions citer d'autres noms.

Suffit-il d'écrire quelque chose pour faire œuvre de doctrine et si oui quoi ? Faut-il obtenir un diplôme pour pouvoir faire œuvre de doctrine et si oui

---

décrire plus qu'à réfléchir. Il est bien réelle que la « doctrine d'information est majoritaire, alors que la doctrine d'opinion (la seule vraie doctrine) est minoritaire ». (Bernard Beignier Introduction générale au droit » page 194. Rapprocher : Bureau et Molfessis, « l'asphyxie doctrinale » Etudes à la mémoire du Professeur Bruno Oppetit Litec 2009 (p 51 « la colloquomania ne mérite même plus d'être démontrée : elle est un fait de notre temps »). Felix Rome : « propos iconoclastes sur la « bloghorrée » Dalloz 2007 p 361. Faut-il supprimer les crédits de recherche pour juguler cette inflation ?

7. – Philippe Jestaz et Christophe Jamin La doctrine Dalloz Méthodes du droit.

8. – Strickler De l'interprétation ou de l'actualité de la pensée de Demolombe, Mélanges Wiederkher 2009 p 809.

9. – Cohendy La méthode d'un arrêtiste au dix-neuvième siècle : Labbé et son application aux questions de responsabilité, Thèse Lyon 1910. C. Jamin Relire Labbé et ses lecteurs Arch. Philosophie droit 1992 p.247.

lequel ? Suffit-il d'être universitaire et de justifier d'un grade pour écrire dans les revues spécialisées ? Pourquoi un praticien ne pourrait-il faire œuvre de doctrine quand il écrit ? On peut débattre de ces questions à l'infini sans jamais avoir de réponse, car il s'agit de fausses questions : il n'existe pas selon nous de label « bon pour la doctrine ». Les écrits des uns et des autres doivent être pris pour ce qu'ils sont, c'est-à-dire autant d'opinions respectables que d'individus. Est auteur qui veut : cette qualité ne s'attribue pas comme on attribue une médaille ou un titre. Nous ne pensons pas non plus que la doctrine puisse former un « corps » ni qu'un auteur puisse, par ses écrits, engager toute la doctrine ou parler au nom de la doctrine. Un auteur ne parle qu'en son nom et n'engage (fort heureusement pour les autres) que lui-même : il n'est d'ailleurs pas rare de constater que sur un même problème, des auteurs puissent avoir des points de vue divergents, quelquefois radicalement opposés. C'est ce qui fait la richesse de la doctrine. La liberté des universitaires d'exprimer leurs points de vue même s'ils sont controversés a été rappelée d'ailleurs par la CEDH[10]. Mais c'est aussi ce qui montre bien que nul ne doit se sentir obligé de suivre l'opinion de tel ou tel pour la seule raison qu'il s'agit de tel ou tel.

Ces questions ne doivent cependant pas nous amener à douter de la doctrine tout simplement parce qu'elles ne doivent pas se poser : à la différence de la décision de justice définitive qui est présumée énoncer une vérité, la doctrine n'a pas pour mission de dire la vérité. En revanche, elle contribue à sa recherche et permet au juge de l'atteindre par les éclaircissements qu'elle peut apporter sur un sujet donné. C'est le juge qui dit la vérité et c'est à sa décision qu'il faut obéir. En revanche, un auteur n'a pas pour mission de dire la vérité et il n'est pas obligatoire de suivre son avis. Ce qui ne veut pas dire que l'auteur ne contribue pas à la recherche de la vérité : dans cette recherche, les avis peuvent être fort divergents. Et la divergence ne fera que mieux souligner l'importance de la vérité découverte.

2) La doctrine n'est pas officiellement publiée

La loi est publiée au journal officiel de la république. C'est bien parce que sa publication est « officielle » que nul n'est censé l'ignorer et que l'on présumera de façon irréfragable qu'elle est connue de tous. Evidemment, derrière le mot « officiel » se cache une fiction juridique : qui lit le journal officiel ? Mais il faut bien trouver un moyen de justifier le caractère obligatoire et universel de la loi. L'intérêt que présente le système officiel de publication

10. – CEDH 27 mai 2014 n° 346/04 Moustafa Erdogan/Turquie « confirmation éclatante de l'importance de la liberté académique » JCP G 2014 691.

est de permettre d'asseoir la présomption selon laquelle la loi publiée est connue de tous. Et c'est là l'essentiel.

Les opinions doctrinales sont le plus souvent publiées (et c'est tant mieux pour le progrès du droit[11]) mais elles ne le sont qu'au travers de publications privées. Certaines sont bi hebdomadaires (La Gazette du palais. Les petites affiches) d'autres sont hebdomadaires (La semaine juridique. Le recueil Dalloz) d'autres paraissent de façon plus espacée (La revue trimestrielle de droit civil). Ces revues, quoiqu' étant spécifiquement juridiques, ne peuvent en aucun cas être comparées au Journal officiel de la République... même si elles comptent peut-être plus de lecteurs. Elles ne sont pas « officielles ». A fortiori, les articles de droit paraissant dans des revues non spécialisées ne constituent pas non plus des « publications » au sens que nous avons donné. L'absence de caractère officiel de la publication doctrinale permet d'expliquer qu'elle ne saurait avoir de valeur normative. Si « nul n'est censé ignorer la loi » parce qu'elle est officiellement publiée, on peut en revanche ignorer l'opinion doctrinale même si elle est publiée dans une revue juridique.

3) La doctrine n'est pas contrôlée

Toute disposition normative est susceptible d'être contrôlée. Nous l'avons vu pour la loi (qui peut subir le contrôle du conseil constitutionnel) pour la décision de justice (qui peut être réformée par la voie de l'appel ou cassée à l'issue d'un pourvoi). Nous avons avancé l'idée que la norme doit être acceptée : permettre à la personne d'exercer un contrôle pendant un délai donné et selon une procédure définie, permet de présumer l'acceptation de la norme par l'individu une fois le délai expiré.

L'auteur de son côté n'engage que lui : l'histoire dira s'il a eu raison ou tort, encore qu'un auteur n'ait jamais raison ou tort. Il ne fait qu'émettre une opinion. Les Universités – prudentes – ne s'engagent jamais sur la valeur scientifique des travaux présentés par ses membres. La formule traditionnelle que l'on trouve au début des thèses est toujours la même : « la faculté n'entend donner aucune approbation, ni improbation, aux opinions contenues dans le présent ouvrage, qui n'engagent que leur auteur ». Quelquefois, des querelles d'auteurs émaillent les revues juridiques : certains usent de leur droit de réponse pour répliquer à un collègue. Quelquefois, des procès sont engagés, mettant également en jeu le responsable de la publication. Mais on ne peut parler d'un contrôle au sens où nous l'avons entendu. Pour qu'une opinion doctrinale puisse avoir réellement valeur normative, il faudrait imaginer qu'elle

11. – V° Libchaber RTD Civ. 2002 608.

soit intégralement reprise dans une décision de justice devenue définitive. Or il n'est pas d'usage qu'une décision de justice fasse – expressis verbis – mention du nom d'un auteur dans le corps d'une décision. Et en tout cas, si quelquefois des tribunaux ou des cours mentionnent tel ou tel article de tel ou tel auteur, la cour de cassation ne le fait jamais dans ses arrêts. Car un auteur n'a pas le pouvoir de faire le droit. Tout au plus peut-il suggérer des solutions.

4) La doctrine n'est pas exacte

Nous avons dit que la norme poursuit comme but la perfection parce qu'elle est exacte. Aussi, une erreur contenue dans une disposition normative doit pouvoir être réparée en suivant un processus officiellement décrit, tout comme la norme floue doit pouvoir faire l'objet d'une interprétation officielle. Ainsi l'erreur matérielle figurant dans la loi ou dans le jugement peut être réparée, selon les techniques que nous avons décrites. Et l'interprétation d'une formule floue du législateur n'est en fin de compte laissée qu'au juge qui a seul le pouvoir de dire ce que le législateur a voulu dire.

Mais si une erreur matérielle se glisse dans un travail doctrinal... il n'en découle aucune conséquence réelle. Et si un auteur n'est pas clair dans ses explications, il perdra ses lecteurs et c'est tout. La norme se doit de poursuivre comme but la précision car elle a vocation à s'appliquer de façon impérative. Aussi doit-on prévoir un système permettant de réparer ou d'interpréter officiellement la norme imparfaite. Mais l'œuvre doctrinale n'étant de son côté pas obligatoire, n'a pas pour objectif impératif l'exactitude. Il n'existe pas de procédé officiel visant à réparer les erreurs de la doctrine.

5) Le champ d'application de la doctrine est imprécis

Alors que la loi s'impose à tout le monde, dans un territoire donné, qu'une loi abrogée ne s'impose plus, et que des systèmes ont été bâtis pour régler de façon certaine l'application de la loi dans le temps, alors également qu'une décision de justice ne s'impose qu'aux parties et qu'une décision réformée n'a plus lieu d'être, une opinion doctrinale a toujours vocation à être entendue (à défaut d'être suivie).

Bien des auteurs apportent une contribution doctrinale en faisant référence à des systèmes de droit comparé ; il est d'ailleurs très fréquent qu'aux veilles de grandes lois, des comparaisons soient effectuées entre le système français et les systèmes voisins. D'autres auteurs contribuent à l'établissement de la règle en apportant des réflexions historiques, inspirées des traditions françaises. Ces réflexions sont aussi utiles (l'histoire donne parfois des leçons). Tout ceci pour dire que la réflexion doctrinale n'est pas enfermée dans le temps ou dans l'espace, à la différence de la norme juridique. Et la doctrine ne s'adresse qu'à ceux qui veulent bien y prêter attention. Il n'y a donc pas de champ d'application doctrinal. C'est peut-être ainsi qu'il faut comprendre ce que disait IHERING : « L'éducation juridique plane au-dessus du droit national ; elle rallie comme sur un terrain neutre, international, les juristes de toutes les contrées et de toutes les langues. Les objets de leurs connaissances, les institutions et les droits de leurs pays différents, mais la manière de les considérer et de les concevoir est identique. Les vrais juristes de tous les pays et de toutes les époques pratiquent la même langue ».

Si les auteurs n'ont donc pas le pouvoir de faire la norme et si une opinion doctrinale n'a pas de valeur normative car elle ne répond pas aux critères étudiés, on peut se demander alors le rôle de la doctrine ?

B) Le rôle de la doctrine

On pourrait concevoir un système juridique dans lequel les avis de la doctrine auraient force de loi : ainsi des empereurs romains avaient-ils décidé que les opinions de certains jurisconsultes, émises dans leurs consultations ou dans leurs livres, devaient s'imposer au juge. Tel n'est pas notre système. Personne aujourd'hui ne pourrait affirmer que la doctrine a valeur normative. L'opinion d'un auteur ne s'impose en rien au juge. Faut-il conclure que la Doctrine ne sert à rien ? Manifestement non : une telle conclusion serait fausse, excessive et sûrement malveillante. On dit que la doctrine est « source » de droit. Le mot est flou. Nous ne pensons pas que la doctrine soit à l'origine du droit comme le premier sens du mot « source » pourrait le laisser penser. Nous pensons plus simplement que la doctrine est « source d'inspiration » mais sans rien de plus. Par ses travaux, la doctrine contribue à l'élaboration de la règle de droit[12] (A). Mais elle peut aussi contribuer à son interprétation (B).

1) La doctrine contribue à l'élaboration de la règle de droit

La doctrine peut avoir un rôle actif en matière législative. Les auteurs ne se bornent pas à commenter les lois et les décisions de jurisprudence en expliquant leur sens, leur portée et leurs conditions d'application. Ils portent aussi sur elles un jugement de valeur en appréciant les moyens techniques employés, les résultats pratiques donnés par la loi ou une jurisprudence. Ainsi,

12. – H Battifol « La responsabilité de la doctrine dans la création du droit » RRJ 1981 p. 175. C Atias « La mission de la doctrine universitaire en droit privé » JCP 1980 1 2999.

la doctrine peut proposer des réformes et apporter au législateur une contribution efficace[13]. Elle contribue à la création du droit[14]. D'ailleurs, des auteurs ont laissé leur nom à de grandes lois : n'a-t-on pas appelé la réforme du divorce de 1975 la « loi Carbonnier » ? Nous avons pu voir que les députés, les sénateurs ou encore les ministres peuvent déposer des projets ou des propositions de lois. Il ne faut pas imaginer que ces projets ou propositions n'ont été élaborés que par le seul esprit de ceux qui les déposent. La plupart du temps, ils ont été rédigés après consultations d'universitaires, quand ils ne sont pas directement leur œuvre. Ils sont souvent la résultante de recherches scientifiques ou de réflexions doctrinales et sont rarement dus au hasard...

2) La doctrine contribue à l'interprétation de la règle de droit

On sait que le juge a pour mission d'interpréter la loi. Mais comment doit-il s'y prendre pour ce faire ? Les auteurs ont fourni des réponses et des modes de pensée particulièrement utiles. La doctrine en fait propose une méthode de pensée d'abord aux étudiants qu'elle forme, ensuite aux praticiens (1). Et puis la doctrine, en systématisant le droit, permet d'en dégager les règles directrices (2).

3) Une méthode

Il nous semble que l'autorité des auteurs ne tient pas au fait qu'ils appartiendraient à une caste ou à un clan, mais plutôt à la façon qu'ils ont de présenter ou d'expliquer la règle de droit, et qui est toujours synonyme de rigueur. Mais quelle méthode ? Une controverse doctrinale célèbre a pu opposer les tenants d'une conception traditionnelle, la méthode exégétique aux partisans d'une conception moderne, celle de la libre recherche scientifique.

- La méthode exégétique

La méthode exégétique[15] forgée par la tradition, est souvent considérée à tort comme procédant d'une simple interprétation littérale de la loi, la lettre

---

13. – La doctrine peut aussi contribuer à empêcher l'adoption de projets défectueux par le parlement français. V° par exemple Terre et Anne Outin Adam « codifier est un art difficile » à propos d'un code de commerce... D 1994 chron. 99.
14. – C. Atias « La mission de la doctrine en droit privé » JCP 1980 1 2999.
15. – Marcadé Explication théorique et pratique du Code Napoléon, t 1 1838 « *Dans la méthode exégétique, on suit le texte pas à pas. On dissèque chacun des articles pour l'expliquer phrase par phrase, mot par mot. On précise par ce qui précède et par ce qui suit le sens et la partie de chaque proposition, de chaque terme, et l'on en fait remarquer la justesse*

étant censée l'emporter sur l'esprit. L'idée d'ailleurs s'imposait assez logiquement au XIXe siècle[16] : après toute codification, on est enclin à considérer que le code que l'on vient de construire a tout prévu et que, grâce à une interprétation grammaticale et logique, on peut trouver dans la loi la solution de tous les problèmes. C'est dire au fond : « tout le code et rien que le code »[17].

L'interprète devra ainsi préciser le sens que le législateur a attribué au texte : si le texte est obscur ou incomplet, il faut en dégager le sens en recherchant ce qu'aurait voulu le législateur s'il s'était exprimé sur le point en question. Dans cette recherche de la volonté du législateur, qui confère à la méthode un aspect psychologique, l'interprète emploiera deux sortes de moyens :

– D'abord des moyens qui rapprochent son rôle de celui de l'historien. On se référera aux précédents historiques, lorsque la loi apparaît inspirée de textes anciens. On attachera aussi une grande importance aux travaux préparatoires, c'est-à-dire aux exposés des motifs des projets de lois, aux rapports présentés, aux procès-verbaux des discussions des commissions et des assemblées.

– À ces moyens, on ajoutera des procédés logiques qui tendent à rapprocher le droit d'une science exacte. Plusieurs procédés ont été ainsi proposés : l'interprétation ANALOGIQUE (qui est l'opération intellectuelle de comparaison) qui consiste à étendre la règle proposée pour un cas, à un autre cas jugé analogue. Cette comparaison des cas se fait à la lumière de la raison de la loi et permet donc d'étendre une solution posée pour un cas, à un autre cas non prévu par la loi. L'interprétation A FORTIORI est une méthode qui repose sur l'idée selon laquelle « qui peut le plus peut le moins ». L'interprète tire d'une proposition, une autre proposition qui doit être « à plus forte raison » admise, parce que la raison qui justifie la première affirmation se retrouve avec plus de force dans la seconde. Par exemple, lorsqu'une personne est mandatée pour faire des actes importants comme des actes de disposition, a fortiori est-elle également mandatée pour accomplir des actes moins graves, comme des actes d'administration. L'interprétation A CONTRARIO consiste

ou l'inexactitude, l'utilité ou l'insignifiance ; puis, quand on a compris cet article en lui-même, on étudie son harmonie ou sa discordance avec les autres articles qui s'y réfèrent, on en déduit les conséquences, on en signale les lacunes ».

16. – V° également : Bonnecase « L'école de l'exégèse » 2eme Ed. 1924 Gaudemet « L'interprétation du code civil en France depuis 1804 », 1935 réed. 2002. Charmont et Chausse, « Les interprètes du code civil », livre du Centenaire tome 1 p 131 Rémy, l'École de l'exégèse Rev. Droits 1 1985 p 115 et suiv.

17. – Selon la formule de Bugnet « Je ne connais pas le droit civil, je n'enseigne que le code Napoléon ».

à poser comme principe que lorsque la loi a énoncé une règle, elle a par là même, exclu la proposition contraire. C'est par ce raisonnement que l'on affirme que ce que la loi n'a pas prohibé, elle l'autorise. Cet argument peut néanmoins déboucher sur des affirmations contestables. Aussi la doctrine ne recommande-t-elle son emploi que lorsqu'il s'agit d'interpréter une disposition exceptionnelle, afin de revenir au droit commun. Pour illustrer un usage de ce raisonnement, on peut citer l'interprétation de l'article 229 du code civil, qui énonce que « par effet du divorce, chacun des époux reprend l'usage de son nom » d'où l'on déduit a contrario que pendant le mariage, la femme peut user du nom du mari. Le principe d'interprétation STRICTE des dispositions d'exception considère enfin que les textes dérogeant au droit commun doivent s'interpréter strictement, du moins lorsque cette dérogation rend la loi plus rigoureuse (loi pénale d'aggravation) ou qu'elle s'écarte des principes essentiels. Ces lois doivent donc être cantonnées à leur strict domaine, aucune interprétation de quelque méthode que ce soit ne peut en venir en étendre l'application.

Faut-il abandonner la méthode exégétique ? Nous pensons qu'aujourd'hui, il faudrait peut-être en redécouvrir les vertus. N'a-t-on pas souvent tendance, par paresse ou par ignorance, à considérer qu'à la venue d'une question prétendument nouvelle apparaît le « vide législatif » qu'il faut se hâter de combler par un nouveau texte ? Plutôt que d'entretenir le phénomène d'inflation législative que tout le monde dénonce, ne faudrait-il pas inciter les uns et les autres à travailler d'abord le droit positif ?

- La libre recherche scientifique

Cette méthode prend appui sur une critique de la conception ancienne, à laquelle on reprochait ses déviations : il est absurde, dit-on, de rechercher aujourd'hui l'intention du législateur de 1804, lequel n'avait aucune idée de nos problèmes actuels. Les exégètes postulaient encore l'infaillibilité du code civil, or le législateur ne peut tout prévoir. Le législateur de 1804 ne pouvait par exemple, pas prévoir la révolution industrielle de la fin du XIXe siècle.

Les auteurs modernes, à la suite des travaux de François GENY[18], ont abandonné la méthode traditionnelle en posant un postulat : l'interprète doit reconnaître à un moment donné que le législateur n'a rien prévu. Dès lors, il

18. – François Gény Méthode d'interprétation et sources en droit privé positif Essai critique. Préface de Raymond Saleilles. 1re édition 1899. V° également du même auteur : Science et technique en droit privé positif Nouvelle contribution à la critique de la méthode juridique. LGDJ 1922-1924.

apparaît artificiel et arbitraire de chercher à interpréter un texte ; il est un seuil au-delà duquel il ne faut plus interpréter puisqu'il y a un vide. Au-delà de l'interprétation, commence alors la recherche. Cette recherche est libre, c'est-à-dire qu'elle ne s'appuie plus sur un texte et elle est scientifique puisque l'interprète doit faire un effort scientifique sur des bases objectives. Le droit est un phénomène social que le juge doit considérer à travers les mœurs de son époque. L'interprétation doit accueillir les enseignements de l'histoire, de la sociologie (naissante avec Durkheim) de la psychologie de l'économie, et témoigner d'un respect moins aveugle à l'égard de la loi. Le droit est vivant, la règle a un but social et la législation doit être adaptée à l'homme. C'est ainsi que Gény s'opposera au légalisme des exégètes. Il sera suivi par le civiliste Marcel Planiol et l'historien du droit Adhémar Esmein qui fondera en 1902 la revue trimestrielle de droit civil et appellera dans son article inaugural à l'étude de la jurisprudence.

4) La systématisation du droit

Certains auteurs, par leurs travaux de systématisation des décisions judiciaires, ont guidé les tribunaux. Que signifient ces mots ? En rassemblant toutes les décisions rendues sur une même question, on peut arriver à dégager un principe, une tendance... et par la même guider les tribunaux. SALEILLES et JOSSERAND ont ainsi exercé une influence majeure sur la formation de la jurisprudence relative à la responsabilité du fait des choses[19]. Le terme « systématiser » nous interpelle : il est certain que sans la doctrine, le droit ne serait qu'un amas de règles et de décisions qui constituerait souvent un fouillis inextricable. Cette mise en ordre du droit relève bien de la recherche scientifique. Et puis sans la doctrine, les autres sources du droit n'auraient pas

19. – Ph. Jestaz, Doctrine et jurisprudence, une liaison de 25 siècles. 4eme conférence Albert Mayrand, Ed Thémis Montréal 2000 p 1. Ph. Jestaz et Ch. Jamin, Doctrine et jurisprudence : cent ans après, RTD Civ. 2002 1 et suiv. V° aussi par ex : Lequette L'influence de l'œuvre d'Henri Batiffol sur la jurisprudence française Trav. Comité fr. de droit inter. Privé 1991-1993 Ed. 1994

conscience de leur existence[20]. C'est bien la doctrine qui ouvre l'accès aux composantes du droit[21].

La doctrine a donc un rôle indispensable. Et l'opinion du juriste est aussi souvent raisonnable. Il est raisonnable de le consulter avant d'agir, même si cela n'est pas obligatoire. En suivant le conseil du juriste ou de la doctrine avant de s'engager, l'individu ou la collectivité auront certainement plus de chance d'aller dans la bonne direction, vers ce qui est JUSTE. On se rend compte que le juriste n'a certainement pas le pouvoir de faire le droit mais qu'il sert de guide à ceux qui le font. Sa tâche est finalement beaucoup plus importante.

Si nous trouvons parmi les « avis autorisés » ceux qui émanent des auteurs et qui forment de façon habituelle la « doctrine », nous pouvons également placer sous ce pavillon ceux qui émanent des autorités instituées.

SECTION II. LES AVIS DES AUTORITÉS

Il y a aujourd'hui en France de plus en plus « *d'autorités administratives indépendantes* » quelquefois dotées d'une personnalité juridique propre et la plupart du temps soustraites au pouvoir hiérarchique. Leur liste est impressionnante, leur utilité pas toujours évidente et il serait fastidieux de les nommer toutes[22] : on ne prendra comme exemple que celui du Comité Consultatif National d'Éthique (CCNE)[23], du Conseil Supérieur de

20.– D. GUTMAN La fonction sociale de la doctrine juridique Brèves réflexions à partir d'un ouvrage collectif sur méthode d'interprétation et sources de droit privé positif Essai critique RTD Civ. 2002 p. 455. TERRE « *le rôle de la doctrine est d'autant plus irremplaçable qu'on peut, à la limite, imaginer un système juridique sans lois, ou sans coutume, ou sans jurisprudence mais qu'on ne peut imaginer un système juridique sans doctrine car c'est elle qui fait prendre aux autres composantes du droit conscience de leur propre existence* » (introduction au droit, *op. cit.* p. 167).

21. – Jestaz et Jamin Op. Cit. Les auteurs décrivent les fonctions de la doctrine : d'abord une fonction d'opinion. C'est la doctrine qui identifie les matières, les met en ordre, recherche des principes, confectionne des théories mais aussi critique (p. 218 et suivantes)

22. – Bernard Beignier dans son « introduction au droit » en a dénombré plus de 4700... Ces « commissions administratives consultatives » auraient dû disparaitre le 8 Juin 2009 par l'effet de la circulaire du 8 décembre 2008relative à la modernisation de la consultation. Mais « la veille de la date fatidique » ont été publiées au Journal officiel la liste « des commissions rescapées pour encore cinq ans »

23. – Le CCNE fut créé en 1983 suite aux Assises nationales de la Recherche de 1982. Sa présence figure dans le texte de loi du 6 août 2004. Son rôle est de « *donner des avis sur les problèmes éthiques et les questions de société soulevées par les progrès de la connaissance dans les domaines de la biologie, de la médecine et de la santé* ». Il peut être saisi aux fins de consultation par différents organismes ou institutions gouvernementales. Il peut aussi

l'audiovisuel (CSA)[24] et de la Commission Nationale de l'informatique et des libertés (CNIL) qui se voient attribuer la mission de « *rendre des avis* » sur des questions importantes. D'autres autorités peuvent émettre des « *recommandations* », à l'image de l'autorité des marchés financiers (AMF)[25] ou de la Commission des Clauses Abusives. Il a même été créé un « Défenseur des droits » qualifié « d'autorité constitutionnelle indépendante » par la loi

s'auto saisir. Composé de scientifiques, de philosophes, de médecins, de juristes, de théologiens mais également de journalistes, le CCNE est le seul comité français et international ne dépendant d'aucune autorité de tutelle. Ses avis sont rendus en totale indépendance. Le premier avis date du 22 mai 1984. Il porte «*sur les prélèvements de tissus d'embryons et de fœtus humains morts, à des fins thérapeutiques, diagnostiques et scientifiques*». Il a depuis rendu une centaine d'avis accessibles à tous et portants sur des sujets aussi différents qu'importants comme le « *statut des embryons ou les diagnostics prénataux* ». De fortes personnalités l'ont présidé, à l'image du Professeur Jean Bernard.

24. – Le CSA a été institué par une loi du 17 janvier 1989 modifiant la loi du 30 septembre 1986. Il remplace la CNCL (1986-1989). C'est une « autorité administrative indépendante », comme la Commission nationale informatique et libertés (CNIL) ou la Haute autorité de lutte contre les discriminations (HALDE). Son but est de veiller à la bonne application de la loi de 1986 sur la liberté de communication. Ce texte a donné lieu à une jurisprudence et a été souvent modifié. La dernière modification en date résulte de la loi n°2009-257 du 5 mars 2009 relative à la nomination des présidents des sociétés France Télévisions et Radio France et de la société en charge de l'audiovisuel extérieur (désormais, le CSA ne dispose plus du pouvoir de nomination des présidents des sociétés nationales de programmes). Le rôle du CSA est de contrôler le respect des lois par les éditeurs et diffuseurs de programmes audiovisuels (radiodiffusés, télévisés...) accessibles depuis le sol français ou d'un satellite relevant de la France, de veiller à l'impartialité des chaînes publiques et donner un avis conforme à la nomination des Présidents de l'audiovisuel public par le Président de la République, de délivrer les autorisations de diffusion aux chaînes de télévision et aux radios et aux distributeurs de services (bouquets satellites, ADSL, etc.), de rendre des avis sur les projets de loi ayant trait à l'audiovisuel, d'attribuer les fréquences destinées à un usage audiovisuel, veiller au respect du pluralisme politique et à l'honnêteté de l'information, de donc de veiller au respect des quotas de temps de parole du gouvernement et de l'opposition ainsi que du temps de parole du président de la République pour information, organiser les campagnes électorales radiotélévisées officielles, de veiller au respect des quotas de chanson française par les radios, et à ceux de diffusion et de production d'œuvres audiovisuelles et cinématographiques françaises et européennes par les télévisions (diversité culturelle), veiller à la protection du jeune public.

25.– Aux termes de l'article L 621-1 du CMF : L'AMF veille à la protection des épargnants dans le cadre des entreprises faisant appel public à l'épargne ou dans le cadre d'introduction d'instruments financiers sur les marchés financiers. Elle surveille également la régularité de l'information donnée aux acteurs des marchés financiers et leur bon fonctionnement. Elle contrôle tous les marchés financiers, même ceux qui ne sont pas réglementés. En plus de cette mission, elle apporte son concours au législateur pour l'élaboration de la réglementation des marchés financiers et y compris à l'échelon européen. Dans l'exercice de ces missions l'AMF dispose de larges pouvoirs.

qui l'a institué[26] et dont le rôle[27] est d'interpréter une disposition législative ou réglementaire en dehors de tout procès.

La multiplication de ces autorités traduit selon certains[28] un affaiblissement du pouvoir normatif, quand elle ne contribue pas en fait à mélanger les genres. La pratique des avis peut devenir en effet ambiguë lorsque l'autorité investie du pouvoir de donner l'avis dispose par ailleurs du pouvoir normatif : ainsi lorsque la cour de cassation rend un avis sur une question (comme elle peut le faire depuis une loi du 15 mai 1991[29]) ou dresse son « rapport » n'aura-t-elle pas naturellement tendance à réglementer ? Sans compter qu'il est semble-t-il désormais loisible à un juge d'entendre dans le cadre d'une affaire et comme « *amicus curiae* » telle autorité extérieure[30] même si le recours à ce procédé, inspiré du droit anglo-saxon, a été vivement critiqué[31]. À quand l'audition d'experts en droit ?

---

26. – Loi n°2011-333 du 29 mars 2011 ; le défenseur des droits a absorbé différentes autorités administratives indépendantes, à savoir le Médiateur de la République, le Défenseur des enfants, la Commission nationale de déontologie de la sécurité, et la HALDE.

27. – « Le défenseur des droits veille au respect des droits et libertés par les administrations de l'État, les collectivités territoriales, les établissements publics, ainsi que par tout organisme investi d'une mission de service public, ou à l'égard duquel la loi organique lui attribue des compétences. Il peut être saisi dans les conditions prévues par loi organique, par toute personne s'estimant lésée par le fonctionnement d'un service public... »

28. – Thierry REVET L'inflation des avis en droit Économisa 1998

29.– « *Avant de statuer sur une question de droit nouvelle, présentant une difficulté sérieuse et se posant dans de nombreux litiges, les juridictions de l'ordre judiciaire peuvent, par une décision non susceptible de recours, solliciter l'avis de la cour de cassation qui se prononce dans le délai de trois mois de sa saisine* » (art L 441-1 al 1 du COJ) Lorsque le juge envisage de solliciter cet avis, « *il en avise les parties et le ministère public, il recueille leurs observations écrites éventuelles dans le délai qu'il fixe, à moins qu'ils n'aient déjà conclu sur ce point* » (article 1031-1 al 1)

30. – L'expression « amicus curiae » désigne la personnalité que la juridiction civile peut entendre sans formalités aux fins de rechercher des éléments propres à faciliter son information. Par exemple pour connaître les termes d'un usage local ou d'une règle professionnelle non écrite. L'« amicus curiae » n'est ni un témoin, ni un expert et il n'est pas soumis aux règles sur la récusation. CPC, art. 27 al. 2 et s. 181. Bibliographie : Laurin (Y.), La consultation par la Cour de cassation de « personnes qualifiées » et la notion d'« amicus curiae », Sem. Jur. éd. G, n° 38, 19 septembre 2001, p. 1709-1710. Au sujet de : Ass. Plén. 29 juin 2001, Ass. Plén., n° 8, p. 17 (le professeur Jean Bernard fut entendu par la cour de cassation sur la question de la maternité de substitution.

31. – François Terre Op.cit. p 137 « *appelée à se prononcer au sujet des maternités pour autrui, la cour de cassation a cru bon d'entendre une sommité de la médecine à titre d'amicus curiae. Il n'est pas interdit de penser qu'elle savait à l'avance, au vu de ses prises de positions antérieures, ce qu'il allait lui dire. Mais passons ! Plus troublant est le fait qu'étant appelée à dire le droit, donc à le trouver, ce qui est sa tâche première, la cour de cassation n'avait pas besoin, pour ce faire, d'un scientifique si éminent soit-il. La suite des affaires a bien montré les*

Pourtant, les avis ou recommandations des autorités instituées n'ont pas de valeur normative[32]. Le juge n'est pas lié par leur contenu et la jurisprudence le rappelle. François TERRE souligne à titre d'exemple, que « *les recommandations de la Commission des clauses abusives sont dépourvues de pouvoir normatif et la cour de cassation en déduit qu'elles ne sont pas génératrices de règles dont la méconnaissance ouvre droit à cassation* »[33]. Nous avions formé une observation identique à propos des circulaires ministérielles ou des rescrits. Tous ces textes non obligatoires sont parfois réunis sous différentes expressions ayant une allure juridique : on parle parfois de « droit mou », de « droit doux » (soft law)[34] de « droit flou [35]» (à quand le « droit chou » ou « le droit joujou » ?) de « droit gazeux » de « petit droit[36] » voire de « droit flexible[37] ». Il nous semble que ces expressions sont trompeuses et finalement dangereuses (à une époque où chacun peut donner son avis sur tout par la voie d'internet) : on ne doit pas mélanger ce qui est obligatoire et ce qui ne l'est pas[38]. Et que chacun remplisse son rôle. Il peut donc être raisonnable d'écouter

---

risques d'une dérive, rapidement constatée. Du recours à l'avis d'une personne qualifiée en contrepoint des procédures traditionnelles, on est passé, y compris répétons-le à l'étage de la cour de cassation, au recours à des tiers intéressés à la solution d'un litige – et quels tiers ! – le Conseil du Notariat, le Ministre de l'Économie et des Finances, le ministre de la justice et la fédération française des sociétés d'assurances... Des amis de poids, certes, mais pas nécessairement soucieux d'un procès équitable... »

32. – Si l'avis rendu peut être publié au Journal officiel qui de fait peut en faire mention, il ne lie pourtant pas le juge – et c'est ce qui témoigne de son caractère non normatif – (art 441-3 COJ). Il n'est logiquement pas susceptible de recours. La saisine pour avis est cependant considérée comme une décision juridictionnelle par l'art. L 190 du Livre des procédures fiscales lorsqu'il s'agit d'établir la non-conformité entre les revenus d'une personne et l'impôt établi par l'administration fiscale, ce qui veut dire que si la Cour de cassation annonce, dans un avis rendu sur saisine pour avis, une modification de sa jurisprudence qui aura pour conséquence la modification de l'assiette de l'impôt, le revirement de jurisprudence est pris en compte immédiatement par l'administration fiscale. L'avis de la cour de cassation n'a donc pas de force normative mais son apparence est quand même ambiguë. V° aussi Catherine Thibierge « La force normative » Bruylant Op. cit.

33.– Civ. 1re 13 Novembre 1996 Bul Civ. 1 399 p 279.

34. – Rapport d'étude annuelle 2013 du Conseil d'état : « le droit souple » La documentation française.

35. – Mireille DELMAS MARTY « le flou du droit » Paris 1986 PUF.

36. – Un colloque s'est tenu à Bordeaux le 6 juin 2014 sur la question de la qualité des normes : « circulaires, recommandations, protocoles de procédure, codes de gouvernance... Quelle place pour le « petit droit ». V) également Gerry Vernières « les petites sources du droit » thèse Economica 2012.

37. – Jean CARBONNIER flexible droit

38. – Quand s'est posée en France la question de la légalisation de l'euthanasie, on a multiplié les demandes d'avis (avis du CCNE, avis du Conseil de l'Ordre des médecins, avis

la doctrine et de suivre plus généralement les avis autorisés. Mais il peut aussi être raisonnable de s'en rapporter aux usages. Suivre les habitudes, c'est se comporter en homme prudent. N'est-ce pas une façon d'atteindre la justice ?

provenant des « débats citoyens ») À quoi sert tout ceci ? À quoi servent les parlementaires ?

Sous -titre II.
L'habitude facteur de stabilité juridique

Nous avons dit que le mot « juste » évoque l'harmonie, l'équilibre et la stabilité. Nous comprenons dès lors qu'il peut être prudent de suivre une habitude. Lorsque l'on décide de « faire comme d'habitude », on sait où l'on va et l'on ne s'attend pas à une surprise. On ne prend aucun risque et l'on est rassuré. L'habitude peut donc être source de pratiques et l'on comprend qu'elle peut être une force : on parle d'ailleurs de « la force de l'habitude ». Il n'y a pas lieu de changer « les bonnes habitudes ». Pourtant une habitude peut très vite se transformer en routine ou en manie : on suit une habitude par réflexe, sans réfléchir et sans se rendre compte que ce qui était bon par le passé ne l'est plus aujourd'hui. L'habitude peut alors asservir celui qui la suit et peut devenir pour lui la pire des choses. Car une routine devient très vite une mauvaise habitude : il est temps alors d'en changer. On peut comprendre ainsi que si l'habitude peut être une « force », il ne s'agit pas nécessairement d'une « force obligatoire ». Comment cela va-t-il se traduire en droit ?

L'habitude en droit peut être celle du juge ou des juges. On parle alors de jurisprudence (Chapitre I). Mais la règle de droit peut renvoyer aussi à l'habitude des gens. On parle alors de coutumes ou d'usages (chapitre II). Il existe des rapports certains entre coutume et jurisprudence[1]. Comme nous l'avons dit, la référence à la jurisprudence et à la coutume peut être facteur de sécurité juridique, de stabilité... et peut ainsi contribuer à l'édification d'un droit juste. Elle peut... ce qui veut dire que ni la jurisprudence, ni la coutume n'ont de valeur normative : elles n'obéissent d'ailleurs pas aux critères de la norme que nous avons dégagés.

1.– François TERRE Introduction au droit p. 286 « Le procédé de formation de la règle de droit jurisprudentielle peut, dans une certaine mesure, être rapproché de la coutume par l'élément d'adhésion qu'elle implique : la règle jurisprudentielle se consolide lorsque la solution est acceptée par les usagers, spécialement les juristes. On les a même parfois confondues en disant que la jurisprudence, en tant que telle n'existe pas : il n'y aurait que des règles coutumières dont la formation est provoquée par les décisions judiciaires ».

Chapitre Premier.
La jurisprudence

« Selon que vous serez puissants ou misérables,
les jugements de cours vous rendront blancs ou noirs »
La Fontaine

Qu'entend-on par « jurisprudence » ? Ce terme est susceptible de recouvrir deux notions : la jurisprudence, c'est d'abord l'ensemble des décisions prononcées par les tribunaux. En ce sens, on parle des « recueils de jurisprudence » qui contiennent les décisions rendues par les juridictions françaises. Mais le terme de « jurisprudence » peut aussi désigner l'habitude prise par un juge ou une juridiction, de trancher tel type de litige de telle ou telle manière. En ce sens, on dit d'un juge qu'il a « sa » jurisprudence. Cette double approche du mot est généralement retenue par la doctrine (ainsi parle le professeur BACH[2] ou encore le professeur CORNU[3]) et c'est pourquoi nous la suivrons en nous demandant si, ainsi comprise, la jurisprudence peut être synonyme de règle normative[4]. Répond-elle notamment aux six critères qui caractérisent – selon nous – la norme et que nous avons étudiés dans la première partie ? Nous allons voir qu'il n'en est rien.

SECTION I. LA JURISPRUDENCE NE RÉPOND PAS AUX CRITÈRES DE LA NORME

La jurisprudence ne répond pas aux six critères que nous avons posés et qui caractérisent, selon nous, la règle de droit. C'est pourquoi elle ne semble

2.– Bach Rep. Civ. Dalloz 2e édition. V° Jurisprudence n°6.

3.– Cornu, Vocabulaire juridique. V° mot « jurisprudence » : « Tendance habituelle d'une juridiction déterminée ou d'une catégorie de juridictions à juger dans tel sens. Exemple, la jurisprudence de la chambre criminelle de la Cour de cassation… Pratique judiciaire : habitude de procéder ou d'opérer de telle manière (en dehors des questions de droit) dans les mesures d'instruction, les conciliations, les évaluations. Ensemble des décisions de justice rendues pendant une certaine période, soit dans une matière (jurisprudence immobilière) soit dans une branche du droit (jurisprudence civile, fiscale) soit dans l'ensemble du droit. (Recueil de) jurisprudence. Publication d'un ensemble de décisions de justice.

4.– Sur la jurisprudence en général : V° ZENATI, La jurisprudence, 1991. Esmein, La jurisprudence et la doctrine RTD Civ. 1902, 5. La jurisprudence et la loi RTD Civ. 1952, 17. BOULANGER Notations sur le pouvoir créateur de la jurisprudence civile, RTD Civ. 1961, 417. V° aussi Les réactions de la doctrine à la création du droit par les juges. Travaux de l'association, Capitant, t. XXXI ; adde. La jurisprudence, Arch. de la philosophie du droit t 30 1985.

pouvoir être élevée au rang de norme. Ainsi, la jurisprudence ne constituerait pas une autorité instituée d'un pouvoir (A) sa publication n'est pas révélatrice (B) et son champ d'application dans l'espace et le temps demeurerait imprécis (C).

A) L'absence d'autorité jurisprudentielle

Si nous suivons la double définition de la jurisprudence que nous avons donnée, nous constatons qu'il est formellement interdit à un juge d'ériger une habitude par lui prise en règle de droit (1) et que la jurisprudence des tribunaux et des cours n'est pas non plus synonyme de règle (2).

1) Le juge n'a pas le pouvoir d'ériger en règle une habitude prise par lui

Ceci résulte de la fameuse « prohibition des arrêts de règlement » contenue dans l'article 5 du code civil. « Il est défendu aux juges de statuer par voie de dispositions générales et réglementaires sur les causes qui leur sont soumises »[5].

Le pouvoir du juge est celui de mettre fin à un litige en rendant une décision qui s'imposera aux parties, comme nous l'avons déjà dit. Il n'est pas – stricto sensu – celui de créer le droit.

La règle de l'article 5 est héritée de la Révolution française et du principe de « séparation des pouvoirs ». Si le juge a le pouvoir de mettre fin à un conflit en rendant une décision qui s'imposera, il n'a pas le pouvoir d'ériger une règle de droit qui aurait une portée universelle. Seul le pouvoir législatif a la possibilité de créer une règle de droit. Et si les révolutionnaires ont posé le principe de la Séparation des pouvoirs, c'est qu'ils se rappelaient des difficultés que la Royauté connut jadis avec les tribunaux (qu'on appelait alors les « parlements ») et qui tentèrent d'arrêter bien des réformes législatives. Sous l'Ancien Régime en effet, les parlements pouvaient rendre des « arrêts de règlement » – qu'il serait plus juste de qualifier simplement de « règlements » applicables dans tout le ressort[6].

5.– V° ATIAS, (arrêts de principe), J.CP 1984, 1,3145. BEIGNIER, Droits, 1989/9.45 (arrêts de règlement) SERIAUX, Mélanges Mouly, Litec, 1998 T 1 p. 171. SINAY D.1958 Chron.85.

6.– François TERRE observe l'ambiguïté du mot « arrêt » tel qu'il est employé. *« L'usage du mot arrêt peut donner à penser que ces décisions étaient prises à l'occasion de procès entre deux parties, ce qui est inexact. Il s'agissait de véritables règlements et si l'on a employé le mot « arrêt » c'est qu'il n'existait pas formellement, d'autre mode d'expression de leurs décisions. Deux limites marquaient ce pouvoir réglementaire : dans l'espace, ils n'avaient de force obligatoire que dans le ressort du Parlement qui les avait faits. Et si dans le temps ils valaient*

Le code civil rappelle donc que le juge n'a pas la possibilité de statuer par voie réglementaire. Imaginons qu'un juge rende par exemple, une décision selon laquelle pour tous les divorces qu'il aurait à trancher, le débiteur de la pension alimentaire en faveur des enfants du couple se verrait systématiquement condamné à payer une pension équivalente au tiers de ses revenus. Une telle disposition serait censurée, comme constituant une disposition réglementaire prohibée par l'article 5. La Cour de cassation a pu rappeler à plusieurs reprises, qu'il faut veiller au respect du principe. Ainsi par exemple :

> « Pour fixer l'indemnité due à une victime (en matière d'accident de la circulation) les juges ne sauraient se référer dans une espèce déterminée, à des règles établies à l'avance pour justifier leur décision »[7].

Il faut ceci étant, bien comprendre la portée de la prohibition des arrêts de règlement : d'abord l'article 5 ne vise que l'activité juridictionnelle du magistrat. Il va de soi qu'un président de tribunal peut – par exemple – interdire par voie de règlement de fumer dans les salles d'audience ou de stationner dans la cour du Palais. L'article 5 ne vise que les « actes juridictionnels » et le magistrat ne peut prendre de décision réglementaire

---

pour l'avenir et à l'égard de tous, comme la loi elle-même, on considérait que cette législation était provisoire dans l'attente d'une loi, et pour en tenir lieu dans l'intervalle ou supplétoire, en ce qu'elle impliquait des lacunes de la loi et de la coutume, sans pouvoir modifier les dispositions légales ou coutumières ». (Terre *Op. cit.* p. 286 et le renvoi à Ph. Payen, Les arrêts de règlement du parlement de Paris au XVIIIe siècle, Dimension et doctrine, ed. puf 1997. V° aussi Libchaber, les articles 4 et 5 du code civil ou les devoirs contradictoires du juge civil, in Le titre préliminaire du code civil, dir. G. Fauré et Geneviève Koubi, ed. 2003 p. 143 et s.

7.– Crim. 4 Février 1970, D.1970, 333. En l'espèce, le juge avait maladroitement indiqué qu'il ne pouvait aller « au-delà du tarif habituel ».

V° également pour d'autres illustrations : Soc. 4 Avril 1991, Bul. Civ. 5 n°168 « *en énonçant que le fait pour un visiteur médical d'établir sciemment un rapport de visite inexact constitue une faute grave, une cour d'appel statue par un motif d'ordre général et viole l'article 5 du code civil* » Ou encore com. 13 Janvier 1971 JCP 1971 II 16932 Note Hauser. « *En interdisant de faire mention dans une publication, non seulement du nom de la spécialité pharmaceutique du demandeur, mais aussi du nom d'un produit fabriqué et mis en vente par l'un quelconque des membres de la chambre syndicale des produits pharmaceutiques, une cour d'appel viole l'article 5 en statuant par voie de disposition générale sur des litiges éventuels concernant d'autres produits ou d'autres fabricants.* » V° encore Crim. 20 Janvier 1987 Bul Crim n°25 « *pour rejeter la demande en réparation du préjudice moral invoqué par les neveux et petits enfants de la victime d'une infraction, une cour d'appel ne peut se borner à faire une simple référence à sa jurisprudence habituelle, selon laquelle elle n'accorde en pareil cas réparation qu'à l'époux, les enfants, les grands parents, les frères et sœurs* ».

lorsqu'il juge. Il ne peut écrire noir sur blanc qu'il s'enchaîne dans une habitude. Ce qui ne signifie pas en fait, qu'il lui soit interdit d'avoir une habitude (l'essentiel étant qu'il ne l'écrive pas !). Ce qui ne signifie pas non plus qu'il ne puisse rendre des décisions à l'aide de formules « standardisées ». Il a pu être ainsi jugé qu'aucun texte ne prohibe la pratique des motifs établis à l'avance sur un formulaire[8]. Dans un même esprit, il a pu être décidé qu'une juridiction qui affichait une décision répondant à une question de principe ne statuait pas par voie réglementaire, mais se bornait à constater l'opportunité de l'affichage d'une décision[9].

Un magistrat peut donc avoir une habitude. Mais il lui est formellement interdit d'ériger cette habitude en règle. La prohibition des arrêts de règlement trouve son corollaire dans l'article 1355 du code civil qui définit l'autorité de la chose jugée. Un jugement rendu n'a qu'une autorité relative, limitée à l'affaire. Il n'est obligatoire que pour les parties et elles seules. La solution donnée ne vaut que pour l'espèce à propos de laquelle elle a été rendue. Le même tribunal pourrait, le lendemain, rendre une solution différente sur un problème identique. Et le fait qu'une juridiction, aussi haut placée soit-elle, ait tranché une question dans un certain sens n'oblige pas une autre juridiction à adopter la même solution.

L'article 1355 rappelle que « l'autorité de la chose jugée n'a lieu qu'à l'égard de ce qui a fait l'objet du jugement. Il faut que la chose demandée soit la même, que la demande soit fondée sur la même cause, que la demande soit entre les mêmes parties, et formée par elles, et contre elles, en la même qualité » Cet article pose la triple condition pour qu'une décision fasse « autorité ». Nous l'avons précédemment étudié : une décision de justice n'a qu'une autorité purement relative.

Cette règle concerne toutes les décisions de justice y compris celles qui émanent de la Cour de cassation. Bien sûr il peut arriver que cette juridiction rende des arrêts de principe, comme nous aurons l'occasion de le dire. Mais quelle que soit la valeur exemplaire d'une décision de justice, elle ne saurait avoir valeur de règlement. La Cour de cassation elle-même prohibe les « arrêts

---

8.– Civ. 2e, 31 Janvier 1985, Bul. Civ. II n° 26. V° aussi 14 Février 1990, *ibid.* II, n°31. Rapp. Hélène Sinay « la résurgence des arrêts de règlement » D.1958 Chron. 85 A.. Audinet « Faut-il ressusciter les arrêts de règlement ? » Mélanges Brethe de la Gressaye 1967 p. 99 et s. Hebraud Obs. RTD Civ. 1960 712, 176 A Seriaux « le juge au miroir : l'article 5 du code civil et l'ordre juridictionnel français contemporain » Mélanges Mouly 1998 tome 1 p. 171 Tournafond, considérations sur les nouveaux arrêts de règlement, Mélanges Jestaz, 2006 p. 547.

9.– Soc 23 Mai 1979 Bul. Civ. V n°451.

de principe » en ce qu'ils seraient assimilables à des décisions réglementaires[10]. Nous y reviendrons.

Mais si le juge ne peut ériger SA JURISPRUDENCE en règle de droit, peut-on dire que « LA JURISPRUDENCE » de manière générale puisse constituer une règle ayant valeur normative ?

2) La jurisprudence n'est pas une autorité investie du pouvoir normatif

À quoi sert la jurisprudence ? Comment la qualifier ? Est-elle source de droit ? Est-elle une autorité ? Les opinions divergent sur cette délicate question[11]. Nul ne conteste les trois fonctions essentielles de la jurisprudence : interprétation, suppléance et adaptation de la loi. Nous y reviendrons. Affirmer que la jurisprudence n'est pas source de droit et qu'elle ne constitue pas une autorité investie du pouvoir normatif peut sembler paradoxal, à une époque où tout le monde reconnaît les « créations jurisprudentielles » que nous n'entendons pas nier. Il est des évidences que chacun sait et que nul ne conteste. Pourtant, qu'on le veuille ou non – et nous rejoignons ici une fraction de la doctrine classique – le juge est enfermé dans des principes qui lui interdisent de créer la règle de droit. Il n'est là que pour trancher des litiges. Il n'est pas là pour se substituer au législateur. Si la jurisprudence est un ensemble de décisions obligatoires, ce n'est pas un ensemble obligatoire de décisions. L'addition de plusieurs décisions successives de même sens ne peut créer une règle de droit. Comme le rappelle le professeur Jean Luc AUBERT, « le juge

---

10.– La référence à une décision rendue dans un litige différent de celui soumis à une juridiction ne saurait, en toute hypothèse, servir de fondement à la décision de cette dernière. Soc 27 Février 1991 Bul. Civ. V N°102. Même sens : Civ. 3e 27 Mars 1991 ibid. III N° 101. Une cour d'appel ne peut statuer par un arrêt de principe relatif à l'ensemble d'une profession pour décider de l'assujettissement à une caisse de retraite, alors qu'elle aurait dû rechercher les conditions dans lesquelles chaque contrat avait été exécuté. Soc. 12 Mai 1965 D.1965 583.

11.– Les opinions sont très partagées sur ce point : certains refusent de voir dans la jurisprudence une source de droit. V° en ce sens Jean CARBONNIER n°148 p. 172, CORNU p. 437 et Bach n°212 et suiv. En sens contraire, François TERRE, Introduction générale au droit, Dalloz n°227 MAZEAUD et CHABAS, introduction générale au droit Montchrestien N°105, V° aussi DUPEYROUX, La doctrine française et le problème de la jurisprudence source de droit Études MARTY p. 463 (où l'auteur voit une « source directe mais honteuse » du droit. JESTAZ, La jurisprudence, réflexions sur un malentendu. Dalloz 1987 chron.11. L'opposition est peut être moins tranchée qu'il n'y paraît. C'est qu'ici les nuances sont subtiles : comme l'indiquent C. JAUFFRET et R. DAVID à propos des systèmes romano germaniques et du système français en particulier : « *la formule que la jurisprudence n'est pas une source de droit nous paraît inexacte, mais elle exprime une vérité si on la corrige en disant que la jurisprudence n'est pas la source de règles de droit* »... Nous ne disons rien d'autre dans ce manuel.

n'a en effet ni le pouvoir, ni les moyens de faire la règle de droit. Il est dans la dépendance immédiate du législateur. Très révélateur à cet égard est le fait que le juge judiciaire éprouve toujours le besoin d'abriter ses décisions sous la référence parfois artificielle, à un texte de loi[12] ».

Le juge n'est pas tenu de statuer comme le font ses collègues d'autres tribunaux sur des points identiques. Il n'est pas non plus obligé de se plier aux décisions rendues par les juridictions supérieures (qu'il s'agisse des cours d'appel ou de la Cour de cassation)[13]. Il n'existe pas, comme dans les pays anglo-saxons, de règle du « PRÉCÉDENT JUDICIAIRE »[14]. Si forte que soit l'autorité de la Cour de cassation, elle n'enlève pas au juge du fond sa liberté d'interprétation. Bien sûr, il y a tout lieu de penser qu'une décision contraire à la doctrine de la juridiction supérieure sera vraisemblablement réformée (si toutefois un recours est engagé... ce qui ne découle pas de source). Mais rien n'interdit à un magistrat de se prononcer comme il l'entend.

D'ailleurs, il n'est pas rare que les juges du fond résistent à la jurisprudence de la Cour de cassation. Ce phénomène de résistance est rassurant, car il témoigne de la dynamique jurisprudentielle. Il est à l'origine de ce que l'on appelle les REVIREMENTS de jurisprudence. On appelle ainsi le fait qu'après avoir admis tel principe de solution, le juge, à l'occasion d'un nouveau procès, décide de l'abandonner pour adopter un principe nouveau et différent. Ces revirements attestent de la précarité naturelle de la jurisprudence, qui peut toujours changer. L'interprétation jurisprudentielle peut, à tout moment, être modifiée ou renversée. On pourrait donner bien des exemples de revirements célèbres.

Le REVIREMENT jurisprudentiel parfois totalement imprévisible a toujours un effet rétroactif. Nous en déduirons que la jurisprudence n'est pas une norme à la différence de la loi. La jurisprudence est si peu normative que si la violation de la loi est un motif de cassation, il n'en est pas de même de la violation de la jurisprudence (a). Reste alors à nous demander s'il faut oui ou non réserver un sort spécifique à l'intérieur de la jurisprudence, à certaines décisions dites « de principe » (b).

12.– Jean-Luc AUBERT, Introduction générale au droit, 8e édition 2000, p. 167.

13.– Ce principe comporte une exception : en cas de cassation d'une décision par l'assemblée plénière de la cour de cassation, la juridiction de renvoi doit se plier à l'opinion de la cour de cassation.

14.– V° Dworkin, *Un adoucissement de la théorie du « stare decisis » à la chambre des Lords*, RIDC 1967 185 et s.

a) La « violation de la jurisprudence » ne forme pas un moyen de cassation

Parmi les moyens permettant le dépôt d'un pourvoi en cassation figure « la violation de la règle de droit ». Le code de procédure civile rappelle que « le pourvoi en cassation tend à faire censurer par la Cour de cassation la non-conformité du jugement qu'il attaque aux règles de droit » (art 604 du CPC). Sans doute, cette expression est-elle large car outre l'interprétation des lois, la Cour de cassation contrôle l'interprétation des textes réglementaires et des conventions internationales. Mais la jurisprudence ne fait pas partie de la « règle ». La violation de la jurisprudence n'est pas en elle-même un motif de pourvoi : on ne peut envisager inscrire valablement un pourvoi au seul motif qu'une cour d'appel n'a pas statué conformément à sa jurisprudence habituelle sur telle question ou qu'une cour d'appel n'aurait pas statué conformément à la jurisprudence de la Cour de cassation.

Le pourvoi en cassation doit nécessairement être fondé sur des moyens de droit : il faut démontrer en quoi telle juridiction n'a pas respecté la règle. La « violation de la jurisprudence » n'est pas un moyen de droit, comme l'a rappelé la Cour Suprême dans un vieil arrêt[15] confirmé par la suite[16]. Le juge qui méconnaît la loi, le règlement ou même la norme internationale, méconnaît la règle de droit et verra sa décision censurée par la Cour de cassation. Mais le juge qui méconnaît la jurisprudence n'enfreint pas la règle... car la jurisprudence n'est pas une règle.

b) Faut-il isoler la jurisprudence de la Cour de cassation de la jurisprudence des juridictions inférieures ?

Nous pourrions tenir le raisonnement suivant : les juridictions inférieures (tribunaux et cours d'appel) n'ont pas pour mission première de dire le droit. Elles ont avant tout pour mission de mettre fin à un litige en rendant une décision obligatoire. L'ensemble de ces décisions ne saurait constituer UNE JURISPRUDENCE mais ne constitue qu'une collection de décisions individuelles.

En revanche, la Cour de cassation a pour première mission de dire le droit. Elle ne juge pas l'affaire, mais elle juge la façon dont les juges ont jugé l'affaire. N'a-t-elle pas dès lors vocation à rendre des décisions ayant valeur de principes ? Ne parle-t-on pas d'ailleurs des « arrêts de principe » ? Les arrêts émanant de la cour suprême n'auraient-ils pas dès lors valeur normative ? Et ce

15.– Requêtes, 21 Décembre 1891, DP 1892 1 543.

16.– Soc, 17 Mai 1958, Bul. Civ. IV n° 595.

critère ne serait-il pas réservé aux seules décisions de la cour suprême ? Ce raisonnement aboutirait à isoler les décisions de la Cour de cassation, qui – à l'inverse de celles émanant de juridictions inférieures – pourraient avoir valeur normative. Cette distinction serait suivie par certains auteurs. Pour Henri CAPITANT par exemple, « tant que la Cour de cassation ne s'est pas prononcée sur un point de droit controversé, la jurisprudence n'est pas fixée ». Que faut-il penser d'une telle affirmation (α) ? A-t-elle encore un sens à l'heure de l'union européenne ? (β)

α) La cour de cassation a-t-elle pour rôle de « fixer » la jurisprudence ?

D'abord, la division de la Cour de cassation en chambres facilite les divergences d'opinions. On pourrait donner de nombreux exemples de contrariétés au sein même de la cour de cassation. Quelquefois, les différentes chambres de la cour peuvent adopter sur un même point des solutions différentes. À la question : « faut-il indemniser la concubine en cas de perte accidentelle du concubin » la Cour de cassation a pu donner, pendant près de quarante ans, des solutions différentes selon que le problème était posé à la chambre civile ou à la chambre criminelle. En procédure, la notion d'instance a fait l'objet d'une divergence fondamentale entre la deuxième et la troisième chambre civile. Plus récemment, on peut citer l'opposition entre la deuxième chambre civile et la chambre criminelle de la Cour de cassation, au sujet de la faute de la victime conductrice[17] ou en matière d'abus de fonctions du préposé[18]. La chambre mixte n'a-t-elle pas été créée, ainsi que le rappelle l'article L 131-2 du code de l'organisation judiciaire, pour régler les divergences de jurisprudences, sur un même problème, entre différentes chambres ?

Quelquefois, la contrariété apparaît au sein de la même chambre : on peut citer l'exemple de la chambre sociale qui, dans deux arrêts en date des 9 juillet 1992 et 27 Janvier 1994 a retenu des solutions divergentes en matière de versement de prestations sociales en cas de déclaration d'absence de leur titulaire[19]. Comme le rappelle le professeur BENABENT : « quant à la jurisprudence envisagée dans son ensemble, il arrive bien souvent qu'elle soit sinueuse, incertaine, évolutive, et pour tout dire difficilement prévisible. Comment dissuader un plaideur de former un pourvoi, alors qu'il est possible

17.– CASS Crim. 22 Mai 1996 D.1997 138 note CHABAS.

18.– Cass. Civ. II Bul. Civ. II n°154 Cass. Crim. 29 Octobre 1991 RTDC 1996 Obligations par Patrice Jourdain pp. 181.

19.– Cass. 9 Juillet 1992 Rep. Defrénois 1993 n°35484 note Massip. Cass. Soc. 27 Janvier 1994 Rep. Defrénois 1996 art 36239 note de Saint Affrique.

de trouver quelques précédents dans son sens, même s'il en existe autant et plus souvent en sens contraire » ?

Et de toute façon, que vaut un arrêt de cassation lorsque sa solution n'est pas reprise par la juridiction de renvoi ? Si par définition, une juridiction de renvoi n'est pas obligée de s'incliner... c'est bien que l'arrêt rendu par la Cour de cassation n'a pas vocation à devenir une règle. Seule l'assemblée plénière aurait vocation à émettre des règles. D'ailleurs la dernière juridiction de renvoi doit s'incliner devant elle, comme nous l'avons vu. Mais elle ne s'inclinera que dans le cadre de la cause (les meilleures choses ont une fin...). Elle pourra tout à fait résister à l'analyse de l'assemblée plénière, dans une autre cause qui lui sera soumise. Rien n'oblige en principe les juridictions du fond à suivre les arrêts de l'assemblée plénière... C'est dire que le caractère prétendu de « règle » est éminemment contestable, même pour les arrêts de l'assemblée plénière.

D'ailleurs, peut-on encore parler de règle, quand se sont écoulées plusieurs années de procédure ? Peut-on dire véritablement que, parce que les parties n'ont pas voulu aller jusqu'au bout de leur affaire et saisir l'assemblée plénière, la dernière décision devenue définitive prendra le vocable de règle ? À l'évidence non.

La multiplicité des qualificatifs employés pour qualifier la jurisprudence témoigne de son incertitude ; s'il existe, aux côtés des « arrêts éternels » des « arrêts qui ont vieilli », s'il existe aux cotés de « la jurisprudence bien assise » ou « constante » une jurisprudence « fluctuante »... s'il existe une « jurisprudence dominante » et une « jurisprudence minoritaire », on ne peut parler de règle jurisprudentielle. La qualification d'un arrêt suppose un regard rétrospectif, peu compatible avec le concept de règle. Qui peut en effet prédire le devenir prétendument normatif d'une décision de justice ? C'est avec le temps et l'expérience que l'on se rend compte de la qualité d'une décision.

Bien sûr, il existe les « arrêts de principe » situés « entre les arrêts de cœur fustigés par d'Aguesseau et les arrêts de règlement interdits » selon la formule de M. Bellet[20]. Ces arrêts sont reconnaissables en leur forme : après avoir expressément visé un texte, la Cour de cassation énonce un attendu de principe dans le « chapeau »[21] de la décision, qui ressemble fort à une règle.

20.– Bellet, « Le juge et l'équité », mélanges Rodière, 1981, p. 12.

21.– Perreau, Visas, chapeaux et dispositifs des arrêts de la Cour de cassation en matière civile, RJCP 1986, 1, 3257. V° également la portée doctrinale des arrêts civils de la Cour de cassation RJ.C.P 1990 1, 3468. Lindon « La motivation des arrêts de la Cour de cassation », RJCP 1975 1, 2681. Vouley, « L'interprétation des arrêts de la Cour de cassation », RJCP 1970 1, 2305.

Ce principe, d'application générale, serait appelé à régir d'autres cas analogues. Nous parlons au conditionnel… car un arrêt de principe ne fait que traduire un sentiment général, une tendance et peut constituer une sorte de recommandation. Mais un arrêt de principe n'est pas un arrêt de règlement… et cela quand bien même des auteurs ont pu réunir en un ouvrage « les grands arrêts de la jurisprudence ».

β) Et puis il faut évoquer la présence des juridictions européennes :

La cour de justice de l'Union européenne (CJUE) installée à Luxembourg et compétente pour différents contentieux interétatiques ou non de droit communautaire, et la cour européenne des droits de l'Homme (CEDH) installée à Strasbourg, est habilitée à se prononcer sur les violations commises par les États du Conseil de l'Europe de la Convention des droits de l'Homme. Ces juridictions européennes jouent un rôle grandissant dans le développement même de la jurisprudence française qui résulte des juridictions nationales. Sans doute, ces différentes juridictions européennes n'ont-elles aucun pouvoir de trancher les litiges de droit interne. En particulier, elles ne sont pas habilitées à mettre à néant ou à rectifier la décision rendue par une juridiction française qu'elle estimerait non conforme au droit européen. Mais elles disposent notamment d'un pouvoir propre et souverain d'interprétation des règles qui relèvent de leur compétence, qui a pour conséquence que les interprétations qu'elles adoptent ont vocation à s'imposer, plus ou moins strictement selon le cas, aux juridictions de l'ordre interne. C'est ainsi, en particulier, que lorsque la cour de justice des communautés européennes vient à rendre une décision préjudicielle – c'est-à-dire qui tranche spécifiquement, à la demande d'un juge national, une question d'interprétation de norme relevant du droit communautaire – cette décision s'impose non seulement au juge national qui l'a suscitée, mais encore à toutes les juridictions de la communauté européenne.

Il est encore d'autres influences moins directes mais qui n'en sont pas moins considérables : telle celle qu'exerce l'interprétation adoptée par la cour européenne des droits de l'homme quant aux dispositions de la convention du même nom sur les juridictions nationales qui sont appelées à mettre en œuvre ces mêmes dispositions. Il convient donc ici, d'observer que ces juridictions européennes contribuent à l'élaboration de la jurisprudence.

Arrivera-t-il un jour où l'unification européenne sera devenue telle que la Cour de cassation française ne sera plus qu'une espèce de troisième degré de juridiction ? Le développement du droit européen ne contribue-t-il pas à dénier à la jurisprudence française tout caractère normatif ?

B) La question de la publication – officielle ou non – de la jurisprudence

Nous avons vu que la publicité obligatoire est l'un des critères permettant de caractériser la norme : la loi est ainsi publiée au journal officiel. Et même si en fait, peu de monde est abonné au journal officiel, il reste que ce procédé est, par son caractère officiel, le seul qui permette d'appliquer l'adage « nul n'est censé ignorer la loi » et de poser une présomption irréfragable de connaissance.

La jurisprudence fait-elle l'objet de publication officielle ? Il nous paraît utile de distinguer la jurisprudence des tribunaux et des cours d'appel (1) de la jurisprudence de la Cour de cassation (2).

1) la jurisprudence des tribunaux et des cours d'appel ne fait pas l'objet de publication officielle et intégrale.

La raison est simple : sur le volume de décisions rendues par un tribunal, bon nombre de décisions ne présentent aucun intérêt scientifique. On ne publie pas plus les centaines d'ordonnances d'injonction de payer rendues sur une année par une juridiction d'instance ou de commerce que les milliers de jugements de divorce rendus chaque année par un tribunal de grande instance. Ces décisions n'ont pour seule vocation de mettre fin à un conflit entre particuliers. Elles n'ont en principe pas vocation à faire œuvre scientifique. Seule une infime fraction de jugements faisant apparaître un véritable problème de droit non résolu, pourrait peut-être faire l'objet d'une publication... Mais lorsque de telles décisions sont rendues, elles font en général l'objet d'une contestation par l'une ou l'autre des parties ; et les responsables des revues juridiques n'ont pas pour habitude de publier les décisions qui ne sont pas définitives. De telle sorte que l'on peut dire que le taux de publication des décisions rendues par les tribunaux et les cours est particulièrement faible, eu égard à leur nombre. Et de toute façon, ces publications ne sont pas officielles. Elles résultent de revues scientifiques privées.

2) Le constat paraît différent pour la Cour de cassation.

Le souci de publier officiellement la jurisprudence de la cour de cassation existe depuis longtemps. Une loi de 1947 avait organisé la publication intégrale de tous les arrêts de la cour suprême dans le bulletin officiel des arrêts de la cour de cassation. Mais une pratique contraire s'est rapidement établie : on prit pour habitude de ne publier que les revirements de jurisprudence ou encore les arrêts qui réaffirment une jurisprudence ancienne qui n'avait pas eu l'occasion de s'appliquer. Une réforme de 1967 a permis au Président de chaque chambre de choisir lui-même les arrêts à publier[22]. De telle sorte qu'une distinction est apparue entre les arrêts publiés et les « inédits » représentant environ 50 % des décisions. Seuls les arrêts publiés méritent-ils qu'on s'y attarde ? Auraient-ils une valeur supérieure aux autres ? Les arrêts n'ont-ils pas tous les arrêts ont une valeur identique[23] ?

Mais il est vrai que la question ne se pose plus de la même manière aujourd'hui, depuis qu'un décret du 7 août 2002 a créé le « service public de diffusion du droit par l'Internet », service qui a pour objet de « faciliter l'accès du public aux textes en vigueur ainsi qu'à la jurisprudence » (al 2). Ce service met gratuitement à la disposition du public, outre les lois et règlements « les décisions et arrêts du conseil constitutionnel, du conseil d'état et de la cour de cassation... les arrêts de la CEDH... ».[24] Le site Légifrance est « placé sous la responsabilité du secrétaire général du gouvernement et exploité par la direction des journaux officiels » (art 2.al 1). La pratique récente des « communiqués » : développée dans le Bulletin d'information de la cour de cassation, n'a qu'une fonction pédagogique : elle attire l'attention sur une décision importante. La cour de cassation paraît opérer elle-même une hiérarchisation de ses décisions... Mais cette pratique ne saurait remettre en cause le principe selon lequel tous les arrêts rendus se valent.

Et de toutes-façons, si la jurisprudence de la cour de cassation est officiellement publiée, cette publication officielle ne saurait avoir pour effet de transformer une décision de justice, qui n'a jamais qu'une autorité relative, en un principe de portée absolue. Il n'est pas choquant d'effectuer une

22.– Encinas de Munegorri, Introduction au droit p 314 : « ... *La cour accompagne désormais certains de ses arrêts de lettres destinées à indiquer la portée de sa jurisprudence aux praticiens comme à la doctrine traditionnelle. La lettre D désigne l'arrêt d'espèce qui ne fait pas œuvre de doctrine. La lettre P indique au contraire que cet arrêt sera publié au Bulletin des arrêts de la Cour de cassation qu'il s'agit donc d'un arrêt de « police » c'est-à-dire d'administration judiciaire ou de police, qui reflète donc la position de la cour de cassation sur ce point de droit.... La lettre B signale que l'arrêt à une forte importance pratique puisqu'il sera publié au bulletin adressé aux magistrats, le Bulletin d'information de la cour de cassation. La lettre R consacre l'arrêt d'une force doctrinale encore plus importante, car la cour de cassation le commentera elle-même dans le Rapport annuel de l'année suivante....* »

23.– Xavier Labbée introduction générale au droit Septentrion éd. 1998.

24.– Journées Internet pour le droit Colloque international 3-5 novembre 2004 LPA 29 septembre 2005.

publication officielle de toutes les décisions de justice : la cour de cassation rend officiellement la justice et dit officiellement le droit. Ce n'est pas pour cela que ses décisions auraient tout à coup une portée absolue. Le critère tenant à la publication officielle n'est donc pas révélateur.

C) Le champ d'application de la jurisprudence est imprécis

Nous avons dit que la précision de la règle s'appréciait dans l'espace et dans le temps. Ainsi la loi française s'applique en France (et pas ailleurs) à partir d'une date précise jusqu'à celle de son abrogation. La jurisprudence n'est pas touchée par cette remarque :

a) application dans l'espace

Alors que la loi est précisément enfermée dans le temps et dans l'espace, il n'en va pas de même de la jurisprudence. Il n'est pas interdit à un plaideur d'invoquer au soutien de la thèse qu'il défend, de la jurisprudence étrangère. Ce que nous avons dit à propos de la doctrine peut être dit à propos de la jurisprudence et tous les arguments sont bons pour convaincre un juge.

b) application le temps

Une différence majeure avec la loi mérite d'être soulignée : alors que la loi n'a pas d'effet rétroactif, le revirement de jurisprudence est nécessairement rétroactif. Lorsque le juge statue, il statue sur des faits qui sont antérieurs à son jugement. S'il fait naître dans sa décision une solution nouvelle et inattendue, cette solution s'applique nécessairement à des faits qui sont antérieurs et qui se sont constitués sous l'empire d'une jurisprudence antérieure. La solution jurisprudentielle nouvelle a donc un effet rétroactif.

Ce qui montre bien que la décision jurisprudentielle nouvelle n'est pas une règle. Si elle était normative à l'image de la loi, elle ne pourrait, comme cette dernière avoir d'effet rétroactif. Or parce qu'elle a un effet rétroactif, on est bien obligé de constater qu'elle n'a pas de valeur normative. Le revirement de jurisprudence est toujours possible... et il est bien souvent mal compris des plaideurs. Des auteurs comme Christian MOULY, ont dénoncé l'effet rétroactif du revirement de jurisprudence, parce qu'il peut avoir des conséquences économiques dramatiques toujours ressenties comme l'expression d'une injustice.

Une personne peut en toute bonne foi, créer une situation en se conformant aux dispositions en vigueur et à la jurisprudence en vigueur... et voir cette situation sanctionnée par une décision postérieure remettant en cause la jurisprudence antérieure. Ce qui peut paraître totalement injuste. On a vu ainsi la cour de cassation qualifier de fautive l'attitude d'un médecin qui n'avait pas informé un malade sur les risques d'une intervention, alors qu'à l'époque des faits la jurisprudence admettait qu'un médecin ne commettait pas de faute s'il ne révélait pas à son patient des risques exceptionnels[25]. Lorsqu'une juridiction opère un revirement de jurisprudence, elle le fait nécessairement à propos d'une situation antérieurement créée sous l'empire de la jurisprudence du moment. On ne peut pas prédire un revirement… Aussi ces auteurs ont prôné l'instauration d'un « revirement pour l'avenir »[26].

Sous l'influence de leurs travaux, la cour de cassation qui rappelait constamment que les justiciables ne sauraient revendiquer le droit à une « jurisprudence figée[27] » « immuable[28] » ou encore « constante[29] » aurait « franchi le Rubicon[30] » en effectuant un revirement « pour l'avenir » le 8 juillet 2004. La cour de cassation s'est appuyée sur le « droit au procès équitable » défini à l'article 6 de la convention européenne des droits de l'homme pour justifier sa décision. Le revirement prospectif, pour l'avenir, ne serait commandé que par des raisons d'équité, objective ou subjective. Quel sera l'avenir de cette jurisprudence qui a été contestée[31] ? Y a t- il un avenir pour la technique du « revirement pour l'avenir » ? Les très nombreuses critiques doctrinales n'ont pas arrêté la cour de cassation. Par un arrêt du 21 décembre 2006, l'assemblée plénière semble avoir consacré la figure du revirement jurisprudentiel pour l'avenir[32]… Ce qui n'a pas rassuré les auteurs

25.– Cass. Civ. 9 octobre 2001 Dalloz 2001 p. 3470 cité par Bergel, théorie du droit p. 133.

26.– Christian MOULY, Le revirement pour l'avenir, RJCP 1994 1 3776. V° également T. BONNEAU, Brèves remarques sur la prétendue rétroactivité des arrêts de principe et des arrêts de revirement, D.1995 chron. 24. Nicolas MOLFESSIS, Obs. RTD. Civ.1998, 210 sur Civ. 1re 25 Novembre 1997. Cristeau, l'exigence de sécurité juridique D 2002 Chron. 2814.

27.– Cass. 1re Civ. 21 Mars 2000 D 2000 Jur. p. 593 note Atias et 9 Octobre 2001 D 2001 jur.p. 3470 rapport Sargos. JCP 2002 II 10045 note Cachard ; CCC 2002 n°22 note Leveneur. RTD Civ. 2002 176 obs. Libchaber.

28.– Cass. soc. 7 Janvier 2003 pourvoi n°00-46476 RDC 2003 p. 145 et les obs.25 juin 2003 D 2004 jur. p. 1761 note Julien.18 janvier 2005 pourvoi n°0246737 inédit

29.– Cass. 3e 2 octobre 2002 D 2003 jur. p. 513 note Atias.

30.– Patrick MORVAN Le revirement de jurisprudence pour l'avenir : humble adresse aux magistrats ayant franchi le Rubicon. D 2005 p. 247.

31.– V° « les revirements de jurisprudence » Rapport remis le 30 Novembre 2004 à Monsieur le Président Canivet, groupe de travail présidé par Monsieur Nicolas Molfessis Paris Litec 2005

32.– Le moyen qui reproche à la juridiction de renvoi d'avoir statué conformément à l'arrêt de cassation qui la saisissait est irrecevable, peu important que postérieurement à l'arrêt qui saisissait la juridiction de renvoi, l'assemblée plénière de la cour de cassation ait rendu dans une autre instance, un arrêt revenant sur la solution exprimée par l'arrêt saisissant la qui soulignent que la cour de cassation ne doit pas s'arroger d'un pouvoir qu'elle n'a pas. Et qu'elle n'a pas à se présenter comme le porte- parole de la législation[33]. La cour de cassation a été amenée par la suite à faire une application immédiate de sa jurisprudence « compte tenu de la possibilité pour le plaideur de connaître la décision de revirement avant la date d'expiration du délai de prescription de son action[34] ». Apparaît le revirement prévisible...

De notre côté, nous persistons à penser comme le professeur Aubert que le caractère traditionnellement rétroactif du revirement jurisprudentiel témoignage de l'absence de caractère normatif de la jurisprudence[35]. Si la jurisprudence était une norme, elle n'aurait pas – à l'instar de la loi ou du règlement précédemment étudiés – d'effet rétroactif, en raison du critère de PRÉCISION d'application de la norme dans l'espace et dans le temps.

Il convient cependant de préciser que la doctrine contemporaine a tenté d'esquiver la difficulté en affirmant voir dans le revirement jurisprudentiel, une illustration du caractère non pas rétroactif de la jurisprudence, mais interprétatif de celle-ci. À l'image de la loi interprétative qui fait corps avec la loi interprétée (et qui est donc rétroactive) la décision jurisprudentielle ferait, elle aussi, corps avec la loi qu'elle interprète : d'où son effet rétroactif. Il nous semble qu'un tel rapprochement mélange une fois de plus les genres : la loi a un effet absolu. La décision de justice n'a qu'un effet relatif. Si le juge peut interpréter la loi, il ne peut le faire qu'à l'occasion d'un procès et pour une cause déterminée. Sa solution ne peut donc pas avoir d'effet absolu. Dire que la décision de justice est à l'instar de la loi interprétative nous paraît donc être un

---

juridiction de renvoi. Cass. 21 déc. 2006 Assemblée plénière Bul. Civ. n°14 R 422 D 2007 AJ 60 obs. Avena Robardet JCP 2007 II 10016 note Guyader.

33.– François TERRE « Lui permettre de procéder à des affirmations nouvelles, en les détachant des décisions à propos desquelles elles sont rendues, comme si les plaideurs devaient jouer à qui perd gagne, ou plutôt à qui gagne perd, c'est pourtant à ce résultat qu'on aboutit au mépris de l'article 5 du code civil et de la prohibition des arrêts de règlement. La cour de cassation a déjà bien du mal à satisfaire sa mission classique. À la tête de l'autorité judiciaire, elle serait bien inspirée en n'empiétant pas sur l'action des pouvoirs légitimes. Au risque de heurter la susceptibilité du côté de la cour de cassation, il faut bien admettre que la jurisprudence n'est pas créatrice de droit » (*op. cit.* p. 458).

34.– Civ. 1re 2 octobre 2007 RJPF 2008 1/13 obs. Putman.

35.– « Cette particularité nous incite à ne voir dans la jurisprudence une véritable source de droit » (Jean-Luc Aubert, Introduction au droit, A. Colin, p. 164).

abus de langage[36]. C'est en fait, selon nous, porter atteinte au principe de Séparation des pouvoirs[37].

SECTION II. LE RÔLE DE LA JURISPRUDENCE

Si l'ensemble des décisions d'une même juridiction, ou des tribunaux et des cours, n'a pas vocation à former une règle et ne constitue qu'une somme de décisions individuelles mises bout à bout, on peut valablement se demander pourquoi il existe des recueils de jurisprudence et des banques de données capables de distribuer sur le champ le plus grand nombre de décisions rendues sur une même question ? Tout ceci est-il bien utile ?

Bien que la jurisprudence ne puisse être élevée, selon nous, au rang des dispositions ayant valeur normative (on observe que les critères que nous avons dégagés ne sont pas réunis) la jurisprudence n'en est pas moins indispensable. Pourquoi ?

Nous avons déjà eu l'occasion de dire que le rôle du juge est davantage de mettre fin à un conflit, plutôt que de créer le droit. Cela veut-il dire que le juge est autorisé à mettre fin à un conflit en rendant une décision arbitraire, injuste ou inique ? Dans l'absolu, rien ne lui interdit : la plus injuste des décisions, si elle n'est pas contestée, s'imposera... mais à l'évidence, un tel système judiciaire qui réduirait le rôle du juge à une telle mission, ne pourrait demeurer longtemps en application. Le système judiciaire ne peut être accepté des justiciables que dans la mesure où il assure la paix sociale. Le juge doit mettre fin à un conflit, en rendant une décision acceptable pour les parties, c'est-à-dire dénuée d'arbitraire.

La justice assurera sa mission de paix sociale, si les décisions rendues par les tribunaux et les cours sont inspirées du même esprit et vont dans la même direction. Le bon juge n'est-il pas celui qui rend la décision à laquelle on peut s'attendre ? Il est bon pour le justiciable de pouvoir anticiper la décision de justice, de pouvoir s'attendre à être jugé de telle manière.

36.– C. Cass. 30 janvier 2002 Le principe de non rétroactivité ne s'applique pas à une simple interprétation jurisprudentielle Bul. Crim. n°16. v° aussi Com 8 février 2005 Bul. Civ. IV n°25.

37.– V° également Bergel Théorie du droit *Op. cit.* p. 133 « On peut simplement soutenir que la jurisprudence s'incorpore à la loi qu'elle applique et doit avoir la même stabilité qu'elle. Mais ce serait donner à la jurisprudence une valeur normative directe et peut-être, méconnaître le principe de la prohibition des arrêts de règlement que proclame l'article 5 du code civil. Ce serait aussi limiter la flexibilité des solutions prétoriennes et faire obstacle aux revirements de jurisprudence, à moins de ne les admettre que pour l'avenir ».

L'avocat qui connaît la jurisprudence du tribunal devant lequel il défend son client et qui connaît aussi la jurisprudence des juridictions supérieures, doit pouvoir valablement émettre un pronostic en direction de son client avant de le défendre. Toute personne doit pouvoir savoir, à peu de choses près, à quoi s'attendre. Et le justiciable sera ainsi d'autant plus apte à accepter la décision à intervenir, que celle-ci est conforme aux pronostics avancés. La décision juste est celle que l'on accepte ; et on l'accepte d'autant plus facilement qu'on peut la prévoir.

On comprend donc que la force de la jurisprudence est liée à L'HABITUDE, facteur de sécurité juridique. Il peut être rassurant d'être jugé, comme sont jugées habituellement d'autres personnes placées dans des situations identiques, et d'obtenir à peu de choses près ce que l'on attendait. Mais il n'est pas non plus trop perturbant d'être jugé en ayant conscience que la question que l'on pose à la juridiction n'a jamais été tranchée, ou ne fait pas l'objet d'une solution nette. Le justiciable est alors un peu dans la situation d'une personne qui se livre à une expérimentation et qui est éclairée des risques encourus et de l'incertitude qui entoure la solution. La question qui reste posée tient aux revirements de jurisprudence : peut-on prévoir un revirement ? Faut-il bâtir un système permettant d'annoncer les changements ? Et si oui, comment ?

Car ce qui est en revanche parfaitement intolérable est l'attitude du juge ARBITRAIRE, qui modifierait sans raison et perpétuellement sa jurisprudence. Un tel juge serait INJUSTE et verrait de toute façon ses décisions sans cesse contestées. Une solution totalement inattendue est en effet perturbante. Un juge qui statuerait ainsi ne remplirait pas convenablement sa mission de juger. Mais sans doute y a-t-il une différence entre le revirement arbitraire et le revirement qui œuvre pour le progrès du droit.

Chapitre II.
La coutume

« Une fois n'est pas coutume »
Proverbe

Il peut être raisonnable de suivre les habitudes. Nous l'avons dit. À ce titre, l'étude de la coutume est intéressante : la coutume est-elle obligatoire à l'image de la loi ? Faut-il ou non suivre la coutume ? Répond-elle aux critères normatifs que nous avons posés ? Il faut préalablement la définir : les auteurs disent habituellement que « *c'est un usage, une habitude, qui devient à certaines conditions une règle de droit* ». Cette définition nous paraît juste en raison du verbe « devient ». La phrase montrerait qu'en effet, la coutume ne serait qu'une habitude (non obligatoire) qui deviendrait – sous certaines conditions qu'il nous faut dégager et au fil du temps – une règle[1]. Nous y reviendrons. On parle encore de « droit non légiféré » ou même de « droit spontané » pour la qualifier[2]. Pourquoi ?

Il faut faire une incursion dans l'histoire pour bien comprendre le sens du mot « coutume » et aussi son évolution. À l'époque féodale, le droit était véritablement coutumier en ce sens qu'il n'était pas écrit. Et toute la difficulté tenait, en cas de litige, à en rapporter la preuve. Celle-ci se faisait par tout moyen et principalement par témoins : c'était la procédure « per turba »[3]. On

---

1.– Sur la « genèse de l'obligatoire dans la formation de la coutume », Jean Carbonnier, Flexible droit, 8e édition 1995, pages 107 et suiv.

2.– Pascale Deumier, Le droit spontané, thèse ronéo. Toulouse 2000.

3.– Par cette procédure, le juge faisait prouver la coutume, comme s'il s'agissait d'un fait déterminé. Il y a là une différence très nette avec le droit contemporain : aujourd'hui le droit ne se prouve pas, le juge est censé l'appliquer. Au Moyen Âge l'optique était complètement différente et il fallait prouver le droit. Le problème de la preuve de la coutume est bien posé par l'Ordonnance de Saint Louis de 1270 : « *il sera fait enquête au sujet des coutumes de la façon suivante. On appellera plusieurs gens à ce connaissant non suspects. Eux appelés, la coutume leur sera proposée par la bouche d'un d'entre eux et on la donnera par écrit. Cela fait, ils prêteront serment de dire et fidèlement rapporter ce qu'ils savent, croient, et ont vu pratiquer au sujet de la dite coutume. Le serment prêté, ils se retireront à part, délibéreront et rapporteront leur délibération. Ils diront entre qui ils ont vu appliquer la dite coutume, dans quels cas, en quels lieux, s'il y a eu jugement, dans quelles circonstances. Tout sera rédigé par écrit et remis à la cour, clos sous le sceau des enquêteurs ; et tous feront connaître la raison de leur dit, quoiqu'en turbe* ».

comprend aisément qu'un tel système juridique ne pouvait tenir. Une règle de droit peut-elle en effet être incertaine[4] ?

Très vite, les coutumes ont été rédigées. C'est l'ordonnance de Montil les Tours de Charles VII en 1454 qui prescrivit leur rédaction. On pourrait presque déjà parler de « codification » à l'échelle locale. L'invention de l'imprimerie a contribué à leur fixation. Des coutumiers ont été publiés et commentés par la doctrine. Et très rapidement le Roi, autorité de l'État, leur a donné force exécutoire. D'une certaine manière, la coutume ainsi rédigée ne répond plus à sa définition. Officiellement publiée puis authentifiée... elle devient normative tout comme la loi. Or le propre d'une coutume est d'être orale et de ne pas être figée dans un texte ayant force exécutoire... Chaque région avait donc sa coutume écrite. En 1804 est apparue la codification et avec elle l'unification du droit sur l'ensemble du territoire. Avant cette date, les coutumes, variaient d'une région à une autre. Avec le code civil, la règle de droit sera la même partout sur le territoire français. Avec le XIXe siècle est apparu le culte de la loi : seul le pouvoir législatif peut exprimer la souveraineté nationale. Et du coup, les anciennes coutumes régionales ont disparu ou presque disparu. Elles n'ont plus d'intérêt en dehors des quelques hypothèses dans lesquelles le législateur y fait expressément référence.

Le phénomène de la coutume ou des usages n'a pas disparu pour autant : il concerne aujourd'hui les secteurs professionnels où existent inévitablement des usages ou des pratiques. Nous observons actuellement un phénomène de « codification des usages conventionnels » comparable à celui qui a marqué historiquement la genèse des coutumes régionales. La plupart des organisations professionnelles, à l'image des professions libérales instituées en ordres qui ont depuis longtemps défini leur déontologie, établissent aujourd'hui des « codes » à l'attention de leurs membres (codes de « bonnes pratiques », codes de « déontologie » codes des « devoirs et intérêts professionnels »

4.– Un débat classique s'est instauré sur les avantages et les inconvénients de la coutume, comme le rappelle F. Terré dans son manuel : « *la loi écrite a le mérite de la précision et de la certitude alors que la coutume est imprécise, ce qui peut être une cause d'insécurité pour les intéressés. La loi est générale et est la même pour tous ; elle a une vertu centralisatrice. Le droit coutumier est de nature particulariste, il varie suivant les lieux, les professions, les milieux sociaux, ce qui peut être néfaste pour l'unité politique d'un pays. La technique législative est d'un rendement plus rapide que la technique coutumière. La coutume ne peut réaliser de réformes rapides puisque l'usage ne devient coutume que lorsqu'il a duré assez longtemps* ». (Introduction générale au droit p. 237).

codes « de bonne conduite »[5]). On parle de « normes de déontologie »[6]. On voit aussi apparaître des « chartes d'éthique », des « codes de conduite » à l'initiative d'entreprises privées internationales. Telle entreprise multinationale adoptera une charte pour définir sa conduite par exemple sur des questions d'environnement ou encore sur les conditions de travail de ses salariés… Quelle est la valeur juridique de ces « codes » ? Ont-ils valeur normative ? N'ont-ils qu'un intérêt purement probatoire attestant de l'existence de l'usage ? Avec l'émergence des coutumes et usages professionnels, n'assiste-t-on pas en réalité à une certaine renaissance des corporations de l'Ancien Régime[7] ?

Qu'est-ce qu'une coutume ? François GENY nous dit que « pour qu'il y ait coutume, il faut que deux éléments soient réunis : un élément matériel (l'existence d'un usage ancien, constant notoire et général) et un élément psychologique : *l'opinio necessitatis* (c'est-à-dire que ceux qui se conforment à l'usage doivent avoir la conviction d'agir en vertu d'une règle obligatoire) ». Peut-on dire que la coutume est une règle de droit ? Il faut se reporter à la définition donnée : à vrai dire, le problème nous paraît mal posé. En elle-même, la coutume n'est rien. Prenons un exemple : autrefois, la femme mariée portait le nom de son mari en raison d'une coutume. Ce qui signifie que si elle n'avait pas envie de le porter… rien ne l'y empêchait. Une coutume en elle-même n'est pas obligatoire. Elle ne le devient que dans la mesure où le législateur (ou encore la volonté commune) y font référence et aussi dans la

5.– Michel Storck Les codes de bonne conduite en droit des marchés financiers Mélanges Wiederkher 2009 p. 669 Isabelle Desbarats Codes de conduites et chartes éthiques des entreprises privées. Regard sur une pratique en expansion. JCP 2003 1 112.

6.– Nicole Decoopman Droit et déontologie : contribution à l'étude des modes de régulation. Les usages sociaux du droit CURAPP 1989 p. 87, Osman Avis, directives et codes de bonnes conduites, recommandations, déontologie éthique. Réflexion sur la dégradation des sources privées du droit RTD Civ. 1995 509 et suiv. Moret Bailly Les déontologies PUAM 2001. Gutman « l'obligation déontologique, entre l'obligation morale et l'obligation juridique » Arch. Philosophie du droit t 44 2000 p. 115 et suiv. Valérie Cabrol, déontologie et droit, contribution à l'étude des rapports entre ordres normatifs, thèse Toulouse éd. l'Harmattan, Encinas de Munagorri RTD Civ. 2007 p. 67 et suiv.

7.– François Terre Introduction générale au droit page 67. Au Moyen Âge et jusqu'à la Révolution française, la corporation était le mode d'organisation de la plupart des professions. Une corporation possédait ses propres règlements. Elles ont été interdites sous la Révolution, au motif que nul corps intermédiaire ne pouvait légitimement prétendre s'interposer entre le citoyen et la Nation, et c'est au nom de cette interdiction des corporations et des ententes entre acteurs économiques au niveau des employés ou des artisans, que les syndicats ouvriers furent interdits par la loi Le Chapelier, complétée par le décret d'Allarde sous la Révolution jusqu'au début du Second Empire. Les syndicats et clubs patronaux n'ont toutefois jamais cessé d'exister.

mesure où elle est reconnue par le juge qui peut alors éventuellement sanctionner une atteinte qui lui est portée. Pour garder le même exemple, le législateur qui autorisait autrefois la femme défenderesse en divorce pour rupture de vie commune à garder le nom de son mari demandeur, transformait un usage en droit. Le juge qui entérine une convention de divorce dans laquelle le mari autorise son épouse à garder l'usage de son nom n'agit pas différemment. C'est en intervenant que le législateur et le juge consacrent l'existence de la coutume. La question du nom est aujourd'hui définitivement réglée par l'article 225-1 (issu de la loi instaurant le mariage pour tous) *« chacun des époux peut-porter, à titre l'usage, le nom de l'autre époux par substitution ou adjonction à son propre nom »*. La coutume est devenue droit.

Le sort de la coutume et son caractère normatif dépend donc en fait des deux autorités, législatives et judiciaires

Poser la question du caractère obligatoire de la coutume, revient à poser la question du caractère obligatoire de la loi qui y fait référence, de la convention qui l'entérine et de la décision de justice qui la sanctionne éventuellement. Une coutume n'est donc obligatoire qu'au travers de la loi ou du contrat qui y renvoient, ou au travers de la décision de justice qui en reconnaît l'existence. Mais il semble bien qu'en elle-même, elle ne soit rien.

Section I. La coutume par délégation de la loi

Parfois, la loi délègue expressément son pouvoir normatif à la coutume en faisant directement référence aux usages locaux (A). En matière contractuelle, elle pourra déléguer son pouvoir normatif aux usages suivis par les parties au contrat, en faisant cette fois référence aux usages conventionnels (B).

A) Les usages locaux

- En matière de droit des biens, le code civil renvoie parfois aux usages locaux : le premier exemple est celui des « plantations d'arbres ou arbrisseaux ». L'article 671 du code civil dispose « qu'il n'est permis d'avoir des arbres, arbrisseaux et arbustes près de la propriété voisine, qu'à la distance prescrite par les règlements particuliers existants, ou par des usages constants et reconnus, et à défaut de règlement ou d'usage, à la distance de deux mètres de la ligne séparative ». La règle « des deux mètres » est donc supplétive[8]. Ainsi,

8.– La règle posée par l'article 671 n'a qu'un caractère supplétif. La demande d'enlèvement des arbres litigieux doit être rejetée quand les juges du fait constatent, dans l'exercice du pouvoir souverain dont ils disposent à cet égard, l'existence d'un usage local d'après lequel dans ce qui formerait l'actuel périmètre de la Communauté Urbaine de LILLE, l'usage en matière de plantations d'arbres à haute tige consiste à respecter une distance de 90 centimètres de la limite séparative des fonds. L'existence de l'usage nous est donnée par le recueil de coutumes établi à Lille au début du vingtième siècle par Balavoine et Brackers d'Hugo[9]. Il a été consacré par la cour d'appel de Douai le 21 février 1979[10]. Mais le code civil renvoie également aux usages locaux en matière de clôture[11] ou encore d'usufruit[12].

- En matière de bail, le code nous donne un autre exemple. L'article 1736 du code civil dispose que le bailleur ou le locataire d'un bail, sans limitation de durée, peut donner congé à tout moment, à condition d'observer les délais de préavis fixés par l'usage des lieux[13].

---

les plantations dont s'agit ne sont assujetties à aucune distance. Civ. 1re 27 novembre 1963 Dalloz 1964 102. Pau 22 mars 2004 JCP 2004 IV 3547.

9.– Pour les usages locaux parisiens : portée géographique des usages parisiens permettant la plantation jusqu'à l'extrême limite des jardins, sous réserve de l'élagage. Civ. 3e 14 février 1984, Gaz Pal 1984 2 437. Paris 10 Octobre 1990. Dalloz 1991, Sommaire 313. Obs. Robert. Versailles, 21 Novembre 1997.Dalloz 1998 ? Somm. 349. Obs. Robert.

10.– Affaire D'Hooge/Verein Arrêt n° 204/78 du 21 février 1979 (présidence de Monsieur Théry) « Attendu qu'il résulte des documents produits que suivant le recueil des usages locaux de la région du Nord, édité en 1856, l'usage ancien de planter les arbres à haute tige à 90 centimètres est consacré pour tout l'arrondissement de Lille par la jurisprudence de la cour de Douai. Que ce mode ancien est encore suivi dans le canton de Tourcoing. Que selon le rapport en date de 1912 de la commission chargée de la révision du recueil de 1856, l'usage de planter les arbres de haute tige existait encore à Tourcoing. Que cet usage est encore indiqué dans le recueil des usages locaux en vigueur à Lille et environs de 1935 et dans le rapport d'un expert, Claude Desorgher en date du 4 janvier 1977 soulignant que cette coutume est encore généralement suivie dans le département du Nord ». L'arrêt n'a pas été publié. L'affaire concernait des peupliers.

11.– Article 663 : Chacun peut contraindre son voisin dans les villes et faubourgs à contribuer aux constructions et réparations de la clôture faisant séparation de leurs maisons, cours et jardins assis es dites villes et faubourgs : la hauteur de la clôture est fixée suivant les règlements particuliers ou les usages constants et reconnus : et à défaut d'usages ou de règlements, tout mur de séparation entre voisins qui sera construit ou rétabli à l'avenir, doit avoir au moins trente-deux décimètres de hauteur, compris le chaperon, dans les villes de cinquante mille âmes et au-dessus, et vingt-six décimètres dans les autres.

12.– Art 593 : (l'usufruitier) peut prendre dans les bois, des échalas pour les vignes ; il peut aussi prendre sur les arbres, des produits annuels ou périodiques ; le tout suivant l'usage de pays ou la coutume du propriétaire.

13.– Si les mots « usage des lieux » employés par l'article 1736 peuvent, indépendamment des coutumes générales qui, dans un lieu déterminé, s'imposent à tous les habitants, s'entendre également d'usages spéciaux créés en vue de certaines catégories de personnes, ces derniers usages ne doivent être appliqués qu'aux cas intéressant les dites personnes, (usage spécial adopté dans une localité pour les employés de la compagnie des chemins de fer de l'ouest), Civ. 29 Juillet 1908, DP 1908 1 461.

B) Les usages conventionnels

La loi autorise aussi les parties en matière conventionnelle, à se référer à leurs pratiques ou usages comme moyen d'interpréter des contrats. Ce sont les usages conventionnels, présenté comme un moyen d'interprétation supplétif de la volonté des personnes. C'est l'article 1194 (ord. 10 Février 2016) du code civil qui dispose que « les contrats obligent non seulement à tout ce qui est exprimé, mais encore à toutes les suites que leur donnent l'équité, l'usage ou la loi » [14].

Le renvoi exprès aux usages conventionnels a provoqué (avec le phénomène de contractualisation du droit) la confection dans certains secteurs professionnels de « codes de conduites », de « chartes d'éthique », de « bonnes pratiques » [15] désormais mis à l'épreuve du droit et des tribunaux[16]. En droit social[17], en droit commercial[18] et même en droit de la famille[19], la coutume et l'usage tiennent également une place importante.

14.– V° par exemple Coviaux « L'habitude individuelle dans le droit des obligations » Thèse roneot. Panthéon Assas 1973. Henaff « Les usages en droit des obligations » thèse Bordeaux 1933 Fages « Le comportement des contractants » thèse Aix-Marseille 1997.

15.– En matière médicale apparaissent les codes de « bonnes pratiques » ainsi que conclusions des « conférences de consensus », qui constituent autant de recommandations dont on s'est demandé quelle pouvait être la portée normative. En fait ces documents permettent au juge, saisi d'une action en responsabilité civile, de se faire une opinion sur l'état de l'art du moment, pour apprécier éventuellement la responsabilité médicale. Ces documents sont autant d'éléments de preuve de l'existence de l'usage ou de la pratique professionnelle.

16.– Isabelle Desbarats « Alertes, codes et chartes éthiques à l'épreuve du droit français » Note sous C. Cass. 8 décembre 2009 (A propos du groupe Dassault système et de son « code de conduite des affaires » destiné à faciliter le déclenchement d'alertes pour prévenir les malversations et les corruptions, qui a été jugé contraire au principe de liberté d'expression du salarié instauré par les articles L 2281-1 et suivants du code du travail) Rapprocher B. Aldigé « Les conditions de validité d'une charte éthique SSL 2009 n°1425

17.– Ainsi les usages internes à l'entreprise, (V° Morel, Le droit coutumier social dans l'entreprise, Dr. Soc. 1979 pages 279 et suiv. Thuillier, l'usage en droit du travail, RJ.C.P 1975 II, 11619. Miquel, L'usage en droit du travail, thèse Toulouse 1974. Vachet, L'usage d'entreprise est-il un véritable usage ? R.J.C.P. 1984 II 14328.

18.– On peut assimiler aux usages conventionnels les règles techniques formulées par l'Association française de normalisation (AFNOR) applicables en principe même lorsque le contrat ne s'y réfère pas.

19.– L'article 372-1-1 du code civil permet au juge de prendre en considération « la pratique que les parents avaient antérieurement suivie » lorsqu'il s'agit de trancher un conflit d'autorité parentale.

CONCLUSION

La loi peut donc renvoyer expressément à la coutume ou à l'usage. Mais ce n'est que dans cette mesure que la coutume peut avoir valeur normative. La coutume a donc valeur normative au travers de la loi qui est elle-même une norme. Ceci amène deux questions :

- Peut-il exister une coutume autonome en dehors de la loi ? On a logiquement soutenu que le législateur était seul dépositaire de la souveraineté nationale et qu'en conséquence la coutume ne pourrait être source de droit. Pourtant, aujourd'hui on admet que la coutume puisse intervenir sans renvoi du législateur, lorsqu'il y a une lacune du droit légal. Portalis l'avait déjà admis dans le discours préliminaire, lorsqu'il présentait le Code civil : « à défaut d'un texte précis sur chaque matière, un usage ancien, constant et ininterrompu, une maxime, tiennent lieu de loi ». C'est au juge qu'il appartient de consacrer (ou de ne pas consacrer) l'usage autonome : un usage ne peut devenir règle que dans la mesure où il est reconnu comme tel par le juge.

- Peut-on imaginer l'existence d'un usage contraire à la Loi ? Ceci paraît impossible. Si autrefois le droit était coutumier, il n'en va plus de même aujourd'hui. Le droit écrit l'emporte sur la coutume. Un arrêt du 25 Janvier 1841 de la Cour de cassation, est très net : « Si, sous un régime où la coutume était loi, l'usage pouvait abroger une loi, il n'en saurait être ainsi dans un temps ou la loi, toujours écrite, est rendue légalement notoire à tous ». Le principe est donc qu'un usage ne saurait être contraire à la loi[20]. Une coutume contraire à la loi ne traduit-elle pas d'ailleurs la méconnaissance de la réalité du problème à résoudre et donc l'incompétence de l'opinion ?[21] Le seul exemple de coutume « contra legem » est donnée par le droit notarial, avec la pratique du « don manuel » qui consiste à reconnaître valables les donations mobilières de la main à la main, alors que l'article 931 du code civil exige un acte notarié pour les donations. Il faut toujours une exception pour confirmer la règle...

20.– Ainsi par exemple, Com. 18 Mars 1997, Contrats. Conc. Consomm, 1997 n°124, note Raymond. « *un usage bancaire ne saurait prévaloir contre les dispositions d'ordre public relatives au taux effectif global* » (Décret du 4 Septembre 1985) selon lesquelles l'année civile, pour le calcul des intérêts, comporte 365 ou 366 Jours, et non 360 jours.

21.– Georges Ripert, Le déclin du droit 1949, p. 99 : « *l'opinion publique se crée dans l'ignorance* » ? Rapprocher Gény, cité par Marty et Raynaud n°144 : « *il est préférable que la puissance permanente de l'organe législatif parfait soit juridiquement affirmée à l'encontre de la force inconsciente et aveugle de la coutume* ».

Section II. La coutume par reconnaissance du juge

C'est le juge qui devra dire, lorsque la question lui est posée, si la coutume invoquée existe encore, si l'usage prétendu est établi ou si l'adage évoqué a bien un sens.

A) Le sens d'un adage

Quelquefois, le juge appliquera des maximes coutumières. Il existe en effet en droit des adages, des proverbes, hérités des temps anciens et que l'histoire a plus ou moins bien rapportés. Le juge fera parfois référence à ces adages en leur donnant d'ailleurs quelquefois un sens différent du sens initial ou du sens attendu : à titre d'exemple, un auteur a pu souligner que la maxime « nemo auditur propriam turpitudinem allegans » à laquelle les magistrats font parfois référence en matière contractuelle, n'existe pas dans son sens littéral. Chacun peut être entendu par le juge, même celui qui invoque sa propre immoralité... Simplement l'adage signifierait que le juge a le pouvoir de sanctionner celui qui invoque sa propre turpitude[22]. Un autre auteur a pu faire remarquer que la maxime « infans conceptus pro nato habetur » pourtant élevée au rang de principe général de droit par la cour de cassation, est toujours utilisée dans le sens opposé de sa traduction littérale. Contrairement à ce que dit la traduction littérale, l'adage signifierait que l'enfant conçu n'a pas la personnalité juridique. Une fois venu au monde, on pourra en revanche par faveur faire remonter rétroactivement sa personnalité juridique au jour présumé de sa conception. Il faut donc attendre la naissance pour prendre parti...

B) La preuve de la coutume ou de l'usage

Le juge peut aussi faire référence aux usages conventionnels, en matière contractuelle. On tiendra compte de l'habitude prise entre les parties, lorsque le contrat n'apporte aucune précision sur la façon dont il doit être exécuté.

22.– H. Roland et L. Boyer, Adages du droit français. Sur la mise en œuvre de ces adages, Flour et Aubert Droit civil, les obligations, l'acte juridique n°377 et suiv.

Mais encore faut-il que l'usage soit effectivement connu des parties[23] et pas simplement du milieu professionnel[24].

Poser la question de la coutume évoquée devant le juge revient à poser la question de sa preuve. Qui doit apporter la preuve de la coutume ou d'un usage ? Il est intéressant de comparer la loi à la coutume. Dans le procès civil, les parties n'ont pas à apporter la preuve de la loi. Ils doivent se cantonner à la preuve des faits (Da mihi factum, tibi dabo jus. Jura novit curia). Où va- t-on placer la coutume ? Si la coutume était une règle de droit, il ne faudrait pas la prouver...

On ne peut exiger du juge qu'il connaisse l'ensemble des coutumes ou des usages professionnels. C'est pourquoi la preuve de la coutume et des usages incombe aux parties, comme incombe aux parties la preuve de leur permanence. Ceci vaut également pour les adages. (L'adage « qui veut la femme prend l'enfant » était en vigueur sous l'Ancien Régime. On ne l'applique plus aujourd'hui).

La preuve de l'existence et du contenu de la coutume ou de l'usage peut être faite par tout moyen. Certains recueils d'usages ont été publiés à la fin du XIXe siècle à la demande de l'autorité administrative. Ces recueils n'ont évidemment aucune valeur absolue. Une coutume qui existait à cette époque peut avoir disparu aujourd'hui. C'est en général plus la preuve de la permanence de la coutume que son existence qui fait l'objet de discussion. Les coutumes peuvent encore être prouvées par jugements, par rapports d'expertise. Les usages peuvent être prouvés par tout moyen (pourquoi pas par témoins, experts, par parères[25] ou par la production des « chartes d'éthique » ou des « codes de conduite » que nous avons évoqués plus haut). Certains éditeurs (pour faciliter le travail des parties) font figurer en annexe de certains codes les usages qui complètent les dispositions législatives ou réglementaires : à titre

23.– Les juges du fond ne sauraient faire application d'un usage prévu par le contrat type applicable aux professionnels de la publicité et à leurs partenaires habituels sans vérifier que l'annonceur était informé de cet usage, et que son comportement indiquait qu'il y avait adhéré. Com 16 Décembre 1997 Bul. Civ. IV n°339 ; Dalloz Affaires 1998 146 observations JF. En l'absence d'adhésion du cotitulaire d'un compte joint à un usage bancaire, cet usage ne lui est pas opposable. Com 4 Mai 1999. Bul. Civ. IV N°90 D.2000 191 note Djoudi. J.C.P éd. E 2000 895 note Leduc.

24.– En l'absence de toute stipulation prévoyant l'allocation d'un honoraire complémentaire en fonction du résultat obtenu, la seule référence aux usages en vigueur à l'ordre des avocats du barreau de Paris n'implique pas l'accord des parties pour l'octroi en fin de procès d'un honoraire de résultat. Civ. 1re 17 Octobre 1995 Bul. Civ. 1 n°365 (cassation au visa de l'article 1134).

25.– Le parère est un certificat délivré par une chambre de commerce, et attestant de la réalité d'un usage professionnel dans tel secteur d'activité.

d'exemple, le code de la propriété intellectuelle édité chez Dalloz comporte en annexe les usages en matière de littérature, de traduction, de reproduction d'œuvre...

Ceci étant en principe, la violation d'un usage ne peut donner lieu à cassation. La Cour de cassation ne contrôle pas l'existence ou la non-existence de l'usage. Tout ceci est de la compétence du juge du fond. Son appréciation est souveraine. Si en revanche, le juge du fond a violé la loi qui renvoie aux usages, la cassation sera possible. L'appréciation de l'existence de la coutume dépend du juge et de son pouvoir souverain[26]. De telle sorte qu'on ne peut a priori être sûr de l'existence d'une coutume. La coutume n'existe que dans la mesure où le juge estime qu'elle existe. Que peut-on donc conclure ?

Conclusion

En conclusion, poser le problème juridique de la coutume et se demander si la coutume a, oui ou non, valeur normative, revient à poser le problème de la loi et de la décision de justice. La coutume n'existe en effet, que dans la mesure où la loi y fait référence ou dans la mesure où elle est reconnue par le juge. Mais en elle-même, une coutume n'est rien. Elle n'émane d'aucune autorité, n'est pas publiée, et ne peut être rendue exécutoire en tant que telle. C'est pourquoi nous pensons que l'étude de la coutume ne peut se faire qu'au travers de la loi et de la décision de justice.

L'habitude et la consultation savante pourraient former des sources d'inspiration de la règle de droit, lors de sa formation et de son interprétation... sans pour autant qu'il en résulte un principe, ni même que ces paramètres obéissent à tel ou tel critère. Mais s'agit-il là des seules sources d'inspiration de la règle ? Nous pensons que lorsqu'il s'agit d'appliquer la règle de droit, le juge doit encore appliquer la règle avec humanité, avec cœur, s'il souhaite faire œuvre de justice. Ici encore les paramètres ressortent du sentiment, de la conscience. Mais n'est-ce pas le législateur qui renvoie le juge à sa conscience pour appliquer la règle de droit ? C'est ce qu'il nous reste à étudier dans le cadre du titre deux.

26.– Appréciation souveraine par les juges du fond : d'un usage général s'imposant aux parties à un contrat de publicité à défaut de conventions contraires (Com 25 Janvier 1972 D.1972 423) d'un usage professionnel entre les cliniques et leurs médecins imposant un préavis de deux ans en cas de rupture (Civ. 1re 17 juin 1997 Bul. Civ. 1 n°201 D 1997 604 note Memeteau). Existence d'un usage conférant aux clients le droit à une ristourne en matière de dépôt de listes de mariage : TI Paris 20 Mai 1970 RJCP 1970 II 16396 note P.L.

TITRE II – Le cœur

C'est au juge qu'il revient d'appliquer la règle de droit. Comment concevoir son rôle ? Le juge n'est-il qu'un automate, chargé d'appliquer à une situation concrète une règle abstraite ? On pourrait après tout répondre par l'affirmative en invoquant le strict principe de la Séparation des pouvoirs : le juge n'est pas là pour faire le droit. Il n'est là que pour appliquer la règle. Mais une telle vision du droit n'est-elle pas réductrice ? Ne rabaisse-t-elle pas le juge au simple rang d'instrument répressif, dont la seule mission serait d'appliquer la règle parce qu'elle est obligatoire ?

Nous avons dit que la règle de droit allie la force et la justice. Nous avons vu que la décision de justice est contraignante. Nous avons dit qu'elle était NORMATIVE en ce sens qu'elle répond aux six critères de la norme. Et nous avons évoqué le cas de la mauvaise décision de justice, arbitraire et injuste, qui – par le seul fait qu'elle est devenue définitive – sera malgré tout obligatoire.

Nous n'avons pas évoqué la bonne décision de justice : celle qui, tout en répondant aux six critères de la norme, répond à l'idéal de JUSTICE. Le bon juge n'est-il pas celui qui use de la force pour imposer une décision juste ? On se souviendra ici de la prière du Roi Salomon au début de son règne : « donnez à votre serviteur un cœur plein de jugement pour gouverner, pour discerner entre le bien et le mal ». S'il n'existe pas de paramètres permettant de distinguer le juste de l'injuste (à la différence des critères de la norme, qui permettent à coup sûr de distinguer ce qui est obligatoire de ce qui ne l'est pas), si l'appréhension de ce qui est juste[1] ressort des sentiments, du cœur... (qui permet, selon Pascal, de dépasser la connaissance rationnelle)[2] il demeure qu'il

1. – Le juste vit « *de la foi, de cette foi que Dieu lui-même met dans le cœur* » de cette foi « *qui fait dire non scio mais credo* » (Pascal pensée n°248).

2. – Par l'intuition qui lui est propre, le cœur permet en effet de dépasser la connaissance rationnelle, « *le cœur a ses raisons que la raison ne connaît point* » (pensée 277) *C'est le cœur qui sent Dieu, et non la raison. Voilà ce qu'est la foi. Dieu sensible au cœur, non à la raison* (pensée 278) « *et c'est pourquoi ceux à qui Dieu a donné la religion, par sentiment du cœur, sont bien heureux et bien légitimement persuadés. Mais ceux qui ne l'ont pas, nous ne*

faut organiser le système de droit aux fins de permettre au juge d'atteindre l'idéal de justice.

Nous avons dit que le juge n'a pas pour mission de créer le droit et que l'œuvre judiciaire n'est peut-être pas nécessairement une œuvre juridique. Nous avons dit aussi que le rôle du juge est de mettre fin à un conflit. Ceci n'exclut pas l'idée de justice. Rendre la justice, c'est mettre fin à un conflit en rendant une décision juste, c'est-à-dire ACCEPTABLE, ÉQUITABLE, SUPPORTABLE, si nous nous référons à la définition des mots que nous avons donnée en introduction. En d'autres termes, le bon juge est celui qui rend une décision que les parties acceptent librement et ne contestent pas. ARISTOTE présentait la justice comme une vertu, c'est-à-dire une attitude de l'être qui, à l'instar du courage, de la prudence, de la tempérance, produit des effets bénéfiques dans les multiples relations familiales, professionnelles, civiques que tisse l'existence. La justice est, selon l'expression de Michel VILLEY, « la volonté d'un équilibre fondé ».

Quels sont les gages d'une bonne décision de justice ? Quels sont les moyens offerts au juge, qui lui permettront d'atteindre cet idéal ? La décision de justice est d'abord la résultante d'un procès : celui-ci sera équitable si les règles qui président son organisation sont elles-mêmes équitables. C'est le droit processuel qui définit l'éthique procédurale, c'est-à-dire les principes communs à toutes les procédures, rappelant que la décision de justice n'a pour d'autre but que de rétablir l'harmonie sociale qui avait été troublée par le litige. Nous rappellerons très brièvement dans un premier temps les principes généraux susceptibles de former les maillons du procès équitable (Chapitre I).

Mais rendre une décision de justice, c'est aussi appliquer la règle de droit, ce qui nous amène à réfléchir sur sa teneur et sur la politique législative. La bonne règle de droit est-elle celle qui ne laisse au juge aucun pouvoir d'interprétation ? N'est-elle pas au contraire celle qui est suffisamment floue pour laisser au juge un pouvoir créateur ou encore celle qui confie expressément au juge un pouvoir modérateur (Chapitre 2) ?

pouvons la leur donner que par le raisonnement, en attendant que Dieu la leur donne, par sentiment de cœur, sans quoi la foi n'est qu'humaine et inutile pour le salut » (pensée 282).

Chapitre Premier.
Le procès équitable

Obtenir une décision de justice équitable ne peut ressortir que d'un procès lui-même équitable. Les règles de procédure comprennent des principes d'éthique, communs à toutes les procédures : le droit processuel serait au fond le droit dégageant les règles d'éthique du procès. Le droit au procès équitable est défini à l'article 6-1 de la Convention européenne des Droits de l'Homme, ratifiée par la France, et qui constitue le texte le plus novateur en ce domaine : « *toute personne a droit à ce que sa cause soit entendue équitablement, publiquement, dans un délai raisonnable, par un tribunal indépendant et impartial, établi par la loi, qui décidera soit des contestations sur ses droits et obligations de caractère civil, soit du bien fondé de toute accusation en matière pénale dirigée contre elle. Le jugement doit être rendu publiquement, mais l'accès de la salle d'audience peut être interdit à la presse et au public pendant la totalité ou une partie du procès dans l'intérêt de la moralité, de l'ordre public ou de la sécurité nationale...* ». La notion de procès équitable suppose l'égalité de tous devant la justice (section 1) la neutralité du juge (section 2) le respect du principe du contradictoire (section 3) mais aussi l'adoption d'un certain langage (section IV).

SECTION I. L'ÉGALITÉ DEVANT LA JUSTICE

Tous les justiciables se trouvant dans la même situation doivent être jugés par les mêmes tribunaux, selon les mêmes règles de procédure et de fond. Ce principe qui semble aller de soi, n'existait pas sous la Monarchie, où les justiciables ne relevaient pas des mêmes juridictions selon qu'ils appartenaient au Tiers État, à la Noblesse ou au Clergé. Ces discriminations ont été supprimées par les lois des 16 et 24 Août 1790. L'égalité ne bénéficie d'ailleurs pas qu'aux seuls Français. Elle s'étend à tous les justiciables, plaidant en demande ou en défense, devant toutes les juridictions nationales.

Cette égalité se traduit par la gratuité de l'accès au tribunal. Les juges ne sont plus, comme sous la monarchie, payés par les plaideurs (c'était le système des épices).

La Révolution a mis fin aux abus de toutes sortes engendrés par ce système. Aujourd'hui, les juges étant des fonctionnaires ne sauraient recevoir des sommes des plaideurs sans se rendre coupables du délit de concussion. Ceci étant, jusque dans les années 1970, une partie du coût du procès était mise à la charge du plaideur : c'étaient les frais de greffe, de timbre, d'enregistrement. Une loi de 1977 a instauré la gratuité de la justice et l'égalité devant les tribunaux. On a supprimé les débours (sauf devant le tribunal de commerce : on doit toujours payer le greffier).
Les auxiliaires de justice sont par ailleurs gratuits pour les plus défavorisés : c'est le système de l'aide juridictionnelle en matière civile et de la commission d'office en matière pénale. L'auxiliaire de justice reçoit de l'état une indemnité, une rémunération sans doute insuffisante mais qui n'est pas dérisoire. Sont indemnisés par l'État les avocats, les huissiers, les experts désignés par le tribunal. Ceci constitue le principe pouvant servir de fondement au « droit d'accès à la justice »[1]. Reste évidemment à appliquer justement le principe en aménageant la politique budgétaire (ce qui est un autre problème... et provoque parfois des mouvements de grèves et de revendications chez les professionnels[2]). L'accès à la justice comme moyen d'accès au droit constitue sans doute une préoccupation constante pour des pouvoirs publics qui n'ont plus beaucoup de moyens... et qui aimeraient aujourd'hui inciter les justiciables à régler leurs litiges eux-mêmes ou à trouver des solutions « déjudiciarisées ». Tout a un coût... C'est ainsi que l'on voudrait par exemple déjudiciariser le divorce en le confiant au notaire. Le souci de faire des économies justifie-t-il tout ? [3]

SECTION II. LA NEUTRALITÉ DU JUGE

Que signifie l'expression « neutralité du juge » ? En matière civile, ce principe se traduit par ce que l'on appelle le système ACCUSATOIRE. Le procès,

1. – V° M.A Frison Roche : « le droit d'accès à la justice ». Dalloz CRFPB « *droits et libertés fondamentales* » pages 439. Avoir un « droit égal à la justice, c'est avant tout recevoir des aides financières à cette fin. V° Doriat Duban « analyse économique de l'accès à la justice : les effets de l'aide juridictionnelle » RIDE 2001 n°1 p 77. G. Canivet « économie de la justice et procès équitable » JCP 2002 1 361.

2. – À titre d'exemple : 45 000 avocats en grève le 25 Novembre 2006 réclament une refonte du système de l'aide juridictionnelle. V° le Nouvel Observateur du 25.11.2006.

3. – « *La déjudiciarisation ne doit pas être pensée pour gérer la pénurie* » Anaïs Varin, secrétaire nationale du syndicat de la magistrature. Invitée RTL grand soir mai 2016.

c'est la chose des parties. C'est aux parties qu'il convient de constituer leur dossier. Le juge a un rôle passif : il se borne à trancher entre deux prétentions opposées.

Il ne saurait aller au-delà de cette mission : l'objectivité du juge est la seule garantie du justiciable (qui engage souvent dans un procès ses intérêts les plus personnels et ses biens). Cette objectivité suppose d'abord que le juge n'ait pas de préjugé (A). Elle suppose ensuite que le juge soit indépendant (B).

A) Absence de préjugé.

Qui peut savoir ce qui se passe dans la tête d'un juge ? Pourtant, un juge qui a un préjugé ne peut juger. On ne peut pas croire en la justice dès lors que l'on connaît la décision avant même qu'elle ne soit rendue. Ceci dit, « *l'impartialité n'interdit pas d'avoir une opinion mais de ne pas vouloir en changer, d'être dès le départ hors de portée du débat* »[4]. Mais si des éléments objectifs existent (comme des paroles du juge faisant état d'une opinion préconçue quant à l'affaire qu'il doit juger[5], ou quelquefois des écrits allant dans le même sens[6]) alors la neutralité du juge pourra être mise en cause. De façon générale, pour garantir l'exigence de neutralité, on pose aujourd'hui en principe[7] que « qui saisit ne peut juger », « qui instruit ne peut juger »[8], « qui a jugé ne peut rejuger »[9], « qui a donné un avis ne peut juger [10]».

4. – V° M. A Frison Roche « l'impartialité du juge » D. Chron. Page 53

5. – V° Selon le Conseil d'État : « En vertu d'une règle générale de procédure applicable même sans texte, un membre d'une juridiction administrative qui a publiquement exprimé son opinion sur un litige ne peut participer à la formation de jugement statuant sur le recours formé contre une décision statuant sur ce litige » (CE 30 Novembre 1994 D 1995 somm 244 Obs. Barthélémy V° également CE 27 octobre 1999 Fédération française de football JCP Ed G 2000 II 10 376

6. – Ainsi un président de tribunal de commerce ayant délivré une citation à comparaître dont le libellé tenait pour établi le comportement fautif de la personne visée ne peut pas siéger au sein du tribunal ayant à juger ce comportement. Com 16 mars 1993 Juris- data 002871. De même, un juge d'instruction ayant rendu une ordonnance de non-lieu à la suite d'une plainte pour viol, dans laquelle il a écrit que divers éléments permettaient de mettre en doute sur la véracité du contenu de la plainte, ne peut ultérieurement siéger au tribunal correctionnel chargé de connaître la poursuite pour dénonciation calomnieuse (Caen 10 mai 1996 Bul. Info C. Cass. n°434)

7. – V° L'étude très complète de Monsieur Pierre Crocq « *le droit à un tribunal impartial* » In « liberté et droits fondamentaux » Dalloz pages 456 et suiv.

8.– Pierre Crocq : *« Il n'a jamais fait de doute que le principe de séparation des fonctions d'instruction et de jugement doit être appliqué lorsque le législateur a confié l'instruction à*

B) Indépendance.

Pour être impartial, le juge doit être indépendant. *Nemo judex in re sua...* On ne peut être juge et partie. Cette règle non écrite est un véritable principe général de droit. Car de tout temps, l'impartialité des juges a été mise à l'épreuve des justiciables : la Fontaine disait déjà que « *selon que vous serez puissants ou misérables, les jugements de cours vous rendront blancs ou noirs...* ». L'impartialité du juge est nécessaire. Elle dépend de son indépendance qui est garantie non seulement par les voies de recours, mais encore par tout un arsenal de règles visant à sanctionner le manquement au devoir d'impartialité[11] . Mais indépendance vis-à-vis de qui ?

– Indépendance vis-à-vis de l'État.

Le juge ne doit pas craindre (en principe) le pouvoir politique. L'indépendance des magistrats de l'ordre judiciaire, dont le Président de la République est le garant, est assurée par l'article 64 alinéa 4 de la Constitution qui nous dit que « les magistrats du siège sont inamovibles ». Ce principe signifie qu'un magistrat du siège ne peut pas faire l'objet de la part du Gouvernement d'une décision arbitraire. Une mesure ne peut être prise à son encontre que dans les cas et selon les conditions prévues par la loi.

– Indépendance vis-à-vis de ses collègues.

Les magistrats statuent en principe en formation collégiale.

L'indépendance des juges serait remise en cause si l'un des juges prenait l'ascendant sur les autres. Trois règles empêchent une telle situation de se

une juridiction séparée de la juridiction de jugement, c'est-à-dire essentiellement en matière répressive, à l'exception toutefois du cas particulier du juge des enfants ».

9.– Le respect du principe d'impartialité va aujourd'hui assez loin, puisque l'on estime qu'un juge ayant statué en référé sur une demande de provision effectuée en raison du caractère non sérieusement contestable d'une obligation, ne peut statuer ensuite sur le fond du litige. La littérature est en la matière, d'une grande abondance. De même un juge ne peut être partie à l'instance sur recours formé contre sa décision, ni partie à un litige incident à celui dont il a été saisi.

10. – Pierre Crocq : « *Il est bien établi qu'un magistrat du siège ne peut participer au jugement d'une affaire, si antérieurement il a eu à connaître de celle-ci en tant que magistrat du ministère public, ce qui l'a conduit à faire connaître son avis sur la bonne application de la loi en l'espèce. De même un juge administratif ne peut siéger si auparavant, dans la même affaire, il a rempli des fonctions de commissaire du gouvernement à l'occasion d'un jugement avant dire droit prononçant une mesure d'instruction ou une mesure provisoire...* » Op. cit page 492

11. – V° COUCHEZ, Récusation et Renvoi, Rep. proc. Civ.

produire : la première tient à l'obligation de mobilité (qui conditionne l'avancement du juge et permet d'éviter son enracinement au sein du même tribunal). La seconde découle de la règle du roulement qui veut que chaque année les magistrats changent de chambre. La troisième veut qu'un juge n'a pas le droit de siéger s'il existe un lien de parenté ou d'alliance entre lui-même et un autre magistrat de la juridiction, ou l'avocat ou l'avoué de l'une des parties.

– Indépendance vis-à-vis des parties.

Si un magistrat estime en conscience que pour telle ou telle raison, son indépendance de jugement pourrait être suspectée, il doit s'abstenir de siéger ou se faire remplacer. Le code de procédure fait en toute priorité appel au sens moral du magistrat qui doit, de lui-même, s'abstenir de juger : l'article 339 du CPC dispose que « *le juge qui suppose en sa personne une cause de récusation ou estime en conscience devoir s'abstenir se fait remplacer par un autre juge que désigne le président de la juridiction à laquelle il appartient...* ». Si le magistrat ne s'abstient pas de lui-même, les plaideurs peuvent alors de leur côté, dans les cas limitativement énumérés par la loi, faire écarter un ou plusieurs juges par la procédure de récusation : cette procédure est décrite aux articles 341 et suivants du code de procédure civile. Les causes de récusation sont très précises[12] et peuvent aller jusqu'à « *l'amitié ou l'inimitié notoire entre le juge et l'une des parties*[13] »... Ce qui témoigne peut-être du scepticisme du législateur sur le devoir d'impartialité. Est-il facile de rester impartial ? Est-il facile de savoir ce qui se passe dans la tête de la personne qui doit vous juger ? À partir de quand existe-t-il un rapport d'amitié entre le juge et l'une des parties d'un degré tel que le devoir d'impartialité puisse être pollué ? L'adhésion à un parti politique, à un club, à une association, à un

12. – L'article 341 du CPC dispose : « *la récusation d'un juge n'est admise que pour des causes déterminées par la loi. Comme il est dit à l'article L 731-1 du code de l'organisation judiciaire « sauf dispositions particulières à certaines juridictions, la récusation d'un juge peut être demandée : si lui- même ou son conjoint à un intérêt personnel à la contestation ; si lui- même ou son conjoint est créancier, débiteur, héritier présomptif ou donataire de l'une des parties ; si lui-même ou son conjoint est parent ou allié de l'une des parties ou de son conjoint jusqu'au quatrième degré inclusivement ; s'il y a eu, ou s'il y a procès entre lui ou son conjoint et l'une des parties ou son conjoint ; s'il a précédemment de l'affaire comme juge ou comme arbitre ou s'il a conseillé l'une des parties ; s'il existe un lien de subordination entre le juge ou son conjoint et l'une des parties ou son conjoint ; s'il y a amitié ou inimitié notoire entre le juge et l'une des parties. Le ministère public, partie jointe, peut être récusé dans les mêmes cas* ».

13. – Il a été jugé que le fait pour un magistrat de déjeuner avec diverses personnes dont l'une des parties, ne peut caractériser l'amitié notoire. Grenoble, 31 Mai 1990. Gaz Pal, 1991, 1,189 note Renard.

réseau d'influence, à une religion ou une confession plus ou moins secrète sera-t-elle suffisante pour constituer une cause de récusation ? La preuve du rapport d'influence susceptible d'exister entre les personnes n'est-elle pas en pratique fort délicate à rapporter ? Un juge ne doit-il pas s'abstenir de toute appartenance à ce qui pourrait de près ou de loin ressembler à un réseau ? Il semble difficile d'interdire à un juge d'adhérer à un mouvement (quel qu'il soit) même si certains magistrats s'en abstiennent par une sorte de devoir personnel. En fait, le juge doit faire appel à sa conscience. Si la justice tient un glaive et une balance, elle a aussi les yeux bandés. Si le juge doit entendre les parties, il ne doit pas les voir, les reconnaître... pour éviter de favoriser l'une au détriment de l'autre. Le manquement au devoir de probité est pénalement réprimé[14]. La fonction de juge suppose donc de grandes qualités morales. Elle suppose la vertu. Certaines personnes devant comparaître face à un juge ou un jury ont pour première réaction de chercher à connaître le nom de celles et ceux qui sont appelés à les juger. Est-ce bien une saine réaction ?

Le mot « juge » doit en tout cas être entendu dans son sens le plus large. Il concerne évidemment n'importe quel magistrat amené à juger d'un litige, mais il concerne également toute personne amenée à délibérer dans le cadre d'un arbitrage[15] ou d'un jury (recrutement, attribution de marché, concours... et pourquoi pas le concours Miss France[16] ?). Mais on observe que les journalistes ne sont pas des juges : et à l'heure où une personne peut se retrouver accusée (et jugée ?) publiquement par la voie d'internet, aux yeux du monde entier, avant

14.– L'article 432-10 du code pénal dispose que : « *le fait, par une personne dépositaire de l'autorité publique ou chargée d'une mission de service public, de recevoir, exiger ou ordonner de percevoir, à titre de droits ou contributions, impôts ou taxes publics, une somme qu'elle sait ne pas être due, ou excéder ce qui est dû, est puni de cinq ans d'emprisonnement* ».

L'article 432-11 du code pénal dispose que : « *est puni de dix ans d'emprisonnement et de 150.000 euros d'amende le fait, par une personne dépositaire de l'autorité publique, chargée d'une mission de service public, ou investie d'un mandat électif public de solliciter ou d'agréer sans droit, à tout moment, directement ou indirectement des offres, des promesses, des dons, des présents ou des avantages quelconques ; soit pour accomplir ou s'abstenir d'accomplir un acte de sa fonction, de sa mission ou de son mandat ou facilité par sa fonction, sa mission, ou son mandat ; soit pour abuser de son influence réelle ou supposée, en vue de faire obtenir d'une autorité ou d'une administration publique des distinctions, des emplois, des marchés ou toute autre décision favorable* ».

15. – Le Monde 17.02.2015 : la cour d'appel de Paris accepte le recours contre l'arbitrage Tapie (l'un des arbitres ayant été soupçonné d'avoir entretenu un lien avec Bernard Tapie)

16. – Le tribunal de Nanterre a été amené à débouter la première dauphine de Chloé Mortaud (miss France 2009) qui avait estimé que le jury qui l'avait désignée n'était pas impartial (l'employeur des parents de Chloé Mortaud ayant participé aux délibérations).

même d'avoir mis un pied dans le tribunal, on peut se poser des questions sur l'avenir du devoir d'impartialité... et de la justice elle-même[17]. L'enquête médiatique fait bien souvent fi des règles de procédure au nom allégué du devoir d'informer...

Quoiqu'il en soit, lorsque c'est la juridiction en son ensemble qui est visée, il est possible de rejeter sa compétence au profit d'une autre, du même ordre et du même degré. Cette garantie est reconnue aux parties. C'est le renvoi pour cause de suspicion légitime[18] ou pour cause de sûreté publique, devant une autre juridiction.

Un magistrat de l'ordre judiciaire ayant manqué à l'obligation d'impartialité pourrait voir sa responsabilité recherchée dans le cadre d'une procédure, il est vrai fort lourde : celle de la prise à partie, possible notamment en cas de dol, fraude, concussion ou faute lourde professionnelle[19].

SECTION III. LE PRINCIPE D'ÉGALITÉ DES ARMES

Le droit au procès équitable implique le respect du « principe de l'égalité des armes »[20] qui implique pour toute personne « partie à un procès le droit d'avoir une possibilité raisonnable d'exposer sa cause au tribunal dans des conditions qui ne la désavantagent pas d'une manière appréciable par rapport à la partie adverse »[21]. Comment se traduit le principe de respect de l'égalité des

17. – Le devoir du journaliste est avant tout d'informer. L'individu interrogé par le journaliste ne bénéficie pas des droits donnés à l'individu qui comparait devant le juge d'instruction.

18. – L'article 356 du NCPC dispose que « *la demande de renvoi pour cause de suspicion légitime est assujettie aux mêmes conditions de recevabilité et de forme que la demande de récusation* ». L'article 365 du NCPC dispose que « *le renvoi pour cause de sûreté publique est prononcé par la Cour de cassation sur réquisition du procureur général près la dite cour* ».

19.– Les juges peuvent être pris à partie dans les cas suivants : s'il y a eu dol, fraude, concussion ou faute lourde professionnelle qu'on prétendrait avoir été commis, soit dans le cours de l'instruction, soit lors des jugements ; si la prise à partie est expressément prononcée par la loi ; si la loi déclare les juges responsables, à peine de dommages et intérêts ; s'il y a déni de justice. L'état est civilement responsable des condamnations en dommages et intérêts qui seront prononcées à raison de ces faits, contre les magistrats, sauf son recours contre ces derniers.

20. – Nathalie Fricero « les droits fondamentaux spécifiques au procès civil » Libertés et droits fondamentaux Dalloz pp 575 et suiv.

21. – CEDH arrêt du 6 Mai 1985 série A n°92 par 32.

armes sinon, en matière civile, par le principe du respect du contradictoire[22] (A) et en matière pénale par celui du respect des droits de la défense (B) ?

A) En matière civile

La décision « contradictoire » est celle qui a été rendue après un débat contradictoirement mené (le jugement « réputé contradictoire » laissant présumer que l'une des parties, dûment au courant du procès, n'a pas entendu élever le débat). Nul ne peut donc « être jugé sans avoir été entendu ou appelé » (art 14 CPC) : ce principe est d'ordre public et peut être soulevé d'office, même par le magistrat. Mais le principe du « respect du contradictoire » ne s'arrête pas là : il comprend une série de devoirs et d'obligations qui s'imposent aussi bien aux parties qu'au juge.

C'est d'abord le principe de l'IMMUTABILITÉ du LITIGE, qui veut que le juge ne peut statuer que sur les demandes présentées par les parties : les limites du débat sont tracées par les conclusions écrites qui doivent être officiellement échangées (par « acte du palais » lorsque les deux parties sont représentées par un avocat). « Le cadre du procès est alors délimité... Afin de garantir la loyauté des débats, le principe d'immutabilité du litige veut que les termes du litige ne soient plus modifiés. Ce principe s'impose aux parties et au juge, qui ne peut modifier ni l'objet ni la cause de la demande, ni statuer infra ou ultra petita. Il a une portée générale et concerne tous les contentieux ».[23]

---

22. – Marie Anne Frison Roche Généralités sur le principe du contradictoire (Étude de droit processuel) Thèse ronéo. Paris 2 1988. O Gohin, « La contradiction dans la procédure administrative contentieuse », Thèse Paris II 1988. L. Miniato « Le principe du contradictoire en droit processuel », thèse Toulouse 1 2008. G Bollard, « Le juge et le droit de la défense », mélanges Bellet 1991 p. 49 et suiv. G. Flécheux, « Le droit d'être entendu », Mélanges Bellet précité p. 149 et suiv. Haim, « L'écrit et le principe du contradictoire dans la procédure administrative contentieuse », AJDA 1996 715 et suiv.

23. – Bergel « Théorie générale du droit » *op. cit.* p. 351. Fricero, art prec. "le principe d'immutabilité du litige contraint le juge à respecter les limites fixées par les parties à leurs prétentions. La maîtrise ainsi conférée aux parties concerne d'abord les faits du débat que les parties ont la charge d'alléguer à l'appui de leurs prétentions (art 6 CPC). Le juge ne saurait... fonder sa décision sur des faits que les parties n'auraient pas invoqués, spécialement ou non (art 7 CPC). Mais les parties doivent également, lorsque leur demande prend la forme d'une assignation (art 56 CPC) exposer au juge les « moyens de droit » sur lesquels les prétentions sont fondées, cet ensemble de faits qualifiés faisant partie de ce que l'on nomme traditionnellement la « cause de la demande ». La difficulté consiste à déterminer l'étendue des prérogatives des parties au regard de la qualification des faits.... »

C'est ensuite l'OBLIGATION de COMMUNIQUER les moyens de preuve. Le juge peut écarter des débats une pièce qui n'aurait pas été valablement communiquée… de même qu'il peut faire obligation aux parties d'avoir à communiquer telle ou telle pièce[24]. Dans le même esprit, l'article 16 al 3 du CPC ajoute que le juge « ne peut fonder sa décision sur les moyens de droit qu'il a relevés d'office sans avoir au préalable invité les parties à présenter leurs observations ». Le principe du contradictoire dont le juge est gardien s'impose donc à toutes les parties et au juge lui-même. L'article 16 al 1 ne dit rien d'autre : « le juge doit en toutes circonstances, faire observer et observer lui-même le principe de la contradiction[25] ».

C'est enfin l'obligation de LOYAUTÉ et de RÉSERVE qui découle du principe du contradictoire. Le débat doit être mené « loyalement » devant le juge, ce qui veut dire que les parties doivent s'abstenir de procédés déloyaux (par exemple, ne pas maquiller une pièce, ou affirmer qu'une pièce qu'il sait fausse est juste…)[26]. Peut-on vraiment déposer des conclusions de dernière minute sans que cela puisse être assimilé à une manœuvre dilatoire destinée à gagner du temps ? A-t-on le droit de se contredire et de soutenir aujourd'hui l'inverse de ce que l'on soutenait hier ? On tend à répondre par la négative et la jurisprudence contemporaine semble admettre aujourd'hui le procédé de l'estoppel qui sanctionne une telle attitude[27]. L'obligation de réserve quant à elle impose aux parties de ne pas dire n'importe quoi : le juge doit écarter des débats les propos outrageants, calomnieux, ou diffamants.

C'est le juge qui est le gardien du principe du contradictoire : ce qui veut dire qu'il ne peut statuer que dans les limites du procès, qu'il peut écarter des débats des pièces ou des conclusions non communiquées, ou encore donner aux parties le temps nécessaire pour se défendre. Chaque partie a le droit de s'exprimer. On comprendra que le respect du principe contradictoire rend

24. – Article 16 al 2 du CPC « (le juge) ne peut retenir dans sa décision, les moyens, les explications et les documents invoqués ou produits par les parties que si celles-ci ont été à même d'en débattre contradictoirement » (V° Parodi, « L'esprit général et les innovations du nouveau code de procédure civile »).

25. – Patricia Aubijoux Imard « Le dialogue dans le procès », Thèse Paris 2 1999.

26. – Boursier « La loyauté en droit processuel » thèse Paris 2 2003 Anne Leborgne, « L'impact de la loyauté sur la manifestation de la vérité ou le double visage d'un grand principe ». RTD Civ 1996 535 et suiv.

27. – Horatia Muir Watt, « Pour l'accueil de l'estoppel en droit français », Mélanges Loussouarn, 1994 p. 303. « L'interdiction de se contredire au détriment d'autrui », direction Martine Béhar Touchais éd. Economica 2001.

impossible la justice expéditive : il faut donner le temps aux parties. Cela bien sûr ne veut pas dire qu'il faut encourager l'inertie. L'absence de diligences d'une partie peut aussi être sanctionnée.

B) Le respect des droits de la défense

Le principe du respect du contradictoire trouve son corollaire en procédure pénale dans celui du respect des droits de la défense[28]. Dès avant le jugement, il faut y veiller : la personne mise en examen par le juge d'instruction a le droit de choisir un conseil parmi les avocats inscrits au tableau. À défaut de choix, le juge fait désigner un avocat d'office si la personne mise en examen le souhaite. La personne mise en examen peut communiquer librement avec son conseil. La violation des droits de la défense peut-être une cause de nullité de l'instruction. Au stade du jugement, le principe du respect des droits de la défense commande de pouvoir poser des questions aux témoins appelés à la barre, de déposer des conclusions, d'être entendu sur tout point de procédure. Enfin, l'accusé à la cour d'assises a toujours la parole en dernier.

Section IV. La langue du procès

Le langage judiciaire a souvent été critiqué et a souvent provoqué des railleries[29]. On lui reproche son caractère archaïque, sa lourdeur, sa complexité, son obscurité. On a pu aussi le considérer comme un instrument de pouvoir qui place le justiciable (qui ne comprend rien) dans une position d'infériorité. Il y a quelques années, une campagne d'information sur la profession d'avocat comportait le slogan suivant : « parlez avocat »... comme si le langage professionnel était un langage spécifique réservé à une élite. Quelle étrange publicité ! Mais il n'est pas impossible que le langage médical fasse l'objet des mêmes sarcasmes. Rien n'a changé depuis Molière.

Le souci d'améliorer la rédaction des actes, voire leur style, avait déjà retenu la Chancellerie en 1824. Plus tard, Aristide Briand garde des Sceaux soulignait dans une circulaire « *la difficulté qu'éprouvent les plaideurs pour comprendre le sens et la portée des actes de procédure* ». Mais la circulaire restera lettre morte. Il faudra attendre novembre 1973 pour que soit instituée une Commission sur le

28. – Thierry Garé « Les droits de la défense en procédure pénale » In « libertés et droits fondamentaux » Coll. Dalloz p 513 et suiv.
29. – Cécile Robin « La langue du procès » Thèse Bordeaux IV Ed. 2000. Sourioux et Lerat, « Le langage du droit » PUF 1975.

langage judiciaire. Il en résultera différentes circulaires visant à l'abandon du latin et de ses formules délicieuses[30], la simplification des actes d'huissiers, la rédaction des jugements et actes notariés. Il reste que le langage juridique parait encore hermétique : un auteur a présenté la phrase suivante pour illustrer le propos. « Puisque le de cujus est mort ab intestat, nous allons d'abord liquider la communauté, établir les reprises et les récompenses, et au résultat de cette première opération, nous procéderons à un partage, avec soultes sans doute, mais qui sera facilité par l'absence d'avancement d'hoirie, de tout préciput, et conséquemment par l'inutilité de calculer la quotité disponible »[31]

Mais la simplification du langage juridique n'implique évidemment pas l'abandon de la langue française, dont l'usage est obligatoire « dans les documents de procédure et les arrêts » depuis l'ordonnance de Villers-Cotterêts de 1539, signée du Roi François 1er. Cette ordonnance est toujours en vigueur[32]. Les actes de procédure comme les jugements doivent être rédigés en Français et les pièces étrangères officiellement traduites. Une loi du 31 décembre 1975 puis une loi du 4 août 1994[33] généraliseront l'usage obligatoire de la langue française dans toute une série de domaines. Plus profondément, ces lois permettent de classer la langue dans la catégorie des « choses

30. – Cornu au jardin des lettres latines du langage du droit, Hortus deliciarum Mélanges Jean Foyer 1997 p. 53 rééd. In « l'art du droit en quête de sagesse » 1998 p. 305.

31. – Raymond Lindon « Le style et l'éloquence judiciaire » Albin Michel p. 20.

32. – « François 1er devant le juge de Lille » Note X. Labbee sous JLD de Lille 18 janvier 2008 JCP 27 février 2008.

33. – Cette loi dispose que : « *le Français est la langue de la République en vertu de la Constitution, la langue française est un élément fondamental de la personnalité et du patrimoine de la France* » (art 1 alinéa 1). Elle est la « *langue de l'enseignement, des échanges, du travail et des services publics* » (art 1 alinéa 2) Son emploi est notamment obligatoire dans « *la désignation, l'offre la présentation, le mode d'emploi ou d'utilisation, la description* et *l'entendue de garantie d'un bien, d'un produit ou d'un service, ainsi que dans les factures ou quittances* » (art 2) Il en va de même de « *toute inscription ou annonce apposée sur la voie publique, dans un lieu ouvert au public, ou dans un moyen de transport en commun et destinée à l'information du public* » (art 3 al 1) des « *contrats auxquels une personne publique ou une personne privée exécutant une mission de service public sont parties...* » (Art 5 al 1) du contrat de travail constaté par écrit (art L 1221-3 du code du travail) des conventions collectives de travail et des conventions d'entreprise » (art L 2231-4 C. trav.). L'emploi du français est aussi obligatoire « *Dans l'ensemble des émissions et des messages publicitaires des organismes et services de radio ou de télévision, quel que soit leur mode de diffusion ou de distribution, à l'exception des œuvres cinématographiques et audiovisuelles* ».

communes qui n'appartiennent à personne et dont l'usage est commun à tous » et qui est définie à l'article 714 du code civil.

Chapitre II.
La décision juste

La décision juste est celle qui est adaptée à la situation concrète qui a été présentée au juge et que celui-ci doit trancher en application de la loi. C'est donc la bonne solution. Ce qui nous amène à poser une question : quelle politique législative faut-il mener pour permettre au juge de parvenir à ce résultat ?

Qu'est-ce qu'une loi juste ? Et comment appliquer justement la loi ?

Section I. La loi juste

Si la bonne loi est celle qui peut être facilement adaptée aux situations concrètes au bénéfice d'une large interprétation... c'est qu'il s'agit d'une loi suffisamment générale (ce qui ne signifie pas obscure ou floue) et permanente.

Or il est devenu banal de constater que nos lois actuelles sont souvent mal écrites (et donc floues et obscures). Et il est devenu encore plus banal de dénoncer l'inflation législative[1], reflétant ce qu'un auteur appelait en termes pudiques « l'indigestion du corps social ». On peut douter de la qualité de nos textes si on peut valablement les comparer aux produits de l'indigestion du corps... Mais le phénomène inflationniste ne serait rien si les lois étaient de bonne qualité, bien écrites, utiles[2], compréhensibles[3] et cohérentes. Or ce n'est

1. – Il a fallu créer en matière pénale la commission de l'inventaire... car il est apparu impossible de réunir de façon exhaustive l'intégralité des textes comportant des sanctions pénales. Le code pénal ne contient pas l'ensemble des textes assortis de sanctions. François Terre écrit : « *S'agissant des lois proprement dites, votées par le Parlement, il faut distinguer suivant le nombre ou le poids. Le nombre (78 lois en 1970, 68 en 1990, 42 en 2004) le poids du fait de leur longueur accrue (912 grammes en 1970, trois kilos aujourd'hui). Surtout l'ampleur légiférante au sens large du mot, est impressionnante. Plus généralement, et si l'on fait abstraction des 10 000 à 15 000 circulaires et instructions annuelles émanant des seuls services centraux, les dernières analyses relèvent qu'aux 9000 lois et 120 000 décrets recensés en 2000, sont venus s'ajouter en moyenne 70 lois, 50 ordonnances, et 15 000 décrets chaque année. À quoi s'ajoutent les dizaines de milliers de textes relevant du droit européen* » *Op. Cit.* p. 348. V° également Gaudemet Plurimae leges, corruptissima res publica (l'inflation normative) in Les abus du juridisme Colloque Acad. des Sciences sociales et morales, sous la présidence de Jean Foyer 1997 p. 5. Guegan, l'inflation législative galopante : l'exemple de l'été 2004 éd. juris classeur nov. 2004.

2. – B. Seillier Pourquoi ne rien voter quand on peut voter une loi inutile ? AJDA 3 mars 2008. Page 402

malheureusement pas le cas et beaucoup le déplorent. Le travail du parlement consiste-t-il à compliquer la vie des citoyens et à embrouiller les juristes ? Quand sanctionnera-t-on les députés ou sénateurs dont la copie a été jugée mal écrite ou confuse ? Est-il normal que le Conseil constitutionnel soit amené à réécrire les lois... voire à les déclarer inconstitutionnelles pour inintelligibilité ? Il vaut mieux ne pas légiférer que mal légiférer. La qualité de représentant du Peuple n'autorise pas à faire ou à écrire n'importe quoi.

Une réflexion ne doit-elle pas aujourd'hui être menée sur le rôle de nos institutions ? Beaucoup d'auteurs – comme Jean Pierre Gridel – ne se contentent plus de dénoncer l'inflation législative. Ils vont au-delà. Est-il normal que la majorité d'aujourd'hui défasse ce que la majorité d'hier a créé ? La loi ne devient-elle pas l'expression de la politique du parti provisoirement dominant ? Multiplier les textes... c'est développer l'insécurité juridique et l'instabilité. Peut-on aujourd'hui parler d'une politique stable en matière de droit des étrangers, de droit de la nationalité, de droit des baux ou de droit du travail ? Les lois changent en permanence en ce domaine... et cela n'est guère rassurant car même les praticiens s'y perdent. L'insécurité et l'instabilité ne sont pas des gages de justice. À moins que la dégradation de la loi n'ait pour corollaire la promotion du pouvoir juridictionnel [4]? Les bonnes lois ne seraient-elles celles qui sont garanties pour longtemps et que le temps, ou les changements de majorités au parlement, n'arrivent pas à altérer ?

Nous constatons qu'il existe plusieurs catégories de textes : certains ne laissent au juge aucun pouvoir d'interprétation : ce sont ceux qui comportent des chiffres (A) d'autres au contraire sont écrits en termes généraux (B) d'autres enfin accordent expressément au juge un pouvoir modérateur en renvoyant à l'équité (C).

A) Le juge et les chiffres

Certains textes ont une rigueur mathématique et ne laissent au juge aucun pouvoir d'appréciation. Le rôle du juge est alors simple : il analyse les faits puis applique la règle de droit comme le ferait un automate. Il n'a d'ailleurs pas

3. – Frison Roche et Baranès, « Le principe constitutionnel de l'accessibilité et de l'intelligibilité de la loi », D 2000, chron. 368. Valérie Lassère Kiesow, « La compréhensibilité des lois à l'aube du XXIe siècle ». Dalloz 2002 Chron. 1157 et suivants. Dubois, « L'intelligibilité de la loi » Mélanges Jestaz 2006 p. 135. Matutano, « Le législateur à l'épreuve des exigences de clarté, d'accessibilité et d'intelligibilité de la loi » RRJ 2006-4 vol 1 p. 1791 et s.

4. – J.C Soyer « Pélerinage aux sources du droit privé » Mélanges Catala Litec p 35

d'autre possibilité. On observe que les textes comportant des chiffres présentent souvent un tel aspect : on peut donner quelques exemples.

En matière de procédure civile, le code de l'organisation judiciaire dispose que le tribunal d'instance connaît, en matière civile « *de toutes les actions personnelles ou mobilières en dernier ressort jusqu'à la valeur de 4000 euros et à charge d'appel jusqu'à 10.000 euros* ». Ce texte est impératif et ne donne pas lieu à interprétation : au-delà de 10.000 euros, le tribunal d'instance n'est plus compétent. Aucune raison, fut-elle d'équité, ne permet de déroger à ce texte. Il en va de même des textes organisant les voies de recours : « *Le délai de recours... est d'un mois en matière contentieuse et de quinze jours en matière gracieuse* » (art 538 du C.P.C) à partir du jour où la personne a eu connaissance de la décision par sa notification. D'où un questionnement précis : comment compter précisément le délai ? Faut-il inclure le « dies ad quem » et le « dies a quo » ? Que faire lorsque le dernier jour est férié ? Toutes ces questions sont résolues par le code de procédure.

En matière civile, on trouve souvent des dispositions qui laissent peu de place à l'interprétation : ainsi en matière de bail d'habitation, la loi du 6 Juillet 1989 dispose- t-elle que « *Le délai de préavis applicable au congé est de trois mois lorsqu'il émane du locataire, et de six mois lorsqu'il émane du bailleur. Toutefois, en cas de perte de mutation, de perte d'emploi ou de nouvel emploi consécutif à une perte d'emploi, le locataire peut donner congé au bailleur avec un délai de préavis d'un mois* ». Face à de tels textes, le juge ne dispose que de peu de pouvoir. Il doit se borner à qualifier les faits et à appliquer les textes qui s'en suivent. Aucune raison – même d'équité – ne peut justifier que le juge ne fasse application de ces textes : les délais sont les mêmes pour tous et s'appliquent conformément à ce qui est prévu. En fait, les chiffres sont les mêmes pour tous et doivent être en principe appliqués avec une rigueur mathématique.

On pourrait multiplier les exemples : tant qu'une personne n'a pas atteint l'âge de 18 ans, on la qualifiera de « mineure ». Elle sera dès lors soumise à l'autorité de ses parents. Et aux juridictions pour mineurs en cas d'infraction commise. Mais dès l'instant où la majorité est atteinte, ces règles cesseront d'avoir application. Et l'instant est défini de façon précise[5].

---

5. – V° par exemple Le Parisien 1er décembre 2010 « *Un jeune qui comparaissait mardi devant le tribunal correctionnel de Nantes pour vol de voiture et conduite sans permis a échappé à son procès grâce à son acte de naissance prouvant qu'il était encore mineur à une minute près, lors de son interpellation, a expliqué mercredi son avocate.* » L'acte de naissance du prévenu

B) Le juge et les mots

Quelquefois, le législateur emploie des mots du langage courant, laissant au juge le soin d'en préciser le sens lorsqu'il sera chargé d'appliquer la loi. Ici encore, on peut donner de nombreux exemples. L'ancien article 1384 (portant désormais[6] le numéro 1242) dispose depuis 1804 « qu'on est responsable... du dommage causé... par les choses dont on a la garde ». Que signifie le mot garde ? La jurisprudence a été amenée – sans jamais toucher au principe posé par l'article de loi – à préciser le sens du mot. La garde, c'est le pouvoir « d'usage de contrôle et de direction[7] » qui nous conduit à distinguer le « gardien » du « propriétaire [8] » de la chose ou encore du « préposé [9] ». Puis la jurisprudence a été amenée à faire la distinction entre « la garde de la structure et du comportement[10] ». Puis on a réfléchi sur le mot « chose ». Et la réflexion a d'ailleurs été étendue à la matière pénale (dominé pourtant par le principe d'interprétation stricte). À titre d'exemple, le vol est – depuis 1810 – l'appropriation de « la chose » d'autrui. Qu'est-ce qu'une « chose » ? Le courant électrique peut-il être ainsi qualifié[11] ? Et pourquoi pas une onde

indiquait qu'il était né le 28 novembre 1992 à 22H50 alors qu'il a été interpellé à 22H49: il ne relevait donc pas de la juridiction du tribunal correctionnel mais du juge pour enfants. Le tribunal correctionnel été obligé de se déclarer incompétent au profit du juge pour enfants.

6. – Ordonnance du 10 février 2016

7. – La responsabilité du dommage causé par une chose est liée à l'usage qui est fait de la chose ainsi qu'aux pouvoirs de surveillance et de contrôle exercés sur elle, qui caractérisent la garde. Jurisprudence constante depuis le célèbre arrêt Franck.

8. – Sur la présomption pesant sur le propriétaire : la société propriétaire d'un magasin est présumée demeurée gardienne d'une bouteille qui a basculé du plan incliné Civ. 2e 16 mai 1984 Bul Civ. II n°86 RTD Civ. 1985 p. 585 obs. Huet. La mission de surveillance d'un immeuble confiée à une entreprise spécialisée n'a pas pour effet d'opérer un transfert de garde et d'en décharger le propriétaire. Civ. 1ere 16 juin 1998 Bul Civ. 1 n°217 R p. 272.

9. – Sur l'incompatibilité des qualités de gardien et de préposé Civ. 27 avril 1929 DP 1929 1 p. 129 note Ripert. S 1929 1 p. 297 note Hugueney. Et réaffirmant ce principe Civ. 2e 1er avril 1998 RTD Civ. 1998 p. 914 obs. Mestre.

10. – C'est la célèbre affaire dite « de l'oxygène liquide » Civ. 2e 5 janvier 1956 D 1957 261 note Rodière JCP 1956 II 9095 note Savatier 10 juin 1960 Dalloz 1960 609 note Rodière JCP 1960 II 11 824 note Esmein.

11. – L'électricité est livrée par celui qui la produit à l'abonné qui la reçoit pour l'utiliser : elle passe, par l'effet d'une transmission qui peut être matériellement constatée, de la possession du premier à la possession du second et doit dès lors être considérée comme une chose au sens de l'article 379 du code pénal, pouvant faire l'objet d'une appréhension. Crim. 3 août 1912 DP 1913 1 439. S.1913 1 337 note Roux.

hertzienne[12] ? Ces questions ne se posaient pas autrefois. Il a bien fallu faire une application de la loi en étudiant ses mots, sans pour autant la dénaturer. Toutes ces nuances sont apparues au fil du temps : la jurisprudence ne s'est pas créée en un jour. La mission du juge est alors de contribuer à la construction d'un concept dont les fondations ont été posées par le législateur. N'est-ce pas là une manière convenable de faire évoluer le droit ?

C) Le juge et l'équité

Il arrive enfin que le législateur délègue expressément au juge la mission de statuer conformément à ce qui lui semble juste. Ce sont ces dispositions qui retiennent notre attention. Il peut arriver que le législateur commande au juge de statuer en fonction de ce qui lui semble JUSTE, c'est-à-dire ÉQUITABLE, HONNÊTE. Nous allons donner des exemples tirés du droit des contrats (1) et du droit de la famille (2). Ne touche-t-on pas alors le « bon droit », c'est-à-dire celui qui allie la force obligatoire avec le sentiment de justice ? Ne retrouve-t-on pas alors l'alliance de ce qui est fort et de ce qui est juste, telle qu'on l'avait dessinée en introduction ?

1) Le droit des contrats

Le code rappelle qu'un contrat obéit à des règles de justice tant au stade de sa formation qu'à celui de son exécution. L'équité, la loyauté, la bonne foi, le respect de la parole donnée ne forment-ils le fondement des rapports contractuels ? Ces notions sont floues : elles sont laissées à l'appréciation du juge. Il est intéressant de voir que le code civil fait expressément référence à ces notions, dans des articles fondamentaux... qui n'ont jamais été altérés en leur principe depuis 1804.

a) Au stade de la formation du contrat

L'article 6 du code civil nous dit « qu'on ne peut déroger par convention à tout ce qui intéresse l'ordre public et les bonnes mœurs ». Ce principe date de 1804... et n'a jamais été remis en cause, même semble-t-il par l'ordonnance du

---

12. – Une onde hertzienne, fut-elle porteuse d'un signal codé ou non, et dont l'énergie résiduelle peut-être recueillie sur une antenne de réception disposée à cet effet, relève d'une nature immatérielle et en l'absence d'un quelconque support qui fait qu'elle échappe à la maîtrise de son émetteur, elle ne saurait être assimilée à une chose au sens de l'article 379 du code pénal. Paris 24 juin 1987 D 1988 Somm. 226 Obs. Hassler ; Gaz Pal 1987 2 512 note Marchi

10 février 2016. Que sont l'ordre public et les bonnes mœurs[13] ? Ces notions, qui renvoient à une espèce de morale civile, d'opinion majoritaire exprimée par « les honnêtes gens » sont laissées à l'appréciation du juge. C'est le juge qui est le gardien des « bonnes mœurs ». C'est donc à lui d'apprécier si une convention est conforme à ce qui forme la morale civile du moment car la notion de « bonnes mœurs » est éminemment évolutive[14]. N'y a-t-il pas dès lors un risque d'arbitraire ? Les mœurs sont les pratiques de vie : peut-on légitimement vouloir les diriger ? Comment conjuguer « bonnes mœurs » et « liberté » ? En vertu de quel modèle peut-on distinguer les mauvaises mœurs des bonnes mœurs ? La doctrine contemporaine constaterait un déclin de la notion au profit d'un concept d'ordre public idéal tiré de la dignité : s'il est impossible de raisonner en fonction d'un modèle, au moins est-il possible d'avoir un idéal. Et la nullité d'une convention contraire aux bonnes mœurs peut-être soulevée d'office par le tribunal, en vertu de la mission de salubrité sociale impartie au juge par l'article 6 du code civil[15].

b) Au stade de l'exécution du contrat

Le code civil contient quelques principes fondamentaux, permettant au juge de porter un jugement moral sur un comportement et de ne plus s'en tenir à la simple lettre du contrat.

Lorsque le débiteur s'exécute, il doit non seulement obéir à la lettre du contrat (c'est-à-dire à la norme créée par les parties) mais il doit en plus « s'exécuter de bonne foi »[16]. Ce qui veut dire qu'il faut respecter la lettre du

13. – V° COUTURIER, Études Flour, Defrénois, 1979, p. 95 (Ordre public de protection). FENOUILLET, Études Pierre Catala, 2001 (La fin des bonnes mœurs et l'ordre public philanthropique). GHESTIN, Mélanges Gavalda, Dalloz 2001 p. 123 (effets pervers de l'ordre public). Xavier LAGARDE, D.2000 Chron. 217, (transaction et ordre public). MEULDERS KLIEIN, Mélanges Cornu, PUF 1994, p. 317 (état des personnes et ordre public). Dalloz 1965, Chron. 37. SAVATIER (ordre public économique).

14. – Il est aisé de trouver des exemples traduisant l'évolution de la notion : autrefois, la convention d'agence matrimoniale était jugée contraire à l'ordre public et aux bonnes mœurs. On disait qu'elle portait atteinte à la liberté du mariage. Aujourd'hui, sa validité est à ce point reconnue qu'elle est encadrée par la loi. On peut encore citer le contrat d'assurance sur la vie, jugé autrefois contraire à l'article 6... et dont la validité n'est plus aujourd'hui contestée. Quel est le devenir de la nullité aujourd'hui établie de la « convention de mère porteuse » ?

15. – TGI de Paris 8 Novembre 1973 D.1975, 401 Note Puech.

16. – V° FABRE MAGNAN, Études GHESTIN, LGDJ 2001 p. 301. FLECHEUX, (*ibid.*) p. 341 (renaissance de l'obligation de bonne foi) LE NABASQUE R.T.D.Comm 1999 273 (devoir de

contrat (comme on respecte la loi)... mais si l'application stricte de la lettre du contrat emporte pour effet de procurer un avantage abusif pour l'une des parties, le contrat pourra être révoqué sur le fondement de la mauvaise foi. Qu'est-ce que la bonne foi ? Qu'est- ce que la mauvaise foi ? Il n'existe pas de définition précise de ces notions pourtant fondamentales : on dit que l'exécution de bonne foi implique tout naturellement le respect par les contractants d'une obligation de loyauté, fidèle à l'engagement pris[17]. Le débiteur ne doit se livrer à aucune manœuvre qui puisse empêcher l'autre partie de retirer le bénéfice normal du contrat. Le créancier de son côté doit s'abstenir de manœuvres qui rendraient l'exécution du contrat impossible ou plus difficile. Le créancier manquerait encore à son obligation de loyauté si, sous prétexte de fidélité d'exécution, il imposait au débiteur des sacrifices pécuniaires d'importance disproportionnée avec l'utilité du but à atteindre, ou de faire des dépenses inutiles.

Ceci montre que le contrat est un instrument au service de l'équilibre contractuel ; mais il ne doit pas être un instrument permettant à l'une des parties de profiter de l'autre.

Le débiteur s'engage non seulement à ce qu'il a promis, mais encore à « toutes les suites que l'équité... donne à l'obligation d'après sa nature » (article 1194 du code civil[18] Ord. 10 février 2016). En faisant référence à

---

loyauté en droit des sociétés) MESTRE R. T. D. Civ. 1996 898 PICOD R J. C. P 1998 1 3318 (obligation de coopération dans l'exécution du contrat).

17. – Pour quelques illustrations. *En matière de contrat d'assurance* : l'assureur est tenu d'une obligation de loyauté dans la mise en œuvre du processus d'indemnisation de son assuré et il engage sa responsabilité contractuelle en gardant un « *silence malicieux* » pour échapper au paiement grâce à la prescription. Civ. 1re 26 Novembre 1996 Bul. Civ. 1 n°415. L'obligation de répondre avec loyauté et sincérité aux questions posées par l'assureur à l'occasion de l'adhésion à une assurance relève de l'obligation de bonne foi qui s'impose en matière contractuelle, et nul ne saurait voir sa responsabilité engagée pour n'avoir pas rappelé ce principe ou les conséquences de sa transgression à une autre partie. Civ. 1re, 28 mars 2000. Bul. Civ. 1 N° 101 ; R p. 406 D 2000, 574 Note BEIGNIER ; Resp. civ. et assur 2000 n°244 note GROUTEL ; R.T.D.Civ 2000 565 Obs. MESTRE et FAGES. *En matière de contrat d'édition* : le fait, pour un éditeur, de minorer au moyen de prestations fictives de manière illégitime, les redevances que les auteurs auraient dû percevoir, caractérise un manquement à l'exécution de bonne foi du contrat d'édition. Civ. 1re 11 janvier 2000. Bul. Civ. 1 N° 6. *En matière de contrat de travail* : manque à son devoir d'exécuter un contrat de bonne foi l'employeur qui fait un usage abusif de la clause de mobilité incluse dans ce contrat. Soc 18 Mai 1999 D 2000 Somm 84 Obs. ESCANDE.

18. – Ancien article 1135 C. civ

l'équité (concept arbitraire) le législateur autorise le juge à rééquilibrer les prestations. C'est sur le fondement de ce texte que l'on a découvert en jurisprudence l'idée que le professionnel est tenu envers le non professionnel d'un devoir de conseil[19] ou encore d'un devoir de renseignement. C'est encore sur le fondement de ce texte que le juge peut aujourd'hui contrôler l'équilibre contractuel de l'opération, en contrôlant par exemple le prix[20] ou les modalités de sa fixation, ou en déclarant encore une clause abusive[21].

La faute contractuelle s'appréciait autrefois, dans le cadre des obligations de moyens, par comparaison à l'attitude du « bon père de famille » (ancien article 1137 C. civ). L'expression était millénaire et nous venait du droit romain[22]. Comment pouvait-on définir le bon père de famille ? On disait habituellement qu'il s'agit de l'individu « moyen, normalement diligent et avisé ». Il n'y avait pas de définition légale. Le modèle choisi était d'abord « bon » : ce qualificatif évoque sans doute la loyauté, la « bonne » foi, les « bonnes » mœurs. Il était ensuite « père de famille ». L'expression ne devait pas être prise au pied de la lettre mais elle évoquait la prudence. On dit que le bon père de famille est l'homme moyennement diligent, conscient de ses responsabilités. Mais une loi du 4 Août 2014 est venue chasser « *le bon père de famille* » du code civil au nom allégué de l'égalité des hommes et des femmes.

19. – V° Fabre Magnan, De l'obligation d'information dans les contrats, Thèse Paris 1, 1992. En jurisprudence, pour le contrat de prêt : devoir de conseil du préteur au regard des risques de surendettement de l'emprunteur. Civ. 1re 27 juin 1995 Bul. Civ. 1 N° 287 D.1995 621 Note Piédelièvre. Contrat de vente : le fabricant d'un produit doit fournir tous les renseignements indispensables à son usage, et notamment avertir l'utilisateur des précautions à prendre lorsque le produit est dangereux. Civ. 1re 14 décembre 1982 But. Civ. 1 N° 361 R.T.D.Civ 1983 544 Obs. Durry.

20. – Lorsqu'une convention prévoit la conclusion de contrats ultérieurs, l'indétermination du prix de ces contrats dans la convention initiale n'affecte pas, sauf dispositions légales particulières, la validité de celle-ci, l'abus dans la fixation du prix ne donnant lieu qu'à résiliation ou à indemnisation. Ass. Plénière, 1er décembre 1995, Bul. Civ. 7 (2 arrêts), D 1996 13. Concl. JEOL, note AYNES, R J.C.P, 1996, II 776, note Leveneur. R J.C.P éd. Not. 1996 1 93.

21.– Possibilité de déclarer une clause abusive en se référant à la définition légale des clauses abusives, mais en l'absence de tout décret identifiant expressément la clause comme telle ; une clause procurant un avantage excessif à l'une des parties et que celle-ci, du fait de sa position économique, se trouve en mesure d'imposer à sa clientèle, revêt un caractère abusif et doit être réputée non écrite (clause d'exonération de responsabilité en cas de perte par le laboratoire de diapositives confiées pour tirage) CIV 1re 14 mai 1991, Bul. Civ 1, n°153, D.1991 449, note Ghestin.

22. – Le « bonus paterfamilias ». L'expression évoque semble-t-il la société patriarcale.

L'adverbe « raisonnablement » qualifie désormais le comportement du débiteur de l'obligation (le législateur a préféré choisir un adverbe car même le mot « homme » serait sexiste !) Que veut dire le mot « raisonnable » ?

On se rend compte que l'armature du droit des obligations est formée de concepts larges renvoyant à ce qui est JUSTE, et qui donc permettent au juge de rendre des décisions obligatoires inspirées de cette notion, que le juge apprécie en conscience.

2) Le droit de la famille

Il paraît aujourd'hui résolument pragmatique, en laissant au juge une grande marge de manœuvre dans la détermination de la solution de l'espèce. On emploie des standards souples... tels « l'intérêt de la famille »[23] ou encore « l'intérêt de l'enfant ». Existe-t-il des notions plus floues que celles-là, qui permettent en fait au juge de prendre les mesures qui lui paraissent devoir s'imposer lors d'un conflit familial ? Une solution inattendue pourra quelquefois être dictée par « les circonstances »[24] ou une situation « grave » « exceptionnelle » stigmatisant un changement « important »[25]... qualificatifs qui dépendent ici encore de l'analyse arbitraire du juge. Quelquefois même, l'ÉQUITÉ sera invoquée par le législateur à l'encontre même de la loi

On peut donner deux exemples tirés du droit du divorce. Le juge « peut refuser d'homologuer la convention (de divorce) si elle fixe « inéquitablement » les droits et obligations des époux » (art 278 C. Civ.). En principe, l'époux coupable peut réclamer à l'autre une prestation compensatoire puisque celle-ci peut être versée indépendamment des torts

---

23. – Art 217 C. civ. « *Un époux peut être autorisé par justice à passer seul un acte pour lequel le concours ou le consentement de son conjoint serait nécessaire... Si son refus n'est pas justifié par l'intérêt de la famille* ». Art 220-1 C. civ. « *Si l'un des époux manque gravement à ses devoirs et met ainsi en péril les intérêts de la famille...* ».

24. – Art 276 C. Civ. « Le montant de la rente peut être minoré lorsque les circonstances l'imposent... » Art 279 C. Civ. « *le juge peut refuser d'accorder une telle prestation... au regard des circonstances particulières de la rupture* ».

25. – Art 279 C. Civ. «... *Les époux ont néanmoins la faculté de prévoir dans leur convention que chacun d'eux pourra en cas de changement « important » dans les ressources ou les besoins des parties, demander au juge de réviser la prestation compensatoire...* » Art 276-3 C. Civ. « *La prestation compensatoire fixée sous forme de rente peut être révisée, suspendue ou supprimée en cas de changement important dans les ressources ou les besoins de l'une des parties...* » La réalité du changement important relève de l'appréciation souveraine des juges du fond. Civ. 1ere 19 Avril 2005 Bul. Civ. 1 n° 194 R p. 211.

existants. Néanmoins « le juge peut refuser d'accorder une telle prestation si l'équité le commande... » (Art 270 C. Civ.). Le pouvoir du juge est ici souverain[26].

Le « bon » droit n'est-il pas celui qui, tout en étant normatif, renvoie expressément aux notions recouvertes par le mot de « justice » ? Le code civil comporte, en tout cas, des dispositions qui permettent de se poser cette question.

SECTION II. L'APPLICATION JUSTE DE LA LOI

Si le droit n'était synonyme que de « règle obligatoire assortie de sanction » n'ayant pour d'autre idéal que celui de faire assurer l'ordre, il serait logique d'admettre que celui qui a une dette certaine envers quelqu'un doit être condamné à la payer. Il serait encore plus logique de dire que celui qui a été condamné doit exécuter la décision telle qu'elle a été dictée par le juge.

Or le droit n'est pas qu'une pure mécanique opprimante... et nous percevons les limites du positivisme. On peut toujours espérer de quelqu'un une mesure de grâce : ce mot, qui a une connotation religieuse (« à la grâce de Dieu ») est synonyme de bienveillance (« gagner les bonnes grâces de quelqu'un ») mais il évoque aussi le pardon (« je demande grâce, il trouve grâce à ses yeux ») quand il n'évoque pas le secours intérieur accordé par le ciel pour l'exercice du bien et pour la sanctification. Mais la grâce est-elle un droit ? Le bon juge n'est-il pas celui qui sait accorder grâce si la loi le lui autorise ?

Si lors du prononcé du jugement, le juge peut prendre des mesures de modération évoquant la grâce envers la personne qu'il condamne, (A) nous allons voir qu'il est encore possible une fois le jugement rendu, d'obtenir un aménagement de la décision définitive (B).

A) La grâce lors du jugement

Le pouvoir souverain du juge peut quelquefois consister à accorder une mesure de grâce (ou évoquant la grâce) dans la mesure où le législateur lui donne ce pouvoir. Le mot « grâce » a une connotation morale et quasi-religieuse : ils ne font plus prosaïquement qu'attester du devoir qu'a le juge de

26. – Les circonstances particulières de la rupture, nées de l'attitude incompréhensible de l'épouse qui rejette son mari et ses enfants pour une vie exclusivement spirituelle sous l'emprise d'un « guide » justifient de ne pas lui accorder de prestation compensatoire Montpellier 5 février 2008 AJ. Fam. 2008 395 obs. David.

statuer en CONSCIENCE. Le juge n'est pas un automate chargé d'appliquer aveuglement la loi. Ce pouvoir de grâce existe en matière civile comme en matière pénale.

1) En matière civile

Si le droit de demander la grâce du juge en certains domaines existe, il demeure qu'obtenir la grâce n'est pas un droit. Le juge PEUT... il ne DOIT pas. C'est ainsi qu'en matière civile, le juge peut accorder des délais de grâce (a) comme il peut revoir certaines dispositions contractuelles au risque de porter atteinte au principe d'intangibilité des conventions (b).

a) Les délais de GRÂCE

Le délai de grâce est une mesure individuelle qui ne dépend que du bon vouloir du juge[27] (et du législateur qui doit accorder au juge un tel pouvoir). On parle de « pouvoir modérateur ». Cette mesure actuellement prévue par l'article 1343-5 du code civil était initialement conçue comme exceptionnelle. Depuis une loi du 9 Juillet 1991, le juge dispose de pouvoirs de grâce assez étendus.

Il peut, à la demande de tout débiteur « reporter ou échelonner le paiement des sommes dues » dans « la limite de deux années » et peut « réduire par décision spéciale et motivée, le taux de l'intérêt produit par les échéances reportées ». Cette extension s'accompagne de deux restrictions : le juge doit aussi prendre en considération les besoins du créancier et il peut subordonner ces mesures à l'accomplissement par le débiteur « d'actes propres à faciliter ou à garantir le paiement de la dette ». Le juge peut... Il n'est pas tenu d'accorder des délais de grâce[28]. Il dispose d'un pouvoir souverain d'appréciation pour apprécier si ces délais doivent être accordés[29] ou refusés.

---

27. – Ripert D., H 1936, Chron. 57 (le droit de ne pas payer ses dettes) Commentaire de la loi du 11 Octobre 1985 : Zenati RTD Civ. 1986 209. Commentaire de la loi du 9 Juillet 1991, Croze RJCP 1992 1 3555. V° aussi Mestre, Obs. RTD Civ. 1991. 735, Willmann RD Sanit. et Soc. 1998 691 (Le chômage du débiteur).

28. – La loi du 6 juillet 1989 étant d'application générale, le juge judiciaire peut accorder des délais de paiement au locataire même lorsque le bailleur est soumis aux règles de la comptabilité publique. Cass. Avis 29 juin 2001 Bul. civ. n°4 R p. 586. Le juge de l'exécution statuant en matière de sécurité sociale, après signification d'un acte de saisie, a compétence en application de l'article 8 du décret du 31 juillet 1992 sur les procédures civiles d'exécution pour accorder un délai de grâce sur le fondement de l'article 1244-1 C. Civ. Si aucun délai de grâce ne peut être accordé en matière d'effets de commerce, lorsque

En outre, la législation protectrice du consommateur a prévu des délais de grâce, appelés « sociaux », en matière de crédit si l'emprunteur est licencié : celui qui a prêté de l'argent doit donc supporter le chômage de son cocontractant. Est-ce bien juste ?

Il faut aussi parler de la situation particulière du surendettement des particuliers défini par la loi Neiertz[30]. Si un particulier est en état de surendettement, c'est-à-dire dans « l'impossibilité manifeste... de faire face à l'ensemble de ses dettes non-professionnelles exigibles et à échoir » et qu'il est « de bonne foi », si aucun règlement amiable n'est possible, le juge de l'exécution ouvre un redressement judiciaire civil : le juge de l'exécution peut suspendre les procédures d'exécution pour une durée de deux mois renouvelable une fois.

b) Le pouvoir de révision

En matière civile, la loi donne au juge le pouvoir de porter atteinte au principe d'intangibilité du contrat, en lui permettant de modifier le montant de la clause pénale prévue au contrat. La clause pénale est définie à l'article 1231-5 (ordonnance du 10 Février 2016) du code civil : « Lorsque la convention porte que celui qui manquera de l'exécuter payera une certaine somme à titre de dommages et intérêts, il ne peut être alloué à l'autre partie une somme plus forte, ni moindre ». Le principe rappelé est donc celui de l'intangibilité du contrat. Mais une exception figure expressément à l'alinéa 2 : « Néanmoins, le juge peut même d'office, modérer ou augmenter la peine qui avait été convenue, si elle est manifestement excessive ou dérisoire[31]. Toute stipulation contraire est réputée non écrite ».

le créancier exerce l'action née du rapport fondamental, et non l'action cambiaire, le débiteur peut demander des délais de grâce. Paris 26 juin 1972 JCP 1973 II 17367.

29. – Les juges du fond disposent d'un pouvoir souverain pour apprécier si des délais de grâce peuvent être accordés au débiteur CIV ; 2e chambre civile 10 Juin 1970, Bul. Civ. II N°201. Ou s'ils doivent lui être refusés. Civ. 2e 28 mars 1973 Bul. civ. II n°101.

30. – Les dispositions de la loi du 31 décembre 1989 sur le surendettement dérogent au droit commun de l'article 1244 et ne peuvent donc se cumuler avec lui. CIV 1re, 16 Décembre 1992, Bul. Civ. 1, N° 317. D.1994 Somm. 18 Obs. FORTIS.

31. – Pour réduire le montant d'une clause pénale, les juges du fond ne peuvent se borner à énoncer qu'il était « *un peu élevé* » sans rechercher en quoi ce montant était « *manifestement excessif* » Ch. mixte 20 janvier 1978 Bul. Civ. 1 R p. 37. La disproportion manifeste s'apprécie en comparant le montant de la peine conventionnellement fixé et celui du préjudice effectivement subi. Com 11 Février 1997 Bul. Civ. IV N°47. Il appartient au juge du fond, souverain dans l'appréciation du préjudice subi par le

L'article 1231 du code civil prévoit ainsi que « lorsque l'engagement a été exécuté en partie, la peine convenue peut être diminuée par le juge à proportion de l'intérêt que l'exécution partielle a procuré au créancier, sans préjudice de l'application de l'article 1152. Toute stipulation contraire sera réputée non écrite »[32].

2) En matière pénale

C'est sans doute en matière pénale que la notion de sanction mesurée prend toute son importance. Dans certaines hypothèses, le code pénal permet au juge d'accorder l'absolution à l'auteur d'une infraction. En cas d'absolution, l'auteur de l'infraction est exempt des peines prévues normalement, pour des raisons qui ne tiennent pas à une absence de faute mais à des considérations de politique criminelle. L'excuse absolutoire ne joue que pour certaines infractions déterminées. Mais le tribunal peut aussi, dans d'autres hypothèses, prononcer une « dispense de peine » lorsqu'il apparaît que « le reclassement du coupable est acquis, que le dommage est réparé et que le trouble résultant de l'infraction a cessé ». La juridiction peut alors décider que « sa décision ne sera pas mentionnée au casier judiciaire » (article 132-59 du nouveau code pénal).

Enfin le juge est libre d'apprécier la sanction adéquate : la peine doit être « personnalisée ». C'est ainsi que « dans les limites fixées par la loi, la juridiction prononce des peines et fixe leur régime en fonction des circonstances de l'infraction et de la personnalité de son auteur. Lorsque la juridiction prononce une peine d'amende, elle détermine son montant en tenant compte également des ressources et des charges de l'auteur de l'infraction ». (Article 132-24 du code pénal). Le juge « peut » ordonner dans certaines circonstances un fractionnement de la peine (article 132-27) « peut » accorder le sursis (article 132-29) « peut » prévoir que le condamné effectuera un travail d'intérêt général (article 132-54)... et peut plus généralement décider de la sanction la plus adaptée.

---

créancier, de fixer librement le montant de l'indemnité résultant de l'application d'une clause pénale dès lors qu'ils l'estiment manifestement excessive sans pouvoir toutefois allouer une somme inférieure au montant du dommage. Civ. 1re 24 Juillet 1978, Bul. Civ. 1, N°280.

32. – Le juge ne peut appliquer l'article 1231 lorsque les parties elles-mêmes ont prévu une diminution de la peine convenue à proportion de l'intérêt que l'exécution partielle de l'engagement aura procuré au créancier. Com. 21 Juillet 1980. D 1981 335. Note CHABAS. RJ.CP 1982 II 19778 note BOCCARA.

B) La grâce après la décision définitive

Si le droit n'était synonyme que de « règle obligatoire assortie de sanction » n'ayant pour d'autre idéal que celui de faire assurer l'ordre, il serait logique d'admettre qu'une décision de justice définitive doit être exécutée. Celui qui a été condamné doit payer…

Mais l'objectif du droit est d'atteindre ce qui est juste. Cet idéal de justice peut bouleverser la rigueur de la règle : un jugement est rendu et n'a pas été contesté par la partie condamnée. Pourtant tout espoir n'est pas nécessairement perdu pour elle. Il existe des situations dans lesquelles il pourra apparaître « juste » d'aménager en tout ou partie la sanction définitivement prononcée par le tribunal. Il est en effet encore possible dans certaines hypothèses, de solliciter la « grâce » : la grâce est une faveur en vertu de laquelle un individu reconnu coupable et définitivement condamné va se trouver soustrait en tout ou partie, à l'application de la sanction. L'existence dans le domaine du droit, de la « grâce » témoigne des limites du positivisme et du normativisme. La « grâce » échappe à toute logique et ne résulte que du cœur. Nous en trouvons le témoignage tant en matière civile (A) qu'en matière pénale (B)

1) En matière civile

a) La grâce du créancier et la remise de dette

La remise de dette est « l'acte par lequel le créancier libère volontairement le débiteur de tout ou partie de sa dette sans avoir obtenu ce qui lui était dû »[33]. La remise de dette est conventionnelle. Le créancier indique à son débiteur qui le lui demande, qu'il renonce à lui réclamer en tout ou partie le montant de sa dette. Les raisons qui peuvent pousser une personne à accorder une remise de dette peuvent tenir à une forme de grâce du créancier (on parle d'ailleurs de « remise gracieuse ») dont l'attitude pourra être dictée par des motifs d'humanité (le débiteur est impécunieux) d'équité (le débiteur a rendu service au créancier par ailleurs) ou plus simplement par l'intention libérale[34].

La remise de dette étant conventionnelle se prouve conformément à ce que nous avons dit pour les actes juridiques. Il faut un écrit. Mais le code civil nous

33. – Terre Simler Lequette Dalloz Les obligations p. 1342 n° 1459

34. – Dans le sens du caractère nécessairement gratuit de la remise de dette Starck Roland et Boyer n°469 et suiv. Certains pensent que la remise de dette peut-être gratuite ou onéreuse (Ripert et Boulanger n° 1935).

apporte une précision importante quant à la preuve de la remise de dette : « la remise volontaire[35] du titre original sous signature privée[36] par le créancier au débiteur » ainsi que la remise volontaire[37] de la grosse du titre « vaut présemption simple de libération » (art 1342-9 C. civ.).

Nous sommes donc en présence d'un créancier qui dispose d'un titre exécutoire (convention notariée, jugement) répondant aux six critères que nous avons posés. Ce créancier pourrait transmettre le titre à l'huissier pour exécution. Mais il ne le fait pas et préfère le remettre à son débiteur, lui faisant ainsi part de sa volonté d'accorder une « remise de dette ».

b) La grâce du juge de l'exécution

L'article L 311-12-1 du code de l'organisation judiciaire dispose que : « le juge de l'exécution connaît des difficultés relatives aux titres exécutoires et des contestations qui s'élèvent à l'occasion de l'exécution forcée, même si elles portent sur le fond du droit... ».

Le juge de l'exécution « ne peut ni modifier le dispositif de la décision de justice qui sert de fondement aux poursuites, ni en suspendre l'exécution, si ce n'est dans les cas prévus par la loi pour l'octroi d'un délai de grâce ». C'est cette dernière phrase qui est importante. Dès que le juge du fond est dessaisi, le juge de l'exécution est compétent pour accorder à titre principal ou incident, le report ou l'échelonnement du paiement ou la réduction du taux d'intérêt, ou encore un délai en matière d'expulsion (art 613-1 du code de la construction).

Le code de procédure civile prévoit aussi, dans le même ordre d'idées que : « Les saisies peuvent porter sur tous les biens appartenant au débiteur, alors même qu'ils seraient détenus par des tiers ». Mais des considérations d'humanité font que certains biens demeurent irréductiblement insaisissables, comme par exemple « les biens mobiliers nécessaires à la vie et au travail du saisi et de sa famille, si ce n'est pour paiement de leur prix... les objets

35. – Non application de l'article 1282 au cas d'une reconnaissance de dette déchirée dans des circonstances inconnues puis reconstituée par le créancier qui avait conservé les morceaux. Civ. 1ere 23 février 1983 Gaz Pal 1983 2 Pan 199.

36. – Application de l'article 1282 à une feuille de soins obtenue par le patient sans fraude ni dissimulation de sa véritable identité et transmise par lui à la sécurité sociale à fin de remboursement. Civ. 1ere 20 décembre 2000 Bul. Civ. 1 n°340 CCC 2001 n°56 note Leveneur (la signature du praticien constate le paiement).

37. – Il appartient au juge de vérifier par les circonstances de la cause, si la remise alléguée émane réellement de la volonté du créancier et si elle a, par suite, la force probante que la loi lui attribue. Civ. 5 juillet 1950 Gaz Pal 1950 2 295.

indispensables aux personnes handicapées, ou destinés aux soins des personnes malades... ».

2) En matière pénale

Comme le droit pénal a pour enjeu la liberté de l'individu, on conçoit que cette matière sera particulièrement sensible à la notion de justice. Et si le doute persistait malgré tout ? N'est-il pas par ailleurs du devoir de la justice de se montrer humaine dans l'exécution de la sanction, et bienveillante envers le condamné méritant qui cherche réellement à s'amender ? Nous nous situons dans le domaine du « pouvoir » et non du « devoir ». La mesure sollicitée n'est pas un droit : c'est une faveur. Le président « peut » accorder la grâce (a) le juge de l'application « peut » également prendre des mesures qui s'inspirent de cette notion (b). Enfin, une réhabilitation est toujours possible (c).

a) La grâce du Président

C'est une prérogative traditionnelle du souverain[38] dont a hérité le chef de l'État. Certains l'ont critiquée car elle constitue une violation du principe de séparation des pouvoirs puisque le chef du pouvoir exécutif contredit ainsi une décision de justice. Elle est définie à l'article 17 de la Constitution par une phrase lapidaire : « Le président de la République a le droit de grâce »[39]. Cette prérogative résulte d'un acte discrétionnaire : les actes par lesquels le président de la République accorde ou refuse la grâce sont insusceptibles de recours pour excès de pouvoir. Cette incompétence de la juridiction administrative fut longtemps fondée sur la théorie des actes de Gouvernement[40]. Elle est maintenant justifiée par le fait que les actes en cause ne sont pas détachables du fonctionnement du service public judiciaire[41].

Pourquoi un chef d'État prononce-t-il une mesure de grâce ? Par humanité ? En raison d'un doute subsistant sur la culpabilité d'un individu paraissant avoir été injustement condamné ? Le Général de Gaulle a gracié Gaston Dominici (à vrai dire fort âgé). Pourquoi ?

---

38. – Foviaux « La rémission des peines et des condamnations : droit monarchique et droit moderne » Paris PUF 1970 Brissaud « Le droit de grâce au Moyen Âge » Thèse Poitiers 1971.
39. – Lafargue et Godefroy « Pratique de la grâce et justice pénale en France : usage ordinaire d'une mesure exceptionnelle » Revue Science criminelle 1982 p. 641.
40. – CE 30 juin 1893 Gugel S.1895 41 note Hauriou.
41. – CE. Ass. 28 mars 1947 Gombert Rec. CE 138 RD publ. 1947 95 note Waline S. 1947 89 concl. Celier CE 8 novembre 1961 Sté d'édition du centre : Rec. CE T 936.

La grâce peut concerner toutes les peines principales ou complémentaires, politiques ou de droit commun, graves (peine perpétuelle) ou bénignes (amende) prononcées par des juridictions de droit commun ou d'exception. Mais elle ne s'applique en principe que dans le domaine des sanctions pénales. Elle ne concerne pas les sanctions disciplinaires, administratives, amendes fiscales, frais de justice etc.). Elle peut bénéficier à tous les délinquants, français ou étrangers, primaires ou récidivistes, majeurs ou mineurs. Mais il faut que la décision de condamnation soit définitive, c'est-à-dire qu'aucune voie de recours ne puisse plus être intentée. Le recours doit être formé à la direction des affaires criminelles et des grâces. En la forme, la grâce peut être individuelle ou collective[42].

La grâce emporte pour effet de dispenser de l'exécution de la peine, en tout ou partie (art 133.7 du code pénal) mais elle ne fait pas obstacle au droit pour la victime d'obtenir réparation du préjudice causé par l'infraction (art 133-8 du code pénal).

b) La grâce des juridictions de l'application des peines

La peine peut prendre fin avant le délai fixé par la juridiction de jugement par l'effet de certaines remises accordées par les juridictions de l'application des peines, que forment « le juge de l'application des peines et le tribunal de l'application des peines » (Art 712-1 du CPP, issu de la loi du 15 Aout 2014) « dans chaque tribunal de grande instance » ou dans « le ressort de chaque cour d'appel » (art 712-2 et 712-3) . Celles-ci a reçu en effet, par les lois du 29 décembre 1972 et du 11 juillet 1975, un pouvoir apparenté au droit de grâce ce qui a été considéré par certains comme une mesure révolutionnaire.

42.– À l'occasion du 14 juillet 1980, le Président de la République a accordé une réduction de peine de 15 jours pouvant être portées à un mois par le juge de l'application des peines. À l'occasion du 14 juillet 1981 des mesures de grâces collectives ont fait chuter de 20,4 pour cent l'effectif de la population pénale (rapport de l'administration pénitentiaire pour 1981 p. 13). Elles auraient concerné 3675 condamnés. V° PONCELA RSC 2005 926 (Les grâces collectives à la recherche d'une identité).

L'article 712-2 du code de procédure pénale dispose que « *dans chaque tribunal de grande instance, un ou plusieurs magistrats du siège sont chargés des fonctions de juge de l'application des peines. Ces magistrats sont désignés par décret et après avis du conseil supérieur de la Magistrature. Il peut être mis fin à leurs fonctions dans les mêmes formes. Si un juge de l'application des peines est empêché d'exercer ses fonctions, le président du tribunal de grande instance désigne un autre magistrat pour le remplacer. Pour le fonctionnement de son cabinet, le juge de l'application des peines est assisté d'un greffier et doté d'un secrétariat greffe* ».

De manière générale, le juge de l'application des peines détermine les modalités de traitement pénitentiaire. Il aménage les peines individuelles. Il coordonne la surveillance des personnes qui exécutent une sanction en milieu libre. Il peut décider d'une mesure « *de placement à l'extérieur, de semi-liberté, de fractionnement et suspension des peines, de placement sous surveillance électronique* » Il est compétent pour accorder une libération conditionnelle « *lorsque la peine prononcée est d'une durée inférieure ou égale à dix ans ou que, quelle que soit la peine initialement prononcée, la durée de détention restant à subir est inférieure ou égale à trois ans...* » (CPP art 730).

Le tribunal de l'application des peines, créé par la loi du 9 Mars 2004, statue sur les questions d'aménagement des peines considérées comme trop importantes pour être traitées par le juge de l'application des peines seul.

La bonne ou la mauvaise conduite du condamné tiendra un rôle capital dans l'attribution de la grâce. Celle-ci doit être méritée. En effet depuis le 1er janvier 2005, chaque condamné bénéficie d'un crédit de réduction de peine calculé sur la durée de la condamnation prononcée à hauteur de trois mois pour la première année, de deux mois pour les années suivantes et de sept jours par mois (art 721 al 1 CPP). Lors de sa mise sous écrou, le condamné est informé par le greffe de la date prévisible de libération, compte tenu de la réduction de peine, et des possibilités de retrait en cas de mauvaise conduite ou de commission d'une nouvelle infraction après sa libération, de tout ou partie de cette réduction. L'information est à nouveau donnée lors de sa libération.

En cas de mauvaise conduite en détention, le juge de l'application des peines peut à la demande du chef d'établissement ou du procureur, retirer à hauteur de trois mois par an et de sept jours par mois cette réduction. Sa décision est prise aux conditions de l'article 712-5 CPP. En cas de nouvelle condamnation à une peine privative de liberté, après sa libération pour un crime ou un délit commis dans la période correspondant à la durée de la réduction de peine, le juge de jugement peut ordonner le retrait total ou partiel de cette réduction de peine, et la mise à exécution de l'emprisonnement, correspondant sans confusion avec celui résultant de la nouvelle condamnation.

Depuis une loi du 11 juillet 1975, une réduction de peine supplémentaire peut être accordée aux condamnés manifestant des efforts sérieux de réadaptation sociale, notamment en passant avec succès un examen scolaire, universitaire ou professionnel, traduisant l'acquisition des connaissances nouvelles ou en s'efforçant d'indemniser leurs victimes (art 721-1 CPP). Sauf décision du juge de l'application des peines, les personnes condamnées à un suivi socio judiciaire comprenant une injonction de soins et refusant de suivre un traitement ne sont pas considérées comme manifestant des efforts de réadaptation sociale. La réduction, accordée par le juge de l'application des peines, après avis de la commission de l'application des peines, ne peut excéder deux mois par année d'incarcération si le condamné est en état de récidive légale (et quatre jours par mois si l'incarcération à subir est inférieure à une année) si non elle est de trois mois (ou sept jours par mois). Elle est prononcée en une seule fois si l'incarcération n'excède pas un an, sinon par fraction annuelle.

Mais les condamnations pour des infractions d'ordre sexuel visées à l'article 706-47 ne peuvent bénéficier de ces réductions si lors de leur condamnation le casier judiciaire fait état d'une telle condamnation sauf décision contraire du juge de l'application des peines.

Des raisons d'humanité dictent aussi la mission des juridictions de l'application des peines qui devront tenir compte de l'âge, de l'état de santé et de la personnalité du condamné qui pourra tantôt être détenu dans une « prison école, une prison hospice » ou encore un établissement approprié s'il est malade ou psychopathe. Et il apparaît aussi intéressant d'observer qu'en dépit d'une condamnation définitive, l'exécution pourra – dans certains cas – en être différée, aménagée, voire supprimée. Elle pourra... Cela signifie qu'il n'y a aucune automaticité : tout dépend du bon vouloir du juge qui dispose d'un pouvoir d'appréciation. Le juge de l'application des peines pourra suspendre ou fractionner la peine pour des motifs que nous rattachons à l'humanité : la santé, la famille, le travail. Ces motifs doivent être « graves ». La gravité est laissée à l'appréciation du juge. Nous sommes à l'article 720-1 du C.P.P, qui dispose que :

> « L'exécution d'une peine d'emprisonnement correctionnelle ou de police peut être suspendue provisoirement, ou fractionnée pour motifs graves d'ordre médical, familial, professionnel, ou social. La décision est prise après avis de l'avocat de l'inculpé et du ministère public, par le juge de l'application des peines dans le ressort duquel il est détenu. Toutefois, la décision est prise sur la proposition du juge de l'application des peines, par le tribunal correctionnel ou de police statuant en chambre du conseil, lorsque l'exécution de la peine doit être interrompue pendant plus de trois mois ».

Mais c'est quelquefois la confiance, résultant d'un amendement sincère du condamné, qui pourra amener le juge à la bienveillance. L'article 720-4 dispose en ce sens que : « Lorsque le condamné présente des gages sérieux de réadaptation sociale, le juge de l'application des peines peut, à titre exceptionnel, et dans les conditions de l'article 722, saisir la juridiction du lieu de détention, de même degré que celle qui a prononcé la condamnation, pour qu'il soit mis fin à l'application de tout ou partie des dispositions de l'article 720-2, ou pour que la durée de la période de sûreté soit réduite... ».

c) La grâce du législateur

Certaines peines prennent fin lorsque le condamné atteint l'âge de 65 ans. Le code pénal de 1810 admettait déjà comme cause de mitigation de la peine l'âge du délinquant. Ici, il s'agit de l'âge du condamné. Le législateur a pensé qu'au-delà de 65 ans certaines peines infligées prenaient un caractère inhumain et étaient pratiquement dépourvues d'utilité, les dangers à redouter de l'intéressé étant d'importance réduite. Actuellement, seule prend fin à raison de l'âge de 65 ans atteint par le condamné, l'interdiction de séjour (art 131-32 C. pen.). Cette extinction de la peine ne se produit pas lorsqu'elle frappe, en vertu de l'article 763 CPP un condamné qui a prescrit sa peine criminelle.

La réhabilitation est une institution qui a pour effet de rendre à un individu la situation légale qu'il a perdue par l'effet d'une juste condamnation[43]. Elle a pour effet d'effacer une condamnation qui a été exécutée ou prescrite. Son bénéfice est accordé au coupable qui a donné des preuves tangibles et durables de son amendement.

La réhabilitation peut être légale ou judiciaire[44], mais il faut que la peine prononcée ait été exécutée ou ait été prescrite. Si la peine n'a pas été exécutée parce qu'elle n'était pas exécutoire, la demande de réhabilitation n'est pas recevable. La réhabilitation légale s'opère de droit en l'absence de toute condamnation nouvelle à une peine criminelle ou correctionnelle dans un délai variable selon la condamnation[45]. La réhabilitation judiciaire est possible,

43. – Bernard BOULOC Droit pénal général Dalloz pages 646 et suiv.

44. – Art 133-12 Code pénal : « *Toute personne frappée d'une peine criminelle, correctionnelle ou contraventionnelle peut bénéficier, soit d'une réhabilitation de plein droit dans les conditions prévues à la présente action, soit d'une réhabilitation judiciaire accordée dans les conditions prévues par le code de procédure pénale* ».

45.– Article 133-13 du code pénal : « *La réhabilitation est acquise de plein droit à la personne physique condamnée qui n'a, dans les délais ci-après déterminés, subi aucune condamnation nouvelle à une peine criminelle ou correctionnelle : 1° Pour la condamnation à l'amende ou à* s'il s'est écoulé un délai depuis la fin de l'exécution de la peine ou la prescription acquise. C'est la chambre de l'instruction qui se prononce sur la réhabilitation sollicitée, après avoir pris en compte l'attitude du condamné.

la peine de jours amende, après un délai de trois ans à compter du jour du paiement de l'amende ou du montant global des jours amende, de l'expiration de la contrainte judiciaire ou du délai de l'incarcération prévue par l'article 131-25 ou de la prescription accomplie : 2° Pour la condamnation unique soit à un emprisonnement n'excédant pas un an, soit à une peine autre que la réclusion criminelle, la détention criminelle, l'emprisonnement, l'amende ou le jour amende, après un délai de cinq ans à compter soit de l'exécution de la peine, soit de la prescription accomplie ; 3° pour la condamnation unique à un emprisonnement n'excédant pas dix ans, ou pour les condamnations multiples à l'emprisonnement dont l'ensemble ne dépasse pas cinq ans, après un délai de dix ans à compter soit de l'expiration de la peine subie, soit de la prescription accomplie ».

Conclusion Générale

Que peut-on conclure, au terme de cette étude ? Qu'est-ce que le droit ?

Nous avons dit que règle de droit allie la force (ou encore la contrainte) à ce qui est juste. Nous avons vu dans l'alliance du glaive et de la balance l'image même du droit.

Nous avons dit que ceux qui se voient confier le pouvoir de prendre des dispositions normatives ne font pas nécessairement partie de la communauté des juristes : les députés, les sénateurs ne sont pas plus juristes que les ministres. Certaines personnes se voient confier la mission de juger alors qu'elles ne sont pas juristes. N'importe qui enfin peut passer un contrat et s'obliger en obligeant autrui. Qu'en penser ? La confection du droit semble ne pas appartenir aux juristes : faire une règle de droit de portée générale c'est accomplir un acte de souveraineté. Le titulaire de la souveraineté, c'est le Peuple. Sa volonté ne peut être exprimée que par lui-même ou ses représentants élus. Sa justice est rendue en son nom, et non pas au nom de la communauté des juristes. Passer un contrat avec une autre personne, c'est créer une règle de droit de portée relative : c'est l'expression de la liberté individuelle.

Mais nous avons dégagé aussi des critères précis qui permettent de distinguer la disposition obligatoire – normative – de celle qui ne l'est pas : une règle de droit émane d'une autorité investie d'un pouvoir ; elle est rendue exécutoire par une autorité distincte de celle qui l'a prise ; elle est portée officiellement à la connaissance des personnes concernées par elle ; elle est susceptible d'être contrôlée ; elle est exacte, dans le sens où ses erreurs peuvent être officiellement réparées et où elle ne peut être interprétée efficacement que selon des procédés officiels. Enfin, elle est précise dans son champ d'application spatio-temporel.

Cependant, si ces critères nous permettent de discerner ce qui est obligatoire de ce qui ne l'est pas, il reste une question : une disposition qui ne serait qu'obligatoire est-elle véritablement l'expression du « droit » ? Le droit n'est-il qu'oppression ? Évidemment non : le droit se perd s'il n'est que contrainte. Le droit n'est rien s'il ne poursuit un idéal. Sa finalité, c'est d'atteindre ce qui est juste. Dans cette quête de justesse ou de justice, apparaît le rôle indispensable du juriste, homme d'expérience et de raison. Une société juste est une société où les hommes vivent en harmonie, dans l'égalité et la paix. Par sa présence au stade de l'élaboration ou de l'interprétation de la règle de droit, le juriste veille à ce que celui qui dispose entre ses mains du pouvoir normatif d'obliger autrui ne se détourne pas de son chemin. Le « *droit chemin* » n'est autre que le chemin du droit. Et c'est en écoutant les traditions et des habitudes, mais également les voix de la conscience et du cœur, que l'on parvient à façonner la bonne règle, celle qui forme le Droit.

Table des matières

PREMIÈRE PARTIE LE GLAIVE

TITRE I – LA NORME SUBIE

SOUS-TITRE PREMIER. LA LOI ET LE RÈGLEMENT

Chapitre premier. La loi

Chapitre II. Les règlements

Sous-titre II. La décision de justice

Chapitre Premier. L'autorité investie du pouvoir de juger

Chapitre IV. Le contrôle de la décision de justice

Chapitre V. La décision de justice et l'exactitude

Chapitre VI. La précision du champ d'application de la décision de justice

Titre deux – La norme voulue

Chapitre Premier. La volonté individuelle élevée au rang des autorités investies du pouvoir de créer la norme

Chapitre II. La prise de connaissance

Chapitre III. Le caractère exécutoire conféré par l'authentification

Chapitre IV. Le contrôle

Chapitre V. L'exactitude

Chapitre VI. La précision du contrat

DEUXIÈME PARTIE
LA BALANCE

TITRE I – LA RAISON

SOUS-TITRE PREMIER. L'OPINION SAVANTE

Chapitre Premier. Le conseil juridique

Chapitre II. La coutume

TITRE II – Le cœur

Chapitre Premier. Le procès équitable

Chapitre II. La décision juste

IMPRIM'VERT®

Ouvrage composé par
Émilie Duvinage

Achevé d'imprimer - juillet 2016
Imprimerie Bietlot – Charleroi

Dépôt légal - août 2016

1 697e volume édité par les
Presses Universitaires du Septentrion
Villeneuve d'Ascq – France